Sabine Ader
Was leitet den Blick?

März 2013

Liebe Jenny,

vielen Dank für Deine

überaus engagierte Mitarbeit

in der JWG Aspeltstrasse.

Für Deine Zukunft wünsche ich

Dir alles Gute!

Angelika

Koblenzer Schriften zur Pädagogik

Herausgegeben von
Nicole Hoffmann, Norbert Neumann
und Christian Schrapper

Sabine Ader

Was leitet den Blick?

Wahrnehmung, Deutung und
Intervention in der Jugendhilfe

Juventa Verlag Weinheim und München 2006

Die Autorin

Sabine Ader, Jg. 1967, Dr. phil., Diplom-Pädagogin, ist nach Tätigkeiten als wiss. Mitarbeiterin im Institut für soziale Arbeit e.V., Münster, und an der Universität Koblenz seit 2003 Referentin beim Diakonischen Werk Westfalen. Darüber hinaus ist sie tätig als freiberufliche Beraterin und Fortbildnerin in Feldern der Jugendhilfe. Kontakt: sabine.ader@t-online.de

Diese Arbeit wurde in 2004 unter dem Titel „Was leitet den Blick? – Eine Analyse der Wahrnehmungs-, Deutungs- und Interventionsprozesse Sozialer Dienste im Rahmen der Hilfeplanung in der Kinder- und Jugendhilfe" am Fachbereich 1, Bildungswissenschaften, der Universität Koblenz-Landau als Dissertation angenommen.

Bibliografische Information Der Deutschen Bibliothek

Die Deutsche Bibliothek verzeichnet diese Publikation in der Deutschen Nationalbibliografie; detaillierte bibliografische Daten sind im Internet über http://dnb.ddb.de abrufbar.

© 2006 Juventa Verlag Weinheim und München
Umschlaggestaltung: Atelier Warminski, 63654 Büdingen
Umschlagfoto: Norbert Mucksch, Münster
Druck nach Typoskript
Printed in Germany

ISBN 3-7799-1616-9

Vorwort

Was ist ein „sozialpädagogischer Blick"? Wie nehmen Fachkräfte z.B. der Jugendhilfe Lebensumstände, Probleme und Wünsche von Kindern und Eltern wahr, wie deuten und verarbeiten sie ihre Wahrnehmungen zu Handlungsideen und konkreten Interventionen? Wenn es einen Kern professionellen Handelns gibt, dann diesen komplexen Prozess von Wahrnehmen, Deuten und Handeln. „Ein moderner, eigenständiger, ambitionierter und qualifizierter ‚sozialpädagogischer Blick' müsste dem Anspruch einer reflexiven Modernisierung und einer komplexen, aufgabenangemessenen Herangehensweise allemal gerecht werden. Im Bild formuliert: Ein gutes Weitwinkelobjektiv wäre für diesen Blick genauso unentbehrlich wie ein sensibles Teleobjektiv." so anspruchsvoll skizzieren Thomas Rauschenbach, Friedrich Ortmann und Maria-E. Karsten (1993, S. 9) im Vorwort einer gleichnamigen Veröffentlichung diesen Blick

Empirische Analysen „sozialpädagogischer Blicke" hat es seitdem etliche gegeben, vor allem in der Perspektive der AdressatInnen sozialer Arbeit und mittels biographischer Analysen gewonnen. So oft dabei die verheerenden Wirkungen professioneller Sichtweisen und der meist schmale Grat gelingender Verständigung vorgeführt werden, so sehr bleibt doch die Frage: Wie genau kommen denn die Profis zu ihren Blicken? Wie die Professionellen zu ihren Urteilen kommen, darum kreist auch die in den letzten Jahren wieder intensiver geführte Debatte um sozialpädagogisches Fallverstehen oder sozialpädagogische Diagnostik. Eher vereinzelt wird angemahnt, dass dabei biographische und institutionelle Dimensionen von Wahrnehmung und Deutung komplex verwoben zusammenhängen.

Damit ist der Rahmen angedeutet, in den die vorliegende Arbeit von Sabine Ader einzuordnen ist. Im Mittelpunkt ihrer empirischen Untersuchung und theoretischen Analysen stehen Prozesse der Fall-Analyse in einem doppelten Sinne: Zum einen werden die Inhalte solcher Fallanalysen untersucht, also die Ereignisse und Strukturen lebens- und interventionsgeschichtlicher Verläufe und ihrer Wahrnehmung und Deutung. Zum anderen werden die Formen solcher Deutungsprozesse selbst in den Blick genommen, ihre strukturellen, konzeptionellen und instrumentell-methodischen Realisierungen. Soweit ich es überblicken kann, liegt damit eine der ganz wenigen empirischen Arbeiten vor, die solche professionellen Arbeitsabläufe im Prozess begleitend untersucht und nicht erst im Nachhinein aus rückblickenden Erzählungen oder in Akten dokumentierten Ergebnissen rekonstruiert. Die dazu entwickelten „Fallkonsultationen" sind daher auch methodologisch ein Beitrag zur Weiterentwicklung sozialpädagogischer Forschungsmethoden in der Tradition der oft totgesagten Handlungs- oder Aktionsforschung. Hiermit wird gesagt, wie komplexe Wahrnehmungs-, Deutungs- und Interventionsprozesse so materialreich erschlossen werden können, dass detaillierte Einsichten in die Bedingungen und Logiken professionellen Handelns möglich werden, also Antworten auf die Frage: Was leitet den Blick?

Für die Praxis sozialer Arbeit wird diese Arbeit aufregend und sperrig zugleich sein, aufregend in den anschaulichen und sensibel beleuchteten Fallgeschichten, sperrig in der Übersetzung auf konkretes Handeln. Und das ist gut so, zählt sie doch zu der Gattung empirischer Forschungsarbeiten in den Feldern der Sozialpädagogik, die praxisbezogen und grundlegend theoretisch zugleich sind. Gegenstand, Fragestellung und Methoden thematisieren und beteiligen konkrete Praxis unmittelbar und gleichwertig. Der Forschungsprozess selbst ist der zentrale Erkenntnisgewinn und zum Teil auch die Qualifikation für die beteiligen Fachkräfte, nicht erst die Forschungsergebnisse. Die hier vorgelegte Analyse des dabei gewonnen Materials kann dann auch grundlegend theoretisch sein, an der fundierten Erklärung und theoretischen Erfassung komplexer Zusammenhänge orientiert. Ihre „Schlussfolgerungen" münden daher auch konsequent in einer kritischen Auseinandersetzung mit der Praxis sozialpädagogischer Forschung.

Ich wünsche dieser Arbeit viele interessierte Leserinnen und Leser in Theorie und Praxis, denn sie führt weiter in der für Disziplin und Profession so wichtigen Auseinandersetzung mit dem „sozialpädagogischen Blick". Für die produktive gemeinsame Forschungsarbeit, die vielen Gedankenblitze dabei und vor allem die nicht erst mit dieser Arbeit vorgelegten grundlegenden Erkenntnisse bedanke ich mich herzlich.

Christian Schrapper

Koblenz, im Mai 2005

Lit.:

Thomas Rauschenbach/Friedrich Ortmann, Maria-E. Karsten (Hg.): Der sozialpädagogische Blick. Lebensweltorientierte Methoden in der Sozialen Arbeit, Weinheim und München 1993

Danksagung

Das Vorwort zu einer Dissertation zu schreiben ist vielleicht der schönste Teil des gesamten Vorhabens, denn es bedeutet, dass der Rest der Arbeit getan ist. Für mich war die Arbeit an diesem (Forschungs-)Projekt überwiegend ein produktiver Prozess, manchmal jedoch auch ein mühevolles und einsames Geschäft. Mit Blick darauf bin ich vor einiger Zeit auf ein treffendes Zitat gestoßen. In ihrem Roman „Paula" beschreibt Isabel Allende den Unterschied zwischen dem Schreiben eines Romans und dem einer Geschichte:

> „Der Roman ist ein langatmiges Vorhaben, in dem vor allem Durchhaltekraft und Disziplin zählen, es ist, als bestickte man einen riesigen Wandteppich mit vielfarbigen Fäden, man arbeitet auf der Rückseite, geduldig, Stich um Stich, gibt sorgfältig acht, dass keine Knoten sichtbar bleiben, folgt einem verwickelten Entwurf, dessen Ziel man erst am Schluss erkennen kann, wenn man den letzten Faden befestigt hat und den Teppich umdreht, um das vollendete Muster anzusehen. Mit ein bisschen Glück verbirgt der Zauber des Gesamtbildes die Fehler und Ungeschicklichkeiten der Arbeit. Bei einer Geschichte dagegen ist alles sichtbar, nichts darf zu dick oder zu karg sein, man verfügt nur über knappen Raum und wenig Zeit, wenn man zuviel korrigiert, geht die Brise frischer Luft verloren, die der Leser braucht, um mitgerissen zu werden. Der Roman wird mit Arbeit gemacht, die Geschichte mit Inspiration."

Als ich dies las, fiel mir sofort die Parallele auf wissenschaftlicher Ebene ein. Eine Dissertation zu schreiben gleicht dabei eher der Arbeit an einem Roman. Mein Prozess des Schreibens war in diesem Kontext vor allem von der Herausforderung geprägt, weder den „langen Atem" noch den „roten Faden" zu verlieren. Glücklicherweise haben mich dabei viele Menschen und Begegnungen bestärkt. Dafür möchte ich mich bedanken:

Ein erster und herzlicher Dank geht an meinen akademischen Lehrer Christian Schrapper, der mich zu dieser Arbeit angeregt, sie kritisch begleitet und in vielen Diskussionen bereichert hat. Ebenso möchte ich ihm und auch Monika Thiesmeier als KollegInnen danken, von denen ich viel über die Dynamik und Steuerung von Gruppen und Organisationen gelernt habe sowie über die von Aufmerksamkeit und Respekt getragene Haltung gegenüber den Menschen, die es in gemeinsamen Arbeitsprozessen zunächst in ihren subjektiven Logiken zu verstehen gilt. In diesem Dank sind mit Blick auf meine berufliche Sozialisation auch eine Reihe von Kolleginnen und Kollegen aus dem Institut für Soziale Arbeit (ISA) in Münster und von der Universität Koblenz eingeschlossen. Sehr hilfreich für die Fertigstellung dieser Arbeit war auch das Koblenzer Forschungskolloquium, begleitet von Prof. Dr. Christian Schrapper und Prof. Dr. Norbert Neumann. Dieser kritische, kollegiale und konstruktive Arbeitszusammenhang sorgte dafür, dass am Schreibtisch entstandene Ideen dort wieder „Bodenhaftung" bekamen, wo sie unklar zu werden drohten. Zudem war das Kolloquium ein Ort solidarischer Unterstützung. Ein Dankeschön an alle beteiligten KollegInnen! Die gleiche Funktion hatte auch die „Münsteraner Abspaltung" des Kolloquiums, die sich zwischenzeitlich zu Beratungen „vor Ort" getroffen hat. Mein Dank gilt hier Martina Kriener, Remi Stork und Klaus Wilting.

Auf persönlicher Ebene war mein Lebenspartner Norbert Mucksch maßgeblich am Gelingen dieses Vorhabens beteiligt. Ihm danke ich ganz besonders für die Geduld über die lange Zeit, in der ich viele Abende und Wochenenden am Schreibtisch verbracht habe und andere Dinge nicht den Raum einnehmen konnten, der ihnen zugestanden hätte. Ebenso bedanke ich mich dafür, dass er mir an vielen Stellen „den Rücken frei gehalten" hat. Meiner guten Freundin, Barbara Emmrich, danke ich sehr, weil sie mich über die gesamte Zeit des Schreibens ermutigt und „angetrieben" hat. Als Architektin hat sie oft auf ganz „unpädagogische" Art Interesse gezeigt, zugehört und nachgefragt. Wichtig ist mir an dieser Stelle auch der älteren Generation meiner Großfamilie zu danken – meinen Eltern, Großtanten und Großeltern –, die uns mit viel Gutem ausgestattet und mich gelehrt haben, dass im Leben nicht so sehr die beruflichen Positionen entscheidend sind, sondern dass vor allem der Versuch zählt, ein zuversichtlicher, aufrechter und im Wortsinn freundlicher Mensch zu sein. Diese Einstellung ist hilfreich, um die Relevanz mancher Dinge an die richtige Stelle zu rücken. Meiner jetzigen Chefin und Kollegin Maria Loheide danke ich für die Möglichkeit, gerade in der Endphase der Dissertation meine „regulären" Arbeitszeiten sehr flexibel zu gestalten. Weiterhin danke ich Michael Alfs für die sorgfältige Arbeit an meinem Manuskript und die Unterstützung bei der technischen Fertigstellung. Und ebenso Ulrike Petry, die das Typoskript für den Verlag erstellt hat.

Schließlich geht ein ganz besonderer Dank an die Mitarbeiterinnen und Mitarbeiter der Kölner Jugendhilfe, die mich und uns im Rahmen des Forschungsprojektes an ihren Schwierigkeiten teilhaben ließen, ihre „besonders schwierigen" Fälle vorgestellt und sich somit der Kritik von KollegInnen und ForscherInnen ausgesetzt haben. Hier werden vor allem die kritischen und problematischen Seiten professioneller Sozialer Arbeit beleuchtet. Es wird aufgezeigt, was alles nicht ausreichend verstanden und „gut" bearbeitet wird. Deutlich wurde in dem Projekt aber auch, mit wie viel persönlichem Einsatz und hoher Qualifikation KollegInnen in der Jugendhilfe mit vernachlässigten und verletzten Kindern arbeiten und dabei in vielen Fällen Kinder und Familien entlasten.

Sabine Ader

Münster/Koblenz, im Frühjahr 2005

Inhalt

Einführung

Die Kinder- und Jugendhilfe hat den gesetzlichen Auftrag, „Kinder und Jugendliche in ihrer individuellen und sozialen Entwicklung zu fördern .., Eltern und andere Erziehungsberechtigte bei der Erziehung zu beraten und zu unterstützen .., und Kinder vor Gefahren für ihr Wohl zu schützen" (§ 1.3, Absatz 1-3 SGB VIII, Kinder- und Jugendhilfegesetz). Insbesondere mit den §§ 27 ff. KJHG („Hilfen zur Erziehung") ist für Familien in Belastungs- und Krisensituationen ein Angebot konzipiert worden, das Eltern in ihrer Erziehungskompetenz stärken soll und für das ein individueller Rechtsanspruch besteht, sofern ein „erzieherischer Bedarf" festgestellt wird. Zentrales Steuerungsinstrument dafür ist die Hilfeplanung nach § 36 KJHG, in deren Rahmen die Entscheidung „über die im Einzelfall angezeigte Hilfeart" getroffen werden soll.

Mit der Frage „Welche Hilfe ist die richtige?" (Schrapper u.a. 1987) wird eines der wesentlichen Probleme der Erziehungshilfe aufgeworfen, nämlich die Schwierigkeit, angesichts der Komplexität von Lebenslagen, der Mehrdeutigkeit von Problemen und der begrenzten Prognostizierbarkeit von Wirkungszusammenhängen ein Unterstützungsangebot zu entwickeln, das die Lebenssituation eines Kindes spürbar verbessert, fachlich angemessen ist und die Akzeptanz der LeistungsadressatInnen findet (vgl. Merchel 1998a). Verbunden mit dem Auftrag der Bedarfsfeststellung sind folglich immer Aufgaben der personen- und institutionengebundenen Wahrnehmung und Bewertung von familiären Potenzialen und Ressourcen, aber auch von Beeinträchtigungen und Begrenzungen, um daraus abzuleiten, ob einem Kind in seiner Familie Entwicklungsoptionen eröffnet werden können oder nicht. Wie in diesem Prozess die fachlichen Beurteilungen und Interventionen zustande kommen, was den professionellen Blick auf einen Fall leitet und welche Bedeutung dies für Interaktionen und den Verlauf von Einzelfällen hat, ist Gegenstand dieser Arbeit. Es geht um die Formen und Prozesse des Fallverstehens in Sozialen Diensten der Jugendhilfe und daraus begründeten Interventionen.

Das empirische Material der Untersuchung basiert auf elf Einzelfällen, die im Rahmen eines dreijährigen, inhaltlich umfassenderen Forschungs- und Modellprojektes zum Umgang der Jugendhilfe mit den „besonders Schwierigen"[1] differenziert analysiert wurden.[2] Mit der Analyse der Wahrnehmungs-, Deutungs- und Interventionsprozesse im Hilfesystem knüpft die Arbeit zum einen an die fachlichen Diskurse über den Stand der Hilfeplanung gem. § 36 KJHG und die wieder aktuelle Debatte zum sozialpädagogischen Fallverstehen bzw. zur Diagnostik in der sozialen Arbeit/ Jugendhilfe an. Zum anderen weist aber auch die praktische Umsetzung der Hilfeplanung in Jugendämtern und bei freien Trägern der Jugendhilfe Schwierigkeiten auf. Diese betreffen u.a. Fragen der fachlichen Beurteilung von Lebenssituationen. Auf den Zusammenhang von Hilfeplanung und Fallverstehen/Diagnostik soll im Folgenden eingegangen werden, um einleitend die Bedeutung dieser Tätigkeit für den Hilfeprozess herauszustellen. Der fachliche Diskurs zum Fallverstehen bzw. zur Diagnostik wird in Kapitel 1 ausführlicher nachgezeichnet und kommentiert, da er den zentralen Referenzpunkt der hier vorgelegten Untersuchung darstellt.

Sozialpädagogisches Fallverstehen als Schlüsselprozess der Hilfeplanung

Mit dem Inkrafttreten des KJHG (1991) und den darin enthaltenen Vorschriften zur Hilfeplanung (§ 36 KJHG) hat der Gesetzgeber auch für den Bereich sozialer Beratungs- und Unterstützungsleistungen ein rechtsstaatlich verbindliches und individuell einklagbares Verfahren festgelegt, in dem für die leistungsberechtigten BürgerInnen auf nachvollziehbarem und kontrollierbarem Weg über ihren Antrag auf eine öffentliche Leistung entschieden werden soll. Im Grundsatz basiert die Regelung zur Hilfeplanung auf der Annahme, dass es keinen objektiven Maßstab für die „richtige" Hilfe gibt, aber einen sozialrechtlich festgelegten Maßstab für das „richtige" Verfahren, in dem diese ausgehandelt werden muss. Tragende Säulen dieses Verfahrens sind die Mitwirkung und Beteiligung der Leistungs- bzw. HilfeadressatInnen und das Zusammenwirken mehrerer Fachkräfte als eine verbindliche Beratungs- und Kontrollinstanz für die fachliche Entscheidungsfindung (vgl. Schrapper 1994; Merchel 1994 und 1998a).

Für die Feststellung des „erzieherischen Bedarfs" und die Gewährung einer „notwendigen und geeigneten Hilfe" (§ 27 KJHG) gibt es folglich kaum ob-

---

1 Wenn in dieser Arbeit von „schwierigen Kindern" gesprochen wird, sind immer Kinder und Jugendliche, Mädchen und Jungen gemeint; die Zuschreibung „schwierig" steht in Anführungszeichen, um sie als solche kenntlich zu machen.

2 Bei diesem Projekt handelt es sich um ein Praxisforschungsprojekt des Landesjugendamtes Rheinland, das in Kooperation mit dem Jugendamt der Stadt Köln, einigen freien Trägern und der Universität Koblenz (wissenschaftliche Begleitung) realisiert wurde und das den Bezugspunkt für diese Untersuchung bildet (Projektleitung: Prof. Dr. C. Schrapper; Mitarbeiterinnen: S. Ader, M. Thiesmeier; Laufzeit: 01.04.1999-31.05.2002; Endbericht: Henkel/Schnapka/Schrapper 2002).

jektive Kriterien. Daher muss die Antwort auf diese Fragen in einer oft schwierigen Verständigung zwischen dem örtlichen Jugendamt als bewilligender Instanz, den leistungsberechtigten Eltern bzw. Personensorgeberechtigten sowie den Kindern/Jugendlichen und – in der Regel zu einem späteren Zeitpunkt – der Institution, die die bewilligte Hilfe umsetzt, gefunden werden. Es handelt sich dabei immer um einen komplexen und komplizierten Verstehens- und Aushandlungsprozess, in dem die subjektiven Einschätzungen aller Beteiligten darüber, was „der Fall" ist, was benötigt, was gewünscht und befürchtet wird, was vorhanden, machbar und durchsetzbar ist, von zentraler Bedeutung sind. Eine Hauptaufgabe sozialpädagogischer Fachkräfte in diesem Verfahren (insbesondere in den leistungsgewährenden sozialen Diensten des Jugendamtes) besteht darin, die Situation von Familien angemessen zu erfassen und schließlich akzeptable Angebote der Hilfe und Unterstützung mit ihnen zu vereinbaren. Dabei geht es zunächst darum, komplexe Sachverhalte wie

- die Bedeutung materieller Lebensumstände,

- die Geschichte eines jungen Menschen und seiner Familie,

- die Tragfähigkeit familiärer Beziehungen und sozialer Kontakte,

- die Veränderungs- und Lernbereitschaft von Eltern,

- die Belastungsfähigkeit von Kindern

- und die ambivalenten und widerstreitenden Interessen, Hoffnungen und Ängste aller Beteiligten

wahrzunehmen, zu verstehen und daraufhin zu deuten, mit welchen Angeboten Entwicklung und Förderung ermöglicht und dadurch Schaden für Kinder abgewendet werden kann (vgl. Schrapper 1998a und b; Ader/ Schrapper 2000). (Fall-)Verstehen beinhaltet in diesem systemtheoretisch geprägten Verständnis, die Menschen, um die es geht, nicht nur mit ihren aktuellen Schwierigkeiten und von außen wahrgenommenen Auffälligkeiten zu sehen, sondern vor allem in ihren lebensgeschichtlichen Zusammenhängen: d.h. mit ihren leidvollen Erfahrungen ebenso wie mit Potenzialen, in ihren Beziehungen zu- und Abhängigkeiten voneinander, mit den Grenzen ihrer Beteiligungsmöglichkeiten auf der einen Seite und ihren Kompetenzen und Selbsthilfekräften auf der anderen. Verstehen intendiert (gemäß der gesetzlichen Grundlage) zudem das Bemühen, einen Fall aus den verschiedenen Perspektiven der Beteiligten nachzuvollziehen und unterschiedliche Interpretationen der Geschichte und der aktuellen Lebenssituation eines jungen Menschen und seiner Familie als eine für die Hilfeplanung wichtige Realität anzuerkennen. Hier folgt der Begriff des Verstehens einem konstruktivistischen Verständnis, das Wirklichkeit als ein Ergebnis fortwährender sozialer Konstruktionsprozesse begreift (vgl. Lamnek 1995, Band 1: 46 ff.). Das heißt, es gibt nicht die „richtige" Sicht der Dinge, sondern es geht im Feld der Hilfeplanung immer um das methodisch gesicherte Wahrnehmen, Zusammentragen und Konfrontieren verschiedener Sichtweisen und um die Bereitschaft, mit unterschiedlichen, subjektiv jeweils berechtigten Realitäten, Wirklichkeitsdeutungen und Lösungsideen für problematische Situationen umzugehen. Die mit diesem Prozess verbundenen Bewertungen und Entscheidungen, die durch das Fallverstehen vorbereitet und unterstützt werden, dienen vor allem der Prognose zukünftiger Entwicklungen und der Gestaltung unterstützender Interventionen, wobei sozialpädagogische Beurteilungen immer prozesshaft, personenbezogen und nur schwer objektivierbar sind (vgl. Schrapper 1994, 1998a und b). Das heißt,

- es gibt keine eindeutige Zuordnung von Ursache und Wirkung;

- keine eindeutige Zuordnung von Problemen und Lösungen;

- eine begrenzte Aussagefähigkeit einmal gewonnener Erkenntnisse für zukünftige Entscheidungen im Einzelfall und

- einen begrenzten professionellen Einfluss auf das Ergebnis, d.h. die Wirkung von Entscheidungen und Interventionen.

Darüber hinaus prägen die individuellen Wahrnehmungen und Deutungsmuster der Fachkräfte sowie ihre Zugehörigkeit zu einer Organisation mit wiederum eigenen Werten und Interpretationssystemen den fachlichen Zugang zu der Situation eines jungen Menschen bzw. seiner Familie. Wie „gut" oder „schlecht" es den Professionellen in den dafür zuständigen Organisationen gelingt, ihr Gegenüber in seiner/ihrer Lebensgeschichte, den prägenden Erfahrungen und dem Geworden-Sein zu verstehen, ist zwar kein Garant für den berechenbaren Ausgang einer Intervention, aber doch ein wesentliches Kriterium für die Entwicklung tragfähiger Angebote. Deren Umsetzung und Wirkung bleibt allerdings abhängig von intervenierenden Faktoren (situative Lebensereignisse, Selbstreferenz der Subjekte etc.), auf die die Professionellen keinen bzw. nur sehr begrenzten Einfluss haben (vgl. Luhmann/Schorr 1982: 11-40; Schwabe 1999: 117-130). Trotz noch so guten Fallverstehens bleibt pädagogisches Handeln also ein zwar planvolles und zielgerichtetes Tun, immer aber auch ein „experimentelles Anknüpfen an den Selbstentwurf des Subjektes" (vgl. Thimm 2002: 178).

Deutlich wird anhand dieser Ausführungen, dass der Prozess des Fallverstehens und der Hilfeplanung hohe professionelle Anforderungen an die sozialpädagogischen Fachkräfte und ihre Organisationen stellt. Woran können sie erkennen, dass Kinder und Familien in Schwierigkeiten geraten und Unterstützung benötigen? Was sind die theoretischen Grundlagen, Konzepte und Methoden, um zu fachlichen Einschätzungen, Beurteilungen und nachvollziehbaren Begründungen für sozialpädagogische Interventionen zu gelangen? Was ist ihr „Handwerkszeug" für „richtiges" Verstehen und Handeln? Welche Organisationskultur braucht es, um fachlich qualifizierte, in-

16

stitutionell getragene und von den AdressatInnen akzeptierte Entscheidungen zu treffen? Dies sind nur einige der Fragen, auf die sowohl Fachkräfte und ihre Organisationen als auch die sozialpädagogische Theoriebildung Antworten finden müssen, um Hilfeprozesse qualifiziert gestalten zu können. Ein Teil von ihnen soll im Rahmen dieser Untersuchung beantwortet werden.

Schwierigkeiten in der Umsetzung der Hilfeplanung gem. § 36 KJHG

Seit Inkrafttreten des KJHG haben sich viele Jugendämter und freie Träger – oftmals unterstützt von Landesjugendämtern, Fachverbänden und externen Beratungsinstitutionen – auf den Weg gemacht, um die zentralen Verfahrensvorschriften des § 36 KJHG umzusetzen und die Praxis der Hilfegewährung zu qualifizieren. Hinsichtlich der tatsächlichen Umsetzung des mit der Hilfeplanung verbundenen fachlichen Reformanspruchs lässt sich zum jetzigen Zeitpunkt noch keine empirisch hinreichend fundierte Einschätzung formulieren[3]. Dennoch kann auf der Grundlage einer Vielzahl von (publizierten) Praxiserfahrungen in der Fortbildung und Beratung von Jugendämtern und freien Trägern (z.B. Merchel/Schrapper 1995; Merchel 1998c) sowie aufgrund einiger kleinerer Untersuchungen (vgl. Becker 1999; Schefold u.a. 1998; Sander 1996) gefolgert werden, dass es offensichtliche Schwierigkeiten mit einer qualifizierten Einlösung der komplexen Anforderungen gibt (vgl. Peters 1999; Merchel 1998a). Diese bilden sich in den für die Hilfeplanung konstitutiven Elementen ab:

- im Zusammenwirken mehrerer Fachkräfte, d.h. in den fachlichen Beratungs- und Entscheidungsprozessen des Jugendamtes sowie in den gemeinsam gestalteten Arbeitsprozessen mit freien Trägern;

- in der angemessenen Beteiligung von Eltern und Kindern;

- in dem notwendigen Ausbalancieren der komplementären Aufgaben von Hilfe und Kontrolle

- und in der regelmäßigen Überprüfung der Hilfegewährung, mit der auch der Einsatz und die Steuerung finanzieller Ressourcen verbunden sind.

---

3   In diesem Zusammenhang verspricht ein neu eingerichteter Förderschwerpunkt des Bundesjugendministeriums zur Fortentwicklung des Hilfeplanverfahrens, in dessen Rahmen Ende 2002 ein größeres Forschungsprojekt begonnen hat, in naher Zukunft fundiertere Erkenntnisse und eine bessere empirische Basis zum Stand der Hilfeplanung (vgl. Pies/Schrapper 2003; Modellprogramm (Hg.) 2003. Weiterhin: www.hilfeplanverfahren.de oder www.dji.de/hpv.)

Diese Aspekte verweisen auf die Komplexität der mit der Hilfeplanung verbundenen Arbeitsprozesse, die nicht nur das konzeptionelle und methodische Handeln der Fachkräfte betreffen, sondern auch zentrale Organisationsmuster und Verfahrensregelungen innerhalb und zwischen den beteiligten Institutionen. In den zitierten Untersuchungen wurde bezüglich der Hilfeplanpraxis insbesondere Fragen der angemessenen Beteiligung von LeistungsadressatInnen (Sander 1996; Schefold 1998) sowie der Qualität von Hilfeplänen (Merchel 1998c; Becker 1999) Rechnung getragen. Die unzureichende Einbindung von Eltern und Kindern wird dabei sowohl auf Unsicherheiten in der methodischen Umsetzung dieser Anforderung gesehen als auch in einer fachlichen Haltung, die die Subjektstellung der Betroffenen und die hohe Bedeutung ihrer Selbstdeutungen und ihrer inneren Akzeptanz für fachliche Entscheidungen nicht ausreichend anerkennt. Hinsichtlich der Qualität von Hilfeplänen analysieren die qualitativ-inhaltsanalytisch orientierte Untersuchung von Merchel und die repräsentative strukturanalytische Untersuchung von Becker vor allem Mängel in der Dokumentation dessen, was KlientInnen über sich sagen bzw. was seitens der Fachkräfte von ihnen wahrgenommen und schriftlich dokumentiert wird. Merchel geht es dabei mehr um die individuell-fachliche Deutungs- und Planungskompetenz, Becker hebt stärker auf eine Vereinheitlichung der Hilfeplanformulare bzw. auf formale Gütekriterien für die Struktur von „guten" Hilfeplänen ab. Ergänzend zu den hier skizzierten Untersuchungen lassen eigene Erfahrungen aus Einzelfallberatungen mit Blick auf die Verstehens- und Deutungsprozesse im Rahmen der Hilfeplanung die Annahme zu, dass die Jugendhilfe drohende Eskalation familiärer Krisen z.T. sehr spät erkennt, die eigene unreflektierte Verstrickung in die Falldynamik das Fallverstehen maßgeblich behindert und die beteiligten Organisationen mit ihren Arbeitsweisen und Dynamiken zur Verschärfung von Problemlagen beitragen können.

Folgt man dieser Einschätzung, ergibt sich daraus die Schlussfolgerung, dass Kinder und ihre Familien nicht allein aus sich heraus „schwierig" werden, weil sie sich in krisenhaften Lebenslagen befinden, sondern dass auch die Jugendhilfe und ihre Kooperationspartner Anteil an dieser Entwicklung haben. Diese These soll in der Untersuchung anhand von Einzelfällen geprüft werden, weshalb der analytische Blick der Fallrekonstruktion sich gleichzeitig auf mehrere Ebenen bzw. fallbestimmende Systeme richten muss, die miteinander in Wechselwirkung stehen. Die Kinder- und Jugendhilfe bewegt sich fachlich in einem Spannungsfeld mit zumindest drei Eckpunkten, die von Flösser (1994: 30) als „Strukturmomente organisierter Sozialer Arbeit" bzw. als ihre „inhärenten Konstitutionsmomente" bezeichnet werden. Gemeint sind damit die zuständigen Institutionen, die Professionellen und die AdressatInnen der Jugendhilfe. Jugendhilfeforschung kann nun an einem dieser Pole ansetzen oder aber – wie in dieser Arbeit – den Versuch unternehmen, die wechselseitige Bedingtheit und die Dynamik zwischen ihnen in den Mittelpunkt der Analyse zu rücken.

Ziel ist dabei, leitende Wahrnehmungs-, Interpretations- und Handlungsroutinen der Professionellen in Abhängigkeit von ihrer Eingebundenheit in spezifische Organisationen zu rekonstruieren sowie ihre Bedeutung für die Falldynamik und die Entwicklung individueller Hilfegeschichten herauszuarbeiten. Vor diesem Hintergrund gilt es, mögliche „Fallstricke" in den professionellen Arbeitsweisen und Hilfestrukturen zu erkennen und schließlich konzeptionelle, fachlich-individuelle und organisationsspezifische Bedingungen und Anforderungen für ein qualifiziertes Fallverstehen und daraus folgende Interventionen zu entwickeln. Hier wird im systemtheoretischen Kontext auch der Frage nachzugehen sein, welche Ansatzpunkte sich für die Steuerung komplexer sozialer Systeme aus der Analyse ergeben. Grundsätzlich muss allerdings davon ausgegangen werden, dass diese Steuerungsmöglichkeiten begrenzt sind (vgl. Willke 1999, insb. Bd. II), d.h. Hilfeentscheidungen in ihrer Umsetzung und insbesondere ihrem Ausgang nicht linear planbar sind. Erreicht werden kann folglich bestenfalls (dies ist jedoch anzustreben!) eine Optimierung der Verstehens- und Deutungsprozesse und daraus resultierender Hilfeentscheidungen, indem durch die Untersuchung Potenziale erschlossen werden, die ihre Verbindlichkeit, Transparenz und Plausibilität maximieren können.

Zum Aufbau dieses Buches

Kapitel 1 stellt den theoretischen Bezugsrahmen dieser Arbeit dar. Nachgezeichnet und bewertet wird die fachliche Debatte um Fragen der Fallrekonstruktion, des Fallverstehens und der Diagnostik in der Sozialpädagogik. Indem ein Überblick über den wissenschaftlichen wie auch den stärker praxisbezogenen Diskurs gegeben und die Verbindung zum wesentlichen Bezugspunkt für Fallanalysen in der Jugendhilfe, d.h. zur Hilfeplanung, hergestellt wird, findet gleichsam eine praxisorientierte Verortung der Forschungsfragen statt.

In Kapitel 2 wird die methodologische Anlage der Untersuchung entfaltet. Dies beinhaltet neben der Begründung des qualitativen Zugangs auch die Benennung der untersuchungsleitenden Fragestellungen und Zielsetzungen. Ausgehend davon werden das konkrete Untersuchungsdesign, die Instrumente zur Erkenntnisgewinnung und das methodische Vorgehen im Forschungsprozess vorgestellt. Zentral sind hier die so genannten Fallkonsultationen als methodisches Instrument sowie die Erläuterung des theoretischen Modells für die Auswertung der Einzelfälle.

Die Kapitel 3 bis 5 stellen den Hauptteil der Untersuchung dar. Zwei systematische Rekonstruktionen von Einzelfällen stehen im Mittelpunkt (Kapitel 3 und 4), anhand derer die Prozesshaftigkeit von Hilfeverläufen, die In-

terdependenz von Hilfe- und Klientensystem und die Wirkung sozialpäda-
gogischer Interventionen aufgezeigt werden. Im Anschluss wird das weitere
Fallmaterial hinzugezogen und in seiner Gesamtheit auf die einzelfallüber-
greifende Bedeutung hin analysiert (Kapitel 5). Herausgearbeitet werden
Risikofaktoren für die Fallbearbeitung sowie leitende Handlungslogiken der
Hilfesysteme.

Auf der Grundlage der Fallrekonstruktionen werden schließlich in Kapitel 6
zentrale Schlussfolgerungen gezogen, die sich sowohl auf den theoretischen
Diskurs beziehen als auch auf die sozialpädagogische Praxis der Jugendhilfe. Inhaltlich beschäftigt sich das Kapitel dabei mit den offenen Fragen des
Fachdiskurses um Fallverstehen und Diagnostik, dem Fallbegriff, den methodischen Anforderungen an sozialpädagogisches Fallverstehen sowie der
Frage nach der systematischen Integration organisationsspezifischer Aspekte in fachliche Reflexionen und in die sozialpädagogische Forschung. In
dem beschriebenen Vorgehen versteht sich die Arbeit in Anlehnung an
Flösser u.a. (1998: 229 ff.) als Beitrag zu einer organisationsbezogenen Jugendhilfeforschung.

1. Fallverstehen und Diagnosen in der sozialen Arbeit – Theoretische Orientierungen, Konzepte und Verfahren

Der Versuch, die sozialen Problemlagen von Kindern und Familien möglichst genau wahrzunehmen, zu verstehen, zu deuten und zu beurteilen, hat in der Sozialpädagogik eine lange Tradition. Erste Ansätze für ein systematisches Fallverstehen finden sich bereits in den zwanziger Jahren des letzten Jahrhunderts in einem der ersten methodischen Lehrbücher zum Thema soziale Diagnosen von Alice Salomon (1926; dazu aktuell: Kuhlmann 2004). Dennoch galt in den Arbeitsfeldern der Sozialpädagogik das Fallverstehen oder die Diagnostik über Jahrzehnte als Domäne der Psychologie und der psychiatrischen Medizin, derer sich die Sozialpädagogik gerne bediente und mitunter immer noch bedient (vgl. Heiner 2001). Gründe hierfür liegen nach 1945 sicher auch in der historischen Erfahrung der sozialpädagogischen Profession, als nationalsozialistische Volkspflege mit sozialen und pädagogischen Beurteilungen zu sozialrassistischer Auslese und Vernichtung beigetragen und so die Aussonderungspolitik der NS-Diktatur gestützt haben.

In den darauf folgenden Jahrzehnten war das Thema von wechselvoller Bedeutung. Die Schwerpunkte sozialpädagogischer Methodenentwicklung haben nach dem 2. Weltkrieg lange Zeit auf einer mühevollen Wiederaneignung der Einzelfallberatung und der Gruppenarbeit gelegen. In den 1970er Jahren verdrängte dann die so genannte „sozialwissenschaftliche Wende" die klassischen Methoden und die Kasuistik. Die Bezugsfächer Soziologie und Psychologie wurden in ihrem Einfluss auf die Sozialpädagogik dominanter, die Objektivierbarkeit sozialer Situationen und der Versuch einer schematisierten Erfassung der „Wirklichkeit" führten dazu, dass die Traditionen der sozialarbeiterischen Einzelfallanalyse als gesellschaftlich affirmative Kunstlehre in Verruf gerieten (aktuell zusammenfassend: Hörster 2001). Die sozialpädagogische Verstehens- und Deutungsarbeit beschränkte sich in dieser Zeit vielfach auf die Adaptionen psychosozialer Diagnosen oder auf mehr oder weniger aufwändige Erhebungslisten und Kriterienkataloge.[4] Erst in den 1980er Jahren kam es im Kontext der Alltagswende in der Pädagogik und der damit verbundenen Orientierung an den konkreten Le-

---

4 Vgl. z.B.: Niedersächsischer Kultusminister: Richtlinien für die Erstellung psychosozialer Diagnosen (PSD), Runderlass vom 28.8.1976.

benswelten sowie angeregt durch die sich zunehmend etablierende Biographieforschung mit ihren stärker qualitativ- und subjektorientierten Forschungsansätzen zu neuen Anregungen für die Wiederbelebung und die Entwicklung eigenständig (sozial-)pädagogischer Deutungs- und Verstehenskonzepte (vgl. Jakob 1999; Mollenhauer/Uhlendorff 1992, 1995 und Uhlendorff 1997). Die Entwicklungen seit Beginn der 1990er Jahre lassen den Schluss zu, dass die fachliche Debatte über Fallrekonstruktionen, Fallverstehen und Diagnostik in der sozialen Arbeit, insbesondere im Handlungsfeld der Jugendhilfe, wieder und im Laufe der letzten Jahre zunehmend an Bedeutung gewonnen hat.

Zu unterscheiden sind dabei zwei Diskussionsstränge, die einander zwar punktuell berühren, insgesamt aber doch eigenständig verlaufen und bislang nur ansatzweise aufeinander bezogen wurden. Der wissenschaftliche Diskurs unter den Stichwort „rekonstruktive Sozialpädagogik" beschäftigt sich mit dem „Zusammenhang von rekonstruktiven-sinnverstehenden, qualitativen Forschungsmethoden und Sozialpädagogik" (Jakob/Wensierski 1997: 8). Einen expliziten Schwerpunkt in dieser Diskussion stellt die Frage dar, wie wissenschaftliche Methoden der Fallrekonstruktion für die Praxis der Sozialpädagogik nutzbar gemacht werden können. Parallel dazu verläuft eine eher praxisorientierte Debatte, die die Beschaffenheit angemessener Konzepte und Verfahren für Fallanalysen in der sozialpädagogischen Praxis in den Mittelpunkt rückt. Beide Diskurslinien und ihre wechselseitigen Berührungspunkte werden hier dargestellt.

1.1 Rekonstruktive Sozialpädagogik und ihr Beitrag zur Qualifizierung sozialpädagogischer Praxis

In der wissenschaftlichen Debatte um die rekonstruktive Sozialpädagogik, die wesentlich von Fritz Schütze (1993; 1994) angestoßen wurde und seit Mitte der 1990er Jahre verstärkt geführt wird, geht es zum einen um die kritische Diskussion einer fallrekonstruktiv orientierten Forschungspraxis, d.h. um die unterschiedlichen Ansätze einer auf Sinnverstehen angelegten Datenerhebung und -auswertung. Zum anderen werden vielerorts Überlegungen angestellt, wie wissenschaftlich etablierte Methoden der Fallrekonstruktion die Einzelfallarbeit und damit verbundene Verstehensprozesse im Alltag der Sozialpädagogik/Jugendhilfe bereichern und qualifizieren können. Während sich in dem Sammelband „Der sozialpädagogische Blick" von Rauschenbach u.a. aus dem Jahr 1993, der die Methodenfrage in der sozialen Arbeit in den Mittelpunkt stellt, nur einige Beiträge mit diesem Thema beschäftigen (z.B. Dörr; Schütze), widmen Jakob/Wensierski 1997 diesem gleich einen ganzen Sammelband mit dem Titel „Rekonstruktive Sozialpädagogik – Konzepte und Methoden sozialpädagogischen Verstehens in Forschung und Praxis". Gleiches gilt für Klaus Kraimer (2000), der in dem Buch „Die Fallrekonstruktion" Beiträge versammelt, die sich auf das Sinnverstehen in der sozialwissenschaftlichen Forschung beziehen und in denen fast durchgängig die objektive Hermeneutik Oevermann'scher Prägung als Forschungsinstrument dient (vgl. Kraimer 2000: 23 ff.). Die Bedeutung der wissenschaftlichen Verfahren für die Praxisvollzüge sozialer Arbeit werden hier jedoch weitgehend ausgeklammert. Neben diesen umfangreicheren Publikationen erschienen gegen Ende der 1990er Jahre eine Reihe von Einzelbeiträgen zum Thema in den einschlägigen Fachzeitschriften (z.B. Lüders 1999; Hanses 2000; Schreiber 2000) und kurze Zeit später in verschiedenen Handbüchern (z.B. Hörster 2001, 2002; Loch/Schulze 2002).

Unter dem Begriff der rekonstruktiven Sozialpädagogik werden von Jakob/Wensierski „theoretische Konzepte und methodische Anstrengungen" in der sozialen Arbeit subsumiert, „denen es um das Verstehen und die Interpretationen der Wirklichkeit als einer von handelnden Subjekten sinnhaft konstruierten und intersubjektiv vermittelten Wirklichkeit geht" (1997: 9). Dabei umfassen die Beiträge in dem erwähnten Sammelband die Beschreibung theoretischer Konzepte des Fallverstehens, die Vorstellung konkreter Verfahren aus der qualitativen Forschung im Kontext der Sozialpädagogik, Überlegungen zur beruflichen Einsozialisation in fallrekonstruktive Methoden und schließlich die Darstellung erprobter Ansätze der qualitativen Fallanalyse aus der sozialpädagogischen Praxis. Die unterschiedlichen Aufsätze verbindet die Intention, einen sinnverstehenden, interpretativen Zugang zu prinzipiell fremden Lebenswelten zu finden und die darin enthaltenen subjektiven Sinnstrukturen und Deutungsmuster, die auf der Basis sozialer und kultureller Wissenssysteme gebildet werden, zu analysieren und zu typisieren (vgl. Jakob/Wensierski 1997: 9 f.; Jakob 1999: 99 ff.). Biographien sind der zentrale Bezugspunkt dieser Konzepte und werden als soziale Konstrukte verstanden, welche den Subjekten Orientierungshilfen in ihrem gesellschaftlichen Umfeld geben und umgekehrt den gesellschaftlichen Einfluss auf die Subjekte offen legen (vgl. Loch/Schulze 2002). Nicht mehr das Expertenwissen der Fachkräfte soll den Blick auf den Fall maßgeblich leiten, sondern eine verstehende Perspektive, die sich an der „Sprache des Falls" (Gildemeister/Robert 1997: 35) orientiert. Als Gegenstandsbereiche fallrekonstruktiver Arbeit werden in diesem Zusammenhang sowohl „soziale Räume" und „soziale Handlungen" als auch „soziale Prozesse im Kontext sozialpädagogischer Themen und Handlungsfelder" benannt (Jakob/Wensierski 1997: 9), wobei die methodischen Zugänge zu diesen Forschungsgegenständen in den einzelnen Konzepten differieren. Im Anschluss an die theoretische Entfaltung des Konzeptes der rekonstruktiven Sozialpädagogik als „empirisch sozialwissenschaftliche Sozialpädagogik" (ebd.: 9) werden drei Handlungsebenen voneinander abgegrenzt, auf denen fallrekonstruktive Arbeit stattfinden kann: die Ebene der wissenschaftlichen Forschung und Fallrekonstruktion, die handlungsbezogene Reflexion sozialpädagogischer Praxis durch Wissenschaft und SozialpädagogInnen und die professionelle Reflexion der Praxis durch die sozialpädagogischen Fachkräfte im beruflichen Alltag selbst. Dabei wird mit dem Konzept in Aussicht gestellt, dass der sozialpädagogischen Praxis durch die Implementation von ggf. zu vereinfachenden Forschungsmethoden insbesondere zu einer höheren Reflexivität und Handlungsrationalität und damit zu einer Stärkung der disziplinären Professionalität verholfen werden kann. Voraussetzung dafür ist, plausible Abkürzungsstrategien für die soziale Praxis bezüglich der methodisch (zeit-)aufwändigen Verfahren qualitativer Sozialforschung zu entwickeln. Dies wird aus Sicht der Wissenschaft als die wesentliche Herausforderung beschrieben. Auffällig bei der Lektüre der verschiedenen Beiträge ist, dass von eben diesen Praxisvollzügen und ihrer Beschaffenheit keine Rede ist. Weder bei der Frage, was der Fall ist, noch in den Überlegungen, wie qualitative Forschungsmethoden und sozialpädagogisches Alltagshandeln zueinander passen, spielen die fachliche und die institutionelle Seite professionellen Handelns eine bedeutsame Rolle. Bei der „Fallformung" wird sie darauf reduziert, dass sie den Gegenstandsbereich der Fallrekonstruktion durch die Kriterien ihres gesetzlichen und institutionell gesicherten Auftrages in einem so genannten „Transformationsprozess" mitbestimmt (vgl. z.B. Gildemeister/Robert 1997: 32 ff.). In der Forderung nach Abkürzungsstrategien wird lediglich der Zeitfaktor als zu bewältigendes Problem benannt.

An diesem Punkt setzt Christian Lüders an, der das „Programm der rekonstruktiven Sozialpädagogik" einer systematischen und kritischen Reflexion unterzieht (Lüders 1999). Lüders kritisiert, dass mit dem Etikett der rekonstruktiven Sozialpädagogik unterschiedliche Ideen und Forschungskonzepte vorschnell und verheißungsvoll zusammengefasst werden, die zwar alle darauf zielen, die Professionalität der Praxis durch wissenschaftlich etablierte Verfahren und eine spezifische Erkenntnishaltung zu erhöhen, die jedoch eklatante Unterschiede in der „Konstitution ihres Gegenstandes" (ebd.: 205) und in ihrem methodischen Verständnis aufweisen. Was jedoch, so argumentiert Lüders, das konkrete Gegenstandsfeld rekonstruktiver Analysen ist (z.B. die gesamte Lebenswelt von AdressatInnen oder individuelle Biographien oder spezifische Lebensthemen und Erleidensprozesse) und ob methodisch von einer unmittelbaren Anwendbarkeit der Forschungsmethoden in der Praxis ausgegangen wird oder von der prinzipiellen Nützlichkeit eines ethnographischen Habitus, zieht für den Praxistransfer der Ansätze erhebliche Unterschiede nach sich. Denn je nach fachlicher Positionierung zu diesen Aspekten müssen die Antworten darauf, was auf welchem Weg und mit welchen Instrumenten erkannt und verstanden werden soll, unterschiedlich ausfallen. Eine weitere Annahme, die die unterschiedlichen Ansätze der rekonstruktiven Sozialpädagogik miteinander verbinden soll, wird ebenfalls von Lüders infrage gestellt: die „These von der Wahlverwandtschaft" (ebd.: 209). Obwohl alle Ansätze von einer grundsätzlichen Differenz zwischen Forschung und Berufspraxis ausgingen, würde diese durch eine Reihe von konstatierten Ähnlichkeiten, die die so genannte Wahlverwandtschaft begründen, gleichsam wieder relativiert. Argumentativ angeführt würden seitens der rekonstruktiven Sozialpädagogik in diesem Kontext z.B. die gemeinsame Basis von rekonstruktiver Forschung und sozialpädagogischer Praxis, Verstehensprozesse in den Mittelpunkt der Arbeit zu rücken, sich mit Biographien auseinander zu setzen und eine im Kern ähnliche, und zwar ethnographische Erkenntnishaltung einzunehmen. Dass diese Aspekte in der konkreten Ausprägung des jeweiligen Referenzrahmens allerdings eine sehr unterschiedliche Bedeutung haben, erläutert Lüders im Anschluss Schritt für Schritt. Seine Argumentation läuft im Kern auf zwei grundlegende Kritikpunkte hinaus. Zum einen blende die rekonstruktive Sozialpädagogik konstitutive Strukturmomente sozialpädagogischer Handlungsvollzüge aus, d.h. prägende Handlungslogiken, Wissensbestände und institutionelle Rahmenbedingungen würden nicht problematisiert. Zum anderen werde die grundlegende Differenz zwischen Wissenschaft und Praxis zu sehr verwischt und somit in ihrer Bedeutung missachtet (vgl. ebd.: 212; aktueller dazu: Hubbertz 2002). Geht es in wissenschaftlichen Analysen um eine auf Erkenntnisgewinn und Theorieentwicklung zielende und von konkreten Entscheidungs- und Handlungsdruck weitgehend entlastete Fallanalyse, so muss die Fallanalyse der sozialpädagogischen Praxis eine für HilfeadressatInnen akzeptable Lösung ihrer Schwierigkeiten anstreben, was sich i.d.R. unter hohem Handlungsdruck, vor dem Hintergrund gesetzlicher Grundlagen und Aufgaben sowie eingebunden in den jeweils spezifischen Institutionenzweck vollzieht. Diese eklatanten Unterschiede gelte es sowohl im Sprachgebrauch und in den theoretischen Setzungen zu berücksichtigen als auch in den Qualitätskriterien, denen eine Fallanalyse im jeweiligen Handlungskontext genügen müsse.

Aufgrund dieser Einschätzungen zieht Lüders das Fazit, dass „die bisher vorliegenden Vorschläge [der rekonstruktiven Forschung] das Problem" verfehlen, „weil sie die institutionelle Seite sozialpädagogischen Handelns weitgehend ausblenden bzw. auf das Problem der Abkürzung von Forschungsverfahren reduzieren" (ebd.: 217). Entwicklungspotenzial für den theoretischen Diskurs sieht er allerdings in der Verknüpfung der zwei Debatten, die die Diskussionen der sozialen Arbeit in den letzten Jahren maßgeblich geprägt haben. Gemeint ist die Zusammenführung von rekonstruktiver Sozialpädagogik und Dienstleistungsdebatte (zu Letzterer vgl. z.B. Schaarschuch u.a. 2001; Flösser/Otto 1996; Flösser 1994; Otto 1991). Denn beide Diskussionslinien repräsentieren jeweils einen der Pole, die im sozialpädagogischen Fallverstehen zusammengeführt werden müssten. Wird mit der Dienstleistungsorientierung in der sozialen Arbeit die Frage nach einer fachlich möglichst angemessenen Gestaltung institutioneller Strukturen und Arbeitsprozesse verbunden, so geht es in der rekonstruktiven Sozialpädagogik um das Verstehen von individuellen Lebensvollzügen in einem sozialen Kontext. Zusammengeführt ermöglichen beide Diskussionsstränge folglich einen Fallbegriff, der biographische und institutionelle Aspekte miteinander verknüpft.

Mit Bezug auf diese Argumentation von Lüders führt Andreas Hanses in einem nicht publizierten Vortrag (Hanses 2001) die Überlegung zur Zusammenführung der beiden Diskurse auf theoretischer Ebene fort. In Auseinandersetzung mit der Dienstleistungsdebatte zeigt er, dass diese zwar die „sich wandelnden Problemlagen und Bedürfniskonstellationen der AdressatInnen" in den Mittelpunkt rückt (ebd.: 2) und die Professionellen in der Rolle von „Ko-Produzenten" sozialer Dienstleistungen sieht, dass die Steuerung der eigenen Lebensvollzüge aber gerade in schwierigen Lebenssituationen von den AdressatInnen nicht immer eigenständig und ausreichend wahrgenommen werden kann. Auf Seiten der Professionellen sei es deshalb für die Unterstützung der AdressatInnen in ihrer Rolle als ProduzentInnen eigener Handlungsoptionen erforderlich, einen methodisch gesicherten Zugang zu den biographischen Sinnkonstruktionen der AdressatInnen zu entwickeln, um institutionelle Angebote eröffnen zu können, die an ihre Sinnhorizonte anschließen und so erfolgreich sein können: „Es bedarf einer Passung zwischen dem Bedarf, den Sinnhorizonten und den Erfahrungen der AkteurInnen mit den Interaktionsstrukturen der Institutionen, damit die Subjekte Produzenten personenbezogener Dienstleistungen werden" (ebd.: 3). Mit dieser Argumentation versucht Hanses zu begründen, dass sich die Dienstleistungsdebatte stärker als bislang mit den realen Kompetenzen von Menschen in Krisensituationen auseinander setzen und danach fragen muss, ob die Konzepte professionellen Verstehens und Handelns ausreichen, die subjektiven Sinnkonstruktionen von AdressatInnen zu erfassen und diese darin zu unterstützen, ihre Umwelt in begrenztem Rahmen als gestalt- und veränderbar zu erfahren. In ähnlicher Weise entwickelt Hanses für die rekonstruktive Sozialpädagogik die Einschätzung, dass diese zwar eine qualitativ neue, verstehende Perspektive auf einen Fall eröffnet, mit der die „Komplexität, Kontextualität, Situativität als auch die Konkretheit und die Eigensinnigkeit des Falles zu erfassen ist" (ebd.: 6), die aber dem institutionellen Kontext professioneller Praxis zu wenig Rechnung trägt. Als Begründung für diese Bewertung werden Ergebnisse eines eigenen Forschungsprojektes angeführt, die als ein wesentliches Problem für die Implementierung qualitativer Verfahren des Verstehens den damit verbundenen Widerstand der Professionellen gegen verunsichernde Veränderungen benennen (vgl. Hanses/Börgartz 2001). Wesentliche Verunsicherungen der Fachkräfte liegen demnach in der Veränderung der bislang vorherrschenden Interaktions- und Kommunikationsordnung zwischen Fachkräften und HilfeadressatInnen und in der Bedrohung professioneller Habitualisierungen, die mit der konsequenten Anwendung qualitativer Verfahren des Verstehens einhergehen. Aufgrund dieser Erkenntnisse zieht Hanses auch für die rekonstruktive Sozialpädagogik das Fazit, dass diese eindimensional auf das Verstehen von Biographien ausgerichtet sei, Aspekte der Institutionalisierung und der organisationsstrukturellen Bedingungen aber außen vor lasse.

Aufgrund der Feststellung, dass beide angeführten theoretischen Diskurse zu kurz greifen, hält Hanses es in Anlehnung an Lüders (1999) für notwendig, eine integrative Debatte der Diskussionslinien systematisch voranzutreiben. Dies könne seiner Einschätzung nach gelingen, wenn die Begriffe „Biographie" und „Institution" in ihrer wechselseitigen Bezogenheit stärker theoretisch entwickelt und so die Dichotomie von Individuum und Organisation aufgelöst würde (vgl. ebd.: 9 ff.). Inwiefern diese Überlegungen in die weitere Theoriedebatte eingehen und von Bedeutung sein werden, ist derzeit noch nicht absehbar. Bezogen auf die leitende These der hier vorgelegten Forschungsarbeit, die besagt, dass auch die Arbeitsweisen und Dynamiken des Hilfesystems, d.h. die institutionelle Seite sozialpädagogischen Handelns, maßgeblich zur Vervielfachung von sozialen Problemlagen beitragen können, beinhalten sie allerdings ein hohes Anregungspotenzial und weisen viele Anknüpfungspunkte auf.

Mit Blick auf den hier nachgezeichneten Diskurs über die rekonstruktive Sozialpädagogik lässt sich die Schlussfolgerung ziehen, dass dieser kaum Berührungspunkte zu den praxisbezogenen Diskussionen in der Sozialpädagogik/Jugendhilfe hat. Gleiches gilt auch für Letztere in umgekehrter Richtung. Die theoretischen Reflexionen laufen weitgehend getrennt voneinander, was sicherlich auch damit zu tun hat, dass die eine Diskussion eher von VertreterInnen der Biographieforschung geführt wird, die andere von VertreterInnen an der Schnittstelle von Wissenschaft und Praxis. Denkbar wäre, dass sich hier durch die Zusammenführung von Dienstleistungsdebatte und rekonstruktiver Sozialpädagogik neue und wechselseitige Entwicklungsmöglichkeiten ergeben.

1.2 Die praxisbezogene Debatte über sozialpädagogisches Fallverstehen und Diagnosen

1.2.1 Aktualität des Themas und „Begriffsstreit"

Fallverstehen im Alltag sozialer Arbeit und im Einzelfall zielt gegenüber wissenschaftlichen Fallrekonstruktionen immer auf die Prognose zukünftiger Entwicklungen und damit verknüpfter fallbezogener Zielsetzungen, auf pädagogische Aufgabenstellungen und unterstützende Interventionen sowie in vielen Fällen auf administrative Entscheidungen. Die praxisbezogenen Diskussionen über angemessene sozialpädagogische Konzepte, um die Lebenssituationen von HilfeadressatInnen zu verstehen und zu beurteilen, sind in diesem Kontext zu Beginn der 1990er Jahre insbesondere durch die Arbeiten von Klaus Mollenhauer und Uwe Uhlendorff (1992, 1995) sowie von Burkhard Müller (1993) neu angestoßen worden und beziehen sich vor allem auf das Feld der Jugendhilfe. Die verbindende Zielsetzung dabei war es, sozialpädagogische Entscheidungsprozesse methodisch gesicherter zu gestalten und Beurteilungen fundierter und nachvollziehbarer zu begründen. Neben diesen Bestrebungen begründeten maßgeblich das Inkrafttreten des Kinder- und Jugendhilfegesetzes und die darin festgeschriebenen Regelungen zur Hilfeplanung gem. § 36 KJHG den Bedarf an fallanalytischen und fallverstehenden Instrumenten und Kompetenzen, um dadurch einen sinnverstehenden Zugang zu der Geschichte, den Lebenswelten und den handlungsleitenden Orientierungen der HilfeadressatInnen zu finden. Zudem wird in den aktuellen Diskussionen über die Aufgaben Sozialer Arbeit – von der Begründung gezielter Bildungsförderung im Kindesalter über die Indikation für besondere Hilfearrangements bis zur Beurteilung der Entwicklungsperspektiven eines jugendlichen Straftäters – die zentrale Funktion einer präzisen (sozial-)pädagogischen Beurteilung und/oder Diagnostik immer wieder betont (vgl. Heiner 2004). Eine eigenständige sozialpädagogische Urteilsbildung erscheint nicht zuletzt für die gelingende Kooperation mit den Nachbarprofessionen, z.B. der Psychiatrie oder der Justiz, eine unverzichtbare Grundlage. Und schließlich zwingen auch die Qualitätsdebatte sowie der steigende Kostendruck in Kommunen zur Legitimation kostenintensiver Maßnahmen und zu effizientem, zielorientiertem Arbeiten.

Vor diesem Hintergrund gibt es in der Jugendhilfe mittlerweile eine facettenreiche Debatte über Fallverstehen, Diagnosen und die angemessene Bezeichnung für das, was sozialpädagogische Fachkräfte tun, wenn sie versuchen, grundlegende Einschätzungen und Erkenntnisse für ihr berufliches Handeln zu gewinnen. Neben den oben erwähnten Publikationen ist insbesondere in den letzten fünf Jahren eine Vielzahl an Veröffentlichungen zum Thema erschienen (vgl. z.B. Peters 1999; Ader u.a. 2001; Heiner 2001; Fröhlich-Gildhoff 2002; Kling-Kirchner 2002; Thimm 2002; Uhlendorff 2003; Merchel 2003; Sozialistisches Büro Offenbach (Hg.), 2003; Zimmermann-Freitag 2003; Heiner 2004; Krumenacker 2004 und gerade erst Heiner (Hg.) 2004 und Schrapper (Hg.) 2004). Der über lange Jahre in der Sozialpädagogik verrufene Begriff der Diagnose wird wieder offensiv verwendet, und es finden bundesweite Fachtagungen unter dieser Überschrift statt, wenngleich das klinisch anmutende Vokabular nach wie vor umstritten ist (vgl. Langhanky 2004, Zeitschrift „Widersprüche" 2003, Merchel 2003). MitstreiterInnen im fachlichen Diskurs und Fachkräfte aus der Praxis orientieren sich entweder stärker an der (sozial-)pädagogischen oder an der psychologischen Disziplin, was anhand der genutzten Begrifflichkeiten allerdings nicht klar zu erkennen ist. Sozialpädagogische Diagnosen, psychosoziale Diagnostik, pädagogische Diagnostik, narrativ-biographische Diagnostik, ethnographische Fallarbeit, kollegiale Beratung und Fallverstehen sind nur einige der Stichworte, die die Diskussion bestimmen und deren Unterschiede und auch Parallelen erst deutlich werden, wenn die damit umschriebenen Ansätze inhaltlich konkretisiert werden. Hinzu kommt die

Schwierigkeit, dass der Begriff der Diagnose sowohl für das Ergebnis als auch für die Prozesse bzw. die Tätigkeiten der Analyse und Bewertung benutzt wird.

Die beiden skizzierten Grundrichtungen werden in der fachlichen Debatte häufig polarisierend mit den Begriffen der „Diagnose" bzw. des „Fallverstehens" belegt und scharf voneinander abgegrenzt. Die VertreterInnen des Diagnosebegriffs versprechen sich von entsprechenden Instrumenten eine größere Objektivität sozialpädagogischer Beurteilungen sowie eine stärkere Akzeptanz der Profession durch die Bezugssysteme Medizin/Psychiatrie und Justiz. Die KritikerInnen sehen darin den Versuch, die Vieldeutigkeit sozialer Problemlagen unangemessen zu reduzieren und den professionellen Umgang mit Unsicherheiten nicht selbstbewusst als eigenständige sozialpädagogische Kompetenz gegenüber anderen Disziplinen zu vertreten. In dieser Auseinandersetzung spiegelt sich gleichzeitig die seit Beginn der 1990er Jahre geführte Kontroverse um die Kernfrage „Aushandlung oder Diagnostik?" im Kontext der Hilfeplanung gem. § 36 KJHG. Als zentralen Gegenstand dieser Auseinandersetzung beschreibt Merchel die Frage, „mit welchem grundlegenden Verständnis man sich der Hilfeplanung nähern sollte und welche innere Haltung von Fachkräften diesem Prozess gegenüber angemessen und förderlich ist" (Merchel 1999: 76). Merchel und Schrapper als zwei führende Vertreter des Aushandlungsparadigmas (vgl. z.B. ISA 1994; Merchel 1999) vertreten die Position, dass sozialpädagogische Problemkonstellationen immer mehrdeutig sind. Es gebe keine klare Zuordnung von Ursache und Wirkung sowie von Problem und Lösung, und deshalb seien sozialpädagogische Entscheidungen nicht personen- und kontextunabhängig operationalisierbar. Demzufolge müsse eine „geeignete und notwendige" Hilfe jeweils im gemeinsamen Aushandlungsprozess mit den AdressatInnen entwickelt werden, in dem es vor allem um das Zusammenführen und Vermitteln unterschiedlicher Sichtweisen der „Wirklichkeit" gehe, die in eine Hypothesenbildung darüber münden, welches Unterstützungsangebot hilfreich und auch für die AdressatInnen akzeptabel sein könne. Demgegenüber wird insbesondere von Harnach-Beck (1997; 1999), Maas (1997) und Petermann (1995), die Position vertreten, dass die Grundbedingung für eine erfolgversprechende Hilfeplanung eine fundierte fachliche Diagnose sei, die eine „Sachverhaltsaufklärung" anstrebe und auf dem regelgeleiteten Sammeln und Strukturieren von Informationen, d.h. einer umfangreichen Datenermittlung, fuße. Diese möglichst genaue Ursachenerfassung bzw. Diagnose bilde dann die Basis für die Feststellung des „erzieherischen Bedarfs" und die größere Zielgenauigkeit von Interventionen. Anspruch ist dabei, dass „der Befund unabhängig von der Fachkraft ausfallen" muss (Becker/Petermann 1997: 259).

Einen Versuch, diese ausgeprägte und z.T. unproduktive Polarisierung aufzulösen, liefert ein Beitrag von Ulrike Urban in der „neuen praxis" aus dem Jahr 2001 (Urban 2001). Hilfeplanung wird hier als strukturell widersprüchlicher Prozess zwischen Eingriff und Unterstützung, Hilfe und Kontrolle, individueller Lebensgestaltung und Integrationsanforderungen der Gesellschaft sowie zwischen subjektiver Befindlichkeit und professionellen Standards entwickelt. Nimmt man, so die Argumentation, diese Widersprüche und die damit verbundenen professionellen Aufgaben ernst, so gehören folglich sowohl die Diagnose – als fachliche Beurteilung auf der Grundlage des verfügbaren Professionswissens – als auch die Aushandlung – als gemeinsam entwickelte Situationsdeutung von Professionellen und Betroffenen – zu den Anforderungen an die Gestaltung des Hilfeplanprozesses. Denn auch sie bilden den Widerspruch ab bzw. den zweideutigen Auftrag der Jugendhilfe zwischen sozialstaatlicher Hilfeleistung für individuelle Problemlagen einerseits sowie der Kontrolle von familiärer Erziehung und dem Einsatz öffentlicher Mittel andererseits: „Hilfeplanung muss sowohl dem individuellen Fall als Einzelfall gerecht werden als auch Bezug nehmen auf normative Systeme. ... Hilfeplanung erfordert, regelhaftes normatives Wissen anzuwenden und sich gleichzeitig der Begrenztheit und Bedeutung dieses Wissens bewusst zu sein. Und sie erfordert genauso, Betroffene weitreichendst zu beteiligen und ihren Vorstellungen zu folgen, ohne dabei die eigene Fachlichkeit aufzugeben" (Urban 2001: 399/400; ebenso Müller, C.W. 2002).

Hinsichtlich der angemessenen Bezeichnungen für fallanalytische Tätigkeiten in der sozialen Arbeit generell schlägt Maja Heiner in einem Handbuchartikel aus demselben Jahr (Heiner 2001) in ähnlich verbindender Intention vor, die scharfe Abgrenzung sozialer Arbeit von der Psychologie/Psychiatrie und deren Diagnostik zu überdenken. Zum einen verweist sie auf neuere Entwicklungen in der Medizin, „die unter dem Einfluss salutogenetischer Modelle zu einer stärkeren Berücksichtigung psychosomatischer Zusammenhänge und sozialer Einflussfaktoren gelangt ist", zum anderen enthalte die Breite psychologischer Diagnostikansätze, die nicht „mit Testdiagnostik ... und mit Klassifikationen nach standardisierten Diagnoseschlüsseln gleichzusetzen" sei, durchaus Anregungspotenzial für die Sozialpädagogik (Heiner 2001: 253). Beispielsweise sei die Differenzierung zwischen der Selektions- bzw. Klassifikationsdiagnostik und der Modifikationsdiagnostik hilfreich, da diese Diagnoseformen unterschiedliche Funktionen analytischer und verstehender Tätigkeiten abbilden würden, die auch für die soziale Arbeit zuträfen. In Kenntnis und zugleich in Abgrenzung oder Ergänzung zur Diagnostik in anderen Disziplinen müsse die soziale Arbeit auf der Basis sozialpädagogischer Grundorientierungen „eigene, spezifisch sozialpädagogische Ansätze der Diagnostik" entwickeln (ebd.: 254). In der Intention, den Diagnosebegriff für die Sozialpädagogik positiv zu besetzen, arbeitet Heiner vier zentrale Prinzipien heraus, an denen sich eine psychosoziale Diagnostik orientieren müsse:

Prinzipien psychosozialer Diagnostik	
1. Partizipative Orientierung	3. Mehrperspektivische Orientierung
– dialogisch	– konstruktivistisch
– aushandlungsorientiert	– multidimensional
– beteiligungsfördernd	– historisch/biographisch
2. Sozialökologische Orientierung	4. Reflexive Orientierung
– interaktionsbezogen	– rekursiv
– umfeldbezogen	– informationsanalytisch
– infrastrukturbezogen	– beziehungsanalytisch
	– falsifikatorisch

Abb. 1: Prinzipien psychosozialer Diagnostik nach Heiner (2001: 256)

Im Rahmen der Systematisierung bestehender Konzepte wird schließlich eine Unterscheidung dieser Ansätze anhand ihrer jeweiligen Funktion im Hilfeprozess entwickelt, wobei psychosoziale Diagnostik nach Heiner je nach Zeitpunkt im Hilfeprozess als „(1) Orientierungsdiagnostik, (2) Beschlussdiagnostik und (3) Gestaltungsdiagnostik" fungieren kann (ebd.: 258). Erstrebenswert wäre aus ihrer Sicht die Weiterentwicklung einer auf typische Interventionssituationen bezogenen Modifikationsdiagnostik (vgl. Heiner 2001: 263). Gemeint ist damit die Beschreibung typischer Interaktionen zwischen Fachkräften und KlientInnen und deren Verknüpfung mit spezifischen Interventionsformen und Interventionshaltungen. Als diesbezüglich richtungsweisend wird auf ein solches Modell aus dem Arbeitsfeld eines Sozialpsychiatrischen Dienstes verwiesen (vgl. Armbruster 1998).

Für das konkrete Anwendungsfeld der Jugendhilfe bzw. für den sozialpädagogischen Alltag erscheint mir in der Diskussion ein weniger dogmatischer Umgang mit den Begriffen „Fallverstehen" und „Diagnose" von Nutzen, der die bestehenden Unterschiede nicht negiert, sich aber stärker den Inhalten hinter diesen Etiketten zuwendet. Für treffender und klarer bezogen auf die Komplexität von Lebenssituationen und Problemlagen und die damit verbundenen strukturellen Unsicherheiten sozialpädagogischer Einschätzungen halte ich den Begriff des Fallverstehens im Sinne der fachlichen Analyse und Beurteilung sozialer Situationen. Gründe dafür sind im fachlichen Diskurs vielfach und ausführlich beschrieben worden (vgl. z.B. Merchel 2003, Hansbauer/Schnurr 2002: 81; Merchel 1999; Köttgen 1999). Allerdings birgt die Bezeichnung „Fallverstehen" den Nachteil, die fachliche Aufgabe der Beurteilung von Lebenssituationen eher zu Gunsten des verstehenden Teils professioneller Arbeit mit AdressatInnen in der Einzelfallarbeit auszublenden. D.h. dem Spannungsfeld von Unterstützung und Kontrolle in der Jugendhilfe wird der Begriff des Fallverstehens nicht ausreichend gerecht. Weiterhin besteht die Gefahr, dass der Begriff in der Verständigung mit anderen, insbesondere mit Nachbardisziplinen, nicht in seiner methodischen Dimension und als fachliche Expertise sozialpädagogischen Handelns gesehen wird, sondern dass „Fallverstehen" schnell mit einer alltagsweltlichen Vorstellung von Verstehen gekoppelt und damit auch als unprofessionell abgewertet wird (vgl. aktuell Merchel 2003). Vor diesem Hintergrund erscheinen mir (mit einer Präferenz für Ersteren) sowohl der Begriff des Fallverstehens als auch der der Diagnose für die Handlungszusammenhänge der Sozialpädagogik/Jugendhilfe nur begrenzt tauglich. Sie bedürfen in ihrer Anwendung jeweils der Erläuterung dessen, was damit gemeint ist. Darüber hinaus ist es erforderlich und sinnvoll, weiter nach einer treffenderen Begrifflichkeit für die Prozesse sozialpädagogischen Verstehens und Beurteilens zu suchen.[5]

Für die Theorieentwicklung ist der Streit um die „richtigen" Bezeichnungen m.E. allerdings wichtig und notwendig, weil dadurch Begriffe geschärft und Positionen weiterentwickelt werden, die sich wieder auf die Praxis auswirken. Polarisierungen sind (zeitweise) notwendig, um analytische Klarheit zu gewinnen, in der Auseinandersetzung zu inhaltlichen Konkretisierungen zu kommen sowie mögliche Konfliktlinien und Ambivalenzen aufzudecken. Für den vorstehend skizzierten Streit ist z.B. die Frage von hoher Bedeutung, ob nicht auch ein „sozialpädagogisch weichgespülter" Diagnosebegriff und die Verwendung entsprechender Kriterien und Klassifikationen dazu dient, institutionelle Definitionsmacht zu sichern oder – quasi durch die Hintertür – die allseits geforderte AdressatInnenorientierung wieder auszuhebeln. Über diese und andere Fragestellungen wird noch weiter zu streiten sein.

1.2.2 Verfahren und Konzepte praxisbezogener Fallanalyse

Die fachlichen Diskussionen um die „richtigen" Begriffe gehen einher mit der Erarbeitung von Konzepten praxisbezogener Fallanalyse, die zum Teil im Kontext der direkten Beratung sozialpädagogischer Praxis entwickelt wurden, zum anderen aus dem Versuch, wissenschaftlich etablierte Verfahren der Fallrekonstruktion in die Praxis zu transformieren (vgl. im Überblick Jakob/Wensierski 1997; Peters 1999; Ader/Schrapper/Thiesmeier 2001).

Grundlegende Gedanken zu einer multiperspektivischen Fallarbeit veröffentlichte in diesem Zusammenhang Burkhard Müller (1993). Ihm geht es

---

5 Einen neuen Vorschlag liefern Heiner/Schrapper mit der Einführung des Begriffs „diagnostisches Fallverstehen" (Heiner/Schrapper 2004). Auf diese gerade erst veröffentlichten Überlegungen wird im Schlusskapitel der Arbeit Bezug genommen.

allerdings nicht nur um die Arbeitsphase des Fallverstehens, sondern um den gesamten Prozess der Einzelfallbearbeitung, für die er ein „flexibles Sortierschema" entwickelt hat. Dieses bietet einen Orientierungsrahmen, der unabhängig von einzelnen Arbeitsfeldern als gemeinsamer „Sockel sozialpädagogischer Handlungskompetenz" (Müller 1993: 10) betrachtet werden kann und die möglichen Perspektiven auf einen Fall zusammenzufassen sucht:

Arbeitsphasen:	Handlungsleitender Wissenstypus:		
	Fall von ... (sachbezogenes Wissen)	Fall für ... (Verweisungswissen)	Fall mit ... (Beziehungswissen)
1. Anamnese			
2. Diagnose			
3. Intervention			
4. Evaluation			

Abb. 2: „Flexibles Sortierschema" für die Fallbearbeitung nach Müller (1993)

Das Raster basiert auf der Annahme, dass sozialpädagogisches Beobachten und Handeln in einer „zweidimensionalen Matrix" (Müller 1997: 212) beschreibbar ist, in der sich der sequenzielle Prozess der Fallbearbeitung sowie die drei unterschiedlichen Wissenstypen, die für die Bearbeitung der einzelnen Handlungsschritte prinzipiell notwendig sind, abbilden. „Kompetentes sozialpädagogisches Handeln [verknüpft] in wechselnden Anteilen immer drei Arten fallbezogenen Wissens miteinander, die je für sich als Betrachtungsstandpunkt benutzt werden können" (Müller 1997: 212f.). In Anlehnung an Klatetzki (1993) hält er den Aspekt, „zu wissen, was man tut", für eine der wesentlichen professionellen Kompetenzen und zielt mit dem Sortierschema darauf, dem pädagogischen Handeln zu größerer Reflexivität und Nachvollziehbarkeit zu verhelfen. Für die einzelnen Arbeitsphasen der Fallarbeit werden dabei keine konkreten Methoden vorgegeben, wohl aber Leitfragen und Arbeitsregeln, die die einzelnen Handlungsschritte anleiten sollen. Mit dem skizzierten Ansatz liegt Müller quer zu den nachfolgend vorgestellten Konzepten, die sich auf die Tätigkeit des Fallverstehens bzw. der Diagnose konzentrieren. Der Ertrag seiner Überlegungen liegt m.E. in der übergreifenden Systematik für sozialpädagogisches Handeln und in der sorgfältigen Differenzierung unterschiedlicher Zugänge zu einem Fall. Dies ermöglicht eine multiperspektivische Fallarbeit, die der Vielfalt von Lebenswirklichkeiten Rechnung trägt und einen höheren Grad an Bewusstheit und Reflexion hinsichtlich des professionellen Handelns herstellen kann. Weiterhin nimmt Müller eine sozialpädagogische Neuinterpretation der klinischen Bedeutungszuschreibungen für die Begriffe Anamnese und Diagnose vor, um diese für sozialpädagogisches Handeln nutzbar zu machen. Gut zehn Jahre nach der Erstveröffentlichung seiner Überlegungen lässt sich bilanzieren, dass diese als Standardwerk in die Ausbildung von Studierenden eingegangen sind und auch im theoretischen Diskurs stets Bezug darauf genommen wird, dass sein Modell in der Praxis jedoch nur ansatzweise genutzt wird. Ein Grund dafür mag sein, dass mit dem Konzept weder konkrete „Diagnosemanuale" geliefert werden noch ein unmittelbar umzusetzendes Verfahren verbunden ist.

Bezogen auf die konkrete Arbeitsphase des Fallverstehens bzw. der Diagnostik und die damit verbundenen Diskussionen über relevante Konzepte sind vor allem die nachfolgenden, umfangreicher entwickelten Ansätze des Verstehens der Diagnostik zu nennen, die in unterschiedlicher Intensität Eingang in den Alltag der Jugendhilfe gefunden haben.[6] Sie werden hier nur in einem tabellarischen Überblick dargestellt, im Anschluss werden eine zusammenfassende Beschreibung der zentralen inhaltlichen Orientierungen sowie eine vergleichende Bewertung vorgenommen.

Konzept:	*Zentrale Aspekte des Ansatzes:*
Uwe Uhlendorff Klaus Mollenhauer: Sozialpädagogische Diagnosen	*Grundannahmen:* • sozialpädagogisch-hermeneutisches Diagnoseverfahren, dessen diagnostische Grundlage Selbstdeutungen junger Menschen sind • theoretischer Hintergrund: Entwicklungsaufgabenkonzept nach Havighurst und dessen Weiterentwicklung durch die amerikanischen Psychologen R. Kegan und R. Selman
(Lit.: Mollenhauer/ Uhlendorff 1992, 1995; Uhlendorff 1997; im Überblick z.B. Uhlendorff 1997, 1999. Zu Erfahrungen mit	• Konzept besagt, dass junge Menschen Entwicklungsaufgaben zu lösen haben, um erwachsen zu werden; deren Bewältigung hängt u.a. von der Unterstützung durch das pädagogische Milieu ab • die jeweils aktuellen Entwicklungsaufgaben und Schwierigkeiten mit deren Bewältigung sind Bestandteil der Selbstdeutungen von Jugendlichen und bilden den Ansatzpunkt für Unterstützung *Verständnis von Diagnose:* Sozialpädagogische Diagnosen als „Arbeitshypothesen"; d.h. als „begründete Vermutun-

---

6 Neben den genannten und bereits umfangreicher publizierten Ansätzen werden derzeit vielerorts weitere Überlegungen zum Thema angestellt und Methoden für Beurteilungsprozesse erprobt. Aktuelle Zusammenstellungen der breit geführten Diskussion und der Versuch, die z.T. nicht aufeinander bezogenen Konzepte diskursiv zusammenzuführen, finden sich in zwei gerade erschienenen Publikationen von Heiner (Hg.) 2004 und Schrapper (Hg.) 2004, die jeweils das Resultat von Fachtagungen bzw. „Expertengesprächen" sind.

der Anwendung des Verfahrens und theoretischen Reflexionen vgl. Krumenacker 2004.)

gen", die der Kontrolle durch die AdressatInnen bedürfen und reversibel sein müssen.

Methodisches Vorgehen/Anwendungsbereich:
• im diagnostischen Prozess werden die in leitfadengestützten Interviews gewonnenen Selbstdeutungen vier diagnostisch relevanten Kategorien zugeordnet und hinsichtlich zentraler Lebensthemen und damit verbundener Entwicklungsaufgaben ausgewertet; diese werden mit altersgemäß anstehenden Entwicklungsanforderungen abgeglichen ⇨ Diagnosemanual (Welche Entwicklungsaufgabe kann ein junger Mensch z. Zt. nicht bewältigen?)
• Interpretation der Interviews und Interventionsplanung im Team
• Diagnosen werden im Anschluss mit Betroffenen diskutiert
• Diagnosen sind eher ausgerichtet auf das Hilfesetting in einer Maßnahme (Betreuungs-/Erziehungsplanung)

Viola Harnach-Beck: Psychosoziale Diagnostik

(Lit.: Harnach-Beck 1995; im Überblick z.B. ebd. 1995, 1999. 4. überarbeitete und erweiterte Auflage ihrer zentralen Publikation (1995) zum Thema in 2003.)

Grundannahmen:
• Konzept versteht sich als Beitrag der Psychologie zur Fallbearbeitung in der Jugendhilfe; psychosoziale Diagnostik soll psychologisches, juristisches und sozialpädagogisches Wissen verknüpfen
• psychosoziale Diagnostik ist im Wesentlichen eine regelgeleitete Informationssammlung auf der Basis theoretischen Wissens, d.h. eine fachlich und rechtlich fundierte Datensammlung mit dem Ziel der Sachverhaltsklärung
Verständnis von Diagnose: Begriff der Diagnose wird in sozialpädagogische Traditionen gestellt (Richmond; Salomon), gleichzeitig aber mit großer Nähe zum klinischen Sprachgebrauch benutzt. Plädiert wird für die Entwicklung von Klassifikationssystemen bzw. für die Verwendung von Diagnoseleitfäden.
Methodisches Vorgehen/Anwendungsbereich:
• für die drei in diesem Verfahren unterschiedenen Phasen der Hilfeplanung werden Listen von Leitfragen entwickelt, die die diagnostische Arbeit der sozialpädagogischen Fachkraft steuern sollen
• gewonnene Informationen werden insbesondere an gesellschaftlichen Werten und (fachlichen) Normalitätserwartungen gemessen (z.B. Wie ist die Intelligenz ausgeprägt? Wie ist die emotionale Ansprechbarkeit? Hat das Kind zuverlässige Zuwendung erfahren?)
• Prozess der Deutung/Beurteilung von Informationen bleibt offen

	• Diagnosen sind insbesondere auf rechtlich-administrative Entscheidungen in der Jugendhilfe ausgerichtet (Hilfegewährung, Feststellung des erzieherischen Bedarfs, gutachterliche Stellungnahmen)
Monika Thiesmeier/ Christian Schrapper/ Sabine Ader u.a.[7] Kollegiale Beratung/ Kollegiales Fallverstehen (Lit.: Thiesmeier 1994; Schattenhofer 1997; Ader/Schrapper /Thiesmeier 2001; Ader/Thiesmeier 2002a. Aktuell: Ader 2004; Thiesmeier /Schrapper 2004.)	*Grundannahmen:* • kollegiales Fallverstehen versteht sich als strukturierte Reflexionsmethode zur Fallanalyse und Entscheidungsfindung und zugleich als fachlich und methodisch zuverlässige Form des Zusammenwirkens mehrerer Fachkräfte (gem. § 36 Abs. 2 KJHG) • Konzept geht davon aus, dass analytische Tätigkeiten in der sozialen Arbeit auch den institutionellen Faktor, d.h. das Hilfesystem, in die Analyse einbeziehen müssen (erweiterter Fallbegriff) • zentrales Element des Fallverstehens ist die Fallinszenierung: verteilte Identifikation im Team; szenisches Verstehen; Betrachtung der Übertragungs- und Spiegelungsphänomene *Verständnis von Fallverstehen:* Fallverstehen zielt auf fachliche Bewertung und Positionierung der Fachkräfte bezüglich eines Falls als notwendige Grundlage für Aushandlungsprozesse mit LeistungsadressatInnen. *Methodisches Vorgehen/Anwendungsbereich:* • phasenspezifisches Verlaufsmodell der Fallanalyse/-beratung, für das „Faktenwissen" und emotionales Erleben die Grundlage bilden • gruppenorientiertes Verfahren • Verbindlichkeit von Ort, Zeit, Beratungssetting und Personen als erforderliche, durch Leitung abzusichernde Rahmenbedingungen • Fallanalysen werden als fachliche Positionierungen der Professionellen erachtet und beziehen sich auf administrative Jugendhilfeentscheidungen und die Gestaltung von Betreuungssettings
Norbert Höpfner/ Manfred Jöbgen: Pädagogische	*Grundannahmen:* • Verfahren führt unterschiedliche Methoden und Techniken der empirischen Sozialforschung zusammen; basiert auf dem wissenschaftlich elaborierten Konzept der objektiven Hermeneutik Oevermanns (z.B. 1996, 1979)

---

7 Diese Form des Fallverstehens, die auf das Modell kollegialer Beratung nach Heinrich Fallner (1990) zurückgeht, wurde in den vergangenen Jahren insbesondere in Zusammenhang mit Projekten des Instituts für soziale Arbeit e.V., Münster, und in Kooperation mit einigen dort tätigen KollegInnen entwickelt.

Diagnostik (Lit.: Höpf- ner/Jöbgen 1999 a und b; ebd. 2001. Aktuell Höpfner/ Jöbgen 2004.)	und dem Forschungsinstrument des narrativen Interviews von Schütze (z.B. 1993, 1987) • Grundlage der Diagnosen sind biographische Selbstporträts junger Menschen und deren methodisch strukturierte Deutung *Verständnis von Diagnosen:* Über pädagogische Diagnostik sollen fremde Sinngestalten verstehend erschlossen werden; die Methode ermöglicht die methodisch angeleitete Rekonstruktion einer Fallproblematik. Das Verfahren soll Eindeutigkeit der Diagnose gewährleisten. *Methodisches Vorgehen/Anwendungsbereich:* • Selbstporträts/-deutungen über narrative, offene Interviews • Textinterpretation der Transkripte (möglichst in der Gruppe) auf Basis textanalytischer Methoden; streng sequenzielles Vorgehen ⇨ Freilegung von regelerzeugten Bedeutungsstrukturen und biographischen Steuerungsmustern eines jungen Menschen bildet Ansatzpunkt für Interventionen • ursprünglich wissenschaftliche Methoden werden für Entscheidungsprozesse im Rahmen der individuellen Hilfegewährung nutzbar gemacht; Diagnose erfolgt als Auftragsarbeit (externes Gutachten), das an fallbeteiligte Fachkräfte rückgebunden wird
Hans-Jürgen Glinka u.a.: Ethnographische Fallarbeit (Lit.: Glinka 2001; beispielhaft für das Verfahren: Schefold u.a.1998)	*Grundannahmen:* • ethnographische Fallarbeit versteht sich als Ansatz der rekonstruktiven Fallanalyse, Grundlage: Selbstdeutungen der Betroffenen • handlungsleitend ist eine prinzipiell ethnographische Grundhaltung („fremden Sinn verstehen wollen") • Selbstdeutungen werden insbesondere vor dem Hintergrund des Konzepts der Verlaufskurve (Schütze 1995) analysiert (➢ Verlaufskurven sind Prozesse des Erleidens, in denen Betroffene ihre Lebensvollzüge als fremdgesteuert, eigendynamisch und überwältigend erleben ⇨ „sich zunehmend verfestigende Prozesse des äußeren und inneren Fremdwerdens") *Verständnis von Fallverstehen:* In Publikationen wird von Fallverstehen/-analyse gesprochen. *Methodisches Vorgehen/Anwendungsbereich:* • Grundlage für den Prozess des Verstehens: narratives Interview mit den Betroffenen; transkribiertes Interview wird in einer Gruppe nach den auf F. Schütze zurückgehenden Regeln ausgewertet: Sinnmuster und Verlaufskurven in den Lebensgeschichten herausarbeiten; nach Ressourcen als Ansatzpunkte für Interventionen

	suchen • wissenschaftliches Verfahren, das für die Jugendhilfe-praxis praktikabel gemacht wird; Auswertung und Deu-tung (Verstehen) sowie das Erarbeiten von Handlungs-möglichkeiten vollzieht sich in der Gruppe der fallbe-teiligten Fachkräfte
Helmut Adler Person-in-Environment-System *(PIE-Modell)* für den deut-schen Sprach-raum adaptiert: (Lit.: Adler 1998; sich auf die amerikani-sche Diskussion beziehend: Stimmer 2000; Heiner 2001; Kling-Kirchner 2002)	*Grundannahmen:* • PIE: mehrperspektivisches Klassifikationssystem aus der amerikanischen Sozialarbeit, das in Analogie zum ICD/DSM für sozialpädagogische Fallanalysen genutzt werden soll und Einschätzungen zur Lebenssituation, zu den Problemen und Ressourcen von KlientInnen bündelt (Karls/Wandrei 1994a und b); • versteht sich als deskriptiver Ansatz, der jedoch nicht allein individuumsbezogen ausgerichtet ist, sondern den Austausch des Individuums mit der Umwelt als zentral für das Verhalten und Befinden des Subjekts ansieht (➤ Probleme in sozialen Rollen), • als ganzheitliches System umfasst es soziale, körperli-che und psychische Faktoren, die in Checklisten/ Fra-gekatalogen festgehalten sind (Kooperation mit der Psychiatrie/Medizin ist vorgesehen) • erster Versuch der Übertragung des Modells auf die Ar-beit mit Familien und auf die Hilfeplanung in der Ju-gendhilfe: Adler 1998 *Verständnis von Diagnose:* Form der psychosozialen Dia-gnostik für die Anfangsphase der Fallarbeit, die an klini-schen Sprachgebrauch anschließt und der ein Klassifikati-onssystem für die soziale Arbeit zugrunde liegt. *Methodisches Vorgehen/Anwendungsbereich:* • Daten werden in ausführlichen Gesprächen erhoben, in standardisierte Listen/Fragekataloge eingetragen und kodiert, • wie die Bewertung der gewonnenen Daten erfolgt, bleibt offen

Abb. 3: Übersicht der Verfahren des Fallverstehens/der Diagnostik[8]

Die Gemeinsamkeit aller dieser Verfahren kann damit beschrieben werden, dass sie den notwendigen Versuch unternehmen, Entscheidungen in Hilfe-prozessen die Beliebigkeit zu nehmen und ein Instrument anzubieten, um zu nachvollziehbareren Ergebnissen bei der Analyse von Problemlagen zu gelangen. Der Fokus des Verstehens bzw. der Diagnostik richtet sich dabei

---

8 Die einzelnen Verfahren sind in der Übersicht nach dem Zeitpunkt ihrer Veröffentli-chung sortiert.

jedoch auf unterschiedliche Zeitpunkte und Arbeitsphasen im Hilfeprozess. Ebenso kommt die Analyse auf sehr unterschiedlichen Wegen zustande, die nicht nur verschiedenartige methodische Orientierungen markieren, sondern auch grundlegende Unterschiede in den theoretischen Vorannahmen. In der Systematisierung der skizzierten Verfahren kristallisieren sich somit drei große Richtungen heraus:

a) psychologisch-klassifikatorisch orientierte Verfahren
Die psychologisch-klassifikatorisch orientierten Verfahren, vertreten vor allem durch Viola Harnach-Beck (1995; 1999), Franz Petermann (1995) oder Udo Maas (1997), sprechen eindeutig von der Diagnostik als zentraler sozialpädagogischer Tätigkeit im Verlauf der Hilfeentscheidung. Die zu erstellende Diagnose basiert auf einer regelgeleiteten Informationssammlung („Sachverhaltsklärung") über Vorgeschichte und Verläufe sowie systematischer Beobachtung und Befragung, z.T. auch mittels psychodiagnostischer Testverfahren. Hierdurch sollen insbesondere zu Beginn der Fallarbeit relevante Fakten und Einschätzungen z.B. über psychische Belastungssituationen oder familiäre Konflikte zusammengetragen und ausgewertet werden, dass alle wesentlichen Aspekte berücksichtigt sind. Grundsätzlich erfolgt die Auswertung der Daten durch den Abgleich mit Normalitätserwartungen, insbesondere psychischer und sozialer Entwicklung. Defizite oder Störungen einzelner Personen oder in Familien sollen ebenso wie Stärken und Potentiale erkannt und entsprechender (Be-) Handlungsbedarf begründet werden. Der Prozess der Erkenntnisgewinnung, d.h. die Auswahl relevanter Informationen und deren Verwertung, wird dabei vorrangig durch den Verwendungszweck gesteuert. Dieser besteht darin, im Rahmen von sozialrechtlichen Entscheidungsprozeduren (insbesondere Hilfeplan gem. § 36 KJHG) oder Kinderschutz-Interventionen (ggf. auch als gerichtlich verwertbare Gutachten) zu einer expertenorientierten Diagnose zu gelangen, die vom Anspruch her personenunabhängig reproduzierbar sein soll.

Das PIE-Modell (= Person In Environment) aus dem amerikanischen Sprachraum, das erst jüngst von Helmut Adler adaptiert wurde, ist ähnlich ausgerichtet. Es geht darum, zu Beginn eines Hilfeprozesses die Lebenssituationen, Probleme und Ressourcen von KlientInnen standardisiert zu erfassen, zu klassifizieren und zu bewerten. Auch hier wird eine möglichst detaillierte Faktensammlung als wesentlicher Bestandteil der Diagnose angesehen, wobei die Frage der Bewertung nicht eindeutig beantwortet wird.

Die wesentliche Leistung einer systematischen Informationssammlung liegt darin, dass z.T. durch Bezug auf theoretische Modelle von Entwicklung oder Konfliktstrukturen, z.T. durch Systematisierung praktischer Erfahrungen „nichts Wichtiges" vergessen und alles Bedeutsame dokumentiert werden soll (vgl. auch Bayrisches Landesjugendamt 2001; Stadt Recklinghausen 2001). Kaum festgelegt ist in diesen Verfahren jedoch, auf welchem

Weg und nach welchen Kriterien die gesammelten Fakten interpretiert und bewertet werden.

b) biographisch-rekonstruktiv orientierte Verfahren

Grundlage aller Ansätze biographischen Fallverstehens oder biographischer Diagnosen sind Biographien und Selbstdeutungen von Menschen, d.h. biographische Erzählungen, die zu Beginn des Hilfeprozesses mehr oder weniger strukturiert gewonnen werden und die das Ausgangsmaterial für die Interpretation bzw. Diagnose liefern. Mit Hilfe hermeneutischer Analyse und unterschiedlichen Interpretationstechniken aus der Sozial- und insbesondere der Biographieforschung werden die Erzählungen als transkribierter Text(auszug) z.T. auch in Gruppen durchgearbeitet und gedeutet. Bei aller Unterschiedlichkeit der Verfahren im Detail geht es prinzipiell darum, die zentralen Prozesse und/oder Schwierigkeiten zu rekonstruieren, die im Verlauf der Sozialisation eines jungen Menschen zur Herausbildung der eigenen Persönlichkeit geführt haben und die individuellen Handlungs- und Entscheidungsmuster maßgeblich prägen. Die theoretische Grundlage dieser Verfahren sind wissenschaftliche Erkenntnisse über biographische Strukturen und Verläufe oder Entwicklungs- und Sozialisationstheorien. Im Verlauf der professionellen Deutung soll eine „ethnographische Haltung" eingenommen werden, d.h. eine durch respektvolles Interesse geprägte, aber auch distanzierte, der eigenen Fremdheit bewusste Haltung.

Gesteuert werden das Erkenntnisinteresse und vor allem die Erkenntnisoptionen in den biographisch-rekonstruktiven Ansätzen durch die Selbstauskünfte des Gegenübers, die explizit und implizit im gewonnenen Material enthalten sind. Demzufolge können als Ergebnis des Interpretations- oder Diagnoseprozesses vorrangig Erkenntnisse über Selbstbilder und Selbsterklärungen sowie deren Bedeutung für die Entwicklung von Handlungsorientierungen, insbesondere im Umgang mit Krisensituationen, zusammengetragen werden. Als VertreterInnen, die auf der Basis des skizzierten Verfahrens Interventionsstrategien für die sozialpädagogische Praxis erarbeiten, sind vor allem Uwe Uhlendorff (1997), Manfred Jöbgen und Norbert Höpfner (2001) sowie Hans-Jürgen Glinka (1999 a und b; 2001) zu nennen. Jüngst ist in diesem Zusammenhang auch der Lehrstuhl für sozialwissenschaftliche Grundlagen an der Universität Kassel, namentlich Wolfram Fischer und Martina Goblirsch, zu erwähnen, die vor dem Hintergrund der Biographieforschung in einem Modellprojekt ihr Konzept der narrativ-biographischen Diagnostik in Kooperation mit einem größeren Erziehungshilfeträger in der Praxis erproben und entwickeln (vgl. Goblirsch 2003, Fischer/Goblirsch 2004).

c) gruppenorientiert-inszenierende Verfahren

Die gruppenorientiert-inszenierenden Verfahren als systematische Methode der Fallanalyse und -beratung ordnen sich zeitlich im Hilfeprozess nach den ersten Kontakten zwischen Fachkraft und Familie ein, in denen wesentliche Fakten über die Situation und die Familie sowie Einschätzungen der unterschiedlichen Beteiligten bereits zusammengetragen und dokumentiert worden sind. Solche Informationen und Einschätzungen sind Voraussetzung für das Fallverstehen im Rahmen gruppenorientiert-inszenierender Arbeitsweisen. In möglichst kontinuierlich und strukturiert arbeitenden Gruppen werden von Gruppenmitgliedern zu bearbeitende Fälle vorgestellt und reflektiert. Dies geschieht nach festgelegten Arbeitsphasen und wird immer moderiert. Kern der verstehenden und fallanalytischen Leistung ist eine stellvertretende Identifikation von Gruppenmitgliedern mit den im Fall handelnden Personen, d.h. das i.d.R. unbewusst verlaufende Wahrnehmen und Bewerten gewonnener Eindrücke wird auf eine bewusste und kommunizierbare Ebene gehoben. In der Gruppe wird die affektive Dynamik reinszeniert und kann so einem Verstehens- und Reflexionsprozess zugänglich gemacht werden. Die Dynamik der Beratungsgruppe wird als wichtiges Material zum Verständnis der Falldynamik genutzt.

In der Perspektive dieser Konzepte gehören zu einem Fall neben der Biographie und Hilfegeschichte eines Klienten/ einer Klientin immer auch die institutionelle Beziehungs- und Maßnahmengeschichten. Dem Fallverstehen zugänglich gemacht werden sollen daher vor allem die Deutungsmuster der Professionellen und die Wechselwirkungen zwischen Hilfe- und Klientensystemen. Diese Techniken orientieren sich an der Gruppenarbeit, wie sie von Michael Balint (vgl. z.B. Sedlak/Gerber 1992) für MedizinerInnen und TherapeutInnen zum besseren Verstehen ihres Klientensystems und der Beziehungsbedeutungen entwickelt wurde, sowie an Konzepten und Methoden psychoanalytischer Pädagogik (vgl. z.B. Trescher 2001) und der angewandten Gruppendynamik (vgl. z.B. Schattenhofer/Thiesmeier 2001 und Schrapper/Thiesmeier 2004). Durch festgelegte Arbeitsphasen und geschulte Moderation soll dabei sowohl der Identifikationsprozess geschützt als auch die Gruppentendenz zur Harmonisierung begrenzt werden. Methodisch bedeutsam ist vor allem die kontrollierte Verbindung von reflexiver Distanz und identifizierbarer Emotionalität. Neben immer notwendigem „Faktenwissen" werden der fachlichen Reflexion auf diese Weise vor allem die Interaktions- und Beziehungsdynamiken zugänglich. Gesteuert wird in diesen Konzepten der Erkenntnisgewinn vorrangig von den Handlungsanforderungen und der Beratungsanfrage der zuständigen Fachkräfte. Als VertreterInnen gruppenorientierter Verfahren sind Fallner (1990) und in der Weiterentwicklung Thiesmeier, Schattenhofer, Schrapper, Ader u.a. zu nennen (vgl. z.B. Schrapper/Thiesmeier 2004; Ader 2004; Ader/Thiesmeier 2002; Schattenhofer/Thiesmeier 2001; Schattenhofer 1997; Thiesmeier 1994).

Gegenüber solchen gruppenorientierten Arbeitsformen wird häufig eingewandt, sie nähmen zu unkontrolliert die negativen Effekte vor allem harmonisierender Gruppenprozesse in Kauf und würden damit zu wenig differenzierenden und nachprüfbaren Entscheidungen führen (vgl. Klatetzki 2001, S 24 ff.; Ardelt-Gattinger u.a. 1998). Ebenso wird kritisch eingewandt, dass vor allem die realen oder vermeintlichen Handlungsoptionen der zuständigen Fachkräfte und ihrer Institutionen die Erkenntnisgewinnung leiten.

Geht man von den vorstehend beschriebenen drei Grundrichtungen aus, so weisen alle Konzepte spezifische Vor- und Nachteile auf, die in der Praxisanwendung bedacht werden müssen. Die stärkste Konjunktur haben aktuell die biographisch-rekonstruktiv orientierten Verfahren. Neben der wissenschaftlichen Elaboriertheit der angewandten Instrumente sowie der Etablierung der Biographieforschung insgesamt liegen die Gründe dafür vermutlich auch darin, dass sie verheißen, den Anspruch der Partizipation zu realisieren und aufgrund dessen per se die „moralisch richtige Parteilichkeit" für die Betroffenen vertreten. Zudem erlauben sie für die Professionellen viel Distanz zur Institution und zum eigenen Handeln, weil fachliche und institutionelle Faktoren bei der Fallanalyse kaum eine Rolle spielen. Die Ansätze sind m.E. im Einzelnen methodisch gut entwickelt und für die sozialpädagogische Praxis nützlich, wenn es darum geht, tiefe und qualitativ reichhaltige Einsichten in die Psychodynamik und in die Handlungsmuster eines jungen Menschen zu gewinnen. Fraglich erscheint aber, ob die rekonstruktiven Verfahren in der Anwendung nicht differenzierter und zeitaufwändiger sind, als dies regelhaft im Alltag der Jugendhilfe möglich ist, in dem in Belastungs- und Krisensituationen relativ schnell Entscheidungen von oft weit reichender Bedeutung für Kinder und ihre Familien zu treffen sind, die unter Berücksichtigung vorhandener Ressourcen mit ihnen verhandelt und umgesetzt werden müssen. Wesentlicher als die Frage der Umsetzbarkeit und Anschlussfähigkeit an die Praxis erscheint mir aber, dass sowohl die biographisch-rekonstruktiven als auch die psychologisch orientierten Verfahren den Blick ausschließlich bzw. vorrangig auf die biographischen Aspekte eines Falls richten, die Analyse der administrativen Logik und der institutionellen Bearbeitungsmuster in ihrer Bedeutung für den Fall jedoch weitgehend unberücksichtigt lassen. Der Fall wird i.d.R. reduziert auf eine Biographie oder eine Familiengeschichte. Dass dies für die Praxis sozialer Arbeit zu kurz greift, soll anhand ihrer Besonderheiten aufgezeigt werden.

1.2.3 Soziale Praxis muss Fälle verstehen, nicht nur Biographien. Die Bedeutung der institutionellen Rahmung für sozialpädagogisches Fallverstehen

Anders als die rekonstruktive Sozialpädagogik interessiert sich die sozialpädagogische Praxis nicht aus einem Forschungsinteresse für ihre AdressatInnen und deren Biographien. Statt dessen hat sie den Auftrag, sich mit aktuellen Lebenssituationen von Kindern und Familien zu beschäftigen, um ihnen bei Bedarf zu einem konkreten Zeitpunkt angemessene Angebote der

Hilfe und Unterstützung zu eröffnen. Da dieser Kontext für die Wahl angemessener Konzepte und Instrumente der Erkenntnisgewinnung von Bedeutung ist und somit einen Bewertungsrahmen für ihre Funktionalität anbietet, werden hier spezifische Rahmenbedingungen und Handlungslogiken für die Sozialpädagogik, insbesondere die Kinder- und Jugendhilfe beschrieben. Davon ausgehend wird die Notwendigkeit eines erweiterten Fallbegriffs für die sozialpädagogische Praxis abgeleitet, die anschließend durch die Rekonstruktion der Einzelfällen empirisch belegt werden soll. Wesentliche Merkmale professionellen Handelns und sozialpädagogischer Entscheidungen sind

a) die Eingebundenheit in institutionelle Handlungsvollzüge;

b) das professionelle Selbstverständnis;

c) die Besonderheit des Gegenstandes;

d) der prognostische und prozessuale Charakter von
   Entscheidungsprozessen;

e) die Handlungsorientierung;

f) der gesetzliche Auftrag, in einem festgelegten Verfahren über sozial-
   rechtliche Leistungsansprüche von Familien zu entscheiden bzw.
   Kinder vor Gefahren für ihr Wohl zu schützen.

a) Professionelles sozialpädagogisches Handeln ist immer institutionell gebundenes Handeln.
Spätestens seit der zweiten Hälfte des 19. Jahrhunderts, als die Bemühungen um in Not geratene Menschen aus dem Kontext privater Armenfürsorge herausgehoben und die „sozialen Fragen" durch die zunehmende Etablierung des Sozialstaates beantwortet wurden, ist sozialpädagogisches Handeln immer auch in institutionelle Zusammenhänge gestellt und von diesen geprägt. Der Staat übernimmt „öffentliche Verantwortung für private Lebensschicksale" (Sengling in Gruschka 1996), um soziale Gerechtigkeit und soziale Sicherheit herbeizuführen und zu erhalten. Mit diesem Prozess geht die Institutionalisierung der öffentlichen Verantwortung und die Verberuflichung der sozialen Arbeit einher. Sozialpädagogische Ausbildungsstätten und Berufsfelder entstehen, die Kooperation zwischen privater und öffentlicher Fürsorge wird nach dem Prinzip der Subsidiarität geregelt, handlungsleitende Gesetze werden verabschiedet (z.B. das Reichsjugendwohlfahrtsgesetz 1922) und neue Organisationen geschaffen, die den Rahmen für die Bewältigung der anstehenden Aufgaben bereitstellen sollen (z.B. das Jugendamt oder die Wohlfahrtsverbände). Somit wird professionelles sozialpädagogisches Handeln zu einem Handeln, das gesellschaftlich legitimiert und gewollt, aber in seiner Grundorientierung und Gestaltung auch an den öffentlichen Auftrag gebunden ist. Jugendhilfe, als historisch eines der ersten und bis heute zentralen Anwendungsfelder der Sozialpädagogik, ist so-

mit als eine institutionalisierte Form gesellschaftlichen Handelns zu verstehen, die das konkrete fachliche Handeln prägt (vgl. Merchel 2000). D.h., dass einerseits die Organisationsmodalitäten unmittelbaren Einfluss darauf haben, wie Fachlichkeit und pädagogisches Handeln realisiert werden. Und umgekehrt gilt, dass die Organisationen selbst durch den Stand des fachlichen Wissens und durch die beteiligten AkteurInnen geprägt werden, weil sie „ein Konstrukt aus verschiedenen Interessen und Wissensbeständen" (ebd.: 31) darstellen. Diese „dialektische Verbindung von Organisation und Fachlichkeit" (ebd.: 31), die für sozialpädagogische Handlungsvollzüge konstitutiv ist, wird in Theorie und Praxis jedoch weitgehend ausgeblendet. Fragen der Organisation und der Organisationsgestaltung spielten in der Geschichte der Sozialpädagogik kaum eine Rolle und institutionelle Bedingungen werden von Fachkräften häufig als „notwendiges Übel" betrachtet, das die „eigentliche pädagogische Arbeit" behindert.

Die Entwicklung von Fachlichkeit und Qualität erfolgt somit oftmals ungeachtet der Reflexion organisationsstruktureller Bedingungen und Zusammenhänge. Als Indiz dafür kann gewertet werden, dass sich in der einschlägigen Literatur kaum Beiträge dazu finden. Darüber hinaus zeigt Merchel (2000) an den für die Profession zentralen Debatten um die Hilfeplanung gem. § 36 KJHG und um die neuen Steuerungsmodelle exemplarisch auf, dass die Einführung neuer fachlicher Instrumente nicht mit den dafür notwendigen institutionellen Struktur- und z.T. auch Kulturveränderungen einhergeht. Das mangelnde Berücksichtigung des Charakters, der Dynamik und der „Wirkmächtigkeit" von Organisationen führt jedoch dazu, dass institutionelle Zusammenhänge gerade deshalb das Handeln umso nachhaltiger prägen und behindern, weil sie als bedeutsame prozessbestimmende Mechanismen oft unerkannt bleiben.

b) Das (sozial-)pädagogische Selbstverständnis ist darauf gerichtet, (Selbst-) Bildungsprozesse zu ermöglichen.
In der (Sozial-)Pädagogik und der pädagogischen Praxis gelten Lernen, Erziehung und Bildung als zentrale Begrifflichkeiten. Theorie und Praxis gehen davon aus, dass Menschen autonome Subjekte sind, deren Lebensgeschichten vor allem auch Lerngeschichten sind. Von Geburt an müssen Kinder enorme Lernleistungen kognitiver, emotionaler und sozialer Art vollbringen, um sich ihre Umwelt anzueignen und ihre eigene Persönlichkeit zu entwickeln. Sie lernen dabei durch die tätige Teilnahme an dem Leben sozialer Gemeinschaften (Familie, Freundeskreis etc.) und durch gezielte Interventionen von Erwachsenen. Was genau ein Kind dabei lernt, hängt maßgeblich im von der jeweiligen Kultur und seinem konkreten Lebensumfeld ab (vgl. z.B. Giesecke 1999). Kinder und Jugendliche in den Erziehungshilfen haben in ihren frühen Lebensjahren häufig massive Vernachlässigung oder andere Traumatisierungen erfahren. Aufgrund dieser Erlebnisse und damit verbundener existentieller Bedrohung ihrer emotiona-

len, sozialen und realen Bedürfnisse entwickeln sie in schwierigen Lebenssituationen oftmals spezifische Handlungsmuster und Überlebensstrategien, die in diesem Kontext sinnvoll und logisch sind. Zu einem späteren Zeitpunkt und unter bestimmten Bedingungen – abhängig von Kontext, Situation und Person – können sich diese Handlungsstrategien als kontraproduktiv erweisen, weil sie im Lebensumfeld der heranwachsenden Kinder unverstanden bleiben und als „sozial auffällig" eingeordnet werden.

Wenn nun die zentrale Orientierung der (Sozial-)Pädagogik die Ermöglichung von Lernen und die Förderung von Bildungsprozessen ist, muss es in diesen Situationen zunächst darum gehen, Lerngeschichten und Überlebensstrategien von Kindern und Jugendlichen zu verstehen, und nicht darum, Abweichung von Normalität zu „behandeln" oder Grenzüberschreitungen strikt zu „sanktionieren". Denn erst, wenn Professionelle die Funktion auffälligen und störenden Verhaltens verstehen, können Kindern und Jugendlichen Lernerfahrungen eröffnet werden, die an ihren inneren Handlungsmotiven ansetzen, die ihre Zustimmung finden und die die Erprobung und Aneignung alternativer Handlungsstrategien ermöglichen können.

c) Die Mehrdeutigkeit und Komplexität von Problemkonstellationen sind kennzeichnend für sozialpädagogisches Handelns.
In der Einleitung des Buches wurde schon beschrieben, dass die Jugendhilfe sich in der Fallbearbeitung i.d.R. nicht auf einen klar begrenzten Gegenstand oder ein eingegrenztes Thema beziehen kann, z.B. die körperliche Verfassung eines Kindes oder die materielle Situation einer Familie. Lebenssituationen und Zusammenhänge sind vielschichtig, soziale Realitäten perspektivenabhängig, und verstanden werden müssen immer ungewisse soziale, materielle und psychische Situationen und Prozesse. „Komplexe, vieldeutige Problemsituationen sind der Normalfall", so z.B. Thomas Klatetzki (1998: 66), weil die Trennung zwischen individuellen Problemlagen und deren sozialer Bedingtheit nicht möglich ist. Dieser Ungewissheit und Komplexität muss das methodische Handeln und die organisatorische Gestaltung sozialpädagogischer Arbeitsprozesse in besonderer Weise gerecht werden, vor allem bei der Wahrnehmung und Bewertung von Lebensumständen: Wie bedeutsam ist es z.B. für die Situation eines Kindes, dass die Familie von Sozialhilfe lebt, die Mutter alkoholkrank und ihr derzeitiger Lebensgefährte arbeitslos sind? Welche Rolle spielt, dass eine Familie in einem sozial extrem belasteten Wohnviertel lebt und dass ein Kind kein eigenes Bett hat?

Auf diese und ähnliche Fragestellungen gibt es keine eindeutigen Antworten. Es gibt keine klar zu beschreibende Schwelle, die anzeigt, wann ein Fall eskaliert, und die Bewertung von Situationen hängt auch von den personellen und institutionellen Vorstellungen darüber ab, wann das „normale Maß" überschritten ist. Die zu sammelnden Fakten sind folglich ein Teil der notwendigen Arbeit. Entscheidender aber ist deren Bewertung und die damit verbundene Frage, wie die Sozialpädagogik zu ihren fachlichen Beurteilungen kommt. In diesem Handlungsfeld gibt es keine eindeutigen Ursache-Wirkungszusammenhänge, keine vorgegebenen Lösungen für bestehende Probleme und keine allseits anerkannten Regeln und Maßstäbe, wie Fachkräfte zu den ,richtigen' Entscheidungen kommen. Auch wenn es das Ziel professioneller Anstrengungen sein muss, Problembeschreibungen und Handlungsbegründungen möglichst plausibel und intersubjektiv nachvollziehbar vorzunehmen und methodische Instrumente für diese Aufgabe zu entwickeln, bleiben sozialpädagogische Beurteilungen oder Diagnosen immer prozesshaft, personenbezogen und schwer objektivierbar (vgl. Schrapper 1998 b und c).

d) Sozialpädagogische Bewertungen oder Diagnosen zielen stärker auf Prozesssteuerung als auf Statusbegutachtung.

Eng mit der Komplexität und Ungewissheit des Feldes und der Gegenstände sozialpädagogischen Fallverstehens hängt zusammen, dass gewonnene Einschätzungen und Deutungen in der Sozialpädagogik eher der Prozessgestaltung dienen als der Bestimmung eines jeweiligen Status. Mit wenigen Ausnahmen, die auf eine definitive Entscheidung zu einem bestimmten Zeitpunkt hin orientiert sind oder in denen ein akuter Handlungsbedarf besteht (z.B. Stellungnahmen zu Sorgerechtsregelungen oder Fragen der Kindeswohlgefährdung), stehen prognostische Einschätzungen im Vordergrund, die eine Vielzahl von Informationen erfordern, welche nicht einmalig abgefragt werden können. So sind z.B. eine Reihe von Kenntnissen und unterschiedlichen Einschätzungen zur Biographie und aktuellen Verfassung eines Kindes und seiner Mutter bedeutsam, um beurteilen zu können, ob das Kind im mütterlichen Haushalt noch sicher oder eine Herausnahme unvermeidbar ist.

Hilfreich ist hier, sich in Anlehnung an Heiner (2001) die unterschiedlichen Funktionen interpretierender bzw. diagnostischer Tätigkeiten bewusst zu machen. In der Mehrzahl der Jugendhilfefälle ist es eher angezeigt, auf explorativem Weg zu einer fachlichen Beurteilung zu kommen, d.h. auf der Grundlage erster Eindrücke neue Erkenntnisse zu gewinnen, die dann gemeinsam der Erschließung möglicher Zusammenhänge dienen und wiederum die Grundlage weiterer Erkenntnisse bilden. Es geht um das Verstehen von Dynamiken in Veränderungsprozessen; um einen zirkulären Prozess, in dem ein möglichst facettenreiches Bild der Situation entstehen soll, das der Konstruktion von Wirklichkeit Rechnung trägt, die sich in dem Maße wandelt, in dem Interaktionen zwischen Personen subjektive Bedeutungen permanent modifizieren. In diesem Sinne sind dann auch subjektive Sichtweisen soziale Tatbestände, die wichtige Informationen im Prozess der Einschätzung bzw. Diagnostik liefern und zu berücksichtigen sind. Jede Gelegenheit, unterschiedliche Sichtweisen zusammenzutragen und miteinander zu verbinden, dient sowohl der Erkenntnisgewinnung, kann aber zugleich eine verändernde Wirkung auf das Klientensystem bzw. den Kontakt zwischen HelferInnen und KlientInnen haben.

e) Sozialpädagogische Bewertungen haben zum Ziel, notwendige, realisierbare und akzeptierte Hilfeangebote zu entwickeln.
Ein weiterer Aspekt, der die Deutungstätigkeit von SozialpädagogInnen prägt, ist die Handlungsorientierung. Das Verstehen/die Diagnose in der sozialpädagogischen Praxis ist kein Selbstzweck. Stattdessen muss es in diesem Handlungszusammenhang immer mit dem Ziel verbunden sein, in einer entscheidenden Situation die begründete Handlungsbasis für einen nächsten Schritt bzw. eine nächste Intervention zu schaffen. Am vorläufigen Ende der verstehenden oder diagnostischen Bemühungen muss eine realisierbare Antwort auf die Frage stehen: Wie geht es weiter? Wo z.B. ist ein Platz für einen Jugendlichen, den seine Mutter „nicht mehr haben will", der aber nichts anderes sehnlicher wünscht, auch wenn sein auffälliges und aggressives Verhalten nicht auf den ersten Blick darauf schließen lässt? Die Entscheidung in solchen Situationen kann sich nicht nur daran orientieren, was erkannt und verstanden wurde, sondern muss auch in Betracht ziehen, was an Hilfen real zur Auswahl steht und was davon tragfähig und akzeptabel mit alle Beteiligten vereinbart werden kann. Hier entstehen nicht selten Konflikte zwischen Fachkräften in Jugendämtern und anderen psychosozialen ExpertInnen aus Beratungsstellen oder der Jugendpsychiatrie, wenn diese in Gutachten differenziert erklären, wie die Lebenssituation eines Kindes und die Dynamik einer Familie zu verstehen ist und zu entsprechenden Schlussfolgerungen kommen, was getan werden müsste. Wenn z.B. „das heilpädagogische Heim mit dem verbindlich strukturierten Alltag, dem belastbaren Rahmen und den überschaubaren Beziehungen" auch der richtige Ort für einen Jugendlichen zu sein scheint, so stellt sich für sozialpädagogische Fachkräfte im ASD dennoch zunächst die Frage, wo für einen Jugendlichen aktuell ein Platz verfügbar ist. D.h. ihre Einschätzungen und Entscheidungsmöglichkeiten hängen nicht nur davon ab, was sie erkennen und verstehen können, sondern auch davon, was an Handlungsoptionen zur Verfügung steht oder organisiert werden kann.

f) In den Erziehungshilfen geht es um einen individuellen Rechtsanspruch und ein sozialrechtlich festgelegtes Entscheidungsverfahren.
Die Hilfen zur Erziehung sind im KJHG als ein individuelles Leistungsangebot für Familien konzipiert, die eine dem Wohl des Kindes entsprechende Erziehung nicht ohne Unterstützung und Hilfe gewährleisten können. Der Paradigmenwechsel gegenüber den alten gesetzlichen Regelungen des JWG drückt sich dabei in der Orientierung an einer „dem Wohl des Kindes oder des Jugendlichen entsprechenden Erziehung" (§ 27 Abs. 1 KJHG) aus, durch die der zuvor vorherrschende Blick auf die individuellen Verhaltensauffälligkeiten oder Störungen eines Kindes erweitert wird. Das soziale Umfeld und die hier problemverursachenden bzw. problemverschärfenden

Faktoren werden stärker einbezogen, wobei in der fachlichen Situationsbeurteilung der von den AdressatInnen formulierte Hilfebedarf einen hervorgehobenen Stellenwert erhält. Entschieden wird über den Hilfebedarf und das konkrete Leistungsangebot im Rahmen der individuellen Hilfeplanung gem. § 36 KJHG, wobei die damit verbundenen Entscheidungsprozesse insbesondere drei rechtlich verankerten Aspekten Rechnung zu tragen haben: dem sozialrechtlichen Charakter des Prozesses, der Stellung der Leistungsberechtigten in dem Verfahren und dem gesetzlichen Handlungsauftrag der Jugendhilfe.

Mit den Vorschriften zur Hilfeplanung ist für den Bereich sozialer Beratungs- und Unterstützungsleistungen ein rechtsstaatlich verbindliches und ggf. individuell einklagbar Verfahren festgelegt, in dem auf einem auch für die leistungsberechtigten BürgerInnen nachvollziehbarem und kontrollierbarem Weg eine Entscheidung über ihren Anspruch auf eine ihnen prinzipiell zustehende öffentliche Leistung getroffen werden muss. Neben dieser intendierten Verfahrensgerechtigkeit für alle LeistungsadressatInnen ist ihre Beteiligung als ein weiteres zentrales Merkmal der Hilfeplanung zu nennen. Die Subjektstellung der AdressatInnen wird durch zahlreiche Partizipationsrechte ausgedrückt (u.a. §§ 5, 8 und 9 KJHG); sie müssen ausführlich beraten und somit in die Lage versetzt werden, ihre Beteiligungsrechte wahrzunehmen. Professionelle Verstehens- oder Diagnoseprozesse haben sich diesem sozialrechtlichen Kontext anzupassen, d.h. sie müssen den Verfahrenserfordernissen einer einerseits strengen sozialrechtlichen Anspruchsprüfung und andererseits einer transparenten und beteiligungsorientierten Gestaltung der Informationsbeschaffung, Deutung und Interpretation gleichermaßen genügen. Anders als z.B. medizinische oder psychologische Diagnostik können sich sozialpädagogische Deutungsprozesse daher auch weniger auf einen allseits anerkannten professionellen „Expertenstatus" berufen. Eltern und Kinder sind nicht Gegenstand einer professionellen Diagnose, sie nehmen vielmehr Einfluss auf die Auswahl und Bewertung relevanter Sachverhalte. Die Verständlichkeit und Plausibilität fachlicher Beurteilungen für die KlientInnen sind dementsprechend ein entscheidendes Merkmal nicht nur der sozialpädagogischen Qualität, sondern vor allem der sozialrechtlichen Korrektheit (vgl. Münder 2003; Wiesner 2000).

Eine besondere Schwierigkeit ergibt sich in diesem Zusammenhang durch den gesetzlichen Handlungsauftrag der Jugendhilfe. Dieser ist ambivalent und demzufolge zu balancieren: er erfordert zum einen, Eltern bei den Aufgaben der Versorgung und Erziehung ihrer Kinder zu unterstützen und zu entlasten, andererseits aber den Schutz von Kindern zu gewährleisten (vgl. Schrapper 1997). In diesem Handlungsauftrag spiegelt sich das „alte Gegensatzpaar" von Hilfe und Kontrolle. Sobald eine sozialpädagogische Fachkraft in Kontakt mit einer Familie tritt und es um die Feststellung des Hilfebedarfs geht, stellt sich immer die Frage, aus welchem Blickwinkel die Lebensverhältnisse und die aktuelle Situation betrachtet werden. Steht der

Unterstützungsgedanke im Vordergrund, wird der Fokus stärker auf die zugewandten und versorgenden Anteile von Eltern gerichtet sein; ist die professionelle Wahrnehmung durch fremde Eindrücke, z.B. einen Hinweis von Nachbarn, aus der Schule oder aber durch eine lange „Jugendhilfegeschichte" der Familie schon sensibilisiert, wird sie eher auf die gefährdenden Momente in der familiären Situation schauen. Die schwierige professionelle Herausforderung ist es folglich, sich von einer Vorannahme nicht eindimensional lenken zu lassen, beide Perspektiven gleichwertig im Blick zu behalten, miteinander zu verbinden und in der Bewertung gegeneinander abzuwägen. Dieses doppelte Mandat gilt es zudem gegenüber Eltern und Kindern transparent zu machen und Wege zu finden, beide (komplementären) Aufgaben miteinander zu verbinden.

Zusammengenommen zeigt sich in den hier aufgezeigten Bestandteilen der Hilfeplanung, wie anspruchsvoll die Gestaltung dieses Prozesses für Fachkräfte ist und wie hoch das Risiko, die unterschiedlichen Anforderungen nicht ausbalancieren zu können und sich in die Falldynamik zu verstricken, indem z.B. eine einseitige Identifizierung mit einzelnen Beteiligten stattfindet.

Zwischenresümee: Biographie als alleiniger Bezugspunkt für Fallverstehen oder Diagnostik in der sozialen Arbeit greift zu kurz.
Die vorstehenden Ausführungen machen deutlich, dass die gesetzlichen Aufträge, der Handlungsrahmen und die Gegenstände sozialpädagogischer Praxis vielfältig und z.T. auch widersprüchlich sind. Gezeigt wurde auch, dass sich sozialpädagogisches Handeln immer in institutionellen Kontexten vollzieht, die sich zwangsläufig auf die Arbeit der Professionellen, auf Interaktion zwischen Fachkräften und AdressatInnen und auf die Kooperation zwischen Fachkräften auswirken. Wenn es um die fachliche Beurteilung von Lebenssituationen geht, müssen sozialpädagogische Fallanalysen neben der Analyse biographischer Zusammenhänge folglich zwingend mit der Analyse professioneller und institutioneller Bedingungsmomente einhergehen. Geht man von diesem notwendigen Zusammenspiel aus, liegt das Problem rekonstruktiver Verfahren der Sozialforschung für die Praxis der sozialen Arbeit eben nicht nur in der Formulierung plausibler Abkürzungsstrategien, sondern in der bislang praktizierten Ausblendung des Hilfesystems (d.h. der dort tätigen AkteurInnen und ihrer Organisationen) und dessen Bedeutung für das, was als Fall bezeichnet wird. Gründe für die mangelnde Berücksichtigung der organisationsbezogenen Dimension des Fallbegriffs liegen m.E. sowohl im wissenschaftlichen Diskurs als auch in der Praxis selbst:

Die rekonstruktiven Verfahren haben sich vorrangig im Kontext der Biographieforschung entwickelt, deren wesentlicher Bezugspunkt die Selbstdeutungen von Menschen sind. D.h. der institutionelle Faktor in seiner Bedeutung für die Entwicklung von Fallgeschichten ist nicht regelhaft im

Blick biographisch orientierter Methoden. Darüber hinaus ist die Erschließung der Bedeutung professioneller und organisationsbezogener Muster für den Verlauf von Fallgeschichten methodisch höchst anspruchsvoll und aus den erprobten Verfahren rekonstruktiver Sozialforschung nicht ohne weiteres abzuleiten. Bezogen auf die sozialpädagogische Praxis liegt im Rückgriff auf organisationstheoretische Erkenntnisse die Schlussfolgerung nahe, dass die Komplexität der Aufgaben und Anforderungen, d.h. die Bewältigung struktureller Unsicherheiten, den Wunsch nach institutioneller Sicherheit hervorbringt, der das Hinterfragen professioneller und institutioneller Handlungskonzepte bedrohlich erscheinen lässt. Personell wie institutionell wird eher eine Vermeidung von Verunsicherungen angestrebt. Dazu zählt auch, dass die ernsthafte Hinwendung der Professionellen zu den Lebensgeschichten, Selbstdeutungen und Erzählungen der AdressatInnen zu Handlungsanforderungen führen könnte, die nicht im entwickelten Repertoire enthalten sind und somit eine Bedrohung für professionelle und methodische Handlungsroutinen darstellen. Zudem impliziert die Annäherung an die individuellen Lebensschicksale der HilfeadressatInnen häufig eine enorme emotionale Belastung, die die individuelle Verantwortung für einen Fall eher noch erhöht und das Erklären der Nicht-Zuständigkeit als Möglichkeit der Distanzierung erschwert.

Letztlich liegt ein Grund für die Konzentration auf Biographien vermutlich darin, dass für die Sozialpädagogik eine prinzipielle Institutionenferne zu konstatieren ist, die Rauschenbach folgendermaßen beschreibt: „Wurde dem pädagogischen Bezug, der Interaktion und Beziehungsebene innerhalb der Sozialpädagogik stets eine hohe Aufmerksamkeit zuteil, so wurde demgegenüber die Institution, der ‚Betrieb‘, also das organisatorische Zentrum sozialpädagogisch inszenierter Handlungen als Untersuchungs- und Beobachtungsgegenstand eher vernachlässigt, allenfalls als notwendiges Übel betrachtet" (ebd. 1999: 234). Nimmt man die hier angeführten Erklärungen als Orientierungspunkte für weitere Entwicklungen, ergeben sich daraus für die rekonstruktive Sozialpädagogik und auch die praxisbezogenen Konzepte sozialpädagogischen Fallverstehens bzw. sozialpädagogischer Diagnostik Anforderungen, die nicht allein auf der instrumentellen Ebene zu lösen sind.

1.3 Offene Fragen und Spannungsfelder im aktuellen Diskurs

Bezogen auf die gesamte, hier nachgezeichnete Debatte um Fallverstehen und Diagnosen in der sozialen Arbeit kristallisieren sich einige offene Fragestellungen und Spannungsfelder heraus, die in den einzelnen Konzepten unterschiedlich beantwortet werden und strittige Aspekte der Auseinandersetzung darstellen. Die strittigen Punkte sind auf unterschiedlichen Ebenen anzusiedeln:

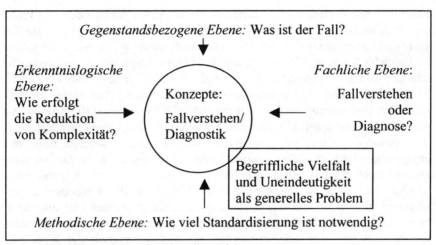

Gegenstandsbezogene Ebene: Was ist der Fall?

Erkenntnislogische Ebene: Wie erfolgt die Reduktion von Komplexität?

Konzepte: Fallverstehen/ Diagnostik

Fachliche Ebene: Fallverstehen oder Diagnose?

Begriffliche Vielfalt und Uneindeutigkeit als generelles Problem

Methodische Ebene: Wie viel Standardisierung ist notwendig?

Abb. 4: Spannungsfelder des aktuellen Diskurses

Auf die *gegenstandsbezogene Ebene* wurde in den bisherigen Ausführungen bereits eingegangen. Die Antworten auf die Frage, was der Fall ist, reichen von der Lebenssituation der AdressatInnen über die Fokussierung der Biographie eines beteiligten Kindes/Jugendlichen bis hin zur Verbindung von Biographie und Organisation in einem erweiterten Fallbegriff.

Methodisch dreht sich die aktuelle Diskussion darum, wie viel Standardisierung notwendig und sinnvoll ist und welche Instrumente dafür gebraucht werden. VertreterInnen eher psychologisch orientierter Konzepte plädieren für ein möglichst hohes Maß an Standardisierung, analog zum ICD oder zum DSM. KritikerInnen halten dem entgegen, dass die Komplexität von Lebenslagen sozialpädagogisch nicht mit Hilfe standardisierter Instrumente zu erfassen und vor allem nicht zu bewerten ist. Dazwischen liegen Vorschläge z.B. aus einzelnen Sozialen Diensten, die Erhebungsinstrumente für die Erfassung und Bewertung von Gefährdungslagen entwickelt haben (vgl. „Glinder Manual" in Schone u.a. (Hg.) 1997: 236 ff.; Stadt Recklinghausen (Hg.) 2000). In diesem Kontext ist allerdings nicht nur die Entscheidung für oder gegen Standardisierung von Bedeutung, sondern auch die Frage, was genau für welchen Geltungsbereich als verbindlicher Standard vereinbart werden soll: Sollten Erhebungs- und Bewertungsinstrumente bundesweit gelten oder kleinräumiger? Können Standards für „gute" Arbeit kontextunabhängig und mit universellem Geltungsanspruch festgelegt werden, oder müssen sie im Rahmen der Qualitätsarbeit für einen festzulegenden Arbeitszusammenhang dialogisch entwickelt werden? Ein weiteres, *erkenntnislogisches Grundproblem* (vgl. Wright 1991; aktuell zusammenfassend: Dewe/Otto 2001) stellt der immer notwendige Schritt der Reduktion von Komplexität dar (vgl. dazu auch: Ader/Schrapper 2002: 48 ff.). Jeder Prozess der Erkenntnisgewinnung und Deutung steht vor der Schwierigkeit, mit der Komplexität menschlicher Lebensvollzüge angemessen umzugehen.

Konzepte des Verstehens und Deutens müssen einen Weg finden, ein Problem bearbeitbar zu machen, auch wenn es in ein vielschichtiges Bedingungsgefüge eingebunden ist. Dies erscheint nur möglich, wenn die damit verbundene Komplexität im Verlauf des Erkenntnisprozesses gegenstandsadäquat und abwechselnd reduziert und wieder aufgebaut wird (vgl. auch Miller 2001). Eine erste Reduktion des Gegenstandes findet in der Jugendhilfe über den institutionellen Auftrag statt: die Erziehungshilfen beschäftigen sich vorrangig mit Kindern und Familien in Belastungs- und Krisensituationen. Sollen ihre Schwierigkeiten nun verstanden werden, muss der analytische Blick zunächst erweitert und die Komplexität erhöht werden: ihre lebensweltlichen Zusammenhänge müssen in den Blick genommen werden. Nur so kann in einer Situation überhaupt etwas Neues wahrgenommen und nicht nur schon Bekanntes bestätigt werden. Ist auf diese Weise ausreichend Material für erweiternde Erkenntnisse gewonnen, muss der Blick wieder eng geführt werden, um aus der Vielfalt der Wahrnehmungen die für zentral gehaltenen Zusammenhänge herauszuarbeiten. Gelingt diese Reduktion nicht, verschwinden mögliche Befunde in einer Vielzahl unverbundener und unverstandener Beobachtungen. Das grundlegende Problem der Erweiterung und Reduktion von Komplexität und die damit verbundenen Risiken der unreflektierten Wahrnehmung und Deutung müssen also in jedem Fall (und in jeden theoretischen Konzept) durch geregelte Arbeitsabläufe und rationale Methoden gesichert werden. Wie dies gelingen kann, ohne dass die Komplexität und Mehrdeutigkeit sozialer Probleme unangemessen verkürzt wird, darauf müssen die entsprechenden Konzepten und Verfahren Antworten finden.

Schließlich geht es im Kontext von sozialer Arbeit auf der *fachlichen Ebene* um die Fragestellung, ob und wie unterschiedliche und z.T. gegensätzliche Anforderungen in den angewandten Verfahren miteinander verbunden werden sollen. Aufgezeigt wurde, dass soziale Arbeit durch strukturelle Widersprüche gekennzeichnet ist. Es geht immer um das konfliktreiche Zusammenspiel von Hilfe und Kontrolle, Aushandlung und Diagnose, Selbstdeutung und Begutachtung, Fachlichkeit und Finanzen. Für Konzepte der fachlichen Wahrnehmung und Deutung beinhaltet dies die Notwendigkeit, sich mit der Auswahl von Instrumenten gleichsam fachlich zu positionieren. Denn hinter Methoden und Verfahren stehen immer auch professionelle Überzeugungen und Haltungen: Soll expertokratisch begutachtet oder dialogisch gedeutet werden? Soll die fachlich notwendige oder die finanziell mögliche Intervention vereinbart werden? Oder aber geht es um die Integration der gegensätzlichen Anforderungen in einem Konzept, das diese Spannungspole zu verbinden sucht? Diese und ähnliche Fragen stellen eine fachliche Herausforderung für Fallverstehen und Diagnose dar.

Antworten auf die aufgezeigten Spannungsfelder der Diskussion sollen im weiteren Verlauf auf der Grundlage des empirischen Fallmaterials und der Einzelfallrekonstruktionen formuliert werden.

2. Anlage der Untersuchung und methodischer Zugang

2.1 Qualitatives Forschungsdesign und damit verbundene Implikationen

Anliegen der Arbeit ist es, Formen und Prozesse professioneller Deutung und Intervention in der sozialen Praxis zu untersuchen und zu analysieren, welche Bedeutung die praktizierten Formen des Fallverstehens und der Fallbearbeitung haben (können). Fundamental neu ist dabei nicht die grundsätzliche These, dass Hilfesysteme Anteil an der Entwicklung von Fallverläufen haben, wohl aber die differenzierte Rekonstruktion der Handlungsdynamiken und Wirkmechanismen, die die enorme Bedeutung des „institutionellen Faktors" aufzeigen.[9] Da das Beschreiben und Verstehen komplexer Zusammenhänge und die Rekonstruktion von Routinen des professionellen Alltags hier im Zentrum stehen, ist die Entwicklung eines qualitativen Forschungsdesigns nahe liegend. Insgesamt ist die Untersuchung dabei als ein Beitrag zur Praxisforschung zu verstehen, der sich dem feldtheoretischen Konzept Kurt Lewins und der damit verknüpften Form der „Tat- bzw. Aktionsforschung" verbunden fühlt, die heute eher als eine spezifische Form der Praxisforschung bezeichnet würde.[10]

Als *Praxisforschung* ist die Arbeit insofern zu verstehen, als die Annäherung an den Gegenstand möglichst alltagsnah erfolgt, um damit verbundene Prozesse in ihrem Verlauf zu erfassen, Innenperspektiven zu erschließen und zum methodisch kontrollierten Verstehen individueller wie kollektiver Handlungsvollzüge und Deutungsmuster beizutragen. Der Begriff der Praxisforschung und das damit verknüpfte Theorie-Praxis-Verhältnis folgt dabei dem Verständnis von Schone (1995) und Moser (1995), die diese als wissenschaftliche Bemühungen definieren, „die an der Schnittstelle zwischen Wissenschafts- und Praxissystem angesiedelt sind und darauf abzie-

---

9 Obwohl in fachlichen Diskussionen wenig umstritten ist, dass Hilfesysteme aktiv an der Entwicklung und z.T. auch Verschärfung von Fällen mitwirken, ist dieses Themenfeld jedoch wenig systematisch erforscht. Die Zahl der darauf bezogenen Untersuchungen sind relativ gering, zudem sind diese überwiegend recht alt (z.B. Wolff 1983; Gildemeister 1983; Lindemann 1998).

10 Zu den Arbeiten Lewins vgl. z.B Gairing 1996; Lang 1978; Lewin 1944, 1953, 1963; Lück 1996.

len, gegenseitige Anschlüsse zu finden und fruchtbar werden zu lassen" (Moser 1995: 9). Praxisforschung übernimmt in diesem Sinne eine „wichtige Brückenfunktion" an der „Nahtstelle zwischen Wissenschaft und Praxis" (Schone 1995: 13), indem sie über das Erkennen von Zusammenhängen hinaus auch auf die Probleme und die Qualifizierung professionellen Handelns bezogen bleibt. *Analyse* und *Veränderung* werden hier zu den zwei forschungsleitenden Prämissen.

Ähnlich argumentierte bereits Kurt Lewin in seinen sozialpsychologisch orientierten Arbeiten in den 1940er Jahren. Mit der von ihm im Zusammenhang mit der Erforschung von „Rassenproblemen" entwickelten Tat- oder Aktionsforschung („action research") beschrieb er einen Ansatz, den er als „... eine vergleichende Erforschung der Bedingungen und Wirkungen verschiedener Formen des sozialen Handelns und eine zu sozialem Handeln führende Forschung" (Lewin 1953: 280) kennzeichnete. Bereits Lewin sah also die Forschung der doppelten Zielsetzung von Analyse und Veränderung verpflichtet und hielt eine Verzahnung von Theorie und Praxis für notwendig, welche sozialwissenschaftliche Forschung, die Gestaltung von Lern-/Bildungsprozessen und soziales Handeln als konstitutive Elemente miteinander verband. Die von ihm postulierte Verknüpfung realisierte sich erstmals explizit im Kontext einer Auftragsarbeit, die sowohl ein Forschungsinteresse beinhaltete als auch eine Qualifizierung von Fachkräften zum Ziel hatte. Aufgrund des von Lewin zur Erfüllung dieser Aufgabe vorgeschlagenen Verfahrens, das Forschungs- und Trainingsprogramm zugleich sein sollte, entstand 1946 ein Projektdesign, das als „Laboratoriumsmethode" bekannt wurde (vgl. Gairing 1996: 55 ff.; Marrow 1977: 228 ff.). Die Erfahrungen in der Durchführung dieses Projektes und ähnlicher Forschungsarbeiten brachten Lewin zu einer Überzeugung, die m.E. auch für die pädagogisch orientierte Forschung und ihren prinzipiellen Handlungsbezug von Bedeutung ist: „Diese und ähnliche Erfahrungen haben mich überzeugt, dass wir Handeln, Forschung und Erziehung als ein Dreieck betrachten sollten, das um jeder seiner Ecken willen zusammenzuhalten ist" (Lewin 1953: 291).[11] In Orientierung an einem solchen Forschungsverständnis zielt diese Arbeit darauf, Feldanalyse und die Entwicklung von Veränderungsperspektiven für die Jugendhilfe konstruktiv miteinander zu verbinden.

Offenheit und Prozessorientierung im Forschungsverlauf

Verbunden mit der Entscheidung für ein qualitatives Verfahren sind weitere Grundprinzipien dieses Paradigmas (vgl. Lamnek 1995, Band 1: 21 ff.).

---

11 Interessant für den methodischen Zugang dieser Arbeit, vor allem für das Instrument der „Fallkonsultationen" ist darüber hinaus das mit der Aktionsforschung Lewins verbundene feldtheoretische Konzept (vgl. Kap. 2.2.1).

Das methodische Vorgehen bei der Planung und Durchführung des Forschungsprozesses lässt sich insbesondere mit den Begriffen *Offenheit* und *Prozessorientierung* charakterisieren.

Das Prinzip der *Offenheit* impliziert, sich dem Forschungsfeld in einer Weise zu nähern, die die Wahrnehmung der Forschenden möglichst wenig eingrenzt und den Blick für Unerwartetes offen hält. Forschungsleitende Perspektive ist, in Auseinandersetzung mit dem Feld theorierelevante Erkenntnisse zu „entdecken" und diese im Ergebnis zu Erkenntnissen zu verdichten, d.h. zur Theoriebildung in einem Feld beizutragen. Der Verzicht auf eine umfassende theoretische Vorstrukturierung des Gegenstandes und diesbezüglich standardisierter Erhebungsinstrumente sowie eine größtmögliche Offenheit gegenüber den spezifischen Deutungen und Relevanzsetzungen der Handelnden und des untersuchten Feldes sind Ausdruck dieses Forschungsparadigmas. Daraus ergibt sich die Notwendigkeit der Wahrnehmung, Explikation und Reflexion des jeweiligen Vorwissens, ohne dies jedoch in der Formulierung eines fest gefügten Hypothesensatzes gipfeln zu lassen. Verbunden damit sind die Auswahl und Handhabung von Methoden, die eine Abweichung des Untersuchungsfeldes vom Erwarteten erkennen und dokumentieren können. So verstanden knüpft das Prinzip der Offenheit sowie auch der nachfolgend erläuterte Prozesscharakter qualitativer Forschung an das von Blumer (ebd. 1954, zitiert in Lamnek 1995, Band 1: 131) entwickelte Verfahren der Erschließung von weniger erforschten Wirklichkeitsbereichen mit Hilfe von „sensibilisierenden Konzepten" an (vgl. auch Flick 2000: 25). Gemeint ist damit, dass die Wahrnehmung des/der Forschenden für bestimmte Aspekte sozialen Handelns durch ein vorläufiges Formulieren von Problemfeldern sensibilisiert wird, diese aber gleichzeitig offen bleibt gegenüber unerwarteten Daten des Feldes. Im Kontext der Psychoanalyse wird diese forschungsleitende Haltung mit dem Begriff der „gleichschwebenden Aufmerksamkeit" bezeichnet (Flick 1995: 150).

Eng verbunden mit der offenen Orientierung qualitativer Forschungsvorhaben ist deren *kommunikativer Charakter*, d.h. die Interaktion und Kommunikation zwischen Forschenden und zu Erforschenden. Wahrnehmung, Deutung und Interpretation von Wirklichkeit sind perspektivabhängig, woraus sich auch für die Sozialforschung die Konsequenz ergibt, dass es keine völlig theorieunabhängigen Beobachtungsaussagen geben kann, so dass die Aushandlung von Wirklichkeitsdefinitionen und -deutungen zwischen allen Beteiligten eines Forschungsprozesses notwendig wird (Lamnek 1995, Band 1: 23). Im Sinne der „kommunikativen Validierung" von Erkenntnissen gewinnt der diskursive Charakter qualitativer Sozialforschung insbesondere bei der Frage nach ihrer „Geltung und Güte" eine besondere Bedeutung.

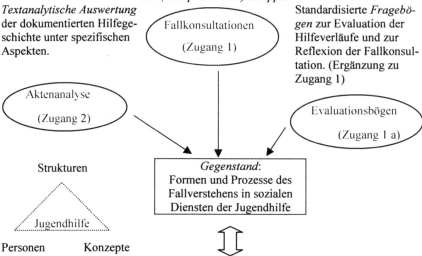

Geregeltes Verfahren/ kontrolliertes Instrument für die Analyse und Bewertung der Familiendynamik, der Helferrolle und der Hilfegeschichte in einer *(Interpretations-) Gruppe.*

Textanalytische Auswertung der dokumentierten Hilfegeschichte unter spezifischen Aspekten.

Standardisierte *Fragebögen* zur Evaluation der Hilfeverläufe und zur Reflexion der Fallkonsultation. (Ergänzung zu Zugang 1)

Fallkonsultationen

(Zugang 1)

Aktenanalyse

(Zugang 2)

Evaluationsbögen

(Zugang 1 a)

Strukturen

Jugendhilfe

Personen   Konzepte

Gegenstand:
Formen und Prozesse des Fallverstehens in sozialen Diensten der Jugendhilfe

Fragestellungen:
Welche Spezifika zeigen sich in den Wahrnehmungs- und Deutungsprozessen der Jugendhilfe[12] (Fallverstehen) sowie daraus abgeleiteten Interventionen? Was leitet den Blick auf einen Fall?
Wie konstruiert die Jugendhilfe (d.h. die in ihre Organisationen und Konzepte eingebundenen Fachkräfte sozialer Dienste) die Probleme mit, die sie bearbeitet?

Ziele:
a) Analyse der professionellen Verstehensprozesse in der Jugendhilfe und der Entwicklung „schwieriger" Hilfeverläufe
b) Entwicklung von Anforderungen und Bedingungen für ein qualifiziertes Fallverstehen

Materialbasis: 11 Einzelfälle/Hilfegeschichten

Abb. 5: Untersuchungsdesign im Überblick

---

12 Der analytische Blick dieser Arbeit richtet sich in der Beantwortung der Forschungsfragen vornehmlich auf das System der Jugendhilfe. Dennoch werden auch Handlungs- und Entscheidungsroutinen ihrer Kooperationspartner (Schule, Kinder- und Jugendpsychiatrie, Polizei etc.) mitbeleuchtet, da das Handeln der Akteure/Akteurinnen in der Jugendhilfe sich oftmals in Kooperation mit den PartnerInnen vollzieht.

Neben der skizzierten Offenheit qualitativer Forschung ist die *Prozessorientierung* ein für dieses Forschungsvorhaben wesentliches Prinzip, das sich sowohl auf den gesamten Forschungsverlauf als auch auf das Problemfeld, d.h. auf Gegenstand und Fragestellung bezieht (Lamnek 1995: 24 f.).

Eine Untersuchung, deren Fokus auf die Konstitution von Wirklichkeit gerichtet ist, hat der Prozessualität sozialer Phänomene Rechnung zu tragen. Diese begründet sich darin, dass kollektive wie individuelle Muster des Interpretierens und Handelns fortwährend reproduziert und modifiziert werden, also einem ständigen Wandel unterliegen. Damit verbundene Veränderungen können nur adäquat erfasst werden, wenn auch das Untersuchungsinstrumentarium flexibel auf diese Wandlungen reagieren kann. Dies ist z.B. der Fall, wenn sich im Verlauf einer Untersuchung aufgrund des Erkenntnisgewinns ein klareres Verständnis des Forschungsproblems herauskristallisiert und daraufhin Fragestellungen und Erhebungsmethoden spezifiziert werden. Analytischer Erkenntnisgewinn erfolgt hier also über mehrere Stufen und in zyklischer Form, d.h. im Sinne des hermeneutischen Zirkels (vgl. Lamnek 1995, Band 1: 71 ff.).

2.2 Instrumente der Erkenntnisgewinnung

Im Sinne der Methodentriangulation wurden für die Untersuchung zwei zentrale Zugänge gewählt, um auf unterschiedlichen Wegen theoretische Erkenntnisse zu generieren und diese kontrastieren zu können. Mit den Instrumentarien Aktenanalyse und Fallkonsultationen wurden methodisch ein nicht-reaktives und ein reaktives Verfahren kombiniert, der Einsatz von Evaluationsbögen stellt eine methodische Ergänzung zu den Fallkonsultationen dar.

2.2.1 Fallkonsultationen als reaktives Instrument des Erkenntnisgewinns

Bei den Fallkonsultationen handelt es sich um ein methodisches Instrument, das im Rahmen des Projektes und der damit verbundenen Forschungsarbeit in Anlehnung an die feldtheoretischen Überlegungen Lewins entwickelt wurde, um der Komplexität und Dynamik der Einzelfälle Rechnung zu tragen.

In seinem feldtheoretischen Konzept beschreibt Lewin Voraussetzungen, die sozialwissenschaftliche Forschung leiten sollen und im Kern den ganzheitlichen Charakter und den dynamischen Zusammenhang von Wahrnehmung, Erleben und Verhalten betonen (vgl. Lück 1996). Nach Lewin ist Verstehen nur mittels einer mehrdimensionalen Analyse möglich, die menschliches Erleben und Verhalten in seiner Gesamtheit und seiner situativen Kontextualität betrachtet. Als Gesamtheit beschreibt Lewin dabei die

Summe der Gegebenheiten einer Person und ihres Umfeldes, die zusammen ein dynamisches System bilden, das er auch als „psychologisches Feld" oder „Lebensraum" bezeichnet (vgl. Lang 1978: 51). Dieser ist folglich nicht objektiv gegeben, sondern wird durch die subjektiven Wahrnehmungsmuster jedes einzelnen Menschen strukturiert. Insofern sind die Felder, in denen Personen sich bewegen, nach Auffassung Lewins als erlebnisbedingt strukturierte Räume zu betrachten, deren Bestandteile die handelnde(n) Person(en), ihre Bedürfnisse und Wünsche, die Umwelt, die Sichtweisen der Individuen von sich und der Umwelt und die Dynamik, die durch die Wechselwirkung der Elemente und durch soziale Interaktion entsteht, sind. Die Vielzahl dieser gleichzeitig bestehenden und miteinander verknüpften Komponenten in ihrer relativen Lage zueinander zu beschreiben ist die Voraussetzung dafür, Einsichten bezüglich des Verhaltens und seiner Dynamik zu gewinnen, da dieses nach Lewin eine „Funktion der Person und ihrer Umwelt ist" (vgl. Lück 1996: 53). Das Feld ist demnach kein ‚abstraktes' Bezugssystem, sondern repräsentiert eine Vielzahl von Bereichen, die alle zur gleichen Zeit existieren und die untereinander in Wechselwirkung stehen. Letzteres bedeutet, dass jede Veränderung innerhalb eines Feldes von der Konstellation des Gesamtfeldes abhängt und Veränderungen in einem Teil auch jeden anderen Teil des Feldes beeinflussen. Für das Modellprojekt und die Bearbeitung der Forschungsfrage ist das Konzept Lewins insofern von Bedeutung,

– als durch die vor diesem Hintergrund entwickelte Form der Fallkonsultationen Fälle in ihrer Gesamtheit und ihrer Dynamik betrachtet wurden,

– das Hilfesystem als ein konstitutiver Teil des Falles (bzw. des „Feldes") in den Blick genommen werden konnte

– und sich durch die Fallanalyse eine Veränderung des „Feldes" vollzog, die die nächste Intervention in der weiteren Fallbearbeitung hilfreich unterstützen konnte.

Der Begriff „Fallkonsultation" steht hier für eine strukturierte Falldarstellung, -beratung und -reflexion nach festgelegten Arbeitsschritten in einer Gruppe, die durch eine Kollegin des Forschungsteams moderiert wurde. Die Runde der TeilnehmerInnen setzte sich aus drei Gruppierungen zusammen:

1. die fallbezogenen Fachkräfte, die nur einmalig an diesen Runden teilnahmen, um ihren Fall vorzustellen und zu beraten;

2. die Fachkräfte der örtlichen Jugendhilfe, die kontinuierlich an diesen Runden teilnahmen;

3. und das dreiköpfige Team der BeraterInnen/ForscherInnen, das jeweils mit unterschiedlichen Aufgaben und in unterschiedlichen Rollen teilnahm.

Bei den Fallkonsultationen handelte es sich somit um eine im Rahmen des Forschungsprojektes hergestellte Situation, die jedoch deutlich Ähnlichkeiten zu vertrauten Arbeitssituationen der Fachkräften aufwies (z.B. Hilfeplangespräche, Helferkonferenzen) und sie dazu anregen sollte, erneut und in ungewohnter Form über ihre „schwierigen Fälle" nachzudenken. Die Begründung für dieses spezifische Arrangement folgt der mit der Entwicklung der Laboratoriumsmethode verknüpften Annahme Lewins, dass sich Einsichten in Prozesse gewinnen lassen, indem man sie verändert, den Effekt beobachtet und interpretiert, d.h. dass man Veränderungen bewusst herbeiführt, um Wissen zu generieren (vgl. Marrow 1977: 251 f.). Theoretischer Erkenntnisgewinn ist demzufolge nicht nur durch eine prinzipiell distanzierte Beobachtung der Praxis möglich, sondern auch und vielleicht gerade durch die zeitweise Überwindung dieser Distanz.

Die Fallkonsultationen fanden in einem Zeitraum von 16 Monaten statt und dauerten jeweils einen Arbeitstag lang, wobei die konkrete Einzelfallberatung/-analyse den Vormittag einnahm (ca. 3 Stunden). Der Verlauf war bezüglich der Struktur bzw. der angewandten Methode immer gleich: Am Vormittag wurde ein Fall vorgestellt und beraten, am Nachmittag fand in der Runde der kontinuierlichen TeilnehmerInnen eine fallübergreifende Auswertung dieses Falls statt. Vormittags wurde mit einem spezifischen Setting gearbeitet: Es gab einen Innen- und einen Außenkreis. Aufgabe des Innenkreises war es, den Fall nach dem Verlaufsmodell *kollegialen Fallverstehens* (vgl. aktuell: Ader 2004) zu beraten, ein gemeinsames Fallverständnis sowie Handlungsoptionen für das weitere Vorgehen im Fall zu entwickeln. Die Struktur der Beratung, d.h. die Abfolge festgelegter Arbeitsphasen, wurde dabei durch die Kollegin des Forschungsteams gewährleistet. Sie nahm insofern Einfluss auf den Verlauf der Beratung, als durch die Moderation eine strenge Orientierung am vereinbarten Verfahren erfolgte und dadurch der Fokus der Betrachtung insbesondere auf die psychodynamische Ebene des Falles und das affektive/szenische Verstehen und Deuten gerichtet wurde. Andere Dimensionen der Fallbetrachtung (z.B. der detaillierte Blick auf die materielle Situation einer Familie) wurden durch diese Schwerpunktsetzung bewusst in den Hintergrund gerückt. Der Außenkreis hatte währenddessen die Aufgabe, den Prozess zu beobachten und punktuell die Beratung des Innenkreises zu ergänzen. Die beiden Mitglieder des Forschungsteams im Außenkreis übernahmen vor allem die Aufgabe, den Prozess zu beobachten und zu dokumentieren und griffen i.d.R. nicht aktiv in das Geschehen ein.[13] So wurden im dreiköpfigen Forschungsteam

---

13 Aus der gemeinsamen Visualisierung in der Fallkonsultation und den Notizen der teilnehmenden Beobachtung wurde unmittelbar nach jeder Fallkonsultation ein ausführliches Protokoll mit Originalzitaten angefertigt. Zudem wurden einige Fallkonsultationen als Tonaufnahmen mitgeschnitten und transkribiert.

die Pole Nähe und Distanz zum Feld bzw. *Forschung* und *Beratung* auf die unterschiedlichen Personen verteilt.

Zur inhaltlichen Vorbereitung jeder Fallkonsultationen wurde aus den Fallakten ein *Genogramm*[14] sowie eine Zusammenfassung und Gegenüberstellung der jeweiligen *Lebens- und Hilfegeschichte* eines jungen Menschen bzw. einer Familie erstellt. Das Genogramm diente dem Ziel, dass sich die Teilnehmenden unabhängig von der mündlichen Falldarstellung ein Gesamtbild machen konnten, wesentliche familiengeschichtliche Daten über mehrere Generationen hinweg erhielten und so erste Hinweise auf zentrale (generative) Themen sowie mögliche Konfliktfelder sammeln konnten. In Ergänzung dessen wurde mit der chronologischen Gegenüberstellung der Lebens- und Hilfegeschichte der Fall in seiner Entwicklung dargestellt, um durch den Blick „auf das Ganze" Hinweise auf familiäre Muster und Dynamiken, die Interventionsstrategien des Hilfesystems sowie auf die Dynamik zwischen Familie und HelferInnen bzw. Hilfesystem zu erhalten.

Die beiden für das Forschungsinteresse zentralen Phasen der Fallberatung stellten die mündliche Falldarstellung sowie nachfolgend die Phase der Fallinszenierung und des szenischen/affektiven Verstehens (s.u.) dar. Durch die narrative Falldarstellung wurde eine Beschreibung der individuell-fachlichen Sichtweisen und Deutungen auf den Fall vorgenommen. In der nachfolgenden Phase der Fallinszenierung erfolgte eine Informationsgewinnung, d.h. eine Erweiterung der Perspektiven auf den Fall bzw. eine Generierung möglicher (und bislang unbeachteter) Lesarten, indem alle Teilnehmenden des Innenkreises – ausgenommen der Moderation und der fallvorstellenden Fachkraft– in die Identifikation mit Mitgliedern der Familie und mit der verantwortlichen Fachkraft gingen. Ausgehend von den in diesem Schritt der Fallkonsultationen vorgenommenen Identifikationen wurden das mögliche aktuelle Erleben der einzelnen Personen beschrieben und Assoziationen zum Fall zusammengetragen. Durch diese Form des Verstehens, die in der Auswertung auch Übertragungs- und Spiegelphänomene in den Blick nimmt, wurden Hinweise auf „blinde Flecken" im bisherigen Verstehen des Falls bezogen auf

- die Familiendynamik,

- die Rolle und die Interventionen der HelferInnen,

- die Rolle, die Interventionen und die (Binnen-)Dynamik des Hilfesystems

- und die Interaktionsdynamik zwischen Familie und Hilfesystem gewonnen.

---

14 Ein Genogramm lag vor der Fallkonsultation nur in einem der beratenen Fälle vor.

Das *szenische Verstehen* ist ein zentrales Element der psychoanalytischen Pädagogik. Es wird hier davon ausgegangen, dass eine solche Theorieintegration nützlich ist, um soziale Realitäten auf unterschiedlichen Ebenen zu reflektieren und besser zu verstehen (vgl. Stemmer-Lück 2004). In diesem Zusammenhang werden psychoanalytische Konzepte weniger in ihrer Bedeutung als therapeutische Behandlungsmethode gesehen, sondern als bereicherndes Konstrukt für die Analyse von Verhalten und Interaktionsprozessen, die die Beziehungsdimension und -dynamik zwischen allen Beteiligten in den Blick nimmt und den Verstehenshorizont erweitert. Das Konzept des szenischen Verstehens geht davon aus, dass ein möglichst umfassendes Verstehen von individuellen Lebenssituationen, Menschen und ihren Verhaltensweisen nur möglich ist, wenn unbewusste Gefühle, Handlungen und (Interaktions-)Prozesse in das Verstehen einbezogen werden. Damit folgt es einer wichtigen Grundannahme der Psychoanalyse, nämlich der Existenz und des Wirkens unbewusster Prozesse: „Damit ist gemeint, dass menschliches Erleben, Selbsterleben und Verhalten nicht nur von bewussten Intentionen, sondern auch von unbewussten oder genauer von unbewusst gewordenen Erfahrungen, Wünschen und Ängsten bestimmt wird" (vgl. Stemmer-Lück 2004: 18). Lorenzer, Leber und Trescher als führende Vertreter des szenischen Verstehens gehen davon aus, dass Menschen nicht bewältigte Interaktions- und Dialogerfahrungen der frühen Lebensjahre und sich daraus generierende Lebensthemen im späteren Leben immer wieder und meist in verfremdeter Form herstellen (vgl. Trescher 2001; Leber 1985; Lorenzer 1977). Reale Erlebnisse sowie subjektive Wünsche und Vorstellungen vermischen sich dabei. Das jeweils aktuelle Gegenüber wird in diesen Prozess der (Re-)Inszenierung eingewoben und somit Teil der Szene. „Szenisches Verstehen heißt also, erfassen, wie einen der Klient in seine verschlüsselten Mitteilungen und Gestaltungen einbezieht" (Leber 1985: 67). Das Erkennen und Reflektieren der Dynamik von Übertragung und Gegenübertragung auf Seiten der Professionellen stellt dabei einen zentralen Zugang zu den komplexen, unbewussten Interaktionsprozessen dar, wobei insbesondere die Gegenübertragungsgefühle der Fachkräfte ein wichtiger Schlüssel zu den unbewusst leitenden Handlungsmustern der KlientInnen, zu ihren „Erinnerungsspuren" und daraus „geronnenen Interaktionsformeln" sind (vgl. Lorenzer 1983: 99 f.). Die Teilhabe der Professionellen an einer aktuellen Szene und die reale, vor allem affektive Beteiligung an der gemeinsamen Interaktion werden zur Erkenntnisgewinnung genutzt.

Bedeutsam ist, dass im szenischen Verstehen nicht das logische Verstehen oder das Verstehen von Worten oder singulären Ereignissen im Vordergrund steht, sondern die Wahrnehmung und assoziative Deutung kontextuell eingebundener Szenen, die den Blick auf latente, tiefer verborgene Erinnerungsspuren richten. Eine Form des psychologischen Verstehens also, die von den Elementen der Einfühlung und Intuition geprägt ist und eine m.E. notwendige Ergänzung zum methodisch strukturierten Sinnverstehen der anderen Arbeitsphasen darstellt.[15] Nur in dieser Verbindung von einerseits Struktur und andererseits situativem Einfühlen ist ein sozialpädagogisches Fallverstehen möglich, das u.a. die Aufgabe hat, nicht verbalisierten Motive und Empfindungen von Menschen zu verstehen, d.h. emotional zu begreifen, wie es ihnen geht, um mit ihnen herauszufinden, welche Unterstützung sie brauchen.

Der zentrale Erkenntniswert der Fallkonsultation lag mit Blick auf die Forschungsfragen folglich in der Offenlegung der Differenz zwischen dem, was i.d.R. im Verlauf der Wahrnehmungs- und Deutungsprozesse der sozialen Dienste gesehen wird und welche Handlungen daraus folgen, und dem, was gesehen werden kann, wenn in einer Form gearbeitet wird, die den Blick auf zwei zentrale Dimensionen eines Falles, das Klienten- und das Hilfesystem, richtet und die sich daraus ergebende Dynamik in einer aktuellen Inszenierung freisetzt. Durch die systematische Auswertung dieser Differenz lassen sich Schlussfolgerungen hinsichtlich der Frage ziehen, was beim Fallverstehen von Professionellen gesehen wird, was ihren Blick leitet und auch, was oftmals nicht im Blick ist bzw. ausgeblendet wird.

2.2.2 Evaluationsbögen als Ergänzung der Fallkonsultationen

Als Ergänzung zu den Fallkonsultationen wurden zur Dokumentation der Weiterentwicklung der beratenen Fälle standardisierte Evaluationsbögen entwickelt, die im weiteren zeitlichen Verlauf mehrmals eingesetzt wurden. Mit Hilfe der standardisierten Bögen, die jeweils allen fallbezogenen Fachkräften zugegangen sind, wurde zweierlei erhoben:

- die Einschätzungen der Fachkräfte zu den Fallkonsultationen und zum praktizierten Verfahren des kollegialen Fallverstehens, und

- die Entwicklungen im Fall im Nachgang zu der Fallkonsultation.

Bezogen auf die forschungsleitenden Fragen sind die Evaluationsbögen relevant, weil darüber Hinweise auf Interventionsmuster der Jugendhilfe gewonnen werden können: In den Fallkonsultationen waren jeweils ein gemeinsames Fallverständnis erarbeitet und daraus resultierende, pädagogische Handlungsoptionen abgestimmt worden. Sofern diese nicht umgesetzt werden konnten, stellte sich die Frage, wieso das, was als „fachlich richtig und sinnvoll" erkannt worden war, nicht zwingend in entsprechende Interventionen mündete. Aus den Evaluationsbögen konnten also Erkenntnisse darüber gezogen werden, warum ein erarbeitetes und vereinbartes Hilfearrangement ggf. nicht zustande kam, welche Gründe dies hatte und was dies über die in diesem Fall hinderlichen Handlungsroutinen der Jugendhilfe

---

15 Vgl. dazu die Definition unterschiedlicher Formen des Verstehens von Dilthey (in: Lamnek 1995, Band 1: 78f.).

aussagte. Die im Verlauf der systematischen Auswertung und Interpretation der Evaluationsbögen generierten Erkenntnisse wurden den befragten Fachkräften im Anschluss vorgestellt und im Sinne einer kommunikativen Validierung mit ihnen diskutiert.

2.2.3 Aktenanalyse als nicht-reaktives Verfahren

Den zweiten zentralen Zugang zum Fallmaterial bildete die Aktenanalyse. Dabei handelte es sich um Falldarstellungen, Entwicklungsberichte, Hilfepläne, Gesprächsvermerke, Berichte, psychologische und psychiatrische Gutachten etc. – eine Sammlung von Schriftstücken unterschiedlicher Herkunft also, die Bestandteile der fallbezogenen Akten waren. Dieser Zugang wurde gewählt,

- weil er bereits vorliegende Dokumente zum Ausgangspunkt nimmt, die unbeeinflusst vom Forschungsprozess entstanden sind,

- weil Fallakten eine aussagekräftige Quelle für die Analyse individueller wie institutionalisierter Deutungsmuster sind (vgl. Wolff 2000 b: 504),

- und sie im Rahmen der Jugendhilfe, in der es auch um die Entscheidung über sozialrechtlich zugesicherte Leistungsansprüche geht, eine hohe Bedeutung haben (vgl. Müller 1980, Lau/Wolff 1981, Lindemann 1998).

In Bezug auf die forschungsleitenden Fragestellungen sollte die Aktenanalyse Erkenntnisse darüber erbringen, welche Sichtweisen und Deutungen die jeweils fallbeteiligten Fachkräfte, bezogen auf einen jungen Menschen, seine/ihre Familie, die Fallgeschichte, die eigene Rolle und die des Hilfesystems, haben. Gegenstand der Aktenanalyse sind alle in der sozialpädagogischen Fallakte gesammelten Dokumente über die untersuchten Fälle. Die vorgefundenen Daten wurden in zwei unterschiedlichen Formen aufbereitet. Nach je gleichem Raster für die einzelnen Fälle wurden die biographischen und soziographischen Daten sowie die institutionellen Hilfeerfahrungen zusammengestellt:

- *Erstellung eines Genogramms* als graphische Übersicht bezüglich des gesamten Klientensystems

- *Erstellung einer Übersicht über die Grunddaten* zur Situation der Kinder und Jugendlichen (vgl. entsprechende Übersicht in Kap. 2.2.2)

- *Erstellung einer Chronologie der institutionellen Beratungs- und Hilfeangebote*: Welche Hilfen? Zu welchem Zeitpunkt? Über welche Dauer?

Darüber hinaus wurde für jeden Fall eine *Zusammenfassung der Lebens-und Hilfegeschichte* erstellt, d.h. eine chronologische Fallskizze, in der alle anderen Daten in ihrer zeitlichen Abfolge und Prozesshaftigkeit dargestellt wurden. Dieses Vorgehen erschien insbesondere im Kontext der vorliegenden Untersuchung sinnvoll und notwendig, um die Komplexität von Fallverläufen, die Prozesshaftigkeit von lebensgeschichtlichen Entwicklungen und institutionellen Unterstützungs-/Hilfeangeboten sowie die Zusammenhänge zwischen singulären Ereignissen sichtbar machen zu können.

Mit den beiden gewählten Formen der Datenaufbereitung wurden qualitativ unterschiedliche Daten erfasst, die in der Auswertung aufeinander bezogen werden konnten. Kontrastiert wurden die schriftlichen Dokumente zudem mit den mündlichen Präsentationen der Fachkräfte im Verlauf der Fallkonsultationen. In der konkreten Auswertung des empirischen Fallmaterials (Kapitel 3-5) werden die theoretischen Erkenntnisse nicht streng nach den beiden zentralen Zugängen zum Material (Fallkonsultationen und Aktenanalyse) getrennt. Kenntlich gemacht wird aber jeweils, welche Erkenntnisse sich aus welchem methodischen Zugang ergeben.

2.3 Auswertung des empirischen Materials

2.3.1 Theoretische Grundlagen der Datenauswertung

Grundsätzliches zur Datenauswertung

In dieser Untersuchung geht es darum, einen sinnverstehenden Zugang zu interaktiv hergestellten sozialen Wirklichkeiten zu finden, durch differenzierte Rekonstruktion Fallverläufe und ihre Strukturmerkmale zu entschlüsseln und über diesen Weg in plausibler Weise zu theoretischen Erkenntnissen zu gelangen. In der Regel beginnen solche Forschungsprozesse mit einer anfänglichen Sensibilisierung für ein bestimmtes Forschungsproblem, welches sich theoretisch nicht exakt eingrenzen lässt. Hansbauer (1999) beschreibt qualitative Forschung als einen „elastischen Prozess", in dessen Verlauf sich ein Problem zunehmend klärt und sich Antworten verdichten, der aber in der gesamten Chronologie offen bleibt für weitere empirische und auch theoretische Erkenntnisse (ebd. 1999: 160). Die Generierung von Erkenntnissen ist in diesem Sinne ein zirkulärer Prozess, in dem der konkrete Verlauf der Analyse und Interpretation durch die fortschreitende Theorieentwicklung geprägt wird.

Die Begrenztheit der untersuchten Fallzahlen – hier sind es elf – kann dabei nicht gleichgesetzt werden mit der Bedeutung der erarbeiteten Befunde. Die leitende Annahme qualitativer Forschung ist, dass sich im Einzelfall bzw. in Biographien Allgemeines abbildet, da sich Subjektwerdung in einem sozialen Referenzrahmen vollzieht und so grundlegende Strukturen der sozialen Welt und ihrer Widersprüche in diese eingehen. Einzelfälle und Biographien können somit als „Interaktionsgeschichten" aufgefasst werden, die sowohl eine Perspektive auf die soziale Welt als auch auf die „lebensgeschichtlichen Bedeutungszuweisungen" der BiographInnen eröffnen. In Lebensgeschichten/Fällen bildet sich ein Teil der sozialen Welt/des Allgemeinen ab, das durch Fallrekonstruktionen erfasst werden kann (vgl. Hanses 2001). Um als fundierte Forschungsergebnisse gelten zu können, müssen die Schlussfolgerungen vom „Besonderen auf das Allgemeine" allerdings den Gütekriterien qualitativer Forschung Rechnung tragen (ausführlich: Steinke 2000: 319 ff.). Knapp und überzeugend bringt auch Wilson (1982) die anzulegenden Validitätskriterien an wissenschaftliches Vorgehen auf den Punkt, indem er konstatiert, dass qualitative Forschung und Theoriebildung „innere" und „äußere Stimmigkeit" aufweisen müsse: „Die mit der inneren Stimmigkeit zusammenhängenden Fragen erweisen sich als im wesentlichen technische: war die Stichprobe richtig angelegt; konnte der Beobachter auch das von ihm Berichtete wahrnehmen; ... hat der Forscher auch verstanden, was vor sich ging, so dass seine Beobachtungen vertrauenswürdig sind; sind die logischen Schlüsse richtig; gibt es auch keine wichtigen begrifflichen Unklarheiten; und so weiter. ... Die innere Stimmigkeit hat also damit zu tun, ob die vorgetragene Deutung im Lichte der in der Untersuchung tatsächlich verwendeten Daten und Methoden sinnvoll ist. ... Demgegenüber konfrontiert die Forderung nach äußerer Stimmigkeit unsere Arbeiten mit Daten, die nicht von uns, ja nicht einmal im Rahmen unserer eigenen geistigen Tradition gewonnen worden sind. ... herkömmliche methodologische Diskussionen ... [beschränken] sich weitgehend auf Fragen der inneren Stimmigkeit, weil sie fälschlich davon ausgehen, dass die richtige Methode alleine schon brauchbare Ergebnisse gewährleiste" (Wilson 1982: 503).

Die Güte von Forschungsergebnissen ergibt sich demzufolge nicht allein daraus, dass die Validitätskriterien wissenschaftlichen Arbeitens im Sinne der „richtigen" Methodologie erfüllt wurden, sondern vielmehr durch ihre Stimmigkeit, Nachvollziehbarkeit, Adäquatheit, Intersubjektivität und Anschlussfähigkeit an bereits vorhandene Wissensbestände (vgl. auch Moser 1995). Es geht also nicht allein um die Erfüllung methodenimmanenter Regeln, sondern auch um die Plausibilität von Ergebnissen im Referenzsystem der „scientific community".

Der konkrete Prozess der Datenauswertung im Rahmen dieser Untersuchung erfolgte dabei in drei z.T. parallel verlaufenden Arbeitsschritten:

–   Reduktion der vorhandenen Datenmenge auf der Basis der leitenden Forschungsfragen und daraus entwickelter Analyseinstrumente;

–   Aufbereitung und Darstellung der Daten zu unterschiedlichen Zeitpunkten im Forschungsprozess;

– Formulierung und Überprüfung von Schlussfolgerungen, d.h. Interpretation und Validierung.

Analyse und Interpretation orientierten sich an dem von Glaser/Strauss (z.B. 1984; 1967) entwickelten Verfahren der „grounded theory" sowie an Elementen der qualitativen Inhaltsanalyse nach Mayring (z.B. 2000; 1999). Glaser/Strauss entwickelten ihr Konzept der in der Empirie verankerten Theoriebildung Ende der 1960er Jahre als Gegenentwurf zu den zu der Zeit vorherrschenden soziologischen Untersuchungsdesigns, in deren Rahmen die qualitative Forschung nur „Handlangerdienste" (vgl. ebd. 1967: 92) für die quantitative Forschung zu leisten hatte. Gegenüber der deduktiven Forschungslogik quantitativer Verfahren sehen Glaser/Strauss in ihrem Konzept ein geeigneteres Verfahren zur Analyse komplexer sozialer Zusammenhänge und Interaktionen. Statt der Überprüfung aus der Theorie gewonnener Hypothesen werden hier neue theoretische Überlegungen und Konstrukte in der Auseinandersetzung mit dem empirischen Material gewonnen. Dabei erfolgen im gesamten Verlauf eines Forschungsprozesses Interpretationen und Hypothesenbildungen, durch die sich schrittweise ein theoretischer Bezugsrahmen herausbildet, der sequenziell überprüft, modifiziert und vervollständigt wird. Dieser stetige Wechsel zwischen Bedeutungsgebung/Interpretation und dem Rückbezug auf das empirische Datenmaterial dauert so lange an, bis die Aussagekraft der gewonnenen Erkenntnisse zufrieden stellend und auch von Dritten nachvollziehbar ist. Wichtiges Element im Forschungsverlauf ist dabei das Kodieren. Bereits im Prozess der Datensammlung und -aufbereitung sowie während der systematischen Reflexion über die Daten nimmt der/die Forschende Hypothesenbildungen und Kategorisierungen vor, die fortwährend gesättigt oder modifiziert werden. Grundlegend für die Kodierung ist das Prinzip des permanenten Vergleichs. Diese grundsätzliche Vorgehensweise der „grounded theory" wurde in der Datenauswertung kombiniert mit dem Verfahren der Inhaltsanalyse nach Mayring (s. o.). Insbesondere die schriftlich vorliegenden Falldokumente wurden systematisch analysiert, indem das Material zergliedert und schrittweise bearbeitet wurde. Das Kategoriensystem, d.h. die Aspekte, zu denen aus den vorliegenden Materialien Informationen herausgefiltert werden sollten, wurde dabei vorab exemplarisch aus dem Material entwickelt, wurden aber ebenso im Verlauf der Analyse modifiziert, sofern es das untersuchte Material erforderte.

Feld- und Systemtheorie als zentrale Bezugspunkte der Interpretation
Um den forschungsleitenden Fragestellungen nachzugehen, musste ein Forschungsdesign entwickelt werden, das sowohl in der methodischen Anlage als auch in der Interpretation des Materials der Komplexität menschlicher Lebensvollzüge und sozialer Interaktionen Rechnung trägt. Ausgewertet wurde das vorliegende empirische Material vor diesem Hintergrund unter Berücksichtigung der feldtheoretischen Überlegungen Lewins und der Sys-

temtheorie Luhmanns[16], da beide Theorieansätze für ein solches Vorhaben wichtige Orientierungspunkte markieren. Auf eine umfangreiche Darstellung beider Theorielinien wird hier verzichtet, da theoretische Erkenntnisse vorwiegend aus dem Material heraus entwickelt werden. Dennoch sollen einige mit Blick auf die Untersuchung zentrale Aspekte beider Theorien kurz angesprochen werden.

Die Feldtheorie Lewins und die Systemtheorie Luhmanns unterscheiden sich in ihrer zeitlichen Entstehungsgeschichte, ihrem disziplinären Kontext, ihrer Zielrichtung und in ihrem Bedeutungshorizont. Trotz dieser Unterschiede gibt es deutliche Analogien in den Grundannahmen beider Konstrukte und den dahinter liegenden Denkweisen. Darauf verweist Marianne Hege (1998) in ihrem Aufsatz „Feldtheorie und Systemtheorie", in dem sie beide Theoriestränge systematisch miteinander in Beziehung setzt und in nachvollziehbarer und plausibler Weise die Parallelen aufzeigt.[17] Die Kernaussagen beider Theorien, die auch für die vorliegende Untersuchung denk- und handlungsleitend sind, können wie folgt skizziert werden:

Das Ganze und seine Teile: System und Feldtheorie geben Auskunft über das Verhältnis von Ganzheiten (System bzw. Feld/Lebensraum) und ihren Teilen. Ein System bzw. ein Feld stellt immer eine zusammenhängende Ganzheit dar, in der jedes Teil direkt oder indirekt mit anderen Teilen verbunden ist. Dies bedingt, dass die Veränderung eines Teils immer auch Veränderungen der anderen Teile bzw. des gesamten Systems oder Feldes bewirkt und von der Konstellation des Gesamtfeldes abhängt. Demzufolge richtet sich der system- bzw. feldtheoretische Blick vorrangig darauf, wie die Ganzheit funktioniert, d.h. auf das Zusammenspiel und die Wechselwirkungen der einzelnen Teile innerhalb der dynamischen Ganzheit.

System und Umwelt: Konstitutiv für die Herausbildung von Systemen oder Feldern ist ihr spezifisches Verhältnis zur Umwelt, wobei diese kein eigenes System darstellt, sondern die Summe verschiedener Systeme, Ereignisse und Handlungen, die außerhalb des operierenden Systems liegen (vgl. Miller 2001: 39). Systeme bzw. Felder entstehen, indem Abgrenzungen von der Umwelt vollzogen und somit Systemgrenzen markiert werden. Einerseits grenzen sich Systeme/Felder von der Umwelt ab, um sich selbst zu definieren sowie Autonomie und eigene Identität aufzubauen, andererseits

---

16 Zu den Arbeiten Lewins vgl. z.B. Lewin 1944, 1953, 1963; Lück 1996; Gairing 1996; Lang 1978. Die Rezeption der Luhmann'schen Systemtheorie bezieht sich hier vorrangig auf Luhmann (1987, 1982), Willke (2000), Miller (2001) und Barthelmess (2001).

17 Eine umfangreichere Abhandlung, die sich mit den Analogien von Feld- und Systemtheorie beschäftigt oder die die Feldtheorie in die Entwicklung der Systemtheorie einbezieht, findet sich bislang weder in der psychologischen, der gruppendynamischen noch der soziologischen Literatur (vgl. Hege 1998: 40).

sind sie auf die Umwelt bezogen, weil die Selbstdefinition im Sinne einer System-Umwelt-Differenz erfolgt. Es gibt also eine Interdependenz zwischen System und Umwelt, in deren Rahmen Austauschprozesse und Anpassungsleistungen erfolgen, um die Stabilität der System-Umwelt-Differenz zu erhalten. Lewin beschreibt die Interdependenz von Feld/Lebensraum und Umwelt aus seinem disziplinären Kontext vor allem damit, dass er Verhalten als eine Funktion von Person und Umwelt beschreibt und nicht als bloße Addition von Einflüssen beider Komponenten. Folge dieser Interdependenz und der Vielzahl an möglichen Wechselwirkungen ist, dass sowohl im Rahmen der Austauschprozesse zwischen System und Umwelt als auch innerhalb eines Systems Eigendynamiken freigesetzt werden, die aus der Komplexität des Gesamtgefüges entstehen und nicht umfassend antizipiert werden können.

Komplexität, Konstruktivismus und Sinn: Komplexität bezeichnet den Grad der Vielschichtigkeit, Vernetzung und Folgelastigkeit von Ereignissen und Handlungen in der Welt. System- und Feldtheorie gehen in diesem Kontext davon aus, dass die Umwelt eines Systems bzw. Feldes/Lebensraumes immer komplexer ist als das System selbst. Systeme sind also gezwungen, Komplexität zu reduzieren, um in der prinzipiellen Unübersichtlichkeit ihrer Umwelt gezielte Wahrnehmungen vornehmen zu können. Daraus folgt, dass die Wahrnehmung der Umwelt durch ein System bzw. Feld immer nur ausschnitthaft erfolgen kann. Diese Reduktion vollzieht sich jeweils in Abhängigkeit von spezifischen Wahrnehmungsmustern (Konstruktionen), die sich vorrangig aus der Selbstdefinition und der Zweckbestimmung des Systems ergeben. Dadurch wird die wahrgenommene „Wirklichkeit" immer konstruiert, weil die soziale Welt durch eine „spezifische Brille" erfasst wird. Wahrnehmungen sind also immer Konstrukte über die Beschaffenheit der Umwelt und die soziale Realität. Dies bedeutet, dass jede Wahrnehmung in oder von Systemen zugleich immer auch eine Deutung im Kontext des operierenden Systems ist. An dieser Stelle liefert Luhmann mit der Einführung des „Sinn"-Begriffs eine zentrale Kategorie zur Erfassung und Reduktion von Komplexität. Sinn ist immer systemabhängig und das zentrale Kriterium für die Operationen eines Systems, welches grundsätzlich bestrebt ist, sich selbst zu erhalten. Nur was bezogen auf die Systemlogik und seine funktionalen Belange hin Sinn macht, schlägt sich deshalb in den Wahrnehmungen und Handlungen eines Systems nieder.

Selbstreferenz und Autopoiesis: Der Begriff des „Sinns" verweist auf den der „Selbstreferenz". Nach Lewin steht die Wahrnehmung des Außen in einem Feld in engem Zusammenhang mit der Innenstruktur des Lebensraumes. Es wird vornehmlich das wahrgenommen, was der inneren Logik entspricht, um die eigene Stabilität nicht zu gefährden und sich selbst zu erhalten. Lewin spricht in diesem Zusammenhang von einer zirkulären Rückkopplung zwischen System und Umwelt. In diesem Kontext stellt der Lebensraum ein selbstreferentielles System dar, dessen Ausdifferenzierung durch Anstöße aus der Umwelt und aus sich selbst heraus geschieht, wobei das System selbst und seine Kontinuierung immer der Maßstab dafür bleiben, inwiefern Irritationen von Außen verarbeitet werden.

Vor dem Hintergrund dieser grundlegenden Annahmen beider Theorien wurde das empirische Material der Untersuchung analysiert. Sie bildeten eine Interpretationsfolie, ohne dabei dogmatisch angewandt zu werden und die eigene Ausdruckskraft des Fallmaterials einzuschränken.

2.3.2 Die empirische Basis

Bei den analysierten elf Fällen handelt es sich um zum Zeitpunkt der Untersuchung aktuelle Jugendhilfefälle aus dem Zuständigkeitsbereich des Allgemeinen Sozialen Dienstes (im Folgenden: ASD) einer nordrheinwestfälischen Großstadt, in denen jeweils eine Hilfeentscheidung getroffen werden musste. Als Materialbasis wurden laufende Fälle ausgewählt, weil der Fokus der Untersuchung u.a. auf dem dynamischen Aspekt und der Interaktionen der fallbeteiligten Fachkräfte liegen sollte, der bzw. die durch eine lediglich retrospektive Betrachtung über z.B. Akten oder nachgehende Interviews nicht abzubilden gewesen wäre. Auswahlkriterien für alle Fälle waren die (subjektiv geleitete) Kategorisierung eines Falles als „besonders schwierig" durch die fallzuständige Fachkraft im ASD, die Möglichkeit zur Einsicht in alle fallspezifischen Dokumente und die Bereitschaft aller in den Fall eingebundenen Fachkräfte, sich auf die gemeinsame Beratung und Analyse des Falls einzulassen. Um einen Eindruck von der „Beschaffenheit" der Fälle zu vermitteln, d.h. vor allem von der Lebenssituation der betroffenen Kinder und Jugendlichen, soll hier in tabellarischer Form ein kurzer Überblick gegeben werden[18]:

Name	Alter*	Nationalität / Herkunftsland	Aktuelle Lebensform Kind/Jugendlicher (Fallkonsultation)	Erstkontakt mit der Jugendhilfe:	Erfahrungen: Psychiatrie oder GU
Tim Schmitz	12 J. geb. 07/87	Deutschland	im Übergang: Heim ⇨ erlebnispädagogische Auslandsmaßnahme	1991, Trennung der Eltern	amb. + stat. Psychiatrie
Paul Beckhoff	15 J. geb.	Deutschland	offene Gruppe einer geschlossenen Heimeinrichtung	1977, Betreuung der Familie durch	amb. Psychiatrie; GU**

18 Ergänzend dazu wurden für die Untersuchung von allen Fällen biografische Kurzporträts angefertigt, auf deren Darstellung hier verzichtet wird.

	07/84			..	JA/Obdachlo senhilfe
Kazim Zafari	11 J. geb. 04/88	Türkei; in Deutschland geboren	Pendeln zwischen allein erziehender Mutter und Inobhutnahme; Antrag auf GU läuft	1975 ⇨ Mutter von Kazim + Familie; Kazim: Heimunterbringung kurz nach der Geburt	amb. Psychiatrie; Antrag auf GU gestellt, nicht umgesetzt
Walid Melchers	9 J. geb. 01/91	Sinti; in Deutschland geboren	mit drei Geschwistern bei allein erziehender Mutter; Frage: Sorgerechtsentzug notwendig?	1988, Fremdmeldung: Vernachlässigung Geschwister	Antrag auf GU gestellt, nicht umgesetzt
Dorota Milowski	17 J. geb. 07/82	Polen; seit ca. 1994 in Deutschland	Einzelbetreuung in eigener Wohnung, aktuell Krankenhaus	1998, Inobhutnahme auf eigenen Wunsch	amb. + stat. Psychiatrie
Nicole Schipper	14 J. geb. 08/86	Deutschland	Pendeln zwischen Eltern und Straße (zuvor GU)	1992, Trennung der leiblichen Eltern	amb. Psychiatrie; GU
Ahmet Kanat/ Linek	15 J. geb. 07/84	Tunesien; in Deutschland geb., dann direkt 7 Jahre Tunesien und wieder Deutschland	seit 15 Monaten in Haft, soll bald entlassen werden	1992, Fremdmeldung Lehrerin: Auffälligkeiten der Jungen	amb. + stat. Psychiatrie; GU
Martin Roth	10 J. geb. 01/90	Deutschland	Aufnahmegruppe eines Kinderheims als „Zwischenlösung"	1979, Betreuung der Familie durch JA/ Obdachlosenhilfe	amb. + stat. Psychiatrie
Fabian Kaminski	14 J. geb. 03/86	Deutschland	lebt aktuell mit seiner allein erziehenden Mutter; Frage: Neue Betreuungs-	1982 ⇨ Mutter von Fabian + Familie; Fabian:	(Keine Erfahrungen)

70

			form?	Fremdmel-dung: Ver-nachlässigung in 11/86	
Carsten Lohmann	16 J. geb. 07/84	Deutschland	lebt nach Aus-landsaufenthalt (Abbruch) wieder bei Familie ⇨ „Zwischenlösung"?	1992 Selbst-meldung Mutter: große Schwierigkei-ten mit Cars-ten	amb. + stat. Psychiatrie
Sven Epke	15 J. geb. 08/85	Deutschland	aktuell wieder bei allein erziehender Mutter, zwischen-durch Straße und Notaufnahme	vor Svens Geburt: Mut-ter hatte Amtsvor-mund; Sven: Meldung durch Groß-mutter 08/87	amb. + stat. Psychiatrie

* = *Alter zum Zeitpunkt der Fallkonsultation*
** = *die „geschlossene Unterbringung" (= GU) war in diesen Fällen jeweils vor den Fallkonsultationen beantragt und umgesetzt worden*

Abb. 6: Grunddaten zur Situation der Kinder und Jugendlichen

Aus der Übersicht ist in der Gesamtschau der Fälle zu entnehmen,

- dass in neun Hilfegeschichten Jungen/junge Männer im Mittel-punkt standen und nur zweimal Mädchen/junge Frauen.

- Vier Kinder kamen aus Familien mit Migrationshintergrund.

- Von den elf Kindern und Jugendlichen haben neun ambulante oder häufig auch stationäre Erfahrungen mit der Psychiatrie gemacht; oftmals waren sie dort zu verschiedenen Zeitpunkten ihrer Lebens-geschichte in Behandlung.

- Die „geschlossene Unterbringung"[19] wurde vor den Fallkonsultati-onen in fünf der beratenen Fälle angedacht (➢ erfolgte Antragstel-lung), in drei Fällen auch umgesetzt.

- Zudem ist zu ergänzen, dass alle Kinder und Jugendlichen der Ju-gendhilfe vor Ort schon lange bzw. über einen längeren Zeitraum

---

19 Die „geschlossene Unterbringung" als in der Jugendhilfe feststehender Begriff wird nachfolgend nicht mehr in Anführungszeichen gesetzt.

bekannt waren, die Jugendhilfe also nicht „plötzlich mit Problemen konfrontiert wurde, die durch den Zuzug einer Familie nach Köln importiert wurden" (so eine Wahrnehmung der Professionellen zu Projektbeginn).[20]

2.3.3 Konstrukt für die Auswertung des Materials

Das Untersuchungsdesign, die methodischen Zugänge zum Fallmaterial sowie Grundsätzliches zur Datenauswertung wurden vorstehend ausführlich beschrieben. Darüber hinaus soll nun das theoretische Modell erläutert werden, das den gewählten Fokus bzw. die Folie für die Analyse der unterschiedlichen Fallmaterialien darstellt.

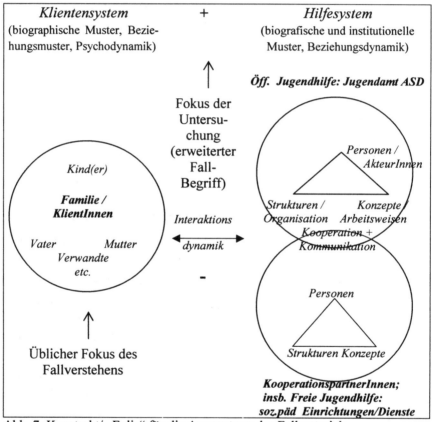

Abb. 7: Konstrukt/ „Folie" für die Auswertung des Fallmaterials

---

72

Handlungsleitende These der Untersuchung ist, dass die Jugendhilfe und ihre Kooperationspartner Anteil an der Entwicklung von Hilfeverläufen haben (somit also Teil des Falls sind) und durch die eigenen Wahrnehmungs-, Deutungs- und Handlungsroutinen zur Verschärfung kritischer Lebenssituationen beitragen können. Es geht also vor allem um den Einfluss der beteiligten Organisationen im Hilfesystem auf die Lebenslagen und Entwicklungsprozesse von Kindern und Familien. Um diese Annahme zu prüfen, muss ein theoretisches Konstrukt für die Fallauswertung von einem weiteren Fallverständnis ausgehen als es die Regel ist. Zum Fall gehören hier sowohl das Klienten- als auch das Hilfesystem, der organisationsbezogene Teil eines Falls wird also in den analytischen Fokus einbezogen, um die Bedeutung von professionellem Handeln und institutionellen Zusammenhängen für den Verlauf von Hilfe- und damit immer auch Lebensgeschichten in den Blick zu nehmen. Der Fall, der verstanden werden muss, umfasst somit alle beteiligten Personen in ihren jeweiligen (Sub-) Systemen und die Dynamik zwischen den einzelnen Systemen und ihren AkteurInnen. Abbildung 7 verdeutlicht diesen theoretischen Ausgangspunkt.

Die beiden Aufmerksamkeitsrichtungen „Klientensystem" und „Hilfesystem" bedürfen allerdings einer weiteren Differenzierung, um die Fülle des vorhandenen Fallmaterials zu strukturieren: Im Sinne Kurt Lewins und der neueren Systemtheorie kann gefolgert werden, dass die einzelnen Teile eines Feldes (Feldtheorie) bzw. die einzelnen Systeme innerhalb ihrer Umwelt (Systemtheorie) sich immer wechselseitig bedingen und jede Veränderung eines einzelnen Elements immer auch Veränderungen im gesamten Feld bzw. in einem Gesamtsystem und seiner Umwelt bewirkt. Zum einen geht es also um Wechselwirkungen oder Austauschprozesse und dadurch entstehende Dynamiken (Interaktion, Kooperation). Zum anderen geht es um die integrativen Bestandteile von Systemen: um Strukturen, Prozesse und AkteurInnen. Bezogen auf die zu analysierenden Fälle werden somit fünf zentrale Kategorien gebildet, die die Folie für die Analyse und Interpretation darstellen:

a) Handeln, Kooperation und Kommunikation im Hilfesystem

b) Interaktion zwischen Hilfesystem und Klientensystem

c) Handelnde AkteurInnen im Hilfesystem

d) Konzepte und Arbeitsweisen im Hilfesystem

e) Organisationsbezogene Strukturen im Hilfesystem

Diese Differenzierung wird in dem Wissen vorgenommen, dass es sich dabei um eine analytische Trennung handelt und die verschiedenen Kategorien im konkreten Handlungsvollzug der Praxis miteinander verwoben sind. Beispielsweise steht hinter dem fachlichen Konzept eines Jugendamtes, die Führung einer Amtsvormundschaft mit der ASD-Zuständigkeit zu koppeln, ein organisationsbezogenes Muster, das eine Aussage über die institutionelle Zuordnung der Vormundschaft in der Organisation impliziert und auf eine strukturelle Unklarheit hinweist. In der Fallauswertung könnte dieser Aspekt (➤ Führung der Vormundschaft) sowohl der Dimension „Konzepte und Arbeitsweisen im Hilfesystem" als auch der Dimension „Strukturen im Hilfesystem" zugeordnet werden. Daran wird deutlich, dass es sich bei der Differenzierung der fünf benannten Dimensionen um eine künstliche Trennung handelt, mit der bei der Zuordnung herausgearbeiteter Handlungsmuster eine inhaltliche Setzung vorgenommen wird. Dennoch erscheint dieses Vorgehen sinnvoll, um eine erste, ggf. vorläufige Struktur zu bilden, auf deren Grundlage die Fülle des Materials sortiert und somit dessen Komplexität reduziert werden kann.

In einem weiteren Arbeitsschritt wurden zu den fünf Analysekategorien Leitfragen formuliert, anhand derer die einzelnen Materialien durchgesehen und analysiert wurden.[21] Dieser Fragenkatalog wurde im Forschungsprozess in verschiedenen Arbeitszusammenhängen diskutiert und ergänzt sowie im konkreten Prozess der Fallauswertungen sukzessiv erweitert. Die Ausgangsfragen hatten lediglich anregenden und die Aufmerksamkeit lenkenden Charakter, sollten den ergebnisoffenen Vorgang der Analyse aber möglichst wenig behindern.

2.3.4 Konkrete Schritte der Fallauswertung und deren Darstellung

Insgesamt bildeten alle elf Fälle die Materialbasis für die Auswertung des empirischen Materials. Zum einen sollte dargestellt werden, wie die Probleme von Kindern und Familien wahrgenommen und interpretiert werden und was dabei den Blick der Professionellen auf einen Fall leitet. Zum anderen sollte, insbesondere durch die erweiterte Perspektive auf diese Fälle, herausgearbeitet werden, was bezüglich eines Falles gesehen werden kann, wenn der analytische Blick auch auf die Beziehungs- und Interaktionsdynamiken gelenkt wird sowie auf die Prozesse der Fallbearbeitung im Hilfesystem.

Zu diesem Zweck wurden zwei der elf Fälle exemplarisch rekonstruiert (Kapitel 3 und 4), im Anschluss daran erfolgte eine fallübergreifende Auswertung der typischen Muster im Hilfesystem, die das Wahrnehmen, Interpretieren und Bearbeiten von Fällen anleiten (Kapitel 5.1). Die Begriffe „Muster" und „Routinen" werden hier synonym verwendet und stehen für eine spezifische Art und Weise, etwas zu sehen, zu deuten oder zu tun, die

---

21 Den inhaltlichen Hintergrund für die Formulierung der Leitfragen bildeten eigene Felderfahrungen, der aktuelle Fachdiskurs zu den Themen „Hilfeplanung" und „Fallverstehen/Diagnostik" sowie theoretische Erkenntnisse aus der Systemtheorie.

sich wiederholt, d.h. die typisch ist für die jeweils genannten Hilfesysteme. Diese analysierten Muster kommen nicht in jedem Fall und in gleicher Intensität zum Ausdruck und sind auch nicht generell auf die Arbeit psychosozialer Dienste in den Erziehungshilfen zu übertragen, sondern stellen prinzipielle Risikofaktoren für die Herausbildung von Verschärfungszusammenhängen in Fallentwicklungen dar. Deutlich wird in der Summe der ausgewerteten Fälle jedoch, dass es sich dabei nicht um singuläre und in ihrer Bedeutung für Praxisentwicklung zu vernachlässigende Wahrnehmungs-, Interpretations- und Handlungsmuster handelt, sondern diese immer in einer Reihe der analysierten Fälle aufgetreten sind. Aufgrund der Vielfalt und Vielgestaltigkeit der Handlungsmuster wurden diese zum Abschluss der Auswertung des Fallmaterials (Kapitel 5.2) auf die hinter ihnen liegenden Logiken befragt und verdichtet.

Grundsätzlich gilt für die Darstellungen aller Fälle, dass die Namen der beteiligten Personen und Institutionen anonymisiert wurden. Die beteiligten sozialen Dienste der Jugendämter, Heime, Kinder- und Jugendpsychiatrien und Schulen, von denen meist mehrere in die einzelnen Hilfegeschichten involviert sind, werden in den Fallrekonstruktionen jeweils durchnummeriert (z.B. ASD Köln-1, ASD Köln-2, ASD x-Stadt, wenn der ASD einer anderen Kommune angehört), so dass nur erkennbar ist, wie viele der entsprechenden Organisationen an einem Fall beteiligt sind und um welchen Dienst es sich in der jeweiligen Situation handelt. Andere beteiligte Organisationen werden anhand der Hilfeform, die sie erbringen, benannt, so beispielsweise die Sozialpädagogische Familienhilfe (SPFH), die Inobhutnahme oder die Mobile Betreuung.

Darüber hinaus ist für das Verständnis der Auswertung wichtig, dass insgesamt relativ viel aus den Fallakten und Fallkonsultationen zitiert wird, um die vorgenommenen Schlussfolgerungen und Interpretationen zu belegen und die analysierten Muster greifbarer werden zu lassen. Alle Zitate aus Originaldokumenten sind dabei kursiv gesetzt.

3. Was leitet den Blick? –
Fallrekonstruktion 1:
Tim und Familie Schmitz

Exemplarisch rekonstruiert werden in diesem und im folgenden Kapitel die Fälle „Tim" und „Ahmet". Prinzipiell hätten sich alle elf analysierten Fälle für die differenzierte Rekonstruktion angeboten, aufgrund der Fülle des vorliegenden Materials musste jedoch eine Auswahl getroffen werden. Dafür boten sich die beiden benannten Fälle in besonderem Maße an, weil die institutionellen Muster in ihnen besonders klar und in allen fünf gebildeten Auswertungskategorien zum Ausdruck kommen. Zudem wird in diesen Fällen deutlich, wie eng die Routinen und Dynamiken auf den unterschiedlichen Auswertungsebenen miteinander verknüpft sind und sich wechselseitig bedingen. Allerdings unterscheiden sich die beiden Fälle darin, dass der Ausgangspunkt für die institutionell bedingte Verschärfung der Lebens- und Familiensituation von Tim und Ahmet unterschiedlich gelagert ist, und somit unterschiedliche Wirkungszusammenhänge dargestellt werden können.

Darstellungsform der Einzelfallrekonstruktion

In ihrer Darstellung folgen beide Fallrekonstruktionen der gleichen Form: Zunächst wird jeweils eine Beschreibung des Falls aus *Sicht der Jugendhilfe* und ihrer Kooperationspartner vorgenommen. Diese stützt sich auf die Berichte im Rahmen der Fallkonsultationen sowie auf das vorliegende Aktenmaterial. Versucht wird dabei, die Beschreibungen der Hilfesysteme von den vorgenommenen Bewertungen des Falls zu trennen. Diese Trennung gelingt allerdings nicht stringent, da im vorhandenen Material i.d.R. nicht nach „Beschreibung" und „Bewertung" getrennt wird. Im Anschluss daran beginnt die eigentliche Analyse des jeweiligen Falls aus *Sicht der Fallrekonstruktion im Rahmen der Untersuchung.* Leitende Frage dafür ist, wie sich der Fall aus Sicht der Fallrekonstruktion konstelliert. Konkret werden jeweils in einem ersten Schritt Deutungen und Hypothesen der familiären Situation entfaltet. Im zweiten Schritt wird anhand der fünf differenzierten Kategorien dargestellt, was über das institutionelle Handeln im Fall deutlich wird, wenn der Fallbegriff erweitert und die Hilfesysteme in die Analyse einbezogen werden. Näher begründet werden die einzelnen Arbeitsschritte nochmals zu Beginn der jeweiligen Passagen im Text. Abgeschlossen werden die Fallrekonstruktionen mit einem Resümee hinsichtlich der Bedeutung und des Erkenntnisgewinns der vorgenommenen Gegenüberstellungen mit Blick auf die forschungsleitenden Fragen.

3.1 Wie aus Tim ein schwieriger Fall wurde. Die Sicht der Jugendhilfe und ihrer Kooperationspartner[22]

Die Wahrnehmung, Beschreibung und Deutung des Falls aus Sicht der Jugendhilfe und ihrer Kooperationspartner orientiert sich zum Zweck größerer Übersichtlichkeit an vier zentralen Lebensabschnitten im Verlauf des Heranwachsens von Tim:

Die ersten Lebensjahre in der Ursprungsfamilie
(Juli 1987 – November 1992)

Das Leben in der neuen Familie des Vaters
(November 1992 – Dezember 1995)

Die Lebensjahre bei der Mutter und ihrem zweiten Mann
(Dezember 1995 – Juli 1997)

Tims Leben im Kinderheim-1 (Juli 1997 – August 1999)

Die ersten Lebensjahre in der Ursprungsfamilie
(Juli 1997 – November 1992) – Beschreibung der Hilfesysteme

Tim wird im Juli 1987 als erstes und einziges Kind der Eheleute Dieter und Andrea Schmitz geboren. Sie sind 21 bzw. 20 Jahre alt, beide in erster Ehe miteinander verheiratet und leben in A-Stadt, einer Kleinstadt nahe Köln. Die Eltern beschreiben in einem späteren Gespräch mit der Kinder- und Jugendpsychiatrie, dass sie beide in ihrer Einstellung bezüglich der Schwangerschaft *„ambivalent bis ablehnend"* gewesen sind, dass Tims Geburt per Kaiserschnitt aber ohne weitere Komplikationen verlaufen ist und Tim *„als Kleinkind sehr anstrengend ... und ein Schreikind gewesen sei"*. Für seine Betreuung ist hauptsächlich Frau Schmitz zuständig. Ansonsten ist über die ersten Lebensjahre von Tim und das Aufwachsen in seiner Ursprungsfamilie in allen Fallakten wenig dokumentiert. Der Kontakt zum Jugendamt A-Stadt kommt viereinhalb Jahre später (Anfang 1992) aufgrund einer gerichtlichen Meldung während des Trennungsprozesses der Eltern zustande,

---

22 Quellen der Zusammenfassung des Falls aus Sicht der Jugendhilfe und ihrer Partner sind die schriftlichen Fallakten des Jugendamtes sowie die mündliche Falldarstellung zu Beginn der Fallkonsultation. Die Fallakten umfassen die üblichen Dokumente eines Hilfeplanprozesses: Vermerke des Jugendamtes, Hilfeplanprotokolle, psychiatrische und/oder psychologische Gutachten, Fall- und Sachstandsberichte beteiligter freier Träger, Polizeiberichte etc.

woraufhin eine Spieltherapie begonnen wird, die *„mehr oder weniger regelmäßig lief"*. Die endgültige Trennung der Eltern bzw. der Auszug von Frau Schmitz aus der gemeinsamen Wohnung erfolgt ebenfalls in diesem Jahr *„plötzlich innerhalb eines Tages, an dem Frau Schmitz mit einem Koffer auszog und einige Stunden später die neue Freundin von Herrn Schmitz einzog"*. Dem Auszug von Tims Mutter sind zwischen den Eheleuten *„massive Auseinandersetzungen, die zum Teil auch handgreifliche Eskalationen zeigten"*, vorausgegangen. Der fünfjährige Tim bleibt in dieser Situation bei seinem Vater, der nach der Trennung von seiner Ehefrau das Sorgerecht für den gemeinsamen Sohn erhält.

Das Leben in der „neuen" Familie des Vaters (November 1992 bis Dezember 1995) – Beschreibung der Hilfesysteme

Mit der Freundin von Tims Vater, die zum Zeitpunkt ihres Einzugs ebenfalls in Trennung lebt, zieht auch deren zweijährige Tochter Saskia mit in die Wohnung der Familie Schmitz. Für Tim ergibt sich somit *„abrupt eine völlig neue Lebenssituation"*, in der auch der Kontakt zu seiner Mutter über etwa ein halbes Jahr lang fast völlig abbricht. Frau Schmitz begründet dies im Nachhinein *„mit damals noch heftigsten Schwierigkeiten zwischen ihr und ihrem getrennten Mann"*. Zudem habe sie in dieser Zeit keine feste Wohnung gehabt, sondern bei Freunden gelebt, bis sie 1993 ihren jetzigen, zweiten Mann kennen lernte, mit ihm zusammenzog und Herrn Peters 1994 heiratete. Mit dem Beginn der neuen Partnerschaft fällt auch der Zeitpunkt zusammen, zu dem Frau Schmitz-Peters [sie nimmt den Namen ihres zweiten Mannes nach der Eheschließung zu ihrem Namen hinzu] wieder Kontakt zu ihrem fünfjährigen Sohn aufnimmt. Während sie im ersten halben Jahr nach ihrem Auszug nur einige Male telefonisch den Kontakt zu Tim gesucht hat, folgen dann etwa über ein weiteres halbes Jahr unregelmäßige Besuchskontakte. Seit Beginn des Jahres 1994 gibt es einen regelmäßigen Umgang zwischen Tim und seiner Mutter, der auf einer zwischen seinen Eltern getroffenen Besuchsregelung beruht: Zu Beginn verbringt Tim ein Wochenende im Monat bei seiner Mutter und deren neuem Mann, seit Mitte 1994 ist es dann jedes zweite Wochenende im Monat.

Tim selbst, der in den Jahren 1992 bis 1995 bei seinem Vater und dessen Freundin bzw. späterer Ehefrau lebt, begegnet der neuen Lebenssituation nach Beschreibungen des Jugendamtes A-Stadt, die auf den Erzählungen der Eheleute Schmitz basieren, mit Widerstand. Seinem Vater wirft Tim vor, die Mutter geschlagen zu haben. Die Schuld für die Trennung der Eltern sieht er jedoch bei der neuen Freundin des Vaters, die er von Beginn an ablehnt: *„... Tim nimmt gegenüber der Freundin des Vaters eine deutlich abwehrende Haltung ein; ... die Sehnsucht nach der leibl. Mutter war stets deutlich spürbar; ... die Situation in der neuformierten Familie des Vaters wird zunehmend schwieriger; insbesondere auch aufgrund des sich verfes-*

*tigenden schlechten Verhältnisses zwischen Tim und der Lebensgefährtin
des Herrn Schmitz, die er konsequent als ‚alte Hexe‘ bezeichnet ... und die
mittlerweile regelrechte Aversionen gegen den Jungen hegt, ... weiteren Anlass zur Sorge gab Tim, als festgestellt wurde, dass er offenbar über einen
längeren Zeitraum hinweg andauernd in seinem Zimmer, aber auch beispielsweise auf die Kleidungsstücke seiner Stiefschwester uriniert hatte, ...
darüber hinaus stellte sich heraus, dass Tim [als er ca. fünf bis sechs Jahre
alt war] – vermutlich schon mehr oder weniger gewohnheitsmäßig – sowohl innerhalb der Familie als auch etwa in Warenhäusern – Diebstähle
beging.“*

Als Tim 1993 eingeschult wird, wird er seitens der Schule *„nach kurzer
Zeit als massiv auffälliges Kind eingeschätzt“*, und es wird ein Wechsel in
die Sonderschule für Erziehungshilfe erwogen, weil man ihn *„in der
Grundschule für nicht mehr tragbar hielt“*; dieser wird jedoch nicht vollzogen. 1994 verändert sich Tims Situation in der neuen Familie seines Vaters
dadurch, dass sein Stiefbruder Dominik geboren wird. Die Situation, so der
Vermerk des Jugendamtes A-Stadt, spitzt sich weiter zu, und Tim äußert
immer häufiger den Wunsch, zur Mutter ziehen zu wollen; er *„unterstreicht
dies durch häufige Entweichungen“* aus dem väterlichen Haushalt. Im Februar 1995 nimmt Herr Schmitz aufgrund der Schwierigkeiten mit Tim von
sich aus Kontakt zu einer Erziehungsberatungsstelle in A-Stadt auf; es folgen *„einige Beratungsgespräche“* mit dem Vater, z.T. auch gemeinsam mit
Tim, und *„einige Termine“*, an denen für Tim ein spieltherapeutisches Angebot durchgeführt wird.

**Deutung und Bewertung der Hilfesysteme zu diesem Zeitpunkt
(➢ ASD A-Stadt, Sonderschule E[23])**
Die explizit dokumentierten Bewertungen des ASD A-Stadt beziehen sich
vorrangig auf Tim. Über ihn und sein auffälliges Verhalten gibt es in den
Fallberichten der Jugendhilfe sowohl zum jetzigen Zeitpunkt als auch spä-
ter lange Beschreibungen. Dargestellt wird, was ihm in seiner Familie bzw.
in seinen beiden Familien widerfährt und welches Verhalten er in diesem
Zusammenhang zeigt. Insbesondere wird die konflikthafte und gewaltvolle
Beziehung der Eltern hervorgehoben, deren plötzliche Trennung sowie der
zeitgleich stattfindende Einzug der neuen Freundin des Vaters mit ihrer
zweijährigen Tochter und der Kontaktabbruch zwischen Mutter und Sohn.
Als weitere einschneidende Erlebnisse für Tim werden die erneute Heirat
seiner leiblichen Eltern mit dem jeweils neuen Partner bzw. der neuen Partnerin und die Geburt des Stiefbruders Dominik beschrieben, der dann zusammen mit Tim, seiner Stiefschwester und der zweiten Ehefrau des Vaters
in dessen Haushalt aufwächst. Aus Sicht des ASD ist Tim ein *„traumati-*

---

23 In der Klammer benannt sind jeweils die Einrichtungen und Dienste, die in der jeweiligen Lebensphase fachliche Einschätzungen formulieren.

sierter Junge", der auf die Veränderungen in seinem Leben und vor allem aufgrund seiner *„stets deutlich spürbaren Sehnsucht"* nach der *„leiblichen Mutter"* und *„unter dem spärlichen Kontakt zur Mutter leidend"* mit Verhaltensweisen reagiert, die seitens des Umfeldes als *„massiv"* auffällig, aggressiv, störend und zunehmend entgleisend bezeichnet werden. Zu späteren Zeitpunkten im Hilfeverlauf gibt es keine weiteren eigenen Beschreibungen des Jugendamtes/ASD über Tim; an die Stelle treten in den Hilfeplanprotokollen die Beschreibungen aus Sicht des Heims, die in den Hilfeplan übernommen werden.

Weitere Bewertungen der familiären Situation werden seitens des ASD nicht deutlich ausgesprochen, schlagen sich aber ganz offensichtlich im Sprachgebrauch der Berichte nieder (vgl. dazu Kapitel 3.2.2 b). In der Summe werden in den implizit sehr wohl wertenden Beschreibungen die von Tims Vater bereits in der Ehe begonnene Beziehung zu seiner späteren, zweiten Frau sowie vor allem der plötzliche Auszug von Tims Mutter und das Zurücklassen des Sohnes in moralisierender Weise negativ beurteilt und als maßgebliche Gründe für die Schwierigkeiten des Jungen angesehen.

Neben den Bewertungen des ASD existiert zu diesem Zeitpunkt von institutioneller Seite die Beurteilung der Grundschule, die auf das von ihr als massiv störend wahrgenommene Verhalten von Tim nach kurzer Zeit reagiert, indem sie den Jungen an die E-Schule weiterverweisen will.

Die Lebensjahre bei der Mutter und ihrem zweiten Mann (Dezember 1995 - Juli 1997) – Beschreibung der Hilfesysteme

Auf seinen *„massiven Wunsch"* hin zieht Tim schließlich im Dezember 1995 zu seiner Mutter nach Köln, wo er nachmittags von der 62-jährigen Mutter des zweiten Ehemanns von Frau Schmitz-Peters betreut wird, da Tims Mutter als Chefsekretärin ganztägig berufstätig ist. Kurz nach seinem Umzug *„stellt sich bei ihm die Ernüchterung darüber ein, dass die Mutter und Herr Peters aufgrund ihrer Berufstätigkeit nur sehr begrenzt Zeit für ihn haben; ... er beginnt herumzustreunen, ist gegenüber Frau Peters sen. aggressiv und kotet wieder die Hosen ein".* In dieser Situation nimmt seine Mutter im Frühjahr des Jahres 1996 Kontakt zu einer Erziehungsberatungsstelle in Köln auf; ebenfalls zu diesem Zeitpunkt wird Tims Schulbesuch zunehmend unregelmäßiger. In seinem späteren Vermerk zur Vorgeschichte des Falls hält der ASD A-Stadt für diesen Zeitraum fest, dass Tim häufig *„unentschuldigte Fehlzeiten"* hat und *„die Mitarbeit im Unterricht verweigert"*, zudem zeige er *„erhebliche Defizite im Leistungs- und im Sozialverhalten ... und habe kaum Kontakt zu anderen Kindern."* In der von Tims Mutter aufgesuchten Erziehungsberatungsstelle wird *„alsbald die Auffassung vertreten, dass die vorliegende Problematik im Rahmen ambulanter Hilfestellungen gegenwärtig nicht zu bewältigen ist"*; Frau Schmitz-Peters wird empfohlen, Kontakt zum Jugendamt/ASD Köln-1 aufzunehmen. Dies erfolgt im Mai 1996. Nach einigen Einzel- und Elterngesprächen leitet die im ASD Köln-1 angesprochene Kollegin den Fall zuständigkeitshalber an den ASD A-Stadt weiter bzw. zurück, da das Sorgerecht für Tim bei seinem Vater liegt. Sie empfiehlt der dort fallzuständigen Kollegin eine Fremdunterbringung des Jungen, da aus ihrer Sicht z.B. eine Sozialpädagogische Familienhilfe oder eine Erziehungsbeistandschaft aufgrund der ganztägigen Berufstätigkeit beider Eltern keine Alternative seien. Noch im selben Monat suchen die leiblichen Eltern von Tim und der zweite Ehemann von Frau Schmitz-Peters das Gespräch im ASD A-Stadt, in dem von ihnen *„die Verhaltensauffälligkeiten von Tim geschildert"* werden. Folge einiger Beratungsgespräche ist, dass Tims Mutter Kontakt zur Kinder- und Jugendpsychiatrie (im Folgenden: KJP) 1 aufnimmt, in der Tim im Juli 1996, begleitet von seinen beiden Eltern, zur Anamnese vorgestellt wird.

In dem psychiatrischen Gutachten der KJP-1 ist zu lesen, wie Tim und seine Eltern dort auftreten, welche Wünsche und Gedanken vor allem Tim beschäftigen und wie das Erleben von Tim und seinen Eltern seitens der Psychiatrie gedeutet wird (s. u.). Bezüglich Tims Auftreten im Erstgespräch wird festgehalten, dass er *„zwischen einer aufgesetzten pseudojugendlichen Lässigkeit und Unberührtheit und dem Versuch, den Raum zu beherrschen"* schwankt. Äußerlich wird er als *„altersentsprechend entwickelt"* bezeichnet. Es wird beschrieben, dass Tim sich verweigert und seine Augen sich mit Tränen füllen, als er seine Familie malend in Kreisen darstellen soll. Er weint, weil er – wie er sagt – *„keine Kreise könne ... und die immer zu Halbmonden"* werden würden, *„dann rege er sich auf und raste aus und das wolle er nicht"*. Schließlich erklärt er zu dem Bild, dass er sich im Mittelpunkt der gesamten Familie sieht, *„an dem alle ziehen."* Weiterhin benennt Tim in einem Gespräch in der KJP-1 Fahrrad fahren und Nintendo spielen als seine Hobbys, erzählt, dass er die Freizeit gern allein verbringt und mit anderen Kindern oft Probleme auf dem Schulweg hat. Er wäre gern 20 oder 30 Jahre alt und möchte Nintendo-Erfinder oder Testspieler werden. Über seine Familie berichtet Tim, dass *„sein einziges Problem seine Stiefmutter sei, sie habe eine Schraube locker"*.

Über Tims Eltern und ihre Beziehung zueinander ist dem Gutachten Folgendes zu entnehmen: *„Im Erstgespräch betonen die Eltern, dass sie sich mittlerweile sehr gut verstehen und über die Vergangenheit nicht reden wollen, sogar nicht daran denken wollen. ... Frau Schmitz-Peters zeigt massive Angst ... und bittet, weder Vergangenes noch Gegenwärtiges bezüglich ihrer Expartnerschaft reflektieren zu müssen, weil alles viel zu schmerzlich gewesen sei ..."* Ebenso wenig wie seine erste Frau hält Herr Schmitz ein Zurückblicken auf die Familiengeschichte für notwendig, dies scheint für ihn jedoch nicht so angstbesetzt zu sein wie für seine ehemalige Frau. Frau Schmitz-Peters berichtet in diesem Zusammenhang weiterhin, dass sie *„und ihr Exmann schon als Teenager ihre Partnerschaft begonnen haben und dass es erst im Laufe der Jahre dann schwierige Dinge gab, die sie nicht* *benennen möchte."* Spürbar seien aus Sicht der Psychiatrie zudem *„ihr al-tes schlechtes Gewissen, das Kind verlassen zu haben und der Wunsch ei-ner Wiedergutmachung, wobei sie sich gleichzeitig darüber beschwert, dass die Untersucherin von ihr verlange, dass sie über die familiäre Situation spreche, sie suche lediglich nach einer Lösung für Tim, weil die Schule ihn nicht mehr nehmen würde."* In dem Gutachten wird ebenfalls dokumentiert, wie die gesprächsführende Fachkraft das Auftreten der Eltern wahrnimmt: *„Während sich im Erstgespräch zwischen den leiblichen Eltern eine eher starre, aufgesetzte Freundlichkeit zeigt, die eher als Abwehr von Nähe wirkt, sind die leiblichen Eltern im Zweitgespräch zerstritten, sitzen mit großem Abstand im Raum, füllen die Atmosphäre mit Hass, zurückgehalte-nen Vorwürfen und dem Wunsch nach einer noch nicht möglichen Dis-tanz."*

Zusammengetan haben sich die Eltern offensichtlich nur aufgrund ihres gemeinsamen Problems, d.h. der Auffälligkeiten ihres Sohnes, und verbun-den in dem Wunsch, *„eine Lösung für Tim"* zu finden. Denn beide können sich nach eigener Einschätzung nicht mehr vorstellen, dass der Junge zu-künftig bei einem von beiden lebt. In der dennoch zum Ausdruck kommen-den Zerstrittenheit der Eltern stellt sich Tim auf die Seite der Mutter. Wird dies bereits in einigen früheren Ausführungen des ASD A-Stadt erwähnt, so wird es in der Dokumentation des zweiten Gespräches in der KJP-1 diffe-renziert beschrieben: *„In dieser Situation* [gemeint ist die aggressiv aufge-ladene Stimmung zwischen den Eltern] *ergreift Tim verbal die Seite der Mutter, arbeitet für sie gegen den Vater, den er nicht verbal im Blick behält und in dessen Nähe er sich setzt, den er aber verbal konsequent ablehnt."* Tims Vater selbst zeigt sich *„der Ablehnung Tims depressiv ergeben, er lässt Tim Bedingungen diktieren, sitzt sehr bedrückt und sehr enttäuscht neben seinem Sohn, betonend, dass er sich nicht aufdrängen wird."* Über das Verhältnis zwischen Tim und seinem Vater ist darüber hinaus nichts festgehalten außer der Beschreibung einer kurzen Sequenz im Rahmen der Gespräche in der KJP-1, in der Tim dafür sorgt, sich nach einem Gespräch persönlich von seinem leiblichen Vater verabschieden zu können.

Deutung und Bewertung der Hilfesysteme zu diesem Zeitpunkt
(➤ ASD A-Stadt, ASD Köln-1, Erziehungsberatung, KJP-1)?
Sowohl Tims Vater als auch seine Mutter nehmen 1995 bzw. 1996 in für sie schwierigen Situationen mit Tim eigenständig Kontakt zur Erziehungsbera-tung bzw. zum Jugendamt Köln-1 auf, was von den helfenden Institutionen als positiv bewertet wird. In Kontakt mit der Erziehungsberatungsstelle in Köln und dem Jugendamt Köln-1 deuten beide Institutionen im Frühsom-mer 1996 die familiäre Situation von Tim in der Weise, dass sie die Emp-fehlung für eine Fremdunterbringung aussprechen.

Der den Fall wieder übernehmende ASD A-Stadt lässt diese Einschätzung zunächst so stehen, fügt ihr als vermuteten Grund für Tims auffälliges Verhalten die ihn antreibende „Sehnsucht nach seiner leiblichen Mutter" hinzu und forciert ein Gutachten der Kinder- und Jugendpsychiatrie.

In dem (im Rahmen der oben beschriebenen Kontakte entstehenden) Gutachten der KJP-1 wird im August 1996 folgende zusammenfassende Diagnose benannt:

„Zusammenfassend wird Tim aktuell als ein belasteter, tieftrauriger Junge mit durchschnittlichen intellektuellen Potenzen und einer altersentsprechenden Entwicklung beschrieben. Unsicheres Selbstwertgefühl, hohe narzisstische Kränkbarkeit, minimale Schwelle zu aggressiven Entladungen. .Narzisstische depressive Entwicklungsstörung bei Bindungsunsicherheit zur Mutter und aggressiver Abwehrsymptomatik und beginnender Dissozialität sowie erhebliche Isolation, Rückzug aus der zwischenmenschlichen Kommunikation mit Flucht in die Medien bei massiver Versagensangst und geringster Frustrationstoleranz.

Störung der Graphomotorik. Durchschnittliche Intelligenz. Einkoten, Einnässen, Störung der Feinmotorik. Scheidungsfamilie und Stieffamilie mit unbewältigter Trennungsproblematik. Phobisch strukturierte Mutter mit massiver Angst vor Affekten, Kontaktaufnahme zwischen Anlehnung und Abstoßung bei vordergründiger Rationalisierung. Depressiv strukturierter Vater mit aggressiven Affektausbrüchen. Koalitionsbildung bei fehlender Triangulierung. Parentifizierung des Sohnes. "

Bezogen auf Tim schließt das Gutachten mit der Empfehlung zur Fremdunterbringung. Mit dieser Empfehlung wird nicht weiter gearbeitet, da – so die Beschreibung durch den ASD Köln-1 im Frühjahr 1997 – *„die Eltern sich* [seitens der Psychiatrie] *nicht akzeptiert fühlten. "*

Tims Leben im Kinderheim-1
(Juli 1997 – August 1999) – Beschreibung der Hilfesysteme

Im Frühjahr des Jahres 1997 wird der ASD Köln-1 abermals fallzuständig, da Tim noch immer bei seiner Mutter lebt und die leiblichen Eltern das gemeinsame Sorgerecht beantragt haben. Schließlich wird zu diesem Zeitpunkt die bereits erwägte Fremdunterbringung Tims konkret besprochen und im Sommer des Jahres auch umgesetzt. Am 03.07.1997 wird Tim im Kinderheim-1 untergebracht. In diesem Zusammenhang beschreibt der ASD Köln-1 Tims Eltern in einem Hilfeplangespräch kurz nach der Heimaufnahme als kooperativ: *„Die Eltern sind bereit, gut mit der Einrichtung und dem Jugendamt zusammenzuarbeiten. Das gemeinsame HPG war gekennzeichnet vom konstruktiven Miteinander. "* Vereinbart werden für die Gestaltung des Heimaufenthaltes in diesem Gespräch *„intensive Erziehungsarbeit, sechs Stunden heilpädagogische Einzelbetreuung wöchentlich (Spieltherapie und pädagogische Betreuung) sowie die Teilnahme Tims an der Psychomotorik-Gruppe. Zudem findet eine Zusammenarbeit mit einem* *niedergelassenen Psychologen statt, der mit Tim arbeiten soll (z.B. Konzentrationstraining)."*

Im September 1997 wechselt innerhalb des ASD Köln-1 die Fallzuständigkeit für Tim und seine Familie zu Frau Frühn. Ein knappes Jahr später (Juni 1998) findet zwischen dem ASD, dem Heim, Tim, seinen Eltern sowie dem zweiten Ehemann der Mutter ein Gespräch statt, in dem seitens des Heimes benannt wird, dass für Tim zusätzliche bzw. neue Hilfen als notwendig erachtet werden. In dem Gespräch wird vereinbart, Tim zur weiteren Klärung erneut in der Kinder- und Jugendpsychiatrie vorzustellen, diesmal in der KJP-2. Als Grund dafür wird in dem Gutachten der KJP-2 folgende Einschätzung der Fachkräfte aus diesem Gespräch wiedergegeben, die der Anlass für die Vorstellung des Jungen gewesen sei: Nachdem Tims Verhalten sich in den ersten Monaten der Fremdunterbringung *„gebessert habe"*, sei seine *„Entwicklung seit März 1998 durch zunehmende Schulverweigerung, aggressive Ausbrüche, Sachzerstörung und häufige Entweichungen, zum Teil zur Mutter, sowie Diebstähle gekennzeichnet. Grund hierfür sei eventuell, dass Tim bis zum ersten Hilfeplangespräch im März 1998 gedacht habe, dass er eventuell bald wieder zu seiner Mutter nach Hause zurückkehren könne. Diese Hoffnung habe sich jedoch nicht erfüllt".* Im August 1998 erhält Tim den anvisierten Termin in der KJP-2 zur ambulanten Vorstellung, dem einige weitere Termine (u.a. mit seinen Eltern) folgen. Tim erzählt in den Gesprächen u.a., *„... dass er eigentlich schüchtern sei, dann ,auf cool mache', ... dass er Angst und große Schwierigkeiten hat, Kontakte mit Gleichaltrigen zu schließen, ... seine Gedanken* [so resümiert die KJP-2] *kreisen um die Trennung der Eltern und vor allem darum, wie er es erreichen kann, wieder nach Hause zu kommen"*.

Tim lebt allerdings weiterhin – mit unklarer zeitlicher Perspektive – im Kinderheim-1, wo sich sein Verhalten nach Angaben des Kinderheims gegen Ende des Jahres 1998 und bis zum März 1999 „merklich bessert". Dies wird vor allem in Bezug auf seinen Kontakt zu anderen Kindern und Jugendlichen beschrieben, aber auch bezüglich seiner vormals häufigen Entweichungen und hinsichtlich seines Bemühens in der E-Schule des Heims. Ein Bericht des Kinderheims aus dieser Zeit schließt damit, *„dass bei Tim nur kleine Schritte der Veränderung festzustellen sind, diese aber in die richtige Richtung gehen."*

Im Mai des Jahres 1999 kommt es dann plötzlich zu einer Eskalation der Situation, deren Ursache u.a. darin gesehen wird, dass Tim in den Osterferien zehn Tage bei seiner Mutter verbringt: *„Seit seiner Rückkehr aus den Osterferien ist Tims Alltag vollkommen aus den Fugen geraten. War bisher nach einer längeren Heimfahrt zur Mutter eine heftige Reaktion symptomatisch (Heimweh, nicht einschlafen können, aggressives Ausagieren), ist nun die veränderte Qualität und Dauer dieses Prozesses neu. ... er ist kaum noch in der Gruppe, ... unterläuft seine Einzelbetreuung, ... kann kaum* *schlafen, ... führt verzweifelte Selbstgespräche. In Gesprächen ist er nicht mehr erreichbar. ... Zur Schule geht er fast gar nicht mehr. ... Im Mittelpunkt seines Alltags stehen mittlerweile fast tägliche Entweichungen, oft bis zum späten Abend/Nacht. Häufig wird er von der Polizei aufgegriffen und zurückgebracht".* Nachdem Tim Anfang Mai an zwei verschiedenen Tagen *„mit suizidalen Gedanken auf dem über 15 Meter hohen Dach des Kinderheimes"* stand, erfolgte vom Mitte Mai bis Mitte Juni 1999 eine stationäre Notaufnahme in der KJP-3, zeitweise in der geschlossenen Abteilung. In diesem Zeitraum – so heißt es in einem Hilfeplanprotokoll aus dieser Zeit – *„brauchte die Psychiatrie eine Auszeit von Tim"*, so dass er innerhalb dieses Monats für zwei Tage ins Kinderheim-1 zurückkehrt und das darauf folgende Wochenende bei seiner Mutter. Überlegt und beschlossen wird im Verlauf des Aufenthaltes in der KJP-3, dass Tim dort eine stationäre Therapie beginnen soll. Auch seine Mutter ist bereit, partiell daran teilzunehmen. Da das Vorhaben aufgrund der Wartezeit der Klinik nicht sofort umgesetzt werden kann, geht Tim Mitte Juni 1999 für etwa drei Wochen in das Kinderheim-1 zurück, am 08. Juli beginnt dann der stationäre Aufenthalt in der KJP-3, der jedoch bereits am 14.07.1999 wieder beendet wird, da Tim aus Sicht der Psychiatrie nicht zu einer Therapie bereit sei.

In dieser Situation kommt das fallzuständige Jugendamt/ASD zu der Einschätzung, dass – so die fallführende Fachkraft im Rahmen der Fallkonsultation – *„vor Ort und in der gewohnten Umgebung mit Tim nichts mehr machbar gewesen sei"*, und forciert eine erlebnispädagogische Maßnahme in Portugal, die ein bis zwei Jahre dauern soll, mit dem Ziel der Rückkehr von Tim zur Mutter verbunden ist und nach Zustimmung von Tim und seinen Eltern Mitte August 1999 beginnen soll.

Diese Entscheidung des ASD Köln-1 war auch der Grund für die Vorstellung des Falls im Rahmen der Fallkonsultationen. In Köln kann eine Auslandsmaßnahme nur eingerichtet werden, wenn vorab die Zustimmung des zentralen Fachamtes eingeholt wurde. In diesem Fall verlief die Vorbereitung der Maßnahme und die Anfrage bezüglich der amtsinternen Bewilligung parallel, d.h. Tim und seine Familie waren darauf eingestellt, dass die Maßnahme beginnen würde, obwohl die Bewilligung seitens des Fachamtes noch ausstand. In der Situation bat das Fachamt um eine Vorstellung des Falls im Modellprojekt. In einem Vorgespräch wurde vereinbart, dass die Maßnahme stattfinden sollte, da eine andere Entscheidung der Familie gegenüber kaum und für die Beziehung zwischen Jugendamt/ASD und Familie sicher nicht folgenlos zu vermitteln gewesen wäre. In der seitens des Fachamtes gewünschten Fallkonsultation sollte jedoch im Nachgang rekonstruiert werden, wie der Fall zu einem ‚besonders schwierigen' Fall geworden und wie der Hilfeverlauf sowie die Entscheidung für Portugal fachlich zu bewerten sei. Ferner sollte beraten werden, welche Vorbereitungen für den Fall zu treffen seien, falls die Auslandsmaßnahme scheitern würde; dies vermuteten zu diesem Zeitpunkt einige der involvierten Fachkräfte.

Deutung und Bewertung der Hilfesysteme zu diesem Zeitpunkt (➢ ASD Köln-1, Kinderheim-1, KJP-2, KJP-3)

Das Kinderheim-1, in dem Tim von Juli 1997 bis August 1999 lebt, berichtet im Verlauf des Heimaufenthaltes mehrmals über Tim, wie es bei stationären Unterbringungen üblich ist. Die Berichte, die i.d.R. im Vorfeld der Hilfeplangespräche verfasst werden, beinhalten differenzierte Verhaltensbeschreibungen und -bewertungen von Tim. Hauptsächlich geben die Bewertungen Auskunft darüber, ob Tim vereinbarte Aufgaben (z.B. zur Schule gehen, Verhaltensregeln in der Wohngruppe) erfüllen konnte oder nicht, zum anderen kommt in den Deutungen des Heims aber auch zum Ausdruck, wie Tim sich in der Wohngruppe fühlt, was ihn gedanklich und emotional beschäftigt und was er sich wünscht. In den Ausführungen erscheint Tim insgesamt als ein Junge, der zweifelsohne Schwierigkeiten hat und macht, der *„viele Auseinandersetzungen mit anderen Kindern der Gruppe hat und seine Kräfte überschätzt"*, der gleichzeitig *„Angst vor anderen Kindern ... und keine gefestigte Stellung in der Gruppe hat"* und der Sachzerstörungen und Diebstähle begeht und zwischendurch *„aus dem Heim entweicht"*. Andererseits wird Tim durchgehend als ein Junge beschrieben, der *„in Gesprächen zugänglich"* ist und *„sich darauf einlässt"* und mit dem *„konstruktive Gespräche möglich"* sind, *„in denen er glaubhaft versichert, sich zu ändern"*. Ebenso kommen seine Wünsche und damit verbundenen Empfindungen zum Ausdruck: Er *„möchte am liebsten nach Hause"*, ... *„hat oft Heimweh und braucht viel Zuspruch"* und *„kann schlecht einschlafen"*. Vor allem werden seitens des Heims bei Tim in unterschiedlichen Lebensbereichen (Schule, Wohngruppe, Freizeitverhalten etc.) kleine und sich langsam vollziehende Fortschritte beschrieben, die immer wieder unterschiedlich intensive Rückschläge erleiden, insbesondere dann, wenn Tim von Wochenendbesuchen bei seiner Mutter oder seinem Vater zurückkehrt. *„Im Vordergrund ..."* [steht für ihn] *„... die Frage, ob die Möglichkeit besteht, wieder nach Hause zu können"* – diese Einschätzung zieht sich immer wieder durch die Berichte.

Die Kinder- und Jugendpsychiatrie-2, in der Tim im August 1998 vorgestellt wurde, hebt in ihrem Gutachten Tims enge Bindung an die Mutter, seine *„Traumatisierung aufgrund der abrupten Trennung und der nachfolgenden Abwesenheit"*, seine innere Unsicherheit und sein Schwanken zwischen *„hoher Kränkbarkeit"*, *„bewusst coolem"* Auftreten und *„aggressiven Entladungen"* hervor. Es wird die Einschätzung formuliert, dass Tim *„zum Problemträger wird"* und die Erwachsenen u.a. versuchen, *„über ihn und seine zunehmende Problematik ihren eigenen Standpunkt zu finden und aber auch ihre eigenen Konflikte zu verdrängen"*. In den Beschreibungen und Interpretationen kommt zum Ausdruck, dass Tims Eltern sich beide sehr ambivalent gegenüber Tim verhalten und *„sich in Konflikten zu befinden scheinen, den Jungen nicht bei sich wohnen zu lassen, ... diese ambivalente Haltung wirkt sich dahingehend auf Tim aus, dass er sich immer wie-*

der Hoffnungen macht, wieder zu Vater oder Mutter zurückzukommen, was verhindert, dass er tragfähige Beziehungen aufbauen kann. " Vor dem Hintergrund dieser Interpretation wird in dem Gutachten folgende Empfehlung ausgesprochen: *„ Unserer Meinung nach wäre es wichtig, dass für Tim Perspektiven für die nächsten Jahre entwickelt werden und der Junge für sich feststellen kann, dass es einen festen Ort für ihn gibt und auch die Beziehung zu den Eltern verlässlich und geregelt ist. Hierzu müssten die Eltern auch Tim gegenüber klar signalisieren, dass eine Rückkehr ins Elternhaus nicht möglich ist und dass sie hinter einem zeitlich unbegrenzten Aufenthalt in einem heilpädagogischen Heim stehen und mit dem Heim zusammenarbeiten ...* "

Der ASD Köln-1 bewilligt und beginnt die Heimunterbringung von Tim im Juli 1997 im Kinderheim-1 zunächst mit unklarer zeitlicher Perspektive. Im November 1998 wird erstmals schriftlich festgehalten, dass *„ im HPG festgestellt ... [wurde], dass es für Tim keine Reintegration bei seinen Eltern gibt, und ihm dieses auch Anfang 1999 vermittelt werden muss"*. Tim soll weiterhin im Kinderheim-1 leben und aufwachsen. Bezüglich der Dauer wird im selben Hilfeplangespräch besprochen, dass *„ es sich bei ihm um eine Langzeitunterbringung handelt"*. Dies scheint jedoch für Tim unklar zu bleiben. Als die Situation dann im Mai 1999 eskaliert (s.o.) und dies schließlich – nach knapp drei Monaten des Pendelns zwischen dem Heim, der KJP-3 und der Wohnung seiner Mutter – dazu führt, dass Tim im August 1999 eine Auslandsmaßnahme in Portugal beginnen soll, kommt die in den Fall involvierte Leitungskraft des ASD Köln-1 zu folgender Bewertung der Situation: *„Bei aller Kritik zu dem aberranten Verhalten des Jungen ist jedoch festzuhalten, dass Tim durch seine unangemessenen Auftritte ein ungestilltes Verlangen nach seiner Mutter hat"*.

Die aktuellste Beschreibung und Interpretation der familiären Situation durch den ASD wurde schließlich im Verlauf der Fallkonsultation im September 1999 seitens der fallführenden Fachkraft des ASD Köln-1 vorgenommen, die den Fall eingangs mündlich vorstellte. Zusammenfassend beschrieb sie die Eltern als *„für die Jugendhilfe nicht typisch, weil sie sehr ‚mittelständisch‘ sind"*. *Das Verhalten von Frau Schmitz-Peters gegenüber Tim und auch gegenüber der Jugendhilfe bezeichnet die Fachkraft als „sehr ambivalent: einerseits will sie eine ‚gute Mutter‘ sein und ihren Sohn erziehen bzw. meint, dies tun zu müssen, andererseits ist und fühlt sie sich mit der Erziehung ihres Sohnes überfordert und auf sich gestellt. Auch will sie mit ihrem neuen Ehemann eine glückliche Beziehung führen"*. Tims Vater habe sich demgegenüber in den letzten Monaten auf die Rolle zurückgezogen, seinen Sohn etwa jedes zweite Wochenende zu sich zu nehmen und die Freizeit mit ihm zu verbringen. Dies geschehe allerdings nicht mehr in der neuen Familie des Vaters (*„da die Lebenspartnerin des Vaters und Tim nicht miteinander klarkommen"*), sondern auf einem Campingplatz in einem Wohnwagen. Die Rolle des Erziehenden habe der Vater aus Sicht von

Frau Frühn weitgehend abgelegt, er könne eher als ein „*Freizeit-Papa*" beschrieben werden, der seine Ex-Frau für „*unfähig hält, den gemeinsamen Sohn zu erziehen*". Tim selbst würde sich „*nichts mehr wünschen, als nach Hause zurückzukehren und bei seiner Mutter zu leben.*" Für Erreichung dieses Ziels, die ihm vor seiner Reise seitens der Mutter und des ASD erneut in Aussicht gestellt wurde, sei er „*auch bereit*" gewesen, „*den hohen Preis zu bezahlen und für eine längere Zeit (1 ½ – 2 Jahre) nach Südeuropa in ein Standprojekt zu gehen.*"

Die zuletzt anvisierte und umgesetzte Auslandsmaßnahme sei im ASD Köln-1 für notwendig und sinnvoll gehalten worden, um Tim und seiner Mutter nach einer längeren Auszeit voneinander wieder eine gemeinsame Perspektive zu ermöglichen. Im letzten Hilfeplangespräch sei das erneute Zusammenleben von Mutter und Sohn als eine konkrete Zielsetzung formuliert worden, wobei Tims Mutter dies nicht direkt als Wunsch ausgesprochen habe, das Jugendamt diesen Wunsch aber hinter ihren Äußerungen vermutet und ihn als gut erachtet habe. Seitens des ASD solle die Unterstützung im Fall folglich dahin gehen, „*dass Mutter und Sohn sich in einem Zeitraum von etwa zwei bis drei Jahren so weit entwickeln können, dass sie wieder zusammen wohnen und leben können.*"

3.2   Wie konstelliert sich der Fall? – Die Perspektive der Fallrekonstruktion

Für die Fallrekonstruktion im Rahmen der Untersuchung wurde (wie bereits erläutert) ein erweiterter Fallbegriff zugrunde gelegt, der neben dem Klienten- auch das Hilfesystem fokussiert, um zu einem möglichst umfassenden Fallverstehen zu kommen.

Um Entwicklungen im Hilfeverlauf, die Kontextualiät singulärer Ereignisse und die Komplexität des Fallgeschehens erfassen zu können, wurde im Vorfeld der Fallkonsultationen und der nachgehenden Analysen auf der Grundlage der Akten für jeden Fall ein Genogramm, eine Zusammenfassung der Lebens- und Hilfegeschichte und eine Übersicht der Hilfestationen angefertigt.

Für den Fall „Tim" finden sich diese Informationen im Folgenden, den Erkenntnissen der Fallrekonstruktionen vorangestellt[24:]

---

24 Verzichtet wird an dieser Stelle auf die zusammenfassende Gegenüberstellung der Lebens- und Hilfegeschichte, da der Fall in der vorangegangenen Passage ausführlich dargestellt wurde.

Anfang 1992	Kontakt zwischen dem Jugendamt A-Stadt und der Familie Schmitz im Zuge der Trennung der Eltern: Beginn einer *unregelmäßigen Spieltherapie* für Tim
Februar – Ende 1995	Kontaktaufnahme zur EB in A-Stadt durch Tims Vater: Beratungsgespräche mit dem Vater, z.T. auch gemeinsam mit Tim und *spieltherapeutisches Angebot* für Tim („einige mehr oder weniger regelmäßige Termine")
Mai 1996	Kontaktaufnahme der Mutter von Tim zum Jugendamt/ASD Köln-1: einige Einzel- und Elterngespräche, dann Überleitung zum Jugendamt X-Stadt (mit der Empfehlung an die dort zuständige Kollegin: Fremdunterbringung)
Mai 1996	Jugendamt A-Stadt wird wieder in der Beratung der Familie tätig
Juli 1996	Ambulante Vorstellung Tims in der Kinder- und Jugendpsychiatrie, KJP-1 ⇨ *psychiatrisches Gutachten* (Empfehlung: Fremdunterbringung)
Frühjahr 1997	Erneute Zuständigkeit des Jugendamtes/ASD Köln-1 aufgrund des neuen gemeinsamen Sorgerechtes der Eltern und des Lebensortes von Tim bei der Mutter
Juli 1997 – August 1999	*Fremdunterbringung* von Tim im Kinderheim-1
August/ September 1998 10.05. – 10.06.1999	Zwischenzeitlich *ambulant erstelltes psychiatrisches Gutachten* in der Kinder- und Jugendpsychiatrie, KJP-2 (zur Klärung weiterer Perspektiven) *stationäre Aufnahme zur Krisenintervention* in der Kinder- und Jugendpsychiatrie, KJP-3; z.T. Unterbringung in der geschlossenen Abteilung/in dieser Zeit *„braucht die Psychiatrie eine Auszeit von Tim"*, so dass er zwei Tage im Kinderheim-1 verbringt und das darauf folgende Besuchswochenende bei seiner Mutter (27.05. – 30.05.1999)
Mitte Juni 1999	Tim ist wieder im Kinderheim-1
08.07. – 14.07.1999	Aufnahme zur *stationären Therapie* in der Kinder- und Jugendpsychiatrie, KJP-3
anschließend	Rückkehr ins Kinderheim-1
August 1999	Beginn der *Auslandsmaßnahme in Südeuropa* (Standprojekt)

Abb. 8: Stationen der Jugendhilfe im Lebenslauf von Tim

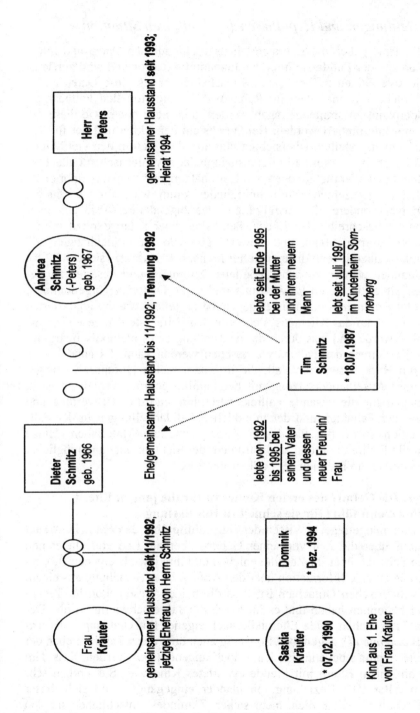

Abb. 9: Genogramm: Tim Schmitz bzw. Familie Schmitz

3.2.1 Deutungen und Hypothesen zur familiären Situation

Im Fall „Tim" gehen die zentralen lebensgeschichtlichen Daten und Informationen aus der Falldarstellung der Jugendhilfe hervor und sind zunächst als objektive Fakten zu betrachten. Entscheidender als diese Daten ist jedoch, welche Informationen im Rahmen der professionellen Fallbearbeitung überhaupt zusammengetragen werden, und mehr noch, wie diese gedeutet und interpretiert werden. Bei Durchsicht der Akten und der für den Fall zusammengestellten Übersichten fällt auf, dass sich in den vielfältigen Verschriftlichungen zum Fall mit Ausnahme der psychiatrischen Gutachten die subjektiven Wahrnehmungen und Einschätzungen sowie das emotionale Befinden der einzelnen Familienmitglieder kaum wiederfinden. Zudem bleiben insbesondere die Ausführungen des Jugendamtes/ASD auf einer vorwiegend beschreibenden Ebene, beinhalten aber kaum explizit vorgenommene Interpretationen und Bewertungen von Zusammenhängen und Dynamiken; dazu jedoch differenzierter im nächsten Absatz (siehe 3.2.2 b). Im Folgenden werden zunächst mögliche Deutungen und Lesarten zur familiären Situation, deren Entwicklung und deren Dynamik vorgenommen. Dies folgt der Intention, einander gegenüberzustellen, was im analysierten Fall, bezogen auf das Klientensystem, von den Hilfesystemen gesehen bzw. fokussiert wurde und was durch die Anwendung eines methodisch strukturierten Verfahrens der Fallanalyse gesehen werden kann. Es handelt sich dabei um Hypothesen zum Fall, die in einem realen Hilfeprozess in gemeinsamer Auseinandersetzung mit der Familie geprüft werden müssten. Grundlagen für die gesamte Fallrekonstruktion sind die Auswertung und Deutung der Fallakten und der mündlichen Falldarstellungen in der Fallkonsultation sowie die für diesen Zweck erstellten Materialien. Hinzu kommt die Fallinszenierung als Instrument der Sichtbarmachung möglicher Falldynamiken im Rahmen der Fallkonsultation.

These 1: Die Geburt des ersten Kindes ist für die jungen Eltern ein Schock und führt für sie schnell zu Überlastung.
Das zusammengetragene Wissen der Jugendhilfe über den Fall „Tim" sagt nichts aus über die Zeit vor seiner Geburt, über die Ehe von Dieter und Andrea Schmitz, über ihr Zusammenleben und ihre jeweils eigenen Biographien. Die einzige Information über den Anfang ihrer Beziehung aus einem der psychiatrischen Gutachten ist, dass die beiden diese schon im Teenageralter begonnen haben und es im Laufe der Jahre schwierig wurde. Der Geburt Tims stehen beide Elternteile nach eigener Einschätzung *„ambivalent bis ablehnend"* gegenüber. So wenig auch über diese Zeit im Leben der Eheleute Schmitz bekannt ist, kann doch angenommen werden, dass Tim kein von seinen Eltern mit Freude erwartetes Kind war. Sie sind in sehr jungem Alter eine Beziehung miteinander eingegangen und sich dieser Partnerschaft vielleicht nicht mehr sicher. Zumindest entschließen sie sich nicht bewusst für eine gemeinsame Elternschaft, da sie in diesem Fall über

ihre Einstellung zur Schwangerschaft sicherlich mit anderen Worten berichtet hätten. Auch ihre Beschreibungen des Babys weisen darauf hin, dass mit Tims Geburt kein grundlegender Wandel ihrer Einstellung einhergegangen ist: Tims Kopf war bei der Geburt *„zu groß"*, er sei *„ein Schreikind"* und schon *„als Kleinkind sehr anstrengend gewesen"*. Für seine Eltern erweist sich das gemeinsame Kind also schon früh als belastend.

These 2: Tim ist ein in seinen primären Bedürfnissen vernachlässigtes Kind, das zumindest Zeuge von Gewalttätigkeiten gewesen ist.
Was Tim in den ersten Lebensjahren in seiner Familie und mit den Eltern erlebt hat, ist nicht dokumentiert. Lediglich aus dem psychiatrischen Gutachten der KJP-1 geht hervor, dass Tim nach Erinnerung der Mutter als Kleinkind vehement gegen das Einschlafen gewehrt habe (*„ich will nicht einschlafen, und wenn ihr mich totschlagt, ich schlafe nicht ein"*), im Schlaf geschrien habe und morgens vorzeitig aufgewacht sei. Ferner macht Tim im Gespräch in der KJP-1 seinem Vater den Vorwurf, die Mutter geschlagen zu haben. Zusammengenommen können diese Äußerungen dahingehend gedeutet werden, dass Tim die gewalttätigen Auseinandersetzungen seiner Eltern zumindest teilweise miterlebt hat und sie ihm vermutlich große Furcht eingeflößt haben – vielleicht so sehr, dass er sie im Traum verarbeitet hat und nicht einschlafen wollte, um sich davor zu schützen oder aber nicht zu versäumen, welche bedrohlichen Dinge zwischen seinen Eltern geschehen, die für ihn bedeutungsvoll und folgenreich sein könnten. In dieser Situation wird es wahrscheinlich so gewesen sein, dass Tim in seinen primären Bedürfnissen nach Versorgung, Zuwendung und Schutz vernachlässigt worden ist, weil seine Eltern ihre Kräfte und Energien in die ehelichen Auseinandersetzungen gesteckt haben bzw. stecken mussten.

These 3: Der Rückblick auf die Partnerschaft der Eltern ist so schrecklich, dass die familiäre Geschichte mit einem Sprechverbot belegt wird.
Die andauernden Konflikte zwischen Tims Eltern münden schließlich in eine dramatische Trennung: Tims Mutter zieht aus der gemeinsamen Wohnung aus, die neue Freundin von Tims Vater zieht am selben Tag mit ihrer kleinen Tochter in den Haushalt ein. Für den fünfjährigen Tim wird dies ein kaum nachvollziehbarer Akt gewesen sein. Von jetzt auf gleich verschwindet die Mutter aus seinem Leben, und der Kontakt zu ihr bricht über ein halbes Jahr fast völlig ab. Wenn auch die Streitigkeiten zwischen ihr und ihrem Mann nach Aussage von Tims Mutter der Grund dafür waren, so wird Tim dieses Ereignis als schmerzliche, traumatisierende und unverstandene, weil nicht kommunizierbare Erfahrung in Erinnerung behalten haben, für die er sich wahrscheinlich (mit-) schuldig fühlt. Dass Kinder dazu neigen, die Schuld für Konflikte zwischen ihren Eltern und in ihren Familien auf sich zu nehmen, ist aus einer Vielzahl von Untersuchungen bekannt (z.B. Weiß 2003; Müller-Schlottmann 1998; Kürner/Nafroth 1994).

Wie verletzend, gewalttätig und noch immer bedrohlich der plötzliche Auszug und die vorausgegangenen Jahre für alle Beteiligten gewesen sein mögen, lässt sich daran ermessen, dass beide Elternteile nicht daran denken und darüber reden wollen. Gleiches konstatiert Tims Mutter für ihren Sohn. Tim ist folglich das Ergebnis einer Beziehung, auf die allein das Zurückblicken schrecklich zu sein scheint, für Tims Mutter sogar unmöglich ist. Um keinen Preis will sie an die Schrecken der Vergangenheit erinnert werden. Dies kommt in ihren Äußerungen gegenüber allen Fachkräften zum Ausdruck, denen sie damit aus ihrer Sicht erfolgreich ein Frage- und Sprechverbot erteilt. Die Familiengeschichte ist innerhalb der Familie aus der Kommunikationsstruktur ausgeklammert worden, sie ist nicht besprechbar und mit vielen Tabuthemen belegt. Tims Mutter erreicht darüber hinaus, dass sich auch die Hilfesysteme an die von ihr implizit aufgezeigte Grenze halten. Dies zeigte sich sehr anschaulich im Rahmen der Fallinszenierung, spiegelt sich aber auch darin, dass sich in den Fallakten nichts Aussagekräftiges über die Lebensgeschichten der Eltern sowie über ihr Zusammenleben als Paar und als Familie mit Tim findet. In der Fallinszenierung wurde darüber hinaus viel verdeckte Wut und Aggressivität zwischen den Eltern, aber auch zwischen Tim und seinen Eltern deutlich, die nicht offen ausgesprochen wurde, sondern sich in Gestik, Mimik und subtilen Vorwürfen äußerte. In der Assoziationsrunde der Fallinszenierung im Rahmen der Fallkonsultation wurde von einer fallbeteiligten Fachkraft dafür folgende Beschreibung gefunden: *„Die Szene gleicht einem Pokerspiel: alle verbergen sich hinter Floskeln und einer Fassade, die darunter liegende Wut ist spürbar, wird aber nicht agiert. Es scheint viele Tabuthemen zu geben (wie z.B. die gemeinsame Geschichte der Eltern), über die nicht geredet werden darf."* Systemtheoretisch betrachtet, kann gefolgert werden, dass es den prinzipiell immer noch zerstrittenen und wechselseitig verletzten Eltern nur gelingt, miteinander und bezogen auf Tim zu agieren, wenn aus der Kommunikation ausgeblendet wird, was für den Erhalt dieses Zweckbündnisses bedrohlich ist.

These 4: Tim ist der „Störenfried" des jeweils neuen Glücks der Eltern, für den es bei keinem von ihnen mehr einen Platz gibt.
Nach dem Auszug der Mutter ergibt sich für Tim eine völlig neue Situation. Die Freundin des Vaters zieht ein, mit ihr ihre zweijährige Tochter und nunmehr kleine Schwester von Tim – ein neues Familiensystem entsteht. Dann reihen sich die Ereignisse in kurzen Abständen und einem Zeitraum von etwa zwei Jahren aneinander. Der Kontakt zur Mutter entwickelt sich wieder, erst spärlich, nach etwa einem Jahr dann wieder regelmäßig, ohne dass Tim Erklärungen für die lange Abwesenheit der Mutter erhält. Die Mutter hat einen neuen Partner an ihrer Seite, den sie kurze Zeit später heiratet. Tims Vater heiratet ebenfalls seine Freundin, und kurz darauf wird Tims Stiefbruder Dominik geboren. All dies bildet sich im Genogramm der Familie anschaulich ab. Tim steht zwischen den zwei neuen Familien, die

seine Eltern jeweils gegründet haben. Er selbst erscheint verbindungs- und familienlos, steht für die ungewollten und verdrängten Erinnerungen der Eltern an Vergangenes und ist der „Störenfried" ihres jeweils neuen Glücks. Emotional gibt es weder bei seiner Mutter noch bei seinem Vater einen wirklichen Platz für ihn, da seine Mutter zwischen der von ihr gespürten Erziehungsverpflichtung und dem Wunsch nach einer glücklichen und unbelasteten Beziehung zu ihrem zweiten Mann schwankt und Tims Vater sich vorrangig seiner neuen Familie verbunden fühlt. Dies findet u.a. seinen Ausdruck darin, dass er nach Tims Umzug zur Mutter die gemeinsamen Wochenenden mit seinem Sohn auf einem Campingplatz verbringt, so dass seine zweite Frau, deren kleine Tochter – die Tims Vater *„süß"* findet – und der gemeinsame Sohn nicht länger durch Tim gestört werden.

These 5: Die Ambivalenz der Eltern führt dazu, dass Tim über Jahre zwischen ihnen hin- und hergeschoben wird.
Die Unentschlossenheit und die fortwährenden Konflikte zwischen Tims Eltern führen dazu, dass sie sich über Jahre die Verantwortung für ihren Sohn wechselseitig zuschieben: *„Bis es zur endgültigen Aufnahme im Kinderheim-1 im Juli 1997 kam, hätten massive Spannungen zwischen beiden Eltern bestanden, die dazu geführt hätten, dass Tim teilweise wochenweise von einem Elternteil zum anderen Elternteil hin- und hergeschoben wurde."*
Tim wird somit zum Spielball der elterlichen Interessen. Schließlich einigen sie sich im Frühjahr 1996 darauf, dass Tim und sein auffälliges Verhalten ihr zentrales Problem ist, für das *„eine Lösung"* gefunden werden muss. Sie schließen ihre Kräfte zusammen und bilden eine Koalition, um die Auseinandersetzung miteinander zu vermeiden; der eigentliche Konflikt wird umgeleitet. Beide Eltern können es sich in dieser Situation nicht vorstellen, dass Tim in einem ihrer Haushalte verbleibt, können dies aber gegenüber ihrem Sohn nicht vertreten – wahrscheinlich auch deshalb, weil sie in den eigenen Gefühlen und Wünschen widersprüchlich sind.

These 6: Sich auf nichts verlassen zu können und sich für vieles schuldig zu fühlen sind prägende Grunderfahrungen für Tim.
Folge der Ambivalenz beider Eltern, die über Jahre keine erkennbare Richtung einnimmt, ist für Tim eine permanente Unsicherheit bezüglich seines Lebensortes und damit der Frage nach seinem Zuhause. Diese Unsicherheit besteht sowohl vor der Heimaufnahme als auch zu Beginn und im Verlauf der Heimunterbringung sowie in den Zwischenstationen der Kinder- und Jugendpsychiatrie und zu Anfang der Auslandsmaßnahme in Portugal. In seinen ersten fünf Lebensjahren wächst Tim somit in einer Atmosphäre auf, die von den Streitigkeiten und Handgreiflichkeiten zwischen seinen Eltern gefüllt ist, anschließend lebt er drei Jahre lang überwiegend in der neuen Familie seines Vaters, dann anderthalb Jahre in der neuen Familie der Mutter, wird aber auch in dieser Zeit zwischen den Familien hin- und her geschoben. Schließlich beginnt für Tim ein langer Zeitraum der Fremdunter-

bringung mit verschiedenen Stationen, die zu Beginn jedesmal mit dem Versprechen oder zumindest der Verheißung verbunden sind, zur Mutter zurückkehren zu können, wenn sich sein Verhalten bessert oder seine Mutter wieder so weit ist, ihn bei sich aufzunehmen. Verschiedentlich wird er von den Eltern als *„Sorgenkind"* deklariert, weil er im Laufe einiger weniger Lebensjahre gelernt hat, dass er Aufmerksamkeit bekommt, wenn er die Schule schwänzt, Diebstähle begeht oder ähnliche Dinge tut. Gelernt hat er aber auch, dass er das so genannte Sorgenkind ist und als solches zur Spieltherapie, zur psychiatrischen Begutachtung oder ins Heim muss. Wahrscheinlich sieht Tim die Schuld dafür, dass er nicht bei seiner Mutter oder zumindest seinem Vater leben kann, bei sich. Vermutlich strengt er sich an und ist schließlich sogar bereit, die lange Auslandsmaßnahme für die Erreichung dieses von ihm so sehr gewünschten Ziels in Kauf zu nehmen.

Die vorstehend erläuterten Thesen sind der Versuch, die Entwicklungen in Tims Familie und die Familiendynamik zu rekonstruieren und zu interpretieren. Die familiäre Situation kann sich so dargestellt haben, die Dinge können aber auch anders gewesen sein oder anders gedeutet werden. Entscheidend an der vorgenommenen Interpretation ist, überhaupt zu fachlichen Einschätzungen zu kommen, um den Fall hinsichtlich des Klientensystems nicht nur zu beschreiben, sondern sich eine Vorstellung von den möglichen Zusammenhängen zu machen und sich nicht auf das ‚offensichtliche' Problem (die Verhaltensauffälligkeit und Aggressivität von Tim) zu beschränken. Eine solch eindimensionale Verengung findet sich in dem hier analysierten Fall in den Dokumentationen der Jugendhilfe und partiell auch der Psychiatrie.

3.2.2 Die Hilfesysteme als Teil des Falls. Erkenntnisse eines erweiterten Fallverstehens

Die Falldarstellung aus Sicht der Jugendhilfe sowie anschließend aus fallrekonstruktiver Perspektive aus dem Blickwinkel des Untersuchungsvorhabens nur der erste notwendige Teil, um zu einem angemessenen Fallverständnis zu kommen. Ergänzt werden muss dieser im Folgenden durch eine Analyse der beteiligten Hilfesysteme in ihrer Bedeutung für die Fallentwicklung. Entsprechend des entwickelten Auswertungsrasters für die Fallrekonstruktionen (vgl. Kapitel 2) werden dabei die institutionellen Mechanismen fünf Kategorien zugeordnet, wobei es sich dabei um eine analytische Trennung handelt und die verschiedenen Ebenen im konkreten Handlungsvollzug miteinander verwoben sind:

a) Handeln, Kooperation und Kommunikation im Hilfesystem

b) Interaktion zwischen Hilfesystem und Klientensystem

c) Handelnde AkteurInnen im Hilfesystem

d) Konzepte und Arbeitsweisen im Hilfesystem

e) Organisationsbezogene Strukturen im Hilfesystem

a) Handeln, Kooperation und Kommunikation im Hilfesystem

Allein auf der Basis der Fallakten fiel es im analysierten Fall schwer, den Überblick über die familiären Entwicklungen und den Hilfeverlauf zu behalten. Was sich wann ereignete und welche Maßnahme in welchen Situationen und mit welchem Ziel begonnen wurde, drohte im Dickicht der Ereignisse unterzugehen. Aufschlussreich war deshalb die vor der Fallkonsultation angefertigte Übersicht über die einzelnen Hilfestationen in ihrer Chronologie. In der Auswertung des Überblicks fällt auf,

- dass die Erziehungsberatungsstelle in A-Stadt Tims Vater und seinen Sohn das ganze Jahr 1995 berät, ohne darüber mit dem zu der Zeit zuständigen ASD A-Stadt in Kontakt zu sein,

- dass die Fallzuständigkeit zwischen dem ASD Köln-1 und dem ASD X-Stadt in der Zeit von Mai 1996 bis April 1997 zweimal wechselt,

- dass zwischen der Erklärung von Tims Mutter (Mai 1996), den Sohn nicht mehr bei sich und ihrem zweiten Mann wohnen lassen zu können, und der Fremdunterbringung im Kinderheim-1 im Juli 1997 fünfzehn Monate liegen,

- dass der ASD A-Stadt die doppelte Empfehlung zur Fremdunterbringung (Mai und Juli 1996) seitens des ASD Köln-1 und der KJP-1 zunächst nicht weiter aufgreift,

- dass in einem Zeitraum von knapp drei Jahren drei verschiedene Kinder- und Jugendpsychiatrien in den Fall involviert sind

- und dass von den neun Jahren, in denen die Familie bis zum Beginn der Auslandsmaßnahme Kontakt zur Jugendhilfe hat, in den ersten fünfeinhalb Jahren sehr wenige Interventionen stattfinden, sich diese aber in der Zeit von Mai 1996 bis August 1999 in kurzen Zeitabständen aneinanderreihen.

Ferner ist aus den Akten und mündlichen Berichten der Fallkonsultation zu entnehmen,

- dass alle stationären Hilfeangebote mit dem verbalisierten Versprechen oder der in Aussicht gestellten Möglichkeit für Tim beginnen, nach einer gewissen Zeit wieder nach Hause zurückkehren können,

- und dass zwischen den einzelnen Maßnahmen kaum gemeinsame Beratungen zwischen allen beteiligten Fachkräften der unterschiedlichen Träger stattfinden bzw. dort vorrangig lösungsorientiert gearbeitet wird.

Aus diesen Beobachtungen lässt sich kein Kausalzusammenhang in dem Sinne erschließen, dass eine dieser Tatsachen allein in ihrer Wirkung für Tim und seine Familie so nachhaltig gewesen wäre, dass sie das „Schwierig-Werden" von Tim begründen würde. Mit Sicherheit kann jedoch davon ausgegangen werden, dass das Handeln im Hilfesystem nicht bedeutungslos für den Jungen, seine Familie und die Fallentwicklung geblieben sind, wenn man im Sinne des feldtheoretischen Konzepts von Lewin oder vor dem Hintergrund systemtheoretischer Überlegungen davon ausgeht, dass jede Veränderung innerhalb der Konstellation eines Gesamtfeldes auch jeden anderen Teil dieses Feldes beeinflusst. Mit dem Wissen um diese Wechselwirkungen liegen folgende Deutungen bezüglich des Agierens der Professionellen und ihrer Organisationen und dessen Bedeutung für das Klientensystem nahe:

➢ *Im Verlauf des ersten Kontaktes mit der Familie begrenzt sich der ASD sehr eng auf seinen administrativen Auftrag.*
Im Verlauf der Trennung und Scheidung von Tims Eltern hat die Familie Schmitz erstmals Kontakt zum Jugendamt. Vermutlich wird das Jugendamt im Rahmen seiner Beratungspflicht auf die Familie zugegangen sein. Am Ende des Scheidungsverfahrens liegt das alleinige Sorgerecht für Tim bei seinem Vater, und für Tim beginnt eine Spieltherapie, die über einige Monate *„unregelmäßig läuft"*. Drei Jahre lang gibt es dann keine Kontakte zwischen dem Jugendamt und der Familie. Dieser Verlauf lässt zumindest Fragen offen. Unklar ist, warum dem Vater das alleinige Sorgerecht zugesprochen wurde, obwohl Tims Mutter vorab hauptsächlich für die Erziehung ihres Sohnes zuständig war. Wahrscheinlich werden die zunächst unsichere Wohnsituation der Mutter und die Tatsache, dass Tims Vater direkt wieder in einer „vollständigen" Familie, d.h. vor allem mit einer Partnerin zusammenlebt, die sich um den Sohn kümmern kann, ausschlaggebend dafür gewesen sein. Fraglich ist auch, weshalb die Fachkräfte keine klare Besuchsregelung für Tims Mutter forciert haben, obwohl klar gewesen sein muss, dass das Paar so heftig zerstritten war, dass zwischen ihnen eine mit Blick auf Tim einvernehmliche Auseinandersetzung und Lösung nicht möglich gewesen ist. Tims Not und Traumatisierung muss den Fachkräften bewusst gewesen sein, denn sonst wäre keine Spieltherapie begonnen worden. Wieso aber wurde seitens des Jugendamtes/ASD nicht weiter kontrolliert, was daraus wurde und wie es Tim zwischen den Fronten seiner Eltern weiterhin erging? Wie viel das Jugendamt über die zerrüttete Beziehung der Eltern Schmitz und über die Gewalttätigkeiten zwischen ihnen wusste, ist unklar. Dennoch sprechen die bekannten Fakten für die Vermutung, dass sich die fallzuständige Fachkraft bzw. der zuständige ASD sehr eng auf die gesetzliche Beratungspflicht im Scheidungsverfahren beschränkt und die Akte (zu) früh wieder geschlossen hat. Dies entspricht der Handlungsrationalität des Systems: Die Scheidung der Eltern ist vollzogen, die damit einhergehende Sorgerechtsregelung für den Sohn getroffen und die administra-

tive Aufgabe somit gelöst. Den Eltern wird es zudem recht gewesen sein, mit dem Jugendamt nichts weiter zu tun zu haben, und Tim macht zum ersten Mal die Erfahrung, dass das Hilfe versprechende Jugendamt sich ähnlich wenig um sein Wohlergehen kümmert, wie seine Eltern es in ihrer Zerstrittenheit tun (können).

➤ *Die von Tims Vater aufgesuchte Erziehungsberatung agiert symptomorientiert und stellt von sich aus keinen Kontakt zum ASD her.*
1995, drei Jahre später, sucht Tims Vater dann von sich aus erneut den Kontakt zur Erziehungsberatung, weil es seiner Wahrnehmung nach in seiner neuen Familie mit Tim zunehmend schwierig geworden ist. Ein knappes Jahr finden dort Beratungsgespräche mit dem Vater, z.T. auch gemeinsam mit dem Sohn statt, für Tim gibt es darüber hinaus erneut ein spieltherapeutisches Angebot (*„einige mehr oder weniger unregelmäßige Termine"*). Tims Mutter wird nicht in die Beratung einbezogen, obwohl Tim schon zu Beginn der Beratung den *„massiven Wunsch"* hat, zur Mutter zu ziehen, die Eltern nach wie vor große (Kommunikations-)Schwierigkeiten miteinander haben und sich die Ereignisse in Tims beiden Familien im Vorfeld des Beratungsbeginns überschlagen haben. Auch der Kontakt zum Jugendamt wird im Verlauf des Jahres seitens der Beratungsstelle nicht gesucht. Die Erziehungsberatung handelt im Rahmen ihres eigenständigen Beratungsauftrages, dem durch Tims Umzug zur Mutter im Dezember 1995 ein Ende gesetzt wird, orientiert sich dabei aber an Tims *„schwierigem Verhalten"* und blendet die Geschichte und Kontextualität dieses Verhaltens weitgehend aus. Ebenso war die Kontaktaufnahme zum Jugendamt nicht zwingend, und so wurde diese Kooperation auch nicht gesucht.

➤ *Der ASD wiederholt die Nicht-Zuständigkeit für Tim; familiäre Muster reproduzieren sich in seinen Hilfeerfahrungen.*
Nur kurze Zeit später kommt die als Nächstes von Tims Mutter in Köln eingeschaltete Erziehungsberatung schnell zu der Auffassung, dass Tim nicht mehr in seiner Familie leben sollte, und empfiehlt Tims Mutter die Kontaktaufnahme zum ASD Köln-1. Dieser kommt nach einigen Beratungsgesprächen zum selben Schluss, leitet den Fall aber zuständigkeitshalber wieder an den ASD in A-Stadt, weil das Sorgerecht (noch) bei Tims Vater liegt, auch wenn der Junge mittlerweile dauerhaft bei seiner Mutter wohnt. Da die Fallzuständigkeit aufgrund des mittlerweile gemeinsamen Sorgerechts der Eltern ein knappes Jahr später wieder zum ASD Köln-1 wechselt, drängt sich die Bewertung auf, dass sich die beiden Dienste den Fall hin- und herschieben, selbst wenn sie im Sinne ihrer Aufgabenwahrnehmung korrekt handeln. Sich formal für nicht zuständig zu erklären bedeutet nämlich auch, den vielleicht unangenehmen Fall, zumindest aber die damit verbundene Arbeit abgeben zu können, was in der Logik des Systems durchaus nachvollziehbar ist. Alternativ hätten sich die beiden involvierten sozialen Dienste des Jugendamtes auf eine der Familie und den Fachkräften

sinnvoll erscheinende Zuständigkeitsregelung einigen können, die dauerhaft hätte gehalten werden können. An dieser Stelle wiederholt das Jugendamt/der ASD bzw. die fallbeteiligten Fachkräfte die Nichtzuständigkeit für Tim, die er von seinen Eltern kennt; Verantwortung wird abgewälzt und verschoben.

Ähnlich unentschlossen wird seitens des ASD A-Stadt auch mit der doppelten Empfehlung zur Fremdunterbringung des Jungen umgegangen, die von der KJP-1 und vom ASD Köln-1 ausgesprochen werden. Dem Bericht des ASD A-Stadt ist zu entnehmen, dass die Eltern die vorgeschlagene Maßnahme der KJP-1 nicht hätten annehmen wollen, weil „sie sich dort nicht akzeptiert gefühlt hätten". Zu dem Zeitpunkt hat es aber seitens der Eltern gegenüber dem ASD schon die formulierte Einschätzung gegeben, dass Tim nicht mehr bei seinen Eltern leben könne. Wenn auch, was anzunehmen ist, Tims Eltern in dieser Einschätzung und dem damit verknüpften Wunsch ambivalent gewesen sein mögen, so stellt sich doch die Frage, weshalb die Eltern im Treffen einer Entscheidung so wenig unterstützt und auch gefordert wurden und wieso das Jugendamt das Pendeln von Tim zwischen seiner Mutter und seinem Vater ein weiteres knappes Jahr mitgetragen hat. Im Empfinden Tims kann die Ambivalenz in den Einschätzungen der unterschiedlichen Hilfeorganisationen und die Unentschlossenheit, eine klare Regelung bezüglich seines zukünftigen Lebensortes zu forcieren, kein Agieren gewesen sein, was ihm in seiner Not geholfen hat. Im Gegensatz dazu wiederholen sich durch die Handlungsweise der Fachkräfte die schmerzlichen Erfahrungen, die er über lange Jahre hat machen müssen.

> *Die Hilfesysteme setzen für Tim „das Wechselbad der Gefühle" fort; auch die Professionellen bringen keine Klarheit in sein Leben.*
Als im Frühsommer 1997 die Entscheidung zur Fremdunterbringung im Kinderheim-1 getroffen wird, findet der damit verbundene Klärungsprozess nur halbherzig statt, denn die Heimunterbringung beginnt für Tim mit der Aussicht darauf, wieder heimkehren zu können, wenn sich sein Verhalten gebessert hat. Aus Sicht der Jugendhilfe, d.h. des ASD und des Heims, lässt sich dies sogar erklären: Tim ist gerade erst zehn Jahre alt, Heimerziehung soll Rückkehroptionen unterstützen und Elternarbeit betreiben. Tims Eltern, insbesondere seine Mutter, sind unentschlossen und Tim gegenüber ambivalent, vielleicht ist eines der Elternteile bereit, Tim nach einer Zeit der Beruhigung wieder bei sich aufzunehmen. Ausschließen kann man all das nicht, die Wirkung des Versprechens auf Tim ist jedoch gefährlich. Er muss glauben, dass es in seiner Macht liegt, dass er sich nur genug anstrengen muss, um wieder nach Hause zu können. Er wird sich schwer damit tun, das Heim als seinen neuen Lebensort annehmen zu können und dort Beziehungen zu knüpfen, und er wird sich verantwortlich fühlen, wenn seine Heimkehr zur Mutter oder zum Vater nicht gelingt. Für ihn ist bei Beginn der Heimaufnahme auch nicht klar, wie lange er mindestens dort leben wird, es ist ein Beginn ohne zeitliche Absprache. Wenn man aus der Perspektive der

Jugendhilfe die Risiken der mit der Rückkehroption verbundenen Folgen auch noch zu Gunsten der eventuell tatsächlich möglichen Rückführung gewichten kann, so wird diese Verheißung spätestens dann gegenüber dem Jungen unverantwortlich und fachlich mehr als zweifelhaft, wenn jede neue Maßnahme in Jugendhilfe und Jugendpsychiatrie damit beginnt. Denn für Tim ist damit der permanente Wechsel von Hoffnung, Unsicherheit und Enttäuschung verbunden, die institutionelle Fortsetzung der familiären Erfahrung, kein Zuhause zu haben, und der Vertrauensverlust in die Hilfesysteme und ihre HelferInnen, die für die Vielzahl der nicht eingelösten Versprechen stehen, die Tims Lebensgeschichte durchziehen.

➤ *Auf Schwierigkeiten mit Tim reagieren die Hilfesysteme mit Ausgrenzung.*

Neben dieser Unklarheit und den damit verbundenen ambivalenten Gefühlen des Jungen gegenüber den Hilfesystemen wird durch das Handeln der unterschiedlichen fallbeteiligten Einrichtungen und Dienste eine weitere Erfahrungen reproduziert, die Tim bereits aus seiner Familie kennt: das Erleben, ausgegrenzt zu werden und sich für das Misslingen von Maßnahmen und Beziehungen verantwortlich zu fühlen. In den fallbezogenen Berichten unterschiedlicher Organisationen findet sich zum Ende immer wieder die Einschätzung, dass Tim für diese oder jene Maßnahme „nicht mehr tragbar" sei. Den Auftakt in dieser Reihe macht die Grundschule, gefolgt von den zuständigen bezirklichen Sozialdiensten in A-Stadt und Köln, die sich faktisch den Fall gegenseitig zuschieben, der Psychiatrie-3, die im Verlauf des Aufenthaltes „eine Auszeit von Tim braucht", und schließlich auch dem Kinderheim-1, das im Sommer 1999 auf eine neue Maßnahme drängt. Gemein ist all diesen Ausgrenzungsdynamiken, dass diese einsetzen, wenn es in den Institutionen zum Gefühl subjektiver Überforderung mit dem Jungen kommt. Wird Tim für eine Einrichtung „zu schwierig", so muss dies offensichtlich an dem Jungen liegen, und er wird aus dem System hinausgedrängt. Interessant ist dabei, dass jeweils sehr unterschiedlich ist, was sich hinter der Chiffre „zu schwierig" als Begründung verbirgt, und dass diese Bewertung keinen Prozess der Selbstreflexion in den jeweiligen Organisationen in Gang setzt. Stattdessen wird das vermeintliche Problem und somit auch die Verantwortung innerhalb des Hilfesystems delegiert.

➤ *Die Jugendhilfe agiert maßnahmeorientiert und dem eigenen Agieren gegenüber unkritisch.*

Verstärkt wird diese Dynamik dadurch, dass im Fallverlauf vorrangig Beratungen zwischen den Fachkräften der unterschiedlichen Träger (Jugendamt/ASD, Heim, Psychiatrie, Schule) stattfinden haben, die „schnelle Lösungen" erbringen sollen und jeweils an der Installierung einer neuen Maßnahme orientiert sind. Dies bedeutet, dass zwischen den unterschiedlichen Trägern keine selbstreflexiv und kommunikativ gestalteten Übergänge und Wechsel zwischen einzelnen Maßnahmen möglich sind, die eine kritische

Betrachtung des eigenen Handelns, der Erfolge wie auch der Misserfolge, hätten beinhalten müssen. Gibt es zwischen Organisationen keine Kultur der Kooperation, so ist dies nicht weiter verwunderlich, da die einzelnen Systeme aufgrund ihrer selbstbezüglichen Orientierung, die auf die eigene Stabilität und den Selbsterhalt zielt, kein vorrangiges Interesse daran haben, sich von außen verunsichern und in ihren eigenen Verarbeitungslogiken und -prozessen infrage stellen zu lassen. Mit dieser Arbeitsweise geht allerdings einher, dass sich sowohl aufgrund der Aktenführung als auch mangelhafter Kommunikation im Verlauf der Hilfegeschichte ein Informationsverlust vollzogen hat, der den Gesamtzusammenhang singulärer Ereignisse und Verhaltensauffälligkeiten von Tim und die Fallgeschichte in ihrer Entwicklung verwischt und unsichtbar gemacht hat.

➢ *Das Jugendamt/der ASD reagiert vornehmlich auf Außendruck,*
agiert aber nur wenig vorausschauend.
Mit Blick auf die Interventionen der Hilfesysteme bleibt noch die Frage, weshalb in den ersten fünfeinhalb Jahren der Fallgeschichte nur sehr wenige Aktivitäten von der Jugendhilfe ausgehen und die Fallakte über mindestens drei Jahre zugeschlagen war, es aber in der Zeit von Mai 1996 bis August 1999 zu einer deutlichen Beschleunigung der Ereignisse kommt und sich in dieser Zeit die Aktivitäten der Hilfesysteme (Jugendamt, Psychiatrie, Heim) nahtlos aneinanderreihen. Anzunehmen ist, dass die Familie Schmitz aus dem Wahrnehmungsraster der Jugendhilfe gefallen ist: Vor der Scheidung werden die massiven Ehe- und Partnerschaftsprobleme der Eltern und die damit verbundene emotionale Vernachlässigung von Tim nach außen hin nicht sichtbar. Die Eltern gehören nicht zur bekannten Jugendhilfe-Klientel, es gibt keine Aufmerksamkeit für die Schwierigkeiten im unmittelbaren Umfeld der Eltern (Familie, Nachbarn etc.), und Tim besucht bis zum Alter von fünf Jahren keine Kindertageseinrichtung. Es gibt also nicht die Möglichkeit der frühen Wahrnehmung durch eine Regeleinrichtung, wobei dahingestellt sei, ob diese überhaupt gegriffen hätte. Handlungsbedarf für das Jugendamt/den ASD entsteht erst bei der Scheidung der Eltern und der damit verbundenen Sorgerechtsregelung für Tim. Diesem wird entsprochen, anschließend kümmert sich das Jugendamt zunächst nicht weiter um den Fall. Es gibt auch keinen zwingenden Anlass, da Tim erneut in einer „vollständigen" Familie lebt und seine Versorgung gesichert ist. Das Jugendamt reagiert erst wieder im Mai 1996, wobei hier der Kontakt zum ASD von Tims Mutter und auf Anraten der Erziehungsberatungsstelle gesucht wird. Von nun an beschleunigt sich die institutionelle Hilfegeschichte von Tim und seiner Familie vermutlich aufgrund des Außendrucks auf das Jugendamt: Die Eltern wollen nicht mehr, dass Tim bei einem von ihnen wohnt, die Schule erwägt einen Wechsel des Jungen in die Sonderschule. Das Jugendamt ist gefordert zu handeln und schaltet direkt die Kinder- und Jugendpsychiatrie-1 mit der Anfrage der Begutachtung des Jungen ein. Das Jugendamt gelangt also nicht zuerst zu einem eigenständi-

gen Fallverständnis, gibt damit seine fachliche Deutungskompetenz und Definitionsmacht aus der Hand und bringt schließlich mit der eigenen Unsicherheit und Unentschlossenheit eine Dynamik in Gang, die aufgrund mangelnder Kommunikation und Klarheit in den fachlichen Positionen (insbesondere des ASD und des Heims) dazu führt, dass Einzelmaßnahmen geplant und aneinandergereiht werden, nicht aber der Fall- und Familiendynamik eine neue und erkennbare Richtung gegeben wird.

b) Interaktion zwischen Hilfesystem und Klientensystem
Eng verbunden mit dem Handeln, der Kooperation und Kommunikation im Hilfesystem ist die Interaktion zwischen den Hilfesystemen und der Familie Schmitz bzw. ihrer Mitglieder, die durch folgende Muster geprägt wird:

➤ *Statt Selbstdeutungen der Familienmitglieder dominieren habitualisierte Sprachformeln der Professionellen die Problembeschreibungen.*
Es fällt auf, dass es – mit Ausnahme einiger Passagen in den psychiatrischen Gutachten der KJP-1 und der KJP-2 – in den unterschiedlichen Dokumentationen zum Fall keine expliziten Selbstdeutungen und Einschätzungen zu der familiären Situation und den Entwicklungen aus dem Klientensystem gibt, obwohl sicherlich viele Gespräche mit der Familie geführt worden sind. Die Äußerungen von Kindern und Familien werden von den Fachkräften direkt in ihre professionellen Sprachformeln übersetzt. Unterschiedliche Problemwahrnehmungen, vorwiegend seitens der Eltern und des Jugendamtes/der ASD-Fachkräfte, werden in den Berichten miteinander verwoben, d.h. die Situation der Familie und die Schwierigkeiten werden nur aus der Perspektive der Fachkraft beschrieben, in die Sichtweisen der Eltern und des Kindes bestenfalls undifferenziert eingewoben sind. Darüber hinaus beschränkt sich der ASD auf Beschreibungen von Situationen und auf Verhaltensbewertungen von Tim („hat sich gebessert oder nicht") sowie auf implizit vorgenommene normative Bewertungen. Letzteres zeigt sich darin, dass den Beschreibungen häufig wertende Adjektive zugeordnet werden. Beispielsweise wird Tims Mutter in den Beschreibungen des ASD fast durchgängig als seine *„leibliche Mutter"* bezeichnet, Tim selbst als *„sehnsuchtsvoll"* in Bezug auf den Kontakt zu seiner Mutter. In der Fülle weist dieser Sprachgebrauch auf die Handlungsintention, Tim und seine Mutter wieder zusammenzubringen, hin. Eine fachliche Beurteilung oder Hypothesenbildung, die gegenüber der Familie eine deutliche Positionierung des Jugendamtes/ASD signalisieren würde, findet allerdings nicht statt. Differenzierte Einschätzungen über Tim finden sich in den Berichten des Heims, wobei auch hier auffällt, dass er nicht innerhalb seines Familiensystems gesehen wird bzw. die Eltern komplett aus den Einschätzungen herausfallen. Auch Selbstdeutungen von Tim sind hier kaum festgehalten. Diese finden sich lediglich – in geringem Ausmaß wörtlich, in größerem Ausmaß als sinngemäß wiedergegebene Aussagen der einzelnen Familienmitglieder gekennzeichnet – in den Gutachten der Psychiatrie. Der über-

wiegende Mangel an Selbstdeutungen weist darauf hin, dass die fallzuständigen Fachkräfte dazu neigen, subjektive Einschätzungen aus der Familie schnell mit eigenen Einschätzungen zu vermischen, so dass differente Sichtweisen innerhalb der Familie und ebenso Differenzierungen zwischen Familie und Fachkräften verloren gehen. Die Probleme der Familie werden schnell in die Sprache der Jugendhilfe übersetzt, was dazu führt, dass habitualisierte Sprachformeln die komplexen Probleme scheinbar greifbarer machen, gleichzeitig jedoch die Besonderheiten von Problemlagen und Lebensgeschichten unkenntlich werden lassen.

➢ *Die Jugendhilfe lässt sich von Tims Mutter ein Frage- und Sprechverbot auferlegen und führt so die Sprachlosigkeit der Familie fort.*
Auffällig, bezogen auf den Fall der Familie Schmitz, ist auch, dass sich in den Fallakten und den mündlichen Berichten der Fachkräfte kaum etwas über die Vorgeschichte des Falls, die Familiengeschichte und die eigenen Lebensgeschichten der Eltern findet. Offensichtlich wird in gemeinsamen Begegnungen und Beratungen nicht darüber gesprochen. Dies kann als Hinweis dafür gedeutet werden, dass es insbesondere Tims Mutter gelingt, den von ihr gegenüber den Fachkräften ausgesprochenen Unwillen und das Tabu, über die Vergangenheit zu sprechen, durchzusetzen. Die Fachkräfte übernehmen über lange Jahre das in der Familie herrschende Sprechverbot, setzen die Sprachlosigkeit fort und sind somit nicht in der Lage zu befördern, dass die Vergangenheit der Familie für die Beteiligten, insbesondere für Tim, an Schrecken verliert und im Nachhinein verstanden oder zumindest verarbeitet werden kann.

➢ *Das Hilfesystem wiederholt die Vermeidungsstrategie der Eltern.*
Die Akzeptanz des Tabus kann gleichzeitig als eine Vermeidungsstrategie auf Seiten des gesamten Hilfesystems interpretiert werden, die ebenfalls eine Wiederholung familiärer Handlungsmuster darstellt. Tims Eltern meiden mit aller Kraft den Blick zurück, schieben die Verantwortung für Tim über Jahre hin und her und geben ihrer Ambivalenz gegenüber dem Sohn keine erkennbare Richtung. Ähnliches findet sich auf Seiten des Hilfesystems: Die Verbalisierung der familiären Vorgeschichte wird von den Eltern nicht eingefordert. Die Zuständigkeitswechsel zwischen den beiden sozialen Diensten der Jugendämter, aber auch die mehrmaligen Ortswechsel zwischen Heim und Psychiatrie, das fehlende Drängen der Jugendhilfe bzw. die Unterstützung der Eltern hinsichtlich einer klaren Entscheidung der Elternteile bezüglich des Lebensortes für Tim, die Jahre sehr niederschwelliger Interventionen sowie das lange Zögern bei der Fremdunterbringung – all dies spricht dafür, dass das Hilfesystem über lange Zeit ebenso unentschlossen handelt wie Tims Eltern. Es macht den Eindruck, als würden die Unentschlossenheit und der innere Kampf von Tims Mutter (Soll bzw. muss sie ihren Sohn weiterhin erziehen, oder darf sie sich von der zumindest teilweise sehr ungeliebten Aufgabe entlasten?) insbesondere durch das

Jugendamt/den ASD aufgegriffen und neu inszeniert, wobei der bezirkliche Sozialdienst den Part übernimmt, (ausschließlich) Tims Mutter an ihre Erziehungsverpflichtung zu erinnern bzw. sie in diese hineinzudrängen.

c) Handelnde AkteurInnen im Hilfesystem

➢ *Normative Orientierungen und eine falsch verstandene Parteilichkeit leiten die Fallarbeit.*

Die Festlegung der Mutter auf die Rolle als sorgende Erziehungsperson für Tim vollzieht sich in diesem Fall vor allem aufgrund der spezifischen Wahrnehmungs- und Handlungsmuster der zuletzt zuständigen ASD-Fachkraft und ihrer Institution, personalisiert durch die Gruppenleitung im ASD Köln-1. Mehr noch als in den Fallakten wird diese normative Orientierung in der Fallkonsultation und dem dieser vorangegangenen Vorgespräch deutlich. In der Beratungsrunde vor der Fallkonsultation wird der Fall seitens des zuständigen ASD-Gruppenleiters und der ASD-Mitarbeiterin mit einer klaren Position vorgestellt: Tim solle für anderthalb bis zwei Jahre in eine Auslandsmaßnahme, damit er und auch seine Mutter sich so weit entwickeln könnten, dass im Anschluss eine Rückführung Tims zu seiner Mutter erfolgen könne. Dieselbe Intention wird einige Wochen später in der im Verlauf der Fallkonsultation formulierten Beratungsfrage deutlich: *„Wie ist es zu erreichen, dass Mutter und Sohn sich in einem Zeitraum von etwa zwei bis drei Jahren so weit entwickeln können, dass sie wieder zusammen wohnen und leben können?"* Dies Frage wird von der fallzuständigen Fachkraft damit eingeführt und begründet, dass im letzten Hilfeplan das erneute Zusammenleben von Mutter und Sohn als eine konkrete Zielsetzung formuliert worden sei, wobei Tims Mutter dies nicht direkt als Wunsch ausgesprochen habe, das Jugendamt diesen Wunsch aber in ihren Äußerungen vermutet und ihn als gut erachtet habe.

In diesen Formulierungen wird der wertegeleitete und eindimensionale Blick der ASD-Fachkraft/des Dienstes auf den Fall offensichtlich: Tims Mutter ist für die Erziehung des Jungen zuständig. Eine Mutter hat für ihr Kind da zu sein. Mütter, die ihre Kinder nicht wollen, darf es nicht geben ... Aus diesen leitenden Wertorientierungen, die mit einer weitgehenden Entpflichtung des Vaters einhergehen, scheint sich die Überzeugung von der fachlichen Notwendigkeit der Auslandsmaßnahme zu speisen, ebenso die angestrebte, damit einhergehende therapeutische Arbeit mit Tims Mutter, die *„sich entwickeln"* oder eher *„bessern"* soll, sowie das seitens der Fachkräfte des Jugendamtes lange unausgesprochene Ziel der Hilfeplanung: die Reintegration des Jungen in den Haushalt der Mutter. Als dem korrespondierend ist die verbalisierte Intention der ASD-Mitarbeiterin zu werten, für die Realisierung von Tims Wunsch (Rückkehr zur Mutter) einzutreten. In der nachgehenden Analyse erscheint dieses prinzipiell nachvollziehbare Streben der Fachkraft mehr als eine falsch verstandene Parteilichkeit für die

Interessen des Jungen, die das subjektive Bedürfnis mit dem realen Bedarf gleichsetzt, denn als Unterstützung des Beteiligungsanspruchs von Kindern.

Für die Fallentwicklung insgesamt belastend ist, dass die notwendigerweise immer auch subjektiven und wertegeleiteten Einschätzungen der Fachkraft mit denen der Leitungsfachkraft sowie mit den institutionellen Normen übereinstimmen. Die *„Familienorientierung"* wird in diesem Dienst als *„fachlicher Standard"* beschrieben, dem i.d.R. *„höchste Bedeutung"* zugemessen wird: *„Ein Kind sollte möglichst in seiner Familie aufwachsen können."* Dass dies in manchen Fällen nicht möglich ist, weil es für Kinder in ihren Ursprungsfamilien keinen emotionalen, sozialen und realen Platz gibt, geht in einer Helferkonstellation wie der beschriebenen schnell unter.

d) Konzepte und Arbeitsweisen im Hilfesystem

Eng verbunden mit dem professionellen Agieren einzelner Personen bzw. Fachkräfte sind die Konzepte und Arbeitsweisen, in die die AkteurInnen eingebunden sind. Im Jugendamt/ASD liegt die Einzelfallzuständigkeit notwendigerweise bei einer Fachkraft. Diese arbeitet in dem analysierten Fall allein und stimmt sich in Einzelfragen mit der Leitungsfachkraft ab. In dieser Arbeitsweise zeigen sich folgende problematische Handlungsmuster:

➢ *Der Mangel an kollegialer Kooperation, Reflexion und Kontrolle führt zur eindimensionalen Verengung in der Wahrnehmung.*
Das Problem der Helferkonstellation im Fall der Familie Schmitz ist, dass es kein regelhaftes Korrektiv in Form gruppenorientierter Arbeitsweisen für die immer auch subjektive fachliche Interpretation der fallzuständigen Mitarbeiterin bzw. für die „Beratungs-Dyade" zwischen ihr und der Gruppenleitung gibt. In diesem Fall hat sich gezeigt, dass die fachliche Einschätzung aus diesem Grund einseitig und eng geworden ist. Als zentrales Problem werden Tims auffälliges Verhalten und die Ambivalenz bzw. Unfähigkeit der Mutter, ihren Sohn zu erziehen, angesehen. Nicht zuletzt aufgrund des in diesem Fall nicht hinterfragten hoch bewerteten fachlichen Standards der Familienorientierung im Bezirk werden folgerichtig das „Abstellen" des störenden Verhaltens von Tim und die „Besserung" der Mutter zum Ziel der fachlichen Interventionen gemacht. Außen vor bleibt damit der Blick auf die Bedürfnisse der einzelnen Beteiligten, die z.B. eine Unterstützung der Mutter in Bezug auf die Klärung der eigenen Ambivalenz bedeutet hätte.

➢ *Durch die Fokussierung auf das auffällige Verhalten Tims wird über pädagogisches Handeln der Eltern und Fachkräfte nicht mehr reflektiert.*
Hinsichtlich der Arbeitsweisen der Hilfesysteme, insbesondere der Jugendhilfe, ist weiterhin bemerkenswert, dass in dem Reagieren auf auffälliges Verhalten über Erziehung nicht mehr reflektiert wird. Für die pädagogische Praxis ist der Erziehungsbegriff zentral. Dabei geht es um die Unterstützung von Menschen, die als autonome Subjekte gesehen werden, in ihrer

Entwicklung aber der Hilfe und Anregung bedürfen. Dies gilt sowohl für das Verhältnis zwischen Eltern und Kindern als auch zwischen sozialpädagogischen Fachkräften und KlientInnen. Im Fall der Familie Schmitz wird allerdings weder thematisiert, welche Wirkung das Erziehungsverhalten von Tims Eltern auf den Jungen hat, noch innerhalb des Hilfesystems, inwiefern die auf Abstellen der Störungen zielenden Interventionen mit der Zielsetzung von Erziehung übereinstimmen, d.h. die Autonomie der Familienmitglieder ernst nehmen und Selbstbildungsprozesse anregen, die an ihren subjektiven Sinnhorizonten und ihrem Eigensinn anknüpfen.

Mit Blick auf die Arbeitsweisen und Konzepte der beteiligten Kinder- und Jugendpsychiatrien ist für diese Institutionen ein ähnliches Phänomen zu beschreiben: Sind die Beschreibungen und Bewertungen der familiären Situation und der einzelnen Personen in den Gutachten der Psychiatrien – gerade im Unterschied zu denen des Jugendamtes/ASD – noch relativ ausführlich, differenziert und mit fachlichen Hypothesen bestückt, findet dagegen in den zusammenfassenden Diagnosen eine Verobjektivierung des Jungen statt. Vom 9- bzw. 11-jährigen Jungen wird Tim in den Diagnosen und in der Sprache der Psychiatrie zu einem Objekt, d.h. zu einer „Entwicklungsstörung", die behandelt werden muss und deren weitere Entwicklung fremdgesteuert wird. Denn zu Wünschen bezüglich seines Lebensortes und zum Gespräch über die Umsetzung und mögliche Alternativen kommt es nicht. Stattdessen werden „eine heilpädagogisch-psychotherapeutische familienorientierte Einrichtung" (KJP-1), ein „klar strukturiertes Heim" sowie eine „psychotherapeutische Einzeltherapie" (KJP-2) oder aber ein „stationäres Angebot in der Kinder- und Jugendpsychiatrie mit einer therapeutischen Zielsetzung" (KJP-3) für erforderlich gehalten.

e) Organisationsbezogene Strukturen im Hilfesystem

➢ *Die Kooperation zwischen den Organisationseinheiten des Jugendamtes ist geprägt von Konkurrenz, die sich negativ auf den Fallverlauf auswirkt.*
Als mindestens ebenso bedeutungsvoll wie die handlungsleitenden Konzepte für die Entwicklungen im Fall ist die Kooperationsweise zwischen den Binnenorganisationen des Jugendamtes zu betrachten, also das Zusammenwirken innerhalb der Organisation und die damit verbundenen strukturellen Handlungsvollzüge. Innerhalb des betreffenden Amtes gibt es die Richtlinie, dass eine von den bezirklichen Sozialdiensten geplante (kostenintensive) Auslandsmaßnahme vor der gemeinsamen Entscheidung mit den jeweils Betroffenen vom zentralen Fachamt grundsätzlich bewilligt werden muss. Im Fall der Familie Schmitz ging das zuständige Bezirksamt einen anderen Weg. Die Maßnahme war zwischen der ASD-Fachkraft und der Leitungskraft abgestimmt und für sinnvoll gehalten worden sowie mit der Familie und dem durchführenden Träger vereinbart. Im übertragenen Sinne saß Tim bereits „auf gepackten Koffern". Erst zu diesem Zeitpunkt wurde das Fachamt eingeschaltet und die Bewilligungsanfrage gestellt. Mit dieser

Handlungsweise hat der bezirkliche Sozialdienst als Subsystem des Gesamtsystems Jugendamt gemäß seiner Eigenlogik funktional agiert, allerdings gegen die Verhaltenserwartungen des Gesamtsystems. Die Annahme, dass die Kooperationsschwierigkeiten im Hilfesystem sich hier hätten negativ auf den Fallverlauf auswirken können, liegt nicht fern. Wäre die Zusage des Fachamtes nicht erfolgt, wäre dies der Familie kaum zu vermitteln gewesen. Es wäre wahrscheinlich zu einem Vertrauensbruch zwischen der Jugendhilfe und der Familie Schmitz gekommen, sie und insbesondere Tim wären zum Spielball zwischen den Institutionen geworden. Auch wäre eine Solidarisierung des bezirklichen Sozialdienstes mit der Familie und gegen das Fachamt möglich gewesen. In jedem Fall wäre jedoch die Hilfeentwicklung beeinflusst und wahrscheinlich behindert worden.

Die Zustimmung des Fachamtes zur Auslandsmaßnahme hat dazu geführt, dass es nicht dazu gekommen ist, wobei allerdings die Entscheidung, ob es fachlich sinnvoll ist, einen gerade 12-jährigen Jungen mit einer Perspektive von anderthalb bis drei Jahren nach Südeuropa in ein Standprojekt zu vermitteln, außen vor geblieben ist. Deutlich werden in der Analyse der Operationsweisen des Jugendamtes spezifische Bewertungs- und Handlungsmuster im Hilfesystem, die für einen Hilfeverlauf kontraproduktiv sind:

- In seiner zugedachten Rolle als Beratungsinstanz wird das Fachamt nicht angesehen, stattdessen soll es die Entscheidung des Bezirkes lediglich nachvollziehend bewilligen („lästiger" Verwaltungsakt für den bezirklichen ASD).

- Seitens des Bezirksamtes gibt es eine fachliche wie finanzielle Abhängigkeit vom Fachamt, die in einem Konkurrenzverhältnis ihren Ausdruck findet (Wer trifft die Entscheidungen? Wer hat die fachliche Kompetenz?).

- Das Bezirksamt verfügt offensichtlich über Strategien, die hierarchische Entscheidungskompetenz des Fachamtes zu unterlaufen bzw. zumindest einzugrenzen, indem es das Fachamt vor „vollendete Tatsachen" stellt und somit eine abschlägige Entscheidung mit Blick auf die Wirkung gegenüber der Familie Schmitz erschwert.

Grundsätzlich lässt sich daraus folgern, dass es innerhalb der Gesamtorganisation Jugendamt eine Vielzahl an Regelungen und Richtlinien gibt, die Entscheidungskompetenzen, Informationswege, Aufgabenverteilungen etc. festlegen, die aber in ihrer Fülle unübersichtlich sind und aufgrund mangelnder Kontrolle und Sanktionsmöglichkeiten in der Institution von den Subsystemen permanent unterlaufen werden, um entsprechend den eigenen Sinnkriterien handeln zu können und Autonomie zu gewinnen. Die Kooperationsweisen sind also nicht darauf ausgerichtet, einen Fall in produktiver Form gemeinsam zu bearbeiten. Stattdessen werden die Schwierigkeiten und wechselseitigen Bewertungen zwischen den einzelnen Abteilungen des

Amtes i.d.R. eher noch dazu beitragen, schwierige Falldynamiken zu verschärfen.

3.3 Fazit: Was zeigen die unterschiedlichen Zugänge zum Fall?

Für die vorstehend vorgenommene Fallrekonstruktion des Falls wurden zwei Zugänge gewählt. Zunächst wurden der Fall und die dazugehörigen Interpretationen aus Sicht der Jugendhilfe und ihrer Kooperationspartner dargestellt. Im Anschluss daran wurde eine zweite Fallanalyse vorgenommen, die dem analytischen Forschungsdesign für die Fallrekonstruktionen folgt, um eine ergänzende und z.T. alternative Interpretation der Familiengeschichte bemüht ist und den Blick auch auf die Wahrnehmungs-, Deutungs- und Handlungsprozesse im Hilfesystem richtet. Welche Bedeutung hat nun diese Vorgehensweise und welche Erkenntnisse erbringt sie hinsichtlich der zentralen Fragestellungen dieser Untersuchung?

Vor dem Hintergrund des analysierten Falls soll ein erstes fallbezogenes Fazit gezogen werden, und zwar bezüglich der Fragen

- was gemeint ist, wenn in der Fallanalyse des Hilfesystems vom „Fall" gesprochen wird, und was den Blick der Professionellen auf diesen Fall leitet;

- wie die Fachkräfte zu welchen fachlichen Einschätzungen kommen;

- an welchen Stellen im Fallverlauf das Hilfesystem „hilfreich" oder aber „problemverschärfend" agiert

- und welche leitenden Wahrnehmungs-, Deutungs- und Handlungsmuster sich in diesem Fall mit welchen Auswirkungen auf die Fallgeschichte zeigen.

Zu diesem Zweck liefert der zweite, am Untersuchungsdesign orientierte Zugang für die Fallanalyse wichtige Anhaltspunkte. Eine zentrale Erkenntnis der Gegenüberstellung ist, dass die Jugendhilfe bzw. das gesamte Hilfesystem in der Frage, was denn eigentlich der Fall ist, den es zu bearbeiten gilt, von einem sehr eng gefassten Fallbegriff ausgeht: Der Fall, das ist Tim und sein als auffällig wahrgenommenes Verhalten. Schlagen, treten, fluchen, stehlen, in die Ecke pinkeln, stören, weglaufen etc. wird Tim von Dritten (Schule, Eltern, später das Heim) als *„massives Fehlverhalten"* attestiert und dem ASD als „zu beseitigende Störung gemeldet". Der ASD als eingeschaltete und für solche Auffälligkeiten und Erziehungsprobleme zuständige Institution reagiert mit administrativer Logik. Das Problem muss beseitigt werden, d.h. das störende Verhalten des Jungen wird zum zentralen Gegenstand der Fallbearbeitung. Der Dienst bzw. die fallbeteiligten

Fachkräfte richten hier den Blick eindimensional auf den Verursacher der Ärgernisse, Tim allein gerät und bleibt im Mittelpunkt allen Handelns. Die Dynamik, die Tims Eltern sowohl bei ihrem Sohn als auch im Hilfesystem in Gang setzen, bleibt lange unhinterfragt. Zwar wird das Verhalten der Eltern als eine maßgebliche Erklärung für das Fehlverhalten von Tim angeführt, in der Konsequenz für die Interpretationen und das Handeln der Jugendhilfe bleibt dies jedoch weitgehend folgenlos. Es ist allen Fachkräften klar, dass Tim ein „Scheidungskind" ist, dass er die ersten Lebensjahre eine gewaltbelastete Beziehung der Eltern erlebt hat, dass die Trennung der Eltern, das permanente Hin und Her zwischen ihnen, ihre doppelten Botschaften an Tim und ihre jeweils neuen Partnerschaften für den Jungen enorm belastend sind. Implizit kommt durch den be- und z.T. abwertenden Sprachgebrauch der Jugendhilfe auch zum Ausdruck, dass das Verhalten von Tims Eltern – insbesondere das der Mutter – gegenüber ihrem Sohn missbilligt wird. Dennoch spielen diese Aspekte und die sich daraus zwangsläufig ergebende Familien- und Beziehungsdynamik in den Deutungen, Erklärungen, Zusammenhangsvermutungen und Interaktionen der Jugendhilfe mit den Beteiligten aus dem Klientensystem kaum eine Rolle. Stattdessen konzentrieren sich die Aktionen im Hilfesystem maßgeblich auf Tim und werden geleitet von unausgesprochenen oder unreflektierten Wertmaßstäben. Durch die Fallbearbeitung des ASD, aber auch durch die Zuarbeit der beteiligten Kooperationspartner zieht sich über weite Strecken des Fallverlaufs das unausgesprochene Handlungsziel, „Tims Sehnsucht nach seiner leiblichen Mutter" zu stillen, diese zu einer „besseren Mutter" zu machen und Tim so einen dauerhaften Platz für sein Aufwachsen bei seiner Mutter zu verschaffen.

Wie es aber zu dieser Zielsetzung kommt und welche professionellen Bewertungen zu welchen Zielen und Interventionen führen, bleibt weitgehend unklar, zumindest undokumentiert. Bei der Durchsicht der Fallakten entsteht der Eindruck, dass Interpretationen der wahrgenommenen Situationen und Ereignisse nur unsystematisch und sehr spärlich erfolgen und auch in ihrer Herleitung nicht deutlich nachvollziehbar sind. In den unterschiedlichen Falldokumenten gibt es eine Vielzahl an Beschreibungen von Situationen und problematischen Verhaltensweisen, aber nur einzelne fallbezogene Hypothesen, die das Handeln der Fachkräfte begründen.[25] Ebenso undokumentiert und vermutlich kaum erfragt sind Selbstdeutungen der einzelnen Familienmitglieder. Das normativ besetzte Motiv der „Sehnsucht eines traumatisierten Jungen nach seiner leiblichen Mutter" als „Ursache allen Übels" zieht sich als Deutungsmuster und Handlungsgrundlage für die beteiligten bezirklichen Sozialdienste durch den gesamten Fallverlauf. Insbe-

---

25 Dass eine Hypothesenbildung in diesem wie in jedem anderen Fall möglich ist, zeigt die alternative Interpretation der Familiengeschichte im ersten Teil der am Untersuchungsdesign orientierten Fallrekonstruktion (vgl. Kapitel 3.2.1).

sondere in der letzten Phase der Fallbearbeitung, die aufgrund der aktuellen Zuständigkeit für den Fall am stärksten beleuchtet wurde und über die es auch die meisten mündlichen Erläuterungen seitens der beteiligten Fachkräfte gibt, wird sehr anschaulich sichtbar, wie die wertegeleiteten Orientierungen einer einzelnen Fachkraft in den gleichlautenden Bewertungen der Leitungsfachkraft und dem institutionellen Wert der Familienorientierung ihre Entsprechung finden und ungebrochen handlungsleitend wirksam werden.

Eine plausiblere Hypothesenbildung findet sich im analysierten Fall in den Gutachten der beteiligten Kinder- und Jugendpsychiatrien, deren Einschätzungen und Empfehlungen seitens des ASD jedoch aus unterschiedlichen Gründen (Widerstand der Eltern, eigene Unentschlossenheit) nur ansatzweise rezipiert und in Handlung umgesetzt werden.

Problematisch ist an diesen institutionellen Handlungsvollzügen, dass es kein regelhaftes Korrektiv, keinen institutionell festgelegten Reflexionsort für die beschriebenen und prinzipiell auch notwendigen Werteorientierungen und die daraus häufig erwachsenden individuellen wie institutionellen „blinden Flecken" in der Fallbearbeitung gibt. Das eigene professionelle Handeln und dessen Wirkungen auf das Verhalten und die Haltungen des Jungen und seiner Familie werden in dem Fall über lange Zeit nicht reflektiert. Dies, so die Schlussfolgerung der hier vorgelegten Untersuchung, führt dazu, dass professionelles Handeln als problemverschärfender Faktor in Fallverläufen wirken kann und – wie in diesem Fall – dazu beiträgt, dass Fälle zu den so genannten schwierigen Fällen werden.

Für den Fall „Tim und Familie Schmitz" können keine sicheren Aussagen darüber getroffen werden, was in einzelnen Situationen passiert wäre, wenn die Jugendhilfe und ihre Kooperationspartner anders verstanden und gehandelt hätten, als sie es getan haben. Die Wirkungen von Handlungen in sozialen Zusammenhängen sind nie linear planbar und im Voraus nur begrenzt einzuschätzen. Dass sich jedoch das tatsächliche Handeln der Professionellen zeitweise problemverschärfend auf den Fallverlauf und das Verhalten der unterschiedlichen Beteiligten ausgewirkt hat, wurde in der Analyse und Bewertung des institutionellen Handeln jedoch deutlich. Handlungsleitend war in diesen Situationen weniger die Orientierung an dem Jungen und seiner Familie, sondern eher die Eigenlogik und die Eigeninteressen der beteiligten Fachkräfte und vor allem die ihrer Organisationen. Nachhaltig und hilfreich interveniert werden konnte erst, als der Fall in einem methodisch gesicherten Rahmen in seiner Historizität und Komplexität entfaltet wurde, die den Fokus sowohl auf die Familiendynamik als auch auf die Dynamik im Hilfesystem und in der wechselseitigen Interaktion richtete. Reflexion und Kommunikation der Professionellen über eigene Erfolge und Misserfolge eröffneten einen wesentlichen Zugang, um die Interaktionen im Fall auf unterschiedlichen Ebenen anders zu gestalten.

4. Fallrekonstruktion 2:
Ahmet und Familie Kanat/Linek

4.1 Wie aus Ahmet ein schwieriger Fall wurde. Die Sicht der Jugendhilfe und ihrer Kooperationspartner

Im Mittelpunkt dieser zweiten Fallrekonstruktion steht eine siebenköpfige Familie, Eltern und fünf Kinder, mit Migrationshintergrund. Da sich die Fallkonsultation auf den jüngsten Sohn Ahmet konzentrierte, wird hier ebenfalls darauf fokussiert. Die Quellen der Zusammenfassung des Falls aus Sicht der Jugendhilfe sind wieder die schriftlichen Fallakten des Jugendamtes sowie die mündliche Falldarstellung in der Fallkonsultation. Die Darstellung aus dieser Perspektive orientiert sich auch hier an den zentralen Phasen des bisherigen Lebensweges von Ahmet und seiner Familie:

Die Zeit in Köln vor der Umverteilung in ein Asylbewerberheim (Mai 1992 – Oktober 1994)

Die Lebensphase in verschiedenen Asylbewerberheimen an drei unterschiedlichen Orten (Oktober 1994 – Juli 1997)

Der Lebensabschnitt in Köln vor der Inhaftierung Ahmets (August 1997 – Januar 1999)

Ahmets Zeit in Haft (Januar 1999 – Anfang Mai 2000)

Die Zeit in Köln vor der Umverteilung in ein Asylbewerberheim (Mai 1992 – Oktober 1994) – Beschreibung der Hilfesysteme

In den Aufzeichnungen zur Vorgeschichte des Falls findet sich in allen Akten des ASD die Information, dass die Eheleute Hassan (44 Jahre alt in 1991) und Moira Kanat (35 Jahre in 1991) im Dezember 1991 mit ihrem ältesten Sohn Fahim von Tunesien aus in die Bundesrepublik Deutschland eingereist sind. Im Februar 1992 seien dann die anderen vier Kinder, zwei Mädchen und zwei Jungen, aus Tunesien nachgekommen. In der Zwischenzeit seien sie von Verwandten betreut und versorgt worden. Der Aufenthaltsstatus der Familie war ungesichert. Mit der Klärung einer langfristigen Aufenthaltsgenehmigung war kurz nach der Ankunft seitens der Familie eine Rechtsanwaltspraxis beauftragt worden. Es war jedoch mit einem ablehnenden Bescheid zu rechnen, wobei ein entsprechendes Klärungsverfahren sich erwartungsgemäß zwei bis drei Jahre hinziehen würde. In der Zwischenzeit hatte die Familie in ihren Papieren einen Duldungsvermerk von begrenzter Dauer, der alle drei Monate verlängert wurde.

Neben dieser in den Akten dokumentierten Version der Familiengeschichte gibt es eine zweite Verlaufsgeschichte, die in der Fallkonsultation mündlich berichtet wurde. Diese Darstellung stützt sich auf die Beratungsgespräche mit der Familie und wurde von der Fachkraft mit den Worten eingeführt, dass es in dem Fall *„interessanterweise eine Reihe von Dingen gibt, die sich nicht in den Akten finden"*. Von anderen KollegInnen, die bereits länger mit der Familie Kanat gearbeitet hatten, wurde die folgende Fassung der Lebensgeschichte von Ahmet und seiner Familie bestätigt: Ahmet wird am 01.08.1984 als viertes Kind der Eheleute Kanat in Deutschland geboren. Seine aus Tunesien stammenden Eltern leben bereits seit 1977 in Deutschland, kurz vor ihrer Einreise haben sie in Tunesien geheiratet. Ahmet hat zum Zeitpunkt seiner Geburt eine Schwester (Zia, geb. 1978) sowie zwei Brüder (Fahim, geb. 1980, und Nejad, geb. 1983); alle vier Kinder wurden somit in Deutschland geboren. Einige Zeit nach der Geburt von Ahmet geht die Familie wieder nach Tunesien zurück und lebt dort knapp sieben Jahre. In dieser Zeit erfolgt die Geburt des fünften Kindes, eines Mädchens namens Derya (geb. 1987), und später die Scheidung der Eheleute nach tunesischem Recht, bei der Herrn Kanat das Sorgerecht für die Kinder übertragen wird, wie es in Tunesien üblich ist. Die Kosten für das Scheidungsverfahren hat (als Schuldige) Frau Kanat zu tragen. Da die Kosten jedoch nie beglichen wurden, droht ihr in ihrem Heimatland eine Haftstrafe. Im Dezember 1991 reist dann zunächst nur Herr Kanat mit dem ältesten Sohn Fahim zum zweiten Mal nach Deutschland ein; Anfang 1992 folgt seine geschiedene Frau mit den anderen Kindern, da dadurch das Aufenthaltsrecht gesichert werden soll. Ob die Ehe von Hassan und Moira Kanat tatsächlich in Tunesien geschieden wurde oder nur einmalig und später in Deutschland, stellt sich unterschiedlich dar. Die verschiedenen Beschreibungen kommen nach den Schilderungen der fallbeteiligten Fachkräfte dadurch zustande, dass im Asylverfahren der Familie der erste Aufenthalt in Deutschland aus strategischen Gründen verschwiegen wurde und somit auch der Geburtsort der Kinder, d.h. *„nach offizieller Version sind alle fünf Kinder in Tunesien geboren"* worden.

Nach der Einreise der Familie Kanat in Köln Ende 1991 lebt sie für etwa ein halbes Jahr in einer ca. 20 qm großen Wohnung bei einer Verwandten. Der Aufenthaltsstatus der Familie ist (wie erwähnt) ungeklärt, Herr Kanat hat keine Arbeitserlaubnis, und die Familie beantragt auf Anraten ihrer Rechtsanwältin wegen des laufenden Asylverfahrens keine Sozialleistungen. Die vier älteren Kinder besuchen entsprechend ihrem Alter die Schule. Der erste Kontakt zwischen der Familie Kanat und dem Jugendamt, d.h. dem ASD Köln-1 entsteht aufgrund der Meldung einer Lehrerin der Grundschule, die die Jungen Nejad und Ahmet besuchen. Aufgrund dessen findet im Mai 1992 als Erstkontakt ein unangemeldeter Hausbesuch des ASD bei der Familie statt. Dieser endet damit, dass der Familie mit Blick auf eine Entlastung der familiären Situation von der Möglichkeit berichtet wird, dass die beiden Jungen an drei Nachmittagen in der Woche das Gruppen- und Hausaufgabenangebot eines nahe gelegenen Jugendzentrums wahrnehmen können.

In einem späteren Bericht des ASD C-Stadt wird bezüglich der Vorgeschichte des Falls beschrieben, dass *„1993 die Probleme zwischen Herrn und Frau Kanat begannen. Aufgrund der Alkoholproblematik sowie den Geldproblemen kann es zu massiven Auseinandersetzungen"*, in deren Folge Frau Kanat im Mai 1993 aus der gemeinsamen Wohnung auszieht. Die Kinder verbleiben zunächst bei Herrn Kanat. *„Auf ihren eigenen Wunsch"* und in Kooperation zwischen der ältesten Tochter Zia und dem ASD Köln-2 werden jedoch die drei jüngeren Kinder kurz nach dem Auszug der Mutter und ohne Wissen des Vaters im Rahmen einer Inobhutnahme (§ 42 KJHG) in einem Kinderheim in Köln untergebracht. Dieser Aufenthalt in Heim-1 ist als Übergangsmaßnahme geplant, bis der Umzug der Kinder zur Mutter erfolgen kann, die zu dem Zeitpunkt noch eine eigene Wohnung sucht. Die älteste Tochter Zia und Fahim, der älteste Sohn, bleiben zunächst im Haushalt des Vaters wohnen. Da sie sich von ihrem Vater bedroht fühlt, zieht Zia jedoch schon sehr bald zu ihrer Mutter, obwohl diese noch bei einer Bekannten wohnt. Nach einer kurzen Rückkehr aller Familienmitglieder in die Wohnung der Familie und somit auch zum Ehemann bzw. Vater und einer erneuten, gewalttätigen Eskalation der Auseinandersetzungen zwischen den Eheleuten wird mit Beschluss des Amtsgerichtes Köln die elterliche Sorge für Zia, Nejad, Ahmet und Derya im Juli 1993 auf Frau Kanat übertragen. Bezüglich des Sohnes Fahim wird die Entscheidung zurückgestellt. Knapp zwei Wochen später muss Herr Kanat ebenfalls auf richterlichen Beschluss aus der gemeinsamen Wohnung ausziehen, in die Frau Kanat anschließend wieder mit den vier Kindern einzieht, für die sie die elterliche Sorge innehat. Im Verlauf des Restjahres 1993 kommt es weiterhin zu Auseinandersetzungen zwischen den Eheleuten, da Herr Kanat *„immer wieder"* in der ehemals gemeinsamen Wohnung *„auftauchte, um massiven Druck auf Kinder und Ehefrau auszuüben"*. Auch nach der Trennung, so der ASD, sei die Beziehung der Eheleute *„nach wie vor durch harte Auseinandersetzungen geprägt"*. Schließlich zieht Herr Kanat zu Beginn des Jahres 1994 mit dem ältesten Sohn Fahim nach Tunesien zurück. Ab diesem Zeitpunkt bricht der Kontakt zwischen der Familie und dem Vater bzw. Ehemann vollständig ab.

Etwa ein Jahr lebt Frau Kanat mit den Kindern dann noch in Köln. Aufgrund des nach wie vor unsicheren Aufenthaltsstatus der Familie bleibt es bei der formlosen Beratung durch den ASD. Hinzu kommt, dass alle Kinder der Familie ab Januar 1994 an den Wochentagen ein Gruppenangebot des ASD wahrnehmen können (Hausaufgabenhilfe und Freizeitgestaltung) und dies bis auf Fahim auch tun. Die Lebenssituation der Familie bleibt dennoch sehr belastet und spitzt sich im Sommer 1994 weiter zu, als die älteste Tochter Zia ungewollt schwanger wird, es deswegen zu erheblichen Konflikten zwischen Mutter und Tochter kommt und zudem der älteste Sohn Fahim allein aus Tunesien zurückkehrt, *„plötzlich ohne ein entsprechendes Visum bei seiner Familie auftaucht"* und wieder bei der Mutter und den Geschwistern leben will. Sein Vater, so seine Begründung, habe sich nicht um ihn gekümmert. Aufgrund des laufenden Asylverfahrens wird die Familie im Oktober 1994, d.h. zwei Wochen nach der Rückkehr Fahims, im Rahmen des Kontingentverfahrens der Kommunen für Asylbewerber in ein Asylbewerberheim in einer Kleinstadt nahe Köln umverteilt, womit die Lebensphase der Familie zu Ende geht, in welcher sie erstmals Kontakt zur Jugendhilfe hatte und die knapp zweieinhalb Jahre dauerte.

Deutung und Bewertung der Hilfesysteme zu diesem Zeitpunkt (➢ASD, Schule, Justiz)

Bezüglich der beschriebenen Lebensphase gibt es Einschätzungen zur Lebenssituation und zu den familiären Entwicklungen von den sozialen Diensten des Jugendamtes Köln-1 und Köln-2, von den Schulen sowie vom Amtsgericht Köln, das im Frühjahr/Sommer 1993 zwei richterliche Beschlüsse fällt.

Im Jahr 1992 wird die Familie vom ASD Köln-1 betreut, der bei seinem ersten Hausbesuch feststellt, dass die finanzielle und die räumliche Situation der Familie sehr schlecht und sehr beengt seien und dass *„die Unsicherheit bezüglich der Aufenthaltsgenehmigung und die drohende Obdachlosigkeit massive existentielle Bedrohungen darstellen"* würden. Frau Kanat mache auf den ASD den Eindruck, dass *„sie stark überfordert ist"*, Herr Kanat ist dem ASD nach dreimonatiger Beratung noch nicht bekannt. Da der ASD sich weder bezüglich der Wohnsituation noch bezüglich der Aufenthaltsgenehmigung in der Lage sieht, Veränderungen herbeizuführen, wird in dem Bericht vom Juli 1992 festgehalten, *„dass sich die gegenwärtige Hilfestellung auf eine ‚Entzerrung' der Familiensituation beschränken muss"*. Gemeint ist damit das Angebot der regelmäßigen Hausaufgabenhilfe. Als die Familie kurze Zeit später innerhalb von Köln umzieht, wechselt formal die Zuständigkeit, und der ASD Köln-1 empfiehlt der Familie, Kontakt zum ASD Köln-2 aufzunehmen.

Dieser kommt jedoch erst zustande, als Ahmets neue Grundschullehrerin sich beim ASD Köln-2 meldet. Der ASD des neuen Wohnbezirks der Familie wird gut anderthalb Jahre mit der Familie in Kontakt sein; die Arbeit beinhaltet deren formlose Beratung sowie Kontakte zu den Schulen der Kinder. In dieser Lebensphase findet auch die Trennung des Ehepaares Kanat statt, in deren Verlauf als formelle Maßnahme der Jugendhilfe die knapp vierwöchige stationäre Inobhutnahme der drei jüngeren Kinder fällt. Im Verlauf dieses Prozesses sind die wesentlichen Bewertungen des sozialen

Dienstes die, dass Herr Kanat *„aus seinem traditionellen Selbstverständnis heraus sehr große Schwierigkeiten hat, diese eigenmächtige Entscheidung seiner Frau zu dulden"* und *„... dass er in seiner aggressiven Erregbarkeit z. Zt. nicht in der Lage ist, die Versorgung und Betreuung der drei jüngeren Kinder sicher zu stellen".* Einige Zeit nach der Trennung der Eheleute kommt der ASD zu der Einschätzung, dass nach wie vor *„harte Auseinandersetzungen der Eltern"* im Vordergrund der Arbeit mit dem ASD stehen und dass diese Tatsache andere Schwierigkeiten überlagert bzw. prägt. Bezüglich Frau Kanat stellt der ASD fest, dass sie auch nach der Trennung von ihrem Mann *„ständig aushäusig beschäftigt sei, so dass – wie zuvor – die Versorgung der drei jüngeren Geschwister von der ältesten Tochter Zia sichergestellt wird".* In einem Bericht im Herbst 1994 kommt die zuständige Kollegin des ASD Köln-2 schließlich zu der Einschätzung, dass *„Frau Kanat in zunehmendem Maße auch ihren erzieherischen Einfluss auf die jüngeren Kinder verliert. ... An Nachmittagen sind die Kinder sich selbst überlassen, da Frau Kanat selten Zeit hat, sich um die Kinder zu kümmern. Auch hier können durch die ungesicherte Zukunft kaum Hilfsmaßnahmen entwickelt werden".* Verwundert äußert sich der ASD in diesem Bericht darüber, dass die Kinder der Familie dennoch *„tatsächlich regelmäßig dieses Angebot* (gemeint ist das Gruppenangebot des ASD) *wahrnehmen".*

Die Kontakte zum ASD kommen an beiden Wohnorten der Familie in Köln durch die Schulen zustande. In der ersten Grundschule berichtet die Klassenlehrerin Ahmets dem ASD, dass *„... beide Kinder vor allem durch häufige Diebstähle in und außerhalb der Schule auffallen würden, ... dass sie kaum Deutsch verstünden und erhebliche Probleme im Klassenverband hätten".* Schulisch seien beide Jungen hinter ihrem Alter zurück; Ahmet wird von der Lehrerin als *„wenig ausdauernd", „wild und manchmal aggressiv"* beschrieben, allerdings kämen er und sein Bruder *„regelmäßig und pünktlich zur Schule und ... zu besonderen Veranstaltungen, immer in Begleitung eines Erwachsenen".* Nach dem Wohnortwechsel fällt Ahmet in der zweiten Grundschule nach kurzer Zeit *„durch sehr gewalttätiges Verhalten (Erpressung und Diebstahl) an Klassenkameraden"* auf. *„... Als letztes Mittel sieht die Schule z. Zt. den Schulausschluss des Jungen".* Im Verlauf des Jahres 1993 kommt es zu diesem Ausschluss; es erfolgt eine Überweisung in eine Sonderschule für Erziehungshilfe. Ende 1993/Anfang 1994 teilt diese dem ASD mit, dass *„Ahmet wieder das gewalttätige Verhalten zeigt, auf das bereits seine früheren Lehrer aufmerksam gemacht haben".* In einem späteren, sehr ausführlichen Brief der E-Schule an den ASD heißt es weiter: *„... Ahmet zeigte sich sehr häufig äußerst aggressiv und gewalttätig, provozierte ... Prügeleien, ... fiel immer wieder durch kleinere Sachbeschädigungen und Diebstähle auf, ... auch im Klassenverband fügte sich Ahmet kaum ein ... und störte die Lernatmosphäre derart nachhaltig, dass er aus dem Klassenverband sehr häufig ausgeschlossen werden musste. ... Obwohl Ahmet, der regelmäßig und sehr gerne zur Schule geht, Maßnahmen dieser*

Art (Ausschluss vom Unterricht bzw. Verlassen des Schulgebäudes) eindeutig als Strafe empfindet, war er jedoch nicht in der Lage, seine oben beschriebenen Verhaltensweisen zu ändern oder aufzugeben. ... Frau Kanat kam mir bei diesem Hausbesuch noch hilfloser vor als je zuvor, ... erscheint mir Frau Kanat mit der Erziehung und Betreuung ihrer Kinder völlig überfordert zu sein. ... sind sie überwiegend sich selbst überlassen. Die Folgen derartiger Verwahrlosung sind Anzeigen von Diebstählen und Zerstörungen. ... Bei wiederholten Rückfällen in alte Verhaltensmuster jedoch erscheint zum einen eine schulische Förderung für Ahmet kaum noch sinnvoll, kann zum anderen darüber hinaus aber – insbesondere im Hinblick auf die Lern- und Arbeitsatmosphäre seiner Mitschüler – ... kaum noch länger verantwortet werden".

Als dritte in diesen Lebensabschnitt involvierte öffentliche Instanz kommt das Amtsgericht Köln hinzu, das Frau Kanat im Zuge einer einstweiligen Anordnung die elterliche Sorge für vier der fünf Kinder überträgt sowie ihr die Wohnung der Familie während des Getrenntlebens von ihrem Mann zur alleinigen Nutzung zuweist. Damit gibt das Gericht einem Antrag der Rechtsanwälte von Frau Kanat statt, die in ihrem Antrag die ehelichen Spannungen vor allem auf das gewalttätige, bedrohliche und auch sexuell übergriffige Verhalten von Herrn Kanat gegenüber seiner Ehefrau zurückführen.

Die Lebensphase in verschiedenen Asylbewerberheimen an drei unterschiedlichen Orten (Oktober 1994 – Juli 1997) – Beschreibung der Hilfesysteme

Im Zuge der Umverteilung der Familie lebt diese in der Zeit von Oktober 1994 bis Juli 1997, d.h. etwa 2 ¾ Jahre und bis Frau Kanat eine zweite Ehe eingeht, aufgrund ihres ungesicherten Aufenthaltsstatus in drei unterschiedlichen Asylbewerberheimen an drei verschiedenen Orten (hier genannt: A-Stadt, B-Stadt, C-Stadt). Zunächst wird die Familie für dreieinhalb Monate in eine Kleinstadt nahe Köln ins dortige Aufnahmeheim verlegt. In dieser Zeit in A-Stadt besuchen die Kinder keine Schule. Im Anschluss daran muss die Familie in einen kleinen Ort im Sauerland (nach B-Stadt) übersiedeln und bleibt dort neun Monate. Die Kinder besuchen hier für drei Wochen die Schule. Über diese beiden Stationen ist dem Jugendamt in Köln nichts weiter bekannt. Schließlich wird die Familie Kanat ein drittes Mal umverteilt und lebt von Ende September 1995 bis Juli 1997, d.h. gut 1 ¾ Jahre, abermals in einer Kleinstadt nahe Köln, diesmal in C-Stadt. Hier kommen schnell Kontakte zum ansässigen Jugendamt/ASD zustande; primär geht es dabei um die beiden Söhne Fahim und Ahmet, auf die sich nachfolgend auch die Beratungsangebote des ASD konzentrieren.

Mit Ahmet habe Frau Kanat *„erhebliche Probleme bei der Erziehung"*, zudem habe er *„große Probleme mit der Schule"*, so dass der ASD neben der

Beratung der Familie insbesondere auch Kontakte zur Schule hält und die Verständigung zwischen der Schule und Frau Kanat unterstützt. Als die Regelschule, zu der Ahmet geht, ihn im Februar 1997 schließlich aufgrund seines Verhaltens *„für nicht mehr tragbar"* hält, beantragt Frau Kanat in Absprache mit dem ASD und angesichts des drohenden Schulwechsels die Unterbringung Ahmets in einer E-Schule sowie einer damit gekoppelten Tagesgruppe. *„Eine Unterbringung ihres Sohnes Ahmet in einer Heimeinrichtung wurde von ihr* [Frau Kanat] *zum damaligen Zeitpunkt abgelehnt"* Nach dieser Antragstellung wird ein Sonderschulaufnahmeverfahren eingeleitet, dessen Ergebnisse in einem Gutachten vom Mai 1997 festgehalten werden (s.u.: nächste Deutung und Bewertung) und das abschließend, wie der ASD, die Fremdunterbringung von Ahmet empfiehlt und für dringend notwendig befindet. Im Vorfeld eines Mitte Juni 1997 anstehenden Gerichtstermins, bei dem erneut das Sorgerecht für die Kinder Kanat geregelt werden soll, erklärt sich Frau Kanat dann mit einer Heimunterbringung Ahmets einverstanden. Bevor es zu weiteren Umsetzungsschritten kommt, heiratet Frau Kanat im August 1997, am Tag von Ahmets 13. Geburtstag, ein zweites Mal. Dieses Vorhaben war bereits seit einem Jahr geplant, aufgrund fehlender Papiere aber nicht eher möglich gewesen. Verbunden mit der Hochzeit ist ein erneuter Umzug nach Köln zu Herrn Linek, dem neuen Ehemann von Frau Kanat, die fortan auch dessen Namen trägt. Die Familie wohnt zunächst in Köln-A, zieht aber kurz darauf nach Köln-B um.

Deutung und Bewertung der Hilfesysteme zu diesem Zeitpunkt
(➤ ASD C-Stadt, Schule C-Stadt)
In C-Stadt kommt der Kontakt zwischen dem ASD und Frau Kanat ebenfalls aufgrund einer Meldung durch die Schule zustande. Die Familie, vor allem Frau Kanat, wird über einen längeren Zeitraum vom ASD beraten. Als die Probleme mit Ahmet sich in der Schule zuspitzen, hält der ASD schließlich eine Fremdunterbringung des Jungen für angemessen, der die Mutter jedoch zunächst nicht zustimmt. Alternativ wird der Wechsel zur E-Schule und die damit gekoppelte Unterbringung in einer Tagesgruppe vereinbart. Im Rahmen des Sonderschulaufnahmeverfahrens und vor allem aufgrund des abschließenden Gutachtens und einer im Juni 1997 neuerlich notwendig werdenden Sorgerechtsregelung wird seitens des ASD dann nochmals mit Frau Kanat über eine Fremdunterbringung des Jungen gesprochen. In diesem Zusammenhang erklärt sich Frau Kanat *„mit einer Unterbringung Ahmets in einer Heimgruppe einverstanden, ... unter der Voraussetzung, dass Ahmet sie in den Ferien besuchen könne und ansonsten auch Kontakte bestehen bleiben könnten"*. Weitere Einschätzungen zur familiären Situation finden sich im Bericht des ASD C-Stadt nicht.

Die Berichte der Schulen in C-Stadt gleichen den alten Einschätzungen der Kölner Schulen. In dem abschließenden Gutachten des Sonderschulaufnahmeverfahrens kommt die Institution Schule zu folgender Einschätzung:

Festgestellt werden bei Ahmet *„gravierende Entwicklungsrückstände ... eine Lernbehinderung, ... extrem auffälliges Verhalten ... sowie eine auffällig große Diskrepanz zwischen Selbst- und Fremdwahrnehmung".* Ahmet sei Analphabet; *„aufgrund seiner gravierenden Störungen und Defizite in den Bereichen der Kognition, der Wahrnehmung, der Soziabilität und der Emotionalität ist er u. E. der Gruppe ‚schwerstbehinderter Schüler' zuzuordnen."* Für seine weitere Schullaufbahn wird ihm *„selbst in der Schule für Lernbehinderte eine äußerst negative Prognose"* gestellt. Bezüglich Ahmets Mutter und des familiären Umfeldes fasst das Gutachten zusammen: *„Überforderung und Hilflosigkeit der Mutter, zunehmende Verwahrlosung und Kriminalisierung des Jungen charakterisieren die familiäre Situation."* Schließlich empfiehlt das Gutachten die Fremdunterbringung Ahmets in einem heilpädagogischen Heim mit angegliederter Schule für Lernbehinderte.

Der Lebensabschnitt in Köln vor der Inhaftierung Ahmets (August 1997 – Januar 1999) – Beschreibung der Hilfesysteme

Mit dem erneuten Umzug der Familie nach Köln zu dem zweiten Ehemann von Frau Kanat, die seit der Hochzeit den Nachnamen Linek trägt, beginnt die Phase der institutionellen Geschichte des Falles, in der es die höchste Dichte an Interventionen der unterschiedlichen Hilfe- und Kontrollsysteme gibt. Ahmet wie auch sein Bruder Nejad zählen nach kurzer Zeit zu der Gruppe der jugendlichen Serienstraftäter der Stadt, und der Fall wird in Presse und Öffentlichkeit mit großem populistischem Interesse verfolgt. U.a. wird am Beispiel dieses Falls die kommunale Diskussion um das „Wegsperren" jugendlicher Straftäter in Zusammenhang mit der im selben Jahr anstehenden Bundestagswahl geführt. Im Detail verlief die Lebens- und Hilfegeschichte der Familie in diesem Zeitraum wie nachfolgend zusammengefasst:

Nach den Sommerferien 1997 kommt Ahmet in die Schule für Lernbehinderte des Stadtteils, in dem die Familie wohnt. Nach knapp einem Monat meldet diese im Oktober, dass Ahmet *„aggressiv, gewalttätig und kriminell"* sei und für die Schule *„nicht mehr tragbar"*. Da die Familie zu diesem Zeitpunkt offiziell in einen anderen Stadtteil zieht, löst sich das Problem insofern, als formal eine andere Schule für Ahmet zuständig wird. Die Schule für Lernbehinderte in Köln-4 verweigert jedoch *„aufgrund der kriminellen Vorgeschichte des Jungen"* die Aufnahme. Es beginnt ein Hin und Her zwischen den Schulen und zwischen Schule und Jugendhilfe, das dazu führt, dass Ahmet von Dezember 1997 bis Sommer 1998 – dem Zeitpunkt seiner stationären Unterbringung – keine Schule mehr besucht. Neben den Auffälligkeiten in der Schule kommt Ahmet wegen seiner immer häufigeren und immer gravierenderen Straftaten zunehmend mit der Polizei in Berührung. Zwischen Sommer 1997 und Mai 1998 kommt es zu insgesamt 41 registrierten Straftaten, bei denen Ahmet häufig als Haupttäter identifiziert wird. Es handelt sich dabei um Sachbeschädigungen, Diebstahl, Raub, räuberische Erpressung und Körperverletzung.

Der ASD in Köln kommt nach der Rückkehr der Familie wieder mit ihr in Kontakt, weil der vormals zuständige ASD in C-Stadt den ASD Köln-3 um Übernahme der Betreuung der Familie bittet. Im September wird in diesem Zusammenhang der in C-Stadt gestellte Antrag auf Fremdunterbringung von Frau Linek zurückgezogen und einige Wochen später beim ASD Köln-3 erneut gestellt. Kurz darauf zieht die Familie Kanat/Linek innerhalb von Köln in den Zuständigkeitsbezirk des ASD Köln-4 um. Dies und die Tatsache, dass die Familie zwar in Köln-4 gemeldet ist, aber noch in Köln-3 lebt, führt dazu, dass die Akte Kanat/Linek von Herbst 1997 bis Frühjahr 1998 zwischen den beiden Bezirken hin und her wechselt. Die Adresse der Familie in Köln-4 wird dort für eine Scheinanschrift gehalten, so dass die Zuständigkeit innerhalb des Jugendamtes unklar ist und für einige Monate bleibt. Die weitere Bearbeitung des von Frau Linek gestellten Antrags auf Fremdunterbringung verzögert sich durch diese Unklarheit, wobei gleichzeitig der Druck der Kriminalpolizei auf das Jugendamt bezüglich der Einleitung erzieherischer Hilfen für Ahmet wächst, da seine Straftaten seit Sommer 1997 kontinuierlich zunehmen, Ahmet aber aufgrund seines Lebensalters noch strafunmündig ist. Im Januar 1998 verändert sich abermals die Ausgangslage, da Frau Linek den Antrag auf Hilfe zur Erziehung wieder zurückzieht. Sie und ihr zweiter Mann lehnen eine Fremdunterbringung Ahmets mittlerweile ab, da sie als dessen Hauptproblem die fehlende Beschulung ansehen.

Gleichzeitig ist ab etwa Ende Januar 1998 festzustellen, dass Ahmet häufiger in einer Kölner Notaufnahme für Jugendliche übernachtet, wenn es zu Hause zwischen ihm und seiner Mutter bzw. seinem Stiefvater zu Streitigkeiten kommt, die nach Meinung Letzterer daraus resultieren, dass Ahmet sich ihrer Erziehung widersetzt. In der Folgezeit pendelt Ahmet zwischen seinem Zuhause, der Notaufnahme-1 und der Polizei, die ihn bei seinen Straftaten immer wieder aufgreift. Gleichzeitig wird das öffentliche Interesse an dem Fall mit der wachsenden Zahl begangener Delikte immer größer. Insbesondere die Presse begleitet den Fall fortan mit breiter Berichterstattung, und ab etwa Mai wird in der Lokalpresse die geschlossene Unterbringung des Jungen gefordert. Die Polizei kann nicht nachhaltig tätig werden – obschon es ihr eigener Wunsch wäre und sie sich von dem Jungen vorgeführt fühlt –, da Ahmet noch nicht strafmündig ist. Der bezirkliche ASD beginnt in dieser Situation in Kooperation mit dem zentralen Fachamt zunächst intern über die geschlossene Unterbringung des Jungen nachzudenken. Anfang Juni wird dann auch seitens des Jugendamtes und in Absprache mit Frau Linek „*aufgrund der von Ahmet ausgehenden Gefährdung anderer, der damit verbundenen Selbstgefährdung und zur Begutachtung*" ein Antrag auf geschlossene Unterbringung gestellt. Zeitgleich wird seitens des

Jugendamtes der Versuch gemacht, Ahmet zur Begutachtung vorübergehend in einer Kinder- und Jugendpsychiatrie unterzubringen, was von den zwei angefragten Kliniken abgelehnt wird, da die Unterbringung nicht auf freiwilliger Basis oder aufgrund einer rechtlich legitimierten Einweisung erfolge. Schließlich wird seitens des Jugendamtes die Polizei um Amtshilfe für die Erstellung eines polizeiärztlichen Attests gebeten, aufgrund dessen Ahmet Anfang Juni 1998 nach PsychKG in die KJP-1 eingeliefert wird.

Da der bei Gericht gestellte Antrag auf geschlossene Unterbringung zunächst abgelehnt wird, wird einige Tage später eine sozialpädagogische Betreuung der Familie durch zwei Mitarbeiter des etwas außerhalb von Köln gelegenen Kinderheims-2 eingerichtet, die knapp zwei Wochen dauert. Ziel soll sein, in Kooperation mit dem ASD Köln-4 eine geeignete Maßnahme für Ahmet zu entwickeln. Grundsätzlich ist das Jugendamt jedoch weiterhin von der Notwendigkeit einer geschlossenen Unterbringung überzeugt. Nach knapp zwei Wochen erfolgt aufgrund weiterer von Ahmet begangener Straftaten jedoch eine kurzfristig vereinbarte stationäre Unterbringung Ahmets im Kinderheim-2: *„Aufgrund der zwischenzeitlich erfolgten erneuten Straftaten wurde eine Unterbringung von Ahmet seitens des Jugendamtsleiters für unumgänglich erachtet.“.* Zeitgleich erfolgt eine erneute Antragstellung auf geschlossene Unterbringung. Das weitere Vorgehen wird dann plötzlich durch eine sich ad hoc ergebende neue Option gesteuert: *„Am Rande einer bundesweiten Tagung hatte das Jugendamt Köln das Angebot einer Unterbringung des Jungen in Süddeutschland erhalten. Dort ist die Möglichkeit einer geschlossenen Unterbringung gegeben. ... Daraufhin wurden die bisher getätigten Planungen umgeworfen“.* Somit erfolgt noch am ersten Tag im Kinderheim-2 ein Unterbringungswechsel in ein Heim in Süddeutschland (= Heim-3), in dem Ahmet bis November 1998 leben wird. Zunächst wohnt er dort für vier Tage in der offenen Gruppe und – nach Zustimmung bzw. einstweiliger Anordnung des Vormundschaftsgerichts Köln – anschließend bis Anfang November in der geschlossenen Gruppe, wobei er in dieser Zeit mehrmals entweicht und nach Köln reist, in Anschluss jedoch jedes Mal bereit ist, wieder nach Süddeutschland zurückzukehren.

Nachdem Ahmet knappe zwei Monate in der Einrichtung lebt, wird seitens des Jugendheims beim Jugendamt Köln ein Antrag auf zusätzliche Intensivbetreuung gestellt, *„weil er sich als Belastungsfaktor für die gesamte Gruppe erwiesen hat“.* Ziel der Nachsozialisation soll im Schwerpunkt der *„Aufbau moralischer Beurteilungsinstanzen“* sein. Ende September 1998 erklärt jedoch auch diese Einrichtung im Hilfeplangespräch, mit Ahmet *„an die Grenzen des eigenen Konzeptes“* gekommen zu sein. Er sei für die Einrichtung *„nicht mehr tragbar“* und könne nur noch einige Wochen dort bleiben, bis eine andere Einrichtung gefunden sei [zur weiteren Bewertung vgl. nachfolgende Deutung des Hilfesystems]. Im Anschluss an dieses Hilfeplangespräch findet in der Einrichtung ein weiteres Gespräch zwischen dem fallzuständigen ASD-Kollegen, Frau Linek und Ahmet statt, bei dem Ahmets Mutter berichtet, von unterschiedlichen Personen, vor allem von ihrem Sohn Nejad, gehört zu haben, dass „ihr eigener Mann schwul sei", dass er u.a. mit Ahmet in einem Bett geschlafen habe, und „dann soll er ‚alles' mit ihm gemacht haben". Durch die Wiedergabe der Aussagen von Frau Linek kommt in dem Vermerk implizit zum Ausdruck, dass Herr Linek pädosexuelle Kontakte zu unterschiedlichen männlichen Jugendlichen hat, dass er für die Jungen mit großzügigen Geschenken Anreize für diese Beziehungen schafft und dass er davon ausgeht, die Familie durch ihren ungesicherten Aufenthaltsstatus und die Abhängigkeit zu ihm zur Verschwiegenheit verpflichtet zu haben. Ahmet äußert sich in diesem Zusammenhang kaum, er gibt nur an, von nichts zu wissen. Zu diesem Zeitpunkt im Fallverlauf wird erstmals etwas über die Pädosexualität des Stiefvaters der Kinder Kanat dokumentiert, obwohl seine Aktivitäten in der Pädophilenszene der Stadt schon länger bekannt sind. Frau Linek zieht kurz nach der Veröffentlichung des vermuteten Missbrauchs ihrer Söhne durch ihren zweiten Mann im Oktober 1998 mit der jüngsten Tochter Derya in ein Frauenhaus im Umland von Köln.

Da der ASD Köln-4 sowie der für die Familie Kanat in Köln zuständige freie Träger im Anschluss an die geschlossene Unterbringung eine weitergehende psychiatrische Diagnostik Ahmets für erforderlich halten, um eine passende Anschlussmaßnahme planen zu können, wird eine Kinder- und Jugendpsychiatrie außerhalb von Köln eingeschaltet. Die Unterbringung in dieser KJP-2 ist für etwa sechs Wochen anvisiert. Die Kooperation zwischen Jugendhilfe und Psychiatrie gestaltet sich nach Aktenlage in diesem Fall schwierig, was mit Missverständnissen in der Aufnahmesituation und einem unterschiedlichen Auftragsverständnis begründet, aber nicht näher erläutert wird. Ergebnis des Psychiatrieaufenthaltes ist schließlich, dass nach Ansicht des ASD Köln-4 keine neuen Erkenntnisse über den Fall zusammengekommen sind und dass seitens der Klinik die Unterbringung Ahmets in einer kleinen Wohngruppe einer nahe gelegenen Stadt vorgeschlagen wird, wobei der Mutter bzw. der Familie ein möglicher Umzug in die gleiche Stadt nahe gelegt werden solle oder aber ein intensiver Besuchskontakt zur Mutter gewährleistet sein müsse. Diese Maßnahme lehnen sowohl Ahmet als auch seine Mutter ab. Da der Träger aus Köln, der die Familie seit einiger Zeit begleitet, noch an der Planung einer längerfristigen Maßnahme für Ahmet arbeitet [gedacht ist an eine längere Reise von drei bis sechs Monaten nach Nordafrika „zu den Wurzeln" des Jungen], wird zwischen dem Träger, dem Jugendamt und Ahmets Mutter eine Übergangslösung in Form einer zeitlich begrenzten Reise nach Rügen vereinbart, an der einer der beiden Einzelbetreuer des Heims-2, Ahmet, seine Mutter und die jüngste Tochter Derya teilnehmen. Diese Reise findet von kurz vor Weihnachten 1998 bis etwa Mitte Januar 1999 statt, wobei Frau Linek und ihre Tochter nur die ersten drei Tage dabei sind, da Frau Linek sich nicht auf die einfachen Bedingungen der Unterbringung einlassen will, aber auch die Nähe zu ihrem Sohn nicht aushalten kann oder will. Der Einzelbetreuer ist so für etwa drei Wochen allein mit Ahmet unterwegs, wobei am 12.01.1999 die Rückkehr nach Köln erfolgt, da Ahmet seit Anfang des neuen Jahres wieder nach Köln zurückkehren will und schließlich den Betreuer mit einem Brotmesser bedroht, um die Rückkehr nach Köln zu erzwingen. Die sich anzeigende Rückkehr wird seitens des involvierten Trägers sehr schnell mit dem ASD Köln-4 kommuniziert, so dass in Köln die Überlegungen für das weitere Vorgehen beginnen.

Nach der Rückkehr wird Ahmet in die ihm bereits bekannte Notaufnahme-1 aufgenommen, wo er zwei Tage bleibt, sich aber zwischenzeitlich von dort immer wieder entfernt, um sich mit Freunden oder Familienmitgliedern zu treffen. Nach diesen ersten beiden Tagen übernachtet Ahmet auch bei Freunden, in der Wohnung des Stiefvaters oder in einer anderen Kölner Notschlafstelle. Zwischen dem Jugendamt, den involvierten Trägern (Kinderheim-2, Notschlafstelle-1 und Notschlafstelle-2), der Kölner Polizei und auch Ahmets Mutter findet in diesen Tagen ein intensiver Austausch statt, um eine Eskalation der Situation oder deren Dynamisierung durch die Presse zu verhindern und über Ahmets Aufenthaltsorte informiert zu sein. Parallel wird im Jugendamt an weiteren Ideen bzw. Zwischenlösungen gearbeitet, um Ahmet zu betreuen und in seinen Aktivitäten auch zu kontrollieren. Bevor es schließlich zu konkreteren Überlegungen kommt, wird Ahmet am 19.01.1999 aufgrund eines „dringenden Verdachts eines gemeinschaftlichen Raubüberfalls" von der Polizei festgenommen und kommt in Untersuchungshaft.

Deutung und Bewertung der Hilfesysteme zu diesem Zeitpunkt
(➤ Schule, Polizei, ASD Köln-3 und Köln-4, Kinder- und Jugend-
psychiatrien 1 und 2, Heime 2 und 3)
In dieser Phase des Falles ist eine Vielzahl unterschiedlicher Institutionen involviert, deren Einschätzungen zum Fall sich in den Akten wieder finden. Es handelt sich um Bewertungen der beteiligten Schulen, der Polizei, verschiedener Kinder- und Jugendpsychiatrien (KJP-1 und KJP-2), der beteiligten freien Träger (Kinderheim P, Heim/GU in Süddeutschland) und der bezirklichen Sozialdienste sowie des zentralen Jugendamtes. Diese werden im Folgenden skizziert, sofern sie nicht bereits in die Fallbeschreibung eingegangen sind.

Die Einschätzungen der Schulen finden sich in der obigen Beschreibung dieser Lebensphase bereits wieder. Sie lassen sich auf den gemeinsamen Nenner bringen, dass Ahmet den Schulbetrieb nachhaltig stört, dass er für SchülerInnen und LehrerInnen zur Bedrohung und somit für die jeweiligen Schulen untragbar wird.

Die Polizei sieht Ahmet innerhalb seiner Clique als federführend an und zählt ihn bereits Ende 1998 zu der Gruppe der strafunmündigen Serien- bzw. Intensivtäter: *„Aus den Angaben der Kinder wird ersichtlich, dass Ahmet als Haupttäter, Anstifter und Kopf der Kinderbande anzusehen ist. ... Insbesondere Ahmet gilt als schwer erziehbar und gefährdet, er ist kriminalpolizeilich hinreichend bekannt. Er ist trotz seines Kindesalters als Intensivtäter im Bereich Eigentumskriminalität anzusehen".* In einem Bericht im Mai 1998 heißt es weiter: *„Nach den mir vorliegenden Unterlagen ist Kanat in den Jahren 1997 und 1998 insgesamt in 41 Fällen strafrechtlich in Erscheinung getreten. Dabei handelte es sich überwiegend um Delikte der Raub- und Gewaltkriminalität, wobei die Geschädigten zum Teil mit Messern und Schusswaffen bedroht wurden. ... Ahmet Kanat wird von den Sachbearbeitern große kriminelle Energie bescheinigt, wobei er über keinerlei Unrechtsbewusstsein oder Einsicht verfügt. Es wird eine stetige Tatwiederholungsprognose gestellt".* Trotz des eindeutigen Straftatbestandes und der negativen Bewertung Ahmets durch die Polizei kann diese nichts tun, außer ihn seinen Eltern bzw. einer der Notaufnahmeeinrichtungen der Jugendhilfe zuzuführen, wenn er bei einer Straftat erwischt wird, da er bis August 1998 strafunmündig ist.

Die Berichte der beiden zuständigen bezirklichen Sozialdienste, des ASD Köln-3 und des ASD Köln-4, beinhalten in dieser Lebensphase vor allem die Beschreibungen der Geschehnisse, wobei hier Ahmets als aggressiv und gewalttätig eingeschätztes Verhalten im Mittelpunkt steht, sowie die diesbezüglichen Reaktionen der unterschiedlichen beteiligten Personen und Institutionen. Die Berichte des ASD ermöglichen insbesondere die vorstehend vorgenommene differenzierte Beschreibung des Ereignisverlaufes. Wird eine neue ASD-Fachkraft fallzuständig, findet sich über die Ereignisdokumentationen hinaus in den Berichten jeweils eine längere Passage zur Vorgeschichte des Falles, in der die wesentlichen Fakten des Lebenslaufes der Familie in z.T. voneinander differierenden Varianten zusammengefasst werden.

Seitens der beteiligten Kinder- und Jugendpsychiatrien gibt es zwei Gutachten, eines der KJP-1 im Auftrag des Amtsgerichtes Köln hinsichtlich der geschlossenen Unterbringung Ahmets, und eines der KJP-2 im Anschluss an seinen Aufenthalt in der geschlossenen Unterbringung. Bei dem durch das Gericht angeforderten kinderpsychiatrischen Gutachten der KJP-1 vom 14.07.1998 handelt es sich um ein 22 Seiten langes Papier, das sich auf den eintägigen Aufenthalt Ahmets in der KJP, auf eine ambulante Exploration der Mutter und auf Aktenauszüge des Jugendamtes stützt. Die zusammenfassende Stellungnahme fällt gegenüber den anderen Passagen des Gutachtens relativ kurz aus und beinhaltet folgende Diagnose: *„Kein Hinweis ... auf psychiatrisch relevante Phänomene, insbesondere kein Hinweis auf Suizidalität oder Selbstschädigung. ... In diesem Sinne zeigen sich bei Ahmet alle Zeichen einer langandauernden Verwahrlosungssituation, was Grenz-*

setzungen, Regeleinhaltung und die Einbindung in sozial verträgliche Abläufe anbelangt. Demgegenüber scheint die emotionale Situation in der Familie im Sinne von gefühlsmäßiger Bindung ... durchaus entwickelt zu sein. Formal lässt sich für Ahmet die ... Diagnose einer Störung des Sozialverhaltens bei vorhandenen sozialen Bindungen stellen (ICD 10: F91.2) ... so gibt es keinen Hinweis auf körperlich neurologische Auffälligkeiten oder auf ein der Sozialstörung zugrunde liegendes biologisch-medizinisches Geschehen, so dass die manifeste Störung mit erheblicher Delinquenz als klassisches Bild einer Sozialstörung zu werten ist. ... Die bei Störung des Sozialverhaltens häufig aufzufindende starke emotionale Belastungssituation mit ausgeprägten Insuffizienz- und Selbstunsicherheitsgefühlen sowie mit Anteilen von Traurigkeit und Rückzug sind bei Ahmet nicht beobachtbar . ... Die geschlossene Unterbringung wird befürwortet".

Der später verfasste jugendpsychiatrische Abschlussbericht der KJP-2, der sich über den Begutachtungszeitraum von Anfang November bis Ende Dezember 1998 erstreckt, erbringt eine ähnliche Diagnose: *„Diagnose: 1. Störung des Sozialverhaltens bei vorhandenen sozialen Bindungen. 2. Lernstörung ... Vordergründig wirkt Ahmet freundlich und kooperativ, es wird jedoch eine hohe innere Spannung sichtbar. Die Stimmungslage ist ausgeglichen, die affektive Schwingungsfähigkeit erhalten, keine Suizidalität. ... es zeigte sich sehr deutlich, dass Ahmet nur sehr eingeschränkt gruppenfähig ist ... Mitpatienten fühlten sich sehr rasch von ihm provoziert und auch unter Druck gesetzt ... die Mädchen machte er in machohafter Weise an ... er konnte kein Gefühl für Nähe und Distanz entwickeln. ... Gegen Ende des Aufenthalts gelang es Ahmet deutlich besser, sich in den Stationsalltag zu integrieren. ... Auffällig war jedoch, dass es A. nicht gelang, sein Tun zu reflektieren und daraus Veränderungen in seinem Verhalten abzuleiten".* Eine explizite Empfehlung für das weitere Vorgehen im Fall erfolgt nicht.

Seitens der beteiligten freien Träger sind in die Reihe der Bewertungen zum Fall schließlich die des Heims-3 in Süddeutschland aufzunehmen sowie die Einschätzung des in Köln involvierten freien Trägers, des Kinderheims-2.

In der geschlossenen Gruppe des Heims-3 wird zwischen Ahmets Verhalten im Einzelkontext und im Gruppenzusammenhang unterschieden. Während sein Verhalten in Einzelkontakten mit ErzieherInnen überwiegend als *„unproblematisch"* und *„angepasst"* beschrieben wird, verschafft er sich nach Einschätzung der Fachkräfte im Gruppenzusammenhang des Heims schnell eine machtvolle und für die anderen Jugendlichen bedrohliche Rolle: *„Ahmet hat es in kürzester Zeit geschafft, die anderen Gruppenmitglieder so massiv unter Druck zu setzen, dass alle sich nach ihm richten. Dabei hat er Erpressung, Nötigung und Körperverletzung eingesetzt. Ein Großteil der Gruppenmitglieder hatte vor Ahmet Angst. ... im Gruppenrahmen bewies er ein hochkarätig wüstes Sozialverhalten. Die Heftigkeit seines Agierens lässt darauf schließen, dass er in den letzten Jahren heftige Gewalterfahrungen* *gemacht haben muss. ... Im Vordergrund seiner Persönlichkeit steht sein Drang zur Kontrolle über das Geschehen um ihn herum, wobei er gewalttätige Mittel einsetzt. Seine Persönlichkeit ist gekennzeichnet durch mangelnde Realitätsverarbeitung und ein egozentrisches Weltbild. ...".* Zu dem Schluss, Ahmet nicht weiter betreuen zu können, kommt die Einrichtung, weil die MitarbeiterInnen der Einrichtung sich nicht mehr in der Lage sahen, Ahmet zu kontrollieren und für die Sicherheit der anderen Jugendlichen zu sorgen.

Das Kinderheim-2 als ortsnaher Träger in Köln hat mit der Familie Kanat seit Sommer 1998 zu tun. Nachdem Ahmet in die geschlossene Unterbringung nach Süddeutschland gekommen ist, betreuen zwei Mitarbeiter des Trägers zunächst dessen Bruder Nejad im Rahmen einer Sozialpädagogischen Einzelfallhilfe, später aber auch Frau Linek und die jüngste Tochter sowie Ahmet im Rahmen einer Intensiven flexiblen Familienhilfe. Bezogen auf Ahmet kommt der für ihn hauptsächlich zuständige Betreuer zu der Einschätzung, dass dieser eine enge emotionale Bindung an die Mutter hat, dass sein Glauben an sie aber wieder einmal erschüttert wird, als sie die gemeinsame Reise um den Jahreswechsel 1998/99 abbricht. Frau Linek sehe demgegenüber ihren Sohn Ahmet vor allem als Problem an, dessen sie sich entledigen wolle, dass es ihr aber schwer falle, dies ihm gegenüber zu vertreten. Die Einschätzung des Betreuers bezüglich der zwei Seiten von Ahmet („Kind, das sich eine heile Welt wünscht" contra „Jugendlicher mit enormen kriminellen Energien und hohem Gewaltpotenzial") wurde bereits weiter oben in der Beschreibung dieser Lebensphase dokumentiert.

Ahmets Zeit in Haft (Ende Januar 1999 – Anfang Mai 2000) – Beschreibung der Hilfesysteme

Seit dem 20.01.1999 befindet sich Ahmet wegen der von ihm begangenen Straftaten in U-Haft. Nach etwa vier Monaten wird er Mitte Mai 1999 unter Anrechnung der U-Haft zu einer Jugendstrafe von einem Jahr und zehn Monaten verurteilt. Gleiches gilt für seinen Bruder Nejad sowie für einige andere Jugendliche aus Ahmets Clique. Durch die Aussage von Ahmets Bruder Nejad zu Beginn des Jahres 1999 wird offenbar, dass zumindest er selbst und Ahmet von ihrem Stiefvater missbraucht worden sind. Nejad stellt diesbezüglich eine Strafanzeige. Nach Einschätzung der im Fall zu diesem Zeitpunkt zuständigen Kollegin des ASD habe Frau Linek seit langem Kenntnis davon gehabt. In einem gemeinsamen Beratungsgespräch mit der Fachkraft des ASD Köln-4 habe Frau Linek erzählt, *„dass sie erst sehr spät gemerkt habe, dass ihr zweiter Mann sexuell nie an ihr, sondern nur an den Söhnen interessiert gewesen sei. Ihr sei es nicht komisch vorgekommen, dass er mit den Jungen in einer eigenen Wohnung gewohnt habe, zu der sie nicht einmal einen Schlüssel hatte".*

In der Zeit der Haft wird es relativ ruhig zwischen der Jugendhilfe und Ahmet. Es gibt mehrere Briefwechsel zwischen dem Jugendlichen und dem fallzuständigen Mitarbeiter im ASD sowie eine Betreuung des Jungen durch eine Mitarbeiterin der Jugendgerichtshilfe. In Ahmets Briefen an den sozialen Dienst kommt zum Ausdruck, dass er zum einen den Wunsch hat, nach der Inhaftierung bei seiner Mutter zu leben, zumindest aber in einer Wohngruppe in Köln. Er möchte zur Schule gehen oder ein Beschäftigungsverhältnis beginnen, neue Freunde kennenlernen, straffrei leben und von einem Betreuer begleitet werden. Der Wunsch nach einer „Normalbiographie" und einer „heilen Welt" spiegelt sich in diesen Vorstellungen wider. Zum anderen, und dies wird in den Berichten des Einzelbetreuers von Ahmet Ende 1998/Anfang 1999 deutlich, definiert sich Ahmet über sein aggressives, gewalttätiges und machtvolles Verhalten. Er ist *„stark mit kriminellen und mafiösen Normen identifiziert"*, was sich in Ahmets Sprachgebrauch niederschlägt (z.B. *„... für die Clique einstehen"*, *„... mit dem Stiefvater abrechnen"*, *„Rechnungen begleichen"*). Diese unterschiedlichen Vorstellungen zeigen die hohe Ambivalenz des Jugendlichen. Darüber hinaus kommt in seinen Briefen insgesamt zum Ausdruck, dass er selbst nicht nachvollziehen kann und/oder will, was in der Jugendhilfe mit ihm geschieht, dass er sich vom Jugendamt nicht ernst genommen fühlt, dass zeitliche Perspektiven für ihn nie klar gewesen sind und dass er das Gefühl hat, die Jugendhilfe habe ihn schon längst aufgegeben: *„... Ich habe die Schnauze voll von dem Hin und Her von Heimen. Ich glaube, das müssten Sie auch mal verstehen. ... Aber ich bin geblieben und habe versucht, mit der Scheiße aufzuhören und meine Freunde in Köln zu vergessen. Aber dafür brauchte ich auch mehr Zeit. Und diese Zeit habe ich nie zum Ausnutzen gehabt. ... Ihr habt mir nie gesagt, wann ich nach Hause zurück kann. ... Ich hatte immer das Gefühl gehabt, dass ich erst mit 18 Jahren wieder nach Hause und nach Köln zurück kann. Ihr wart euch auch nie sicher, dass ich mich bis 18 Jahre verbessern kann. ... Ich habe mir das vorgestellt* [es geht um eine konkrete Form der Betreuung in Köln], *das wollte ich auch sagen, aber dann habe ich es sein lassen, weil ich wusste, dass in Köln mich kein Heim annimmt"*. Die Reaktionen des ASD Köln-4 auf Ahmets Briefe und die in den Antwortbriefen des sozialen Dienstes zum Ausdruck kommenden Einschätzungen der Situation finden sich weiter unten in der vierten Interpretation.

Seit dem Spätsommer 1999 beginnen zwischen dem sozialen Dienst des Jugendamtes, der Jugendgerichtshilfe und dem zentralen Fachamt wieder erste Überlegungen für die Zeit nach Ahmets Haft, da damit zu rechnen ist, dass dieser im Dezember 1999, d.h. nach Verbüßen der halben Strafe, entlassen wird, spätestens aber im Frühjahr 2000, also nach zwei Dritteln der Haftstrafe. Frau Kanat, die zu dem Zeitpunkt schon getrennt von ihrem zweiten Ehemann lebt, will Ahmet nicht mehr bei sich aufnehmen. Im März 2000 stellt sie auch formell einen Antrag auf Fremdunterbringung des Jungen, da mittlerweile die Entlassung Ahmets für Mai 2000 geplant ist. Die bevorstehende Entlassung aus der Haft war auch der Anlass, aus dem der Fall in der Fallkonsultation vorgestellt wurde. Aufgrund der Vorgeschichte, der Vielzahl der bislang in den Fall involvierten HelferInnen sowie der hohen Aufmerksamkeit der Kölner Jugendhilfe und der örtlichen Medien bzw. der Öffentlichkeit bezüglich des Falls war es der Wunsch der zuständigen Kollegin und des zentralen Fachamtes, die Perspektiven für die weitere Entwicklung in dieser Runde vorzubereiten. Für die Fallberatung wurde seitens des Kölner Jugendamtes und des ASD Köln-4 eine große Beratungsrunde zusammengesetzt.

Deutung und Bewertung der Hilfesysteme zu diesem Zeitpunkt (➤ ASD Köln-4, Jugendgerichtshilfe)

In der Zeit der Haft beschränken sich Ahmets Bezüge zu den Hilfesystemen auf den fallzuständigen Mitarbeiter des ASD Köln-4 sowie eine Fachkraft der Jugendgerichtshilfe. Die Einschätzungen des ASD zum Fall und zu den weiteren Möglichkeiten des Jungen kommen in den Briefen des ASD-Kollegen an Ahmet sehr deutlich zur Geltung. Aus einem Brief deshalb nachfolgend eine längere Passage: *„Der Ordnung halber und um Klarheit zu schaffen, was von Dir erwartet wird und was Du vom Jugendamt (durch den ASD) erwarten oder nicht erwarten kannst, beantworte ich Dein Schreiben. In Köln oder in der Nähe von Köln kannst Du nicht untergebracht werden. Es gibt kein Heim, keine Wohngruppe mit der Bereitschaft, Dich aufzunehmen. Das gilt auch für sehr viel weiter entferntere Einrichtungen. Die Mitarbeiter des ASD und die Mitarbeiter des freien Trägers beenden die Hilfe für Dich. Die Jugendgerichtshilfe steht Dir durch das Jugendamt nur noch pflichtgemäß für die Dauer Deiner Untersuchungshaft bzw. Strafverfahren zur Verfügung. Auch in der Kinder- und Jugendpsychiatrie würdest Du nicht mehr durch das Jugendamt untergebracht, selbst, wenn Du es wolltest. ... Für den Fall, dass Du aus der Inhaftierung entlassen wirst, kannst Du nicht bei Deiner Mutter unterkommen. ... Alle Beteiligten haben erklärt, ... dieses* [gemeint sind die Aussagen von Ahmet, dass er sein Handeln bereue und alles besser werden würde] *sei aussichtslos, da Du diese radikale Umkehr Deines bisherigen Verhaltens nicht schaffen könntest. Die anderen haben recht behalten, Du – leider für Dich – nicht. ... Wenn Du allen Beteiligten deutlich machen kannst, glaubwürdig und nachdrücklich, dass Du Hilfe willst, ... dann kannst Du sie haben. Aber Du musst Dich dabei harter Prüfung unterziehen. ... Vielleicht ist es auch richtiger, Du kehrst nach Tunesien zurück. ... Nun kennst Du die Konditionen. Ob Du einen neuen Start machen willst .... ist allein Deine Entscheidung. ... Aber niemand läuft Dir mit der Hilfe entgegen, keiner trägt sie Dir nach.“*

Neben dieser Sichtweise auf den Jungen existiert noch die Einschätzung der Jugendgerichtshilfe, die u.a. in der mündlichen Falldarstellung im Rahmen der Fallkonsultation geäußert wird und sich rückblickend und zusammenfassend auf den gesamten Zeitraum der Haft bezieht. Von der Mitarbeiterin der Jugendgerichtshilfe wurde beschrieben, dass sie bei Ahmet eine deutlich positive Entwicklung in der Zeit der Haft wahrgenommen habe. Er habe sich dort im Verlauf der Zeit gut eingefügt, ohne dass dies einen angepassten Eindruck machen würde. Sie bezeichnete Ahmets dortige Entwicklung als eine Art „Nachreifungsprozess". Zum aktuellen Zeitpunkt ihrer Einschätzung sei Ahmet gefühlsmäßig aus ihrer Sicht sehr unsicher, da er sich von der Jugendhilfe „allein gelassen und verarscht" fühle; zum Teil vermisse er Antworten auf die von ihm geschriebenen Briefe an die HelferInnen. Er wisse nicht, was nach der Haft kommen werde. Die ganze Situation mache ihn „kribbelig".

4.2 Wie konstelliert sich der Fall? – Die Perspektive der Fallrekonstruktion

Die Analyse und Deutung der familiären Situation sowie die Ereignisse und Dynamiken im Hilfesystem werden nachstehend in gleicher Darstellungsform beschrieben, wie im Fall „Tim":

– Übersicht über die Stationen der Jugendhilfe (und anderer Maßnahmen);

– Deutungen und Hypothesen zur familiären Situation sowie zur Beziehungs- und Interaktionsdynamik in der Familie;

– Analyse der Deutungs-, Wahrnehmungs- und Handlungsmuster im Hilfesystem anhand der ausgewählten fünf Kategorien;

– Fazit: Was bedeutet die Gegenüberstellung der beiden Zugänge zum Fall?

Mai 1992 (Köln)	Erstkontakt: unangemeldeter Hausbesuch bei der Familie durch den ASD Köln-1 (aufgrund einer schulischen Anfrage beim ASD); es folgt eine *formlose Beratung* durch den ASD bis Herbst 1994.
24.05. – 17.06.1993	Aufnahme (*Inobhutnahme, § 42 KJHG*) der drei jüngeren Kinder Ahmet, Nejad und Derya im Kinderheim-1 auf deren eigenen Wunsch.
Herbst 1993 – Juli 1994 (Asylbewerberheime in A,B,C-Stadt)	Die Familie lebt in drei verschiedenen Asylbewerberheimen an drei verschiedenen Orten in A-, B- und C-Stadt. Im dritten Ort C-Stadt: *formlose Beratung* durch den ASD C-Stadt über einen Zeitraum von etwa 1 ½ Jahren (primär wegen Ahmet und Fahim).

Frühjahr 1998 (wieder Köln)	Ab Frühjahr 1998 übernachtet Ahmet bereits häufiger in der Notschlafstelle-1. Rechtsbrüche des Jungen nehmen zu; ab Mai 1998: Jugendamt versucht, die geschlossene Unterbringung Ahmets zu erwirken, die gerichtlich zunächst abgelehnt wird.
03.06.1998	Für eine Nacht wird Ahmet vorübergehend gemäß PsychKG in der Kinder- und Jugendpsychiatrie-1 untergebracht.
08.06 – 19.06. 1998	*Sozialpädagogische Betreuung der Familie* durch das Kinderheim-2.
18./19.06.1998	*Stationäre Unterbringung* im Kinderheim-2 für eine Nacht; gleichzeitig erneute Antragstellung auf geschlossene Unterbringung.
19.06. – 23.06.1998 (Süddeutschland)	*Stationäre Unterbringung in der offenen Gruppe* des Kinderheims-3 in Süddeutschland.
23.06. – 03.11. 1998	*Stationäre Unterbringung in der geschlossenen Gruppe* des Kinderheims-3 in Süddeutschland.
Anfang November – 21.12.1998	Stationäre, *geschlossene Unterbringung* in der Kinder- und Jugendpsychiatrie-2 (nahe Köln) mit dem Auftrag der Diagnostik und der Erstellung eines Gutachtens.
21.12.1998 – 12.01.1999	*Intensive flexible Familienhilfe* durch das Kinderheim-2 mit verschiedenen Angeboten: 21.12. – 23.12.1998: Reise mit Frau Kanat, Ahmet und der kleinen Schwester Derya 23.12. – 12.01.1999: Fortsetzung der Reise allein mit Ahmet auf eine Ostseeinsel
12. – 14.01. 1999	Köln: Notschlafstelle-1
17. – 19.01. 1999	Köln: Notschlafstelle-2
Seit Beginn 1999	Ahmet befindet sich wegen der begangenen Straftaten in Haft.

Abb. 10: Die Stationen der Jugendhilfe im Lebenslauf von Ahmet

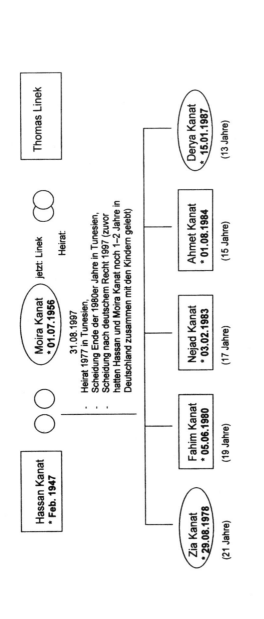

Thomas Linek

Hassan Kanat
* Feb. 1947

Moira Kanat
* 01.07.1956
jetzt: Linek

Heirat:

31.08.1997

Heirat 1977 in Tunesien,
- Scheidung Ende der 1980er Jahre in Tunesien,
- Scheidung nach deutschem Recht 1997 (zuvor
  hatten Hassan und Moira Kanat noch 1–2 Jahre in
  Deutschland zusammen mit den Kindern gelebt)

Zia Kanat
* 29.08.1978
(21 Jahre)

Fahim Kanat
* 05.06.1980
(19 Jahre)

Nejad Kanat
* 03.02.1983
(17 Jahre)

Ahmet Kanat
* 01.08.1984
(15 Jahre)

Derya Kanat
* 15.01.1987
(13 Jahre)

- 1977 – 1984: Aufenthalt der Familie Kanat in Deutschland. Nach Kenntnis des Jugendamtes lebte die Familie in Köln, d.h. vier der fünf Kinder
  sind in Deutschland geboren.
- 1984 – 1991: Aufenthalt der Familie in Tunesien. In diesen Jahren erfolgte die Scheidung der Eheleute nach dortigem Recht, der Vater erhielt
  das Sorgerecht für die Kinder. (Der Mutter droht in Tunesien mittlerweile eine Haftstrafe, da sie die Kosten aus dem Verfahren nie bezahlt hat.)
- 1991 reiste Herr Kanat mit dem ältesten Sohn Fahim wieder in Deutschland ein; Anfang 1992 folgte seine geschiedene Frau mit den anderen
  Kindern, da dadurch das Aufenthaltsrecht gesichert werden sollte.
- Seit Mai 1993 leben Herr und Frau Kanat getrennt, 1997 erfolgte die Scheidung nach deutschem Recht. Kurz darauf heiratete Frau Kanat
  ihren jetzigen Ehemann, Herrn Linek.

Abb. 11: Genogramm Ahmet Kanat und Familie Kanat/Linek

132

4.2.1 Deutungen und Hypothesen zur familiären Situation

In der ersten exemplarischen Fallauswertung sowie in fast allen anderen Fällen wurde deutlich, dass insbesondere in den Einrichtungen und Diensten der Jugendhilfe, aber auch bei den Kooperationspartnern nur unzureichend „Lesarten" und Hypothesen über die vorgefundenen Probleme und die familiären Situationen und Dynamiken gebildet werden. Für ein tieferes Verstehen von Problemlagen ist jedoch eine fachliche Analyse notwendig, die nicht einer vorrangig beschreibenden Ebene verhaftet bleibt, sondern darum bemüht ist, subjektive Sinnzusammenhänge zu begreifen und damit die Erfahrungen von Kindern und Familien, die hinter auffälligem Verhalten und einem oftmals chaotisierten Alltag liegen. Zu diesem Zweck werden nachstehend auch für die Lebenssituation in der Familie Kanat/Linek sieben Thesen entwickelt, um das familiäre Beziehungsgeflecht und die Wirkmechanismen besser zu verstehen.

These 1: Die Familie ist dauerhaft heimatlos; es gibt für sie keinen Lebensort, an dem sie zur Ruhe kommt.
Bei der Durchsicht der Fallakten, der chronologischen Zusammenstellung der Lebens- und Hilfegeschichte und in den mündlichen Berichten zum Fall wird offensichtlich, dass die Familie Kanat von Beginn ihrer Existenz an über keinen Ort verfügt, der für sie ein dauerhaftes Zuhause darstellt. Die Eheleute Kanat kommen als junges Ehepaar von Tunesien nach Deutschland. Moira Kanat ist 21, ihr Mann 30 Jahre alt. Wieso sie hier leben wollen, wird nicht deutlich. Innerhalb von sieben Jahren bekommen sie vier Kinder, dann gehen sie wieder für etwa sieben Jahre nach Tunesien zurück, reisen aber Ende 1991/Anfang 1992 wieder nach Deutschland ein. Über die Lebensumstände in ihrem Heimatland ist nichts bekannt und ebenso wenig über die Gründe, die sie wieder nach Deutschland geführt haben. Wahrscheinlich aber ist die treibende Kraft, wie wohl auch beim ersten Aufenthalt in Deutschland, die Hoffnung auf ein besseres Leben in diesem Land. Diese Hoffnung wird jedoch nicht erfüllt. Der Aufenthaltsstatus bleibt unsicher, die finanziellen und materiellen Lebensbedingungen der Familie sind belastend, zwischenzeitlich droht ihnen die Obdachlosigkeit, die Söhne werden in der Schule schnell zu ‚besonders schwierigen' Kindern, und die Ehe von Moira und Hassan Kanat zerbricht. Vielleicht war sie auch schon vor dem zweiten Aufenthalt in Deutschland zerbrochen, die Umstände sind nach außen hin unklar.

Nach etwa 1 ¾ Jahren, Herr Kanat ist mittlerweile nach Tunesien zurückgekehrt, beginnt für Frau Kanat und die mittlerweile fünf Kinder eine zwangsweise Odyssee durch drei verschiedene Städte und Asylbewerberheime, die etwa 2 ¾ Jahre dauert und nur durch die Heirat mit einem deutschen Mann beendet werden kann. Aber auch diese Heirat bringt keinen sicheren Lebensort mit sich. Die neu zusammengesetzte Familie zieht innerhalb von Köln mehrmals um und lebt schließlich in zwei getrennten Wohnungen: Mutter und Töchter in einer sehr kleinen Wohnung, Stiefvater und Söhne in einer größeren Wohnung im Nachbarhaus. Nach wie vor ist der Aufenthaltsstatus von Frau Kanat und den Kindern nicht endgültig gesichert, und trotz aller Mühen sind sie in diesem Land noch immer nicht mehr als geduldete Gäste auf Zeit. D.h. sie leben seit Beginn ihrer Einreise nach Deutschland über Jahre hinweg in permanenter und für sie existenzieller Bedrohung, das Land verlassen zu müssen und nach Tunesien abgeschoben zu werden. Es bleibt somit eine fortwährende innere Ruhelosigkeit und ebenso eine äußere, bedingt durch die häufigen Orts- und Wohnungswechsel. Für die Erwachsenen der Familie, vor allem aber für die Kinder bringt dies mit sich, dass weder real noch emotional ein Ort entstehen kann, den sie für sich als Heimat oder als Zuhause, als Ort der Sicherheit und Geborgenheit erfahren können. Das Leben scheint flüchtig, und der stetige Wechsel bietet keinen Rahmen, um außerhalb der Familie Bindungen einzugehen und Vertrauen zu fassen. Ebenso schwierig ist in diesem Umfeld die Entwicklung einer eigenen Persönlichkeit und Identität. Denn es bleibt fraglich, in welche Richtung sie sich orientieren sollen: Sollen sich die Kinder westlichen Lebensvorstellungen zuwenden, die die Entfaltung von Individualität, das Interesse an schulischer Bildung sowie eigenständigen beruflichen Vorstellungen und insgesamt das Erlangen subjektiver Autonomie und persönlicher Freiheit in den Vordergrund stellt? Oder sollen sie sich an den Vorstellungen ihres Herkunftslandes orientieren, in denen diese Individualität schnell zur Quelle tief greifender Konflikte wird, weil in traditionalen Gesellschaften die Persönlichkeitsentwicklung von anderen Werten geleitet wird?[26] Diese Fragen zeigen, dass gerade für die Kinder die unsichere Lebensperspektive Lebensbedingungen mit sich bringt, die das Heranwachsen und die Entfaltung einer gesunden Subjektivität maßgeblich erschweren.

These 2: Den Aufenthaltsstatus dauerhaft zu sichern wird für die Familie zum alles beherrschenden Ziel und fordert einen hohen Preis.
Die unsichere Lebenssituation zu beenden und ein Bleiberecht zu erwirken wird insbesondere für die Eheleute Kanat zum alles überlagernden Ziel, dem ihre Aktivitäten gelten und sämtliche andere Interessen untergeordnet werden. Obwohl die Ausgangslage nicht aussichtsreich ist, schalten die Eheleute direkt eine Rechtsanwaltspraxis ein, die einen dauerhaften Aufenthalt für die Familie in Deutschland erreichen soll. In diesem Kontext verzichten die Eltern auf die Beantragung von Sozialleistungen und nehmen dafür eine enorme räumliche und finanzielle Notlage in Kauf. Die siebenköpfige Familie lebt zunächst bei einer Verwandten auf etwa 20 qm, später dann in einer eigenen kleinen Wohnung. Der Platz, der den Kindern und

---

26 Zu den Schwierigkeiten der Persönlichkeitsentwicklung und der Identitätsbildung von asylsuchenden Kindern vgl. Rohr/Schnabel 1999; Zenk 1999.

den Eltern real zur Verfügung steht, lässt keinen Raum, um sich zu entfalten oder sich zurückzuziehen. Der Lebensunterhalt wird aus den wenigen Ersparnissen und kleinen Zuwendungen seitens der Verwandtschaft bestritten und reicht gerade einmal (wenn überhaupt) für das Nötigste. Auseinandersetzungen sind unter diesen Bedingungen vorprogrammiert und prägen auch bald das Verhältnis zwischen den Eheleuten. Es kommt zu häuslicher Gewalt des Mannes gegenüber seiner Frau, die die Kinder miterleben und deren Opfer sie zum Teil vielleicht auch werden. Konkret ist darüber den Hilfesystemen nichts bekannt; sicherlich aber wird das Miterleben der Gewalt zwischen den Eltern nachhaltige Spuren bei den Kindern hinterlassen, die ihnen das Vertrauen in Menschen und die Welt schwer machen.[27] Zur Erlangung des dauerhaften Aufenthaltsrechtes wird somit von den Eltern Kanat eine Lebenssituation am Rande des Existenzminimums ausgehalten sowie eine von Gewalt beherrschte Familienatmosphäre und Ehe. Alkoholprobleme des Vaters kommen hinzu. Alles wird dem verheißungsvollen Ziel untergeordnet; für die Kinder bleibt dabei seitens der Eltern wenig Zeit. Die Versorgung der jüngeren Geschwister muss häufig die älteste Tochter Zia übernehmen. Die Beziehung der Eltern zerbricht immer mehr, und schließlich kommt es zur Trennung, die von Frau Kanat durch ihren Auszug forciert wird. Der Trennungsprozess zieht sich etwa ein Dreivierteljahr hin, dann verschwindet Herr Kanat aus dem Leben seiner Familie und kehrt mit dem ältesten Sohn Fahim nach Tunesien zurück. Frau Kanat ist mit den vier Kindern auf sich gestellt und muss nun allein das gesteckte Ziel verfolgen. Ihre Aktivitäten richten sich auf das Bleiberecht und die Versorgung der Familie, sie ist „ständig aushäusig beschäftigt", und dies wahrscheinlich illegal. Die Kinder sind viel sich selbst überlassen, die älteste Tochter muss immer mehr Pflichten übernehmen, die Jungen beginnen Diebstähle zu begehen. Sie haben, so beschreiben es die Professionellen, kein Verhältnis zum Eigentum anderer und besorgen sich, was sie brauchen. Vermutlich tragen sie im Rahmen von Beschaffungskriminalität zum Unterhalt der Familie bei.

Im Rahmen des Kontingentverfahrens für Asylsuchende wird die Familie dann schließlich umverteilt, und ihre Perspektive in Deutschland wird immer unsicherer. Viel ist den Hilfesystemen über die Zeit in den drei Asylbewerberheimen nicht bekannt, nahe liegt jedoch die Vermutung, dass Frau Kanat wegen des Aufenthaltes die zweite Ehe mit Herrn Linek eingeht. Als Hinweise darauf, dass es sich dabei nicht um eine Liebesheirat handelt, sind

---

27 Wilma Weiß beschreibt als Folge häuslicher Gewalt bei Kindern u.a. den Verzicht auf das Ausdrücken eigener Gefühle, ihr Schuldgefühl für die erlebten Vorfälle, ihre Angst um andere Familienmitglieder, sich selbst und vor der Zukunft, Ohnmacht, eigene Aggressivität sowie die in späteren Bindungen zum Ausdruck kommende Duldung (bei Mädchen) bzw. Ausübung (bei Jungen) von Gewalt (Weiß 2003: 26 f.).

das später eröffnete Verfahren bezüglich einer Scheinehe und die getrennten Wohnungen des Paares zu werten. D.h. Frau Kanat geht mit der Ehe die Abhängigkeit von einem ungeliebten Mann ein, um mit ihren Kindern in Deutschland bleiben zu können, und instrumentalisiert insbesondere ihre Söhne. Sie müssen mit dem Stiefvater in eine eigene Wohnung ziehen. Frau Kanat begründet dies damit, dass in dem Haus, in dem ihr Mann bereits eine Wohnung hat, eine „extrem ausländerfeindliche Familie wohnt", so dass sie dort nicht einziehen könnten. Da jedoch unlogisch ist, wieso Herr Linek mit den nicht-deutschen Söhnen dort leben kann, Frau Kanat und die Töchter jedoch nicht, liegt die Vermutung nahe, dass die zweite Ehe von Frau Kanat bzw. Linek ein ‚Deal' ist: Für die Aufenthaltssicherung der Familie durch die Heirat von Frau Kanat erhält Herr Linek die Befriedigung seiner pädosexuellen Bedürfnisse. Der Preis für den Aufenthalt wird offensichtlich immer höher. Waren es zunächst extrem schlechte Lebensbedingungen, so sind es nun das Eingehen einer Zweckehe, die Selbstverleugnung und die Instrumentalisierung der Söhne in einer kaum noch zu steigernden Form. Das „Geschäft" zwischen den beiden Erwachsenen macht die Söhne zu (Tausch-)Objekten für die Interessen der Erwachsenen und drückt die Verachtung ihrer Bedürfnisse, Subjektivität und Selbstintegrität aus (vgl. z.B. Weiß 2003; Bange/Körner 2002).

Blickt man von außen auf diese Familiengeschichte, der die Profis in unterschiedlichem Ausmaß emotionale Bezüge zwischen den Familienmitgliedern bescheinigen, so erscheint in der Retrospektive das Band, welches die Familie zusammenhält, nicht eines, das von Emotionalität, Zuwendung und Liebe geprägt ist. Stattdessen scheint der Familienzusammenhalt durch die gemeinsamen Aufgaben (d.h. Bleiberecht und Versorgung) gewährleistet zu werden sowie durch die Notwendigkeit, sich dabei gegen institutionelle Bedrohungen zur Wehr zu setzen.

These 3: Das Leben mit erforderlichen Lügen prägt den Alltag der Familie und beraubt insbesondere die Kinder ihrer Wurzeln und ihrer Geschichte.

Zur Sicherung des Aufenthaltes ist es offensichtlich notwendig, dass die Familie Kanat ihren ersten Aufenthalt in Deutschland verschweigt und somit auch verheimlicht, dass vier der fünf Kinder in Deutschland geboren sind. Lügen werden notwendig, um den rechtlichen Anforderungen zu genügen, wobei in den Fallakten des Jugendamtes auffällt, dass als Geburtsort der Kinder z.T. auch Deutschland angegeben ist, dann aber berichtet wird, dass die Familie erstmals Ende 1991/Anfang 1992 nach Deutschland einreiste. Dies zeigt, dass die Familie mit ihrer Vergangenheit nicht offen umgehen kann, sondern sich in institutionellen Zusammenhängen ihre Geschichte erfinden muss, und dass sich dabei verliert, was sich tatsächlich ereignet hat. Manches darf oder muss gesagt werden, um dem Ziel des Bleiberechtes zu dienen, anderes wiederum muss verheimlicht werden.

Unwahrheiten werden notwendig, um das Leben in diesem Land zu sichern, und prägen den Alltag der Familie. Menschen, die mit Unwahrheiten operieren, müssen auf der Hut sein: Wem kann was anvertraut werden? Wem kann man überhaupt vertrauen? Was darf man an welcher Stelle auf keinen Fall erzählen? Der Alltag wird kompliziert, es wird schwierig, den Überblick zu behalten, die eigene Vergangenheit wird unwirklich, und die Vermischung von Wunsch und Wirklichkeit wird zur Normalität.

Für die Kinder der Familie Kanat sind diese Handlungszwänge folgenreich. Die Lüge bezüglich ihres Geburtsortes und ihrer ersten Lebensjahre bedeutet, dass sie ihrer Vergangenheit und ihrer Geschichte beraubt werden, weil sie sie verleugnen müssen. Sie werden gleichsam ihrer Zukunft beraubt und können keine neuen Wurzeln schlagen, weil fortwährend unklar bleibt, ob ihnen dies in diesem Land erlaubt wird. Die Unwahrheiten fördern die Bindungslosigkeit der Kinder, weil sie niemandem vertrauen können. Und sie lehren sie, dass Lügen zur Durchsetzung eigener Interessen offensichtlich erforderlich sind, was wiederum in ihrem Sozialisationsprozess die Fähigkeit der notwendigen Differenzierung zwischen Realität und Vorstellungswelt behindert. Insbesondere Ahmet wird später die Unfähigkeit dieser Unterscheidung bescheinigt, wobei sowohl die gerade skizzierte Erklärungsmöglichkeit unbedacht bleibt als auch die Tatsache, dass in Ahmets Herkunftsland die Selbstreflexivität keine individuell ausgeprägte Eigenschaft ist (vgl. Rohr/Schnabel 1999: 357).

These 4: Der kräftezehrende Kampf „gegen den Rest der Welt" nimmt den Eltern bzw. der Mutter alle nach innen gerichteten Energien für die Betreuung und Erziehung der Kinder.
In der Vielzahl der schriftlichen Dokumente zum Fall findet sich kaum etwas darüber, wie die Eltern die familiäre Situation erleben, wie sie sich ihr Leben vorstellen, welche Schwierigkeiten sie sehen und welche Unterstützung und Hilfe sie sich selbst erhoffen. Es ist nicht wirklich erkennbar, wie sie zueinander und zu ihren Kindern stehen. Deutlich wird jedoch, dass sie all ihre Energien darauf setzen, das Bleiberecht für die Familie zu erlangen. Sie nehmen den Kampf mit den Institutionen auf, sie erfinden ihre Geschichte, sie versuchen durch Gelegenheitsjobs das Existenzminimum für die Familie zu sichern – und dies in einem Land, dessen Sprache sie nur schlecht beherrschen und dessen Gepflogenheiten sie kaum kennen. Liest man die Fallakten, so scheinen alle Kräfte der Eltern von diesen Aufgaben absorbiert zu sein; der Blick auf die kindlichen Bedürfnisse der Söhne und Töchter nach Sicherheit, Schutz, Fürsorge, Zuwendung, Wertschätzung, Anregung und Unterstützung ihrer Identitätsbildung scheint versperrt. Vermutlich ist es für die Eltern bereits ein Kraftakt, die Versorgung der Kinder einigermaßen zu gewährleisten, so dass alles andere auf der Strecke bleibt. Solange die Lebensgrundlage unsicher ist, ist alles andere nachrangig. Hinzu kommt, dass die Familie weitgehend isoliert lebt und es so gut wie keine

unterstützenden und entlastenden sozialen Strukturen (wie z.B. Verwandte, Freunde, Nachbarn) in ihrem Lebensumfeld gibt. Diese belastende Situation verschärft sich, als Frau Kanat allein erziehend wird und die Probleme sich zuspitzen: Die Schwierigkeiten mit Nejad und Ahmet in der Schule werden größer, die älteste Tochter wird ungewollt schwanger und der älteste Sohn Fahim kehrt unerwartet und fordernd aus Tunesien zurück. Den Berichten der Schulen und des ASD zufolge wird Frau Kanat mit dem Zuwachs an Aufgaben und Problemen immer hilfloser und überforderter. Die Kinder seien überwiegend sich selbst überlassen, was aufgrund der Vielzahl der von ihr zu bewältigenden Tätigkeiten und Unsicherheiten nicht wirklich verwundern kann.

These 5: Die Kinder haben keine Chance, Kinder zu sein. Sie lernen, dass das Leben ein Kampf ist und Gewalt ein zentrales Mittel zur Durchsetzung eigener Interessen.

Folge des Ringens um eine dauerhafte Lebensperspektive, der belasteten familiären Situation und der elterlichen Auseinandersetzungen ist, dass die Kinder in der Familie nicht ihrem Alter angemessen aufwachsen können. Das Kind-Sein bleibt ihnen verwehrt und ebenso die Befriedigung kindlicher Bedürfnisse. Der Aktenlage nach werden die Kinder der Eheleute Kanat körperlich zumindest ausreichend von den Eltern versorgt, d.h. dass für ihre Ernährung und Bekleidung gesorgt wird sowie zudem für Schulbesuch der schulpflichtigen Kinder. Emotional werden sie jedoch von ihren durch die Außenaktivitäten erschöpften Eltern, die die eigene Lebenssituation und die Zukunft nicht steuern und gestalten können, kaum wahrgenommen und allein gelassen. Es sind vernachlässigte Kinder, die psychisch einem Zustand chronischer Nichtbeachtung ausgesetzt sind. Sie lernen früh, dass es in ihrem Leben keine Sicherheiten gibt. Es ist ungewiss für sie, was ihre Heimat und ihr Lebensort ist, wie sich ihr weiteres Aufwachsen gestaltet und welche ihrer Bedürfnisse von den Eltern befriedigt werden. Vernachlässigte Kinder, so beschreibt Weiß (2003: 23), haben „keine bzw. nur geringe Möglichkeiten ..., sowohl Selbstreflexion als auch das Gefühl von Selbstwirksamkeit zu entwickeln, da das Fundament für die introspektive Auseinandersetzung mit der eigenen Person durch die primären Bezugspersonen gelegt wird. ... Die Selbstbewertungsfähigkeiten von Mädchen und Jungen hängen von angemessenen Reaktionen der Erwachsenen ... ab. Bei vernachlässigten Kindern fehlen diese Instanzen bzw. Reaktionen." Dies bedeutet, dass die fünf Geschwister auf sich gestellt sind; sie lernen, dass ihre Signale von den Eltern nicht bzw. für sie nicht berechenbar gehört werden und dass sie sich selbst besorgen müssen, was sie brauchen. Bindungen und Beziehungen einzugehen sowie eine stabile innere Sicherheit aufzubauen wird ihnen zukünftig aufgrund des mangelnden Urvertrauens schwer fallen, wenn nicht gar unmöglich sein. Zu der Negation ihrer Bedürfnisse durch die Eltern kommt in der Familie eine Umkehr von Rollen in der Generationenfolge hinzu. Die älteste Tochter Zia wird an Stelle ihrer

Mutter für die Betreuung der jüngeren Geschwister zuständig, die Söhne tragen durch ihre kriminellen Aktivitäten zur Versorgung der Familie bei. Dass dies in ihrer Logik vermutlich notwendig erscheint, ergibt sich daraus, dass die Familie über unzureichende finanzielle Mittel verfügt, gleichzeitig dem Vater aber nicht erlaubt ist, in Deutschland zu arbeiten und den Unterhalt zu erwirtschaften.

Eine weitere Sozialisationserfahrung für die Kinder ist spätestens seit dem zweiten Aufenthalt in Deutschland die häusliche Gewalt in der Familie. Herr Kanat bedroht seine Frau, vielleicht auch die Kinder, und attackiert sie körperlich über einen langen Zeitraum. Auch nach der Trennung wird er gegenüber seiner Frau handgreiflich und sexuell übergriffig. Gewalt erleben die Kinder somit als etwas Alltägliches und als ein legitimes Mittel zur Durchsetzung eigener Interessen. Die Bedrohung und Einschüchterung des Gegenübers stärken die eigene Macht und den eigenen Einfluss. Sie führen dazu, die Kontrolle über eine Situation zu gewinnen und sie zu beherrschen. Diese Erfahrung wiederholt sich vielleicht in der Zeit, in der die Familie in den Asylbewerberheimen lebt, sicher aber in transformierter Weise in der Lebensphase mit dem zweiten Mann der Mutter. In dieser Situation erfahren die Kinder, vor allem die Söhne, strukturelle und sexuelle Gewalt durch den Stiefvater, die Macht des Stärkeren setzt sich durch. Ahmet und Nejad müssen sich dem Willen des Stiefvaters beugen.

These 6: Die Söhne wurden vom Vater verlassen und von der Mutter verkauft.

Alle Kinder, und in besonderer Form die Söhne der Eheleute Kanat, wachsen im Prinzip ohne für sie sorgende Eltern auf. In der Zeit des Zusammenlebens der Eltern erleben die Kinder diese als in der Elternrolle abwesend, da beide vornehmlich mit der Sicherung des Aufenthaltsstatus und der Versorgung der Familie beschäftigt sind sowie mit den Problemen ihrer mehr und mehr auseinander brechenden und zunehmend gewalttätigen Beziehung. Nach der Trennung der Eltern wird der Vater für seine Frau und die vier jüngeren Kinder zur Bedrohung, bevor er schließlich das Land und damit auch seine Kinder verlässt. Ist er als Vater zunächst also nur innerlich abwesend, so ist er es nun auch real. Wie später im Fallverlauf zu erfahren ist, gründet er in Tunesien eine neue Familie und sagt sich von seinen alten Bindungen endgültig los. Den Kindern bleibt die Mutter, die sich um die Erlangung des Bleiberechtes und die Versorgung ihrer Kinder kümmert, sie für diese Zwecke aber auch instrumentalisiert. Indem sie den zweiten Ehemann heiratet, geht sie mit ihm ein Geschäft ein, bei dem sie sich selbst, vor allem aber ihre Söhne an ihn verkauft. Sie stimmt zu, dass die Söhne mit ihm allein in seine Wohnung ziehen, der Stiefvater durch dieses Arrangement seine pädosexuellen Bedürfnisse auslebt, die Jungen ausbeutet und zugleich mit überdimensionalen Geschenken für seine Interessen gefügig macht. Durch die Hochzeit mit Herrn Linek, die an Ahmets Geburtstag stattfindet, und durch das damit besiegelte Abkommen verlieren vor allem die Söhne nach dem Vater nun auch die Mutter, wenngleich sie mit den Schwestern im Nachbarhaus wohnt und weiterhin eine Form von Zusammenleben stattfindet. Die Kinder, insbesondere die Söhne, erleben, dass sie Objekte der Eltern bzw. später der Mutter sind und von ihnen selbst vor sexueller Ausbeutung nicht geschützt werden. Dass zumindest Ahmet die Ereignisse in ähnlicher Form erlebt, wird in der mündlichen Falldarstellung deutlich, in der aus der Zeit seiner Haft über sein höchst ambivalentes Verhältnis zur Mutter berichtet wurde: *„Er sagt, dass er seine Mutter einerseits sehr liebt, er sich aber auch fragt, ob sie ihn nicht an Herrn Linek verkauft hat. Auch fühlt er sich für sie verantwortlich."*

Ahmet und auch sein Bruder Nejad werden in den Fallakten immer wieder als *„extrem aggressiv, kriminell und gewalttätig"* beschrieben. Ahmet gefällt es, *„wenn andere Angst vor ihm haben"*. Ihm wird ein unbändiger Drang bescheinigt, *„das Geschehen um ihn herum"* zu kontrollieren, *„wobei er gewalttätige Mittel"* einsetzt. Es entsteht das Bild eines Kindes, vor dem sein Umfeld geschützt werden muss und dem eine Zukunft als *„krimineller Verbrecher"* bevorsteht. Gleichzeitig kann und muss das Verhalten Ahmets (und Nejads), folgt man der entwickelten These, aber auch gedeutet werden als das Verhalten eines auf unterschiedlichen Ebenen hoch traumatisierten Kindes, das jegliches Gefühl für sich selbst verliert (vgl. Herman 1994: 122). Ahmet ist ein Jugendlicher geworden, der durch den ungesicherten Aufenthaltsstatus zum Nomaden geworden ist, der keine Heimat und kein Zuhause kennen gelernt hat. Er ist in seinen primären Bedürfnissen emotional vernachlässigt worden, hatte keine Chance, ein stabiles Selbst zu entwickeln, und wurde in der Phase eigener sexueller Identitätsbildung dem Stiefvater und dessen sexuellen Bedürfnissen ausgeliefert. Bis zu seiner Haft verleugnet er den Missbrauch und spaltet ihn damit auch vordergründig aus seinem Bewusstsein ab. Statt tiefe Traurigkeit und die durch das erfahrene Leid erlittenen Verletzungen zum Ausdruck kommen zu lassen, geht Ahmet in die Aggressivität, wird anderen gegenüber gewalttätig und versucht dadurch wahrscheinlich zumindest über einen Teil seines Lebens Kontrolle zu gewinnen. Er reinszeniert dabei das Handlungsmuster, das er lange kennt: Gewalt als Mittel des Erlebens von Selbstwirksamkeit.

These 7: Spaltung ist das Lebensprinzip aller Familienmitglieder, um das Überleben zu sichern und die schreckliche Wirklichkeit auszuhalten.

In den Beschreibungen der Familie Kanat und einzelner zentraler Familienmitglieder durch die Hilfesysteme werden immer wieder große Gegensätze sichtbar, die unverbunden nebeneinander stehen. Von einem Teil der Fachkräfte wird Frau Kanat als *„hilflose"* und *„depressive Frau"* erlebt, die *„keinerlei Einfluss auf ihre Söhne"* habe, andererseits wird sie in den Akten und mehr noch in der mündlichen Falldarstellungen als eine Person präsentiert, die *„mehr weiß, als sie zu wissen vorgibt"* und *„alle Karten in der Hand zu haben scheint"*. Sie sei *„die eigentliche Steuerfrau, die über alle Aktivitäten der Söhne Bescheid wisse, und die ihre Kinder verkauft und verhökert"* habe. Mit ähnlichen Gegensätzen wird Ahmet charakterisiert. In seltenen Momenten wird er als tieftrauriger und bedauernswerter Junge beschrieben, der von dem Wunsch nach einer heilen Welt bestimmt ist, dann wiederum wird er als *„extrem krimineller"* Jugendlicher beschrieben, der andere in Angst und Schrecken versetzt. Ebenso gegensätzlich, von Einseitigkeiten geprägt und ohne Verbindungen zwischen einzelnen Polen erscheint der Alltag und das Leben der Familie: In Deutschland wird das Herkunftsland aus dem Bewusstsein der Familie gestrichen und spielt keine Rolle mehr, es gibt weder persönliche noch emotionale Verbindungen. Im Engagement der Eltern Kanat für das Bleiberecht in Deutschland bleibt kein Platz mehr für die emotionale Versorgung und Erziehung ihrer Kinder. Das Leben der Familie Kanat/Linek gemeinsam mit dem Stiefvater findet von Beginn an in zwei getrennten Wohnungen statt, wobei Frau Linek zur Wohnung ihres Mannes nicht einmal einen Schlüssel besitzt. Ahmet (und Nejad) müssen den Handel zwischen der Mutter und dem Stiefvater sowie dessen sexuellen Missbrauch an ihnen vor sich selbst lange verdrängen, um sich innerlich die Mutter als sorgende Mutter erhalten zu können.

All dies sind Beispiele dafür, dass es im Leben der Familie Kanat wenige Erfahrungen gibt, die miteinander im Einklang stehen, sich stimmig verbinden und ein Selbstbild der Familie bzw. einzelner Familienmitglieder entstehen lassen, das für sie emotional annehmbar und identitätsstiftend ist. Es scheint kaum „sowohl – als auch", sondern nur „entweder – oder" zu geben. Dies kann dahingehend gedeutet werden, dass die Familienmitglieder individuelle Abwehrmechanismen entwickeln müssen, um einen Teil ihrer traumatisierenden Erlebnisse zu verdrängen, sie abzuspalten und dadurch ihren Alltag bewältigen zu können. Dass das Prinzip der Spaltung eine geübte und erfolgreiche Strategie ist, wird sich in der Analyse der Interaktion zwischen der Familie und den Hilfesystemen noch zeigen. Unbewusst allerdings werden die erfahrenen Verletzungen vor allem in den Kindern der Familie weiter wirken. Solange die Vergangenheit nicht verarbeitet und verstanden werden kann, verhindert sie korrigierende Erfahrungen. „Das negative Selbstkonzept, die Beeinträchtigungen der Bindungsrepräsentationen und die Schrecken der Erinnerungsebenen lösen sich nicht von selbst auf. ... traumatische Erfahrungen haben oft traumatische Erwartungen zur Folge" (Weiß 2003: 50). Gemeint ist damit, dass traumatische Lebensereignisse den Entwicklungsprozess von Kindern sowohl im Hinblick auf ein positives Selbstkonzept als auch auf ihre Wertvorstellungen und ihre Erwartungen gegenüber anderen Menschen nachhaltig beeinträchtigen. Meist haben Kinder mit einer solchen Lebensgeschichte keine Vorstellung davon, dass Eltern ihre Kinder i.d.R. schützen und versorgen, dass es unterschiedliche Aufgaben und Verantwortungen in den Generationen gibt, dass sie für viele ihrer Erfahrungen keine Schuld tragen und dass Beziehungen auch anders funktionieren können, als sie es kennen.

Die vorstehend formulierten Hypothesen versuchen, die Geschehnisse und Dynamiken in der Geschichte der Familie Kanat/Linek zu ergründen und zu erklären. Es handelt sich um mögliche Lesarten zur familiären Situation, die in der Realität mit der Familie rückgekoppelt und auf ihre Stimmigkeit hin geprüft werden müssten. D.h. sie können keinen Anspruch auf „Richtigkeit" erheben, sind jedoch notwendig, um in der professionellen Fallbearbeitung überhaupt eine Vorstellung von den möglichen Zusammenhängen zu bekommen und sich nicht darauf zu beschränken, was scheinbar als Problem „auf der Hand liegt". Gegenüber den fachlichen Erklärungen in den schriftlichen Dokumenten zum Fall stellen die hier entwickelten hypothetischen Erklärungszusammenhänge eine deutliche Erweiterung dar. Es zeigt sich folglich, dass gegenüber der häufig vorzufindenden Eindimensionalität professioneller Erklärungen für auffälliges Verhalten und der im Deutungsprozess wirksam werdenden Konzentration auf die Symptome ursächlich schwieriger Lebensbedingungen eine multiperspektivische und tiefer gehende Interpretation möglich ist.

4.2.2 Die Hilfesysteme als Teil des Falls. Erkenntnisse eines erweiterten Fallverstehens

Im folgenden Teil der Fallrekonstruktion wird der analytische Blick auf das Klientensystem wieder ergänzt durch die Auswertung der Wahrnehmungs-, Deutungs- und Handlungsmuster im Hilfesystem. Diese folgt in der Darstellungsform abermals den fünf dafür entwickelten Kategorien:

a) Handeln, Kooperation und Kommunikation im Hilfesystem

b) Interaktion zwischen Hilfesystem und Klientensystem

c) Handelnde AkteurInnen im Hilfesystem

d) Konzepte und Arbeitsweisen im Hilfesystem

e) Organisationsbezogene Strukturen im Hilfesystem

a) Handeln, Kooperation und Kommunikation im Hilfesystem
Ähnlich wie auch in der ersten Fallrekonstruktion lässt sich auf der Grundlage der Fallakten, die in dem Fall gleich mehrbändig sind und eine Vielzahl von Polizei- und Presseberichten beinhalten, kein schneller und übersichtlicher Eindruck von der Lebens- und Hilfegeschichte der Familie gewinnen. Zwar findet sich an vielen Stellen eine kurze Zusammenfassung des Lebenshintergrundes der Familie, diese beschränkt sich jedoch auf wenige Eckpunkte und lässt die Chronologie der Lebensereignisse und der Interventionen der Hilfesysteme weitgehend außen vor. Hier waren für die Fallrekonstruktion abermals die Erstellung eines Genogramms und die Zu-

sammenfassung der Lebens- und Hilfegeschichte von großem Nutzen, da durch diese prinzipiell wenig aufwändigen Darstellungen die verschiedenen Ereignisse in ihrer Prozesshaftigkeit sichtbar wurden und bereits erste Einschätzungen bezüglich des institutionellen Handelns gewonnen werden konnten.

In der Chronologie der Hilfegeschichte sind vier große Lebensabschnitte auszumachen, anhand deren auch die vorstehende Zusammenfassung der Ereignisse aus Sicht der Jugendhilfe vorgenommen wurde, wobei die dritte Phase mit Abstand das höchste Maß an Interventionen durch die Jugendhilfe und ihre Kooperationspartner (Schule, Polizei, Kinder- und Jugendpsychiatrie) aufweist. Darüber hinaus wird in dem Überblick Folgendes deutlich:

Die Familie zieht in einem Zeitraum von 13 Jahren (gerechnet vom Zeitpunkt der Geburt bis zur Inhaftierung Ahmets) mindestens 12 Mal um. Gewechselt wird dabei zum einen das Land und damit der Kulturkreis, zum anderen bewohnt die Familie innerhalb von Deutschland (zwangsweise) vier Städte, von denen in dreien ein Asylbewerberheim den Lebensort darstellt.

Mit den unterschiedlichen Wohnorten wechseln auch die zuständigen Jugendämter und die dort (z.T. wechselnden) fallverantwortlichen Fachkräfte. Innerhalb von Köln waren vier Bezirksämter für die Familie zuständig, hinzu kommt mindestens noch das Jugendamt in C-Stadt sowie die beteiligten freien Träger, die unterschiedlichen Schulen und die drei einbezogenen Kinder- und Jugendpsychiatrien.

Der Schulbesuch Ahmets findet insbesondere ab dem Lebensabschnitt in unterschiedlichen Asylbewerberheimen nur noch kurzzeitig statt, eine kontinuierliche Beschulung kann nicht umgesetzt werden bzw. wird z.T. auch auf Bestreben der im Einzelnen zuständigen Schulen abgelehnt.

Die erste, auf Ahmet bezogene formelle Intervention der Jugendhilfe, die über die Beratung der Familie hinausgeht und tatsächlich umgesetzt wird, ist die Installierung der geschlossenen Unterbringung. Hinsichtlich der Gesamtfamilie gibt es darüber hinaus die kurzzeitige Inobhutnahme dreier der fünf Kinder auf eigenen Wunsch in der Trennungsphase der Eltern Kanat sowie einige Einzelmaßnahmen für die gesamte Familie sowie für Nejad und Derya in der dritten Phase der Fallgeschichte (Familienberatung, Intensive sozialpädagogische Einzelbetreuung für Nejad, ambulante Jugendhilfe und Hortbetreuung für Derya).

Alle der geschlossenen Unterbringung vorausgehenden Überlegungen bezüglich anderer Interventionen (z.B. Fremdunterbringung Ahmets) werden seitens der Eltern bzw. der Mutter dadurch abgewendet oder zeitlich verzögert, dass verschiedenste Umzüge stattfinden, die Mutter ein zweites Mal heiratet oder sich in für sie bedrängenden Situationen in ihre Muttersprache zurückzieht und dadurch die Kommunikation auf ein Minimum einschränkt.

Auf der Grundlage dieser Informationen sowie der Auswertung der Fallakten und der Ergebnisse von zwei Fallkonsultationen soll nachstehend das professionelle Handeln im Fall in seiner Bedeutung für den Hilfeverlauf differenziert analysiert und nachvollziehbar bewertet werden:

➢ *Die Angebote der Jugendhilfe an die Familie sind über lange Zeit ebenso unverbindlich, wie der Aufenthaltsstatus der Familie ungeklärt ist.*
Diese erste Bewertung ergibt sich aus der Analyse der Interventionen, die über einen Zeitraum von etwa fünfeinhalb Jahren den Charakter einer formlosen Beratung durch die sozialen Dienste der je zuständigen Jugendämter hatten, die in diesem Kontext auch mit den jeweils beteiligten Schulen in Kontakt standen. Dem ASD in Köln ist seit den ersten Kontakten bewusst, dass die Familie Kanat in großer innerer und äußerer Not lebt und der ungesicherte Aufenthaltsstatus eine massive Bedrohung für sie darstellt. Dennoch sehen die Fachkräfte des ASD in Köln-1 bis auf das Angebot einer Hausaufgabenhilfe sowie die Suche eines Kindergartenplatzes für die jüngste Tochter Derya keine Ansatzpunkte für eine nachhaltige Unterstützung. Diese hätte aus ihrer Sicht darin bestanden, der Familie bei der Wohnungssuche behilflich zu sein oder bei der Erlangung der dauerhaften Aufenthaltsgenehmigung. Außen vor bleiben hier gezielte Überlegungen zur Unterstützung aller Kinder der Familie (z.B. Sprachförderung für die beiden älteren Kinder) oder ein gemeinsames Herausarbeiten dessen, was die Familie insgesamt braucht, um die ungewisse Situation überwinden oder besser aushalten zu können. Wie sie selbst ihre Lage sieht und welche Bedürfnisse sich daraus ergeben, ist aus den schriftlichen Aufzeichnungen zum Fall nicht zu entnehmen. Als die Familie etwa ein halbes Jahr nach dem Erstkontakt zum ASD Köln-1 in einen anderen Stadtteil zieht, empfiehlt die abgebende Fachkraft der Familie zwar, zum neu zuständig werdenden ASD Kontakt aufzunehmen, dieser wird aber nicht aktiv hergestellt und vermittelt.

An dem neuen Wohnort kommt der Kontakt zum ASD abermals durch die Schule zustande, zu der Ahmet geht. Für den ASD Köln-2 wird die Familie Kanat aufgrund dieser Fremdmeldung zum Fall, und das professionelle Handeln nimmt erneut den Charakter der formlosen Beratung an, unterbrochen von der Umsetzung und Begleitung eines Wunsches nach Inobhutnahme der drei jüngeren Kinder in der Phase der elterlichen Trennung. Nachdem sich die Lebenssituation der Familie wieder etwas beruhigt hat und die Mutter mit den Kindern allein in der alten Wohnung lebt, schließen sich daran jedoch keine weiteren Maßnahmen an, obwohl die Versorgung und vor allem Erziehung der Kinder durch die Mutter nach Einschätzung des ASD nicht ausreichend wahrgenommen werden kann. Sie sei zu wenig zu Hause, vermutlich weil sie sich um den Lebensunterhalt der Familie kümmern müsse. Als Begründung für die trotz dieser Einschätzung mangelnden Handlungsmöglichkeiten wird der ungesicherte Aufenthaltsstatus der Familie angegeben. Unbeachtet bzw. folgenlos bleibt die Feststellung, dass die Kinder zur Verwunderung des ASD Angebote, die ihnen gemacht werden (Hausaufgabenhilfe), kontinuierlich und gern wahrnehmen. Hier drängt sich in der Reflexion die Vermutung auf, dass der ASD es als nicht lohnend erachtet, konkrete Hilfen in die Familie zu investieren, da ihr Bleiberecht jeweils auf drei Monate begrenzt ist. Formal gibt es kein Hindernis, weitergehende Hilfen einzuleiten, da das KJHG auch Kindern aus anderen Ländern, die ihren tatsächlichen Aufenthalt im Bundesgebiet haben und die rechtmäßig oder aber aufgrund einer ausländerrechtlichen Duldung hier leben, ein Recht auf Förderung und Erziehung zugesteht. Zudem gibt es innerhalb der Kölner Jugendhilfe trotz der jeweils nur dreimonatigen Duldung die Erfahrung, das die Familie Kanat mit diesem ungesicherten Aufenthaltsstatus bereits seit einigen Jahren in Deutschland lebt.

Für die Vermutung, dass der Fall mit begrenztem Aufwand bearbeitet wurde, sprechen auch die unterschiedlichen Fassungen der familiären Geschichte in den Fallakten und das Durcheinander in der Chronologie. Beispielsweise gibt es bezüglich der Scheidung der Eltern, der Geburtsorte der Kinder und der Zeitpunkte von Umzügen und damit verbundenen Veränderungen voneinander differierende Aufzeichnungen. Nachlässigkeit im Umgang mit dem Fall ist somit die eine mögliche Deutung; für einen Teil der Unstimmigkeiten lässt sich aus Sicht der Fachkräfte in der Fallreflexion jedoch auch die Begründung anführen, dass Dinge anders aufgeschrieben wurden, als sie wirklich waren, weil dies für ein Erfolg versprechendes Asylverfahren strategisch notwendig war. Vermutlich kamen beide Handlungsmotive zusammen. Tatsache ist jedoch, dass die Interventionen der Jugendhilfe erst dann intensiver werden, als der Druck von außen (Schule, Polizei, später Öffentlichkeit und lokale Medien) auf die Jugendhilfe zunehmend größer wird. Das Motiv für ein nachhaltiges Intervenieren lag also nicht in einem gemeinsam mit der Familie erarbeiteten erzieherischen Bedarf, sondern primär in dem angetragenen Handlungsdruck an das Jugendamt.

In C-Stadt wird Anfang 1997 seitens des ASD erstmals über eine Fremdunterbringung Ahmets mit der Mutter gesprochen, zu der es aufgrund des abermaligen Umzugs nach Köln nicht kommt. In Köln kommt es dann nach etwa zehn Monaten, in denen Ahmet maximal in den ersten vier Monaten und nur tageweise beschult wurde und die Zahl und Schwere seiner Straftaten kontinuierlich zunimmt, zur ersten Intervention der Jugendhilfe, die über die Beratung der Familie hinausgeht: Ahmet wird Mitte Juni 1998 in Süddeutschland geschlossen untergebracht. Gründe dafür sind neben den Straftaten Ahmets der hohe mediale Druck und die aufgrund seines Alters (noch) nicht gegebene Möglichkeit der Inhaftierung des Jungen. Die Beschleunigung der Aktivitäten der Jugendhilfe vollzieht sich in diesem Kontext bildlich gesprochen in einem „Tempo von null auf hundert".

> *Der Fall wird zwischen den Institutionen hin- und hergereicht wie eine „heiße Kartoffel". Jeder hat Sorge, sich daran „die Finger zu verbrennen".*
Diese Einschätzung bezieht sich insbesondere auf die dritte Phase des Fallverlaufes und dabei vor allem auf die beiden Systeme Jugendhilfe und Schule.

Der ASD Köln-3, der für die Familie Kanat/Linek nach deren Umzug von C-Stadt nach Köln zuständig wird, wird in dem Fall erstmals aufgrund der Bitte um Fallübernahme seitens des vormals zuständigen sozialen Dienstes tätig. Im September 1997 findet eine Fallübergabe statt, bei der Frau Linek den in C-Stadt gestellten Antrag auf Fremdunterbringung von Ahmet mit der Absicht zurückzieht, ihn beim ASD Köln-3 erneut zu stellen, was sie einige Wochen später auch tut. Der Antrag wird jedoch zunächst nicht weiter bearbeitet, da die Familie im Herbst 1997 in einen anderen Stadtteil von Köln verzieht. Die sich dadurch ergebende unklare Wohnsituation (Familie ist in Köln-4 bereits gemeldet, wohnt aber noch in Köln-3) ist für die beiden involvierten ASD-Bezirke der Anlass, die Zuständigkeitsfrage zu stellen und sich die Fallakte über einen Zeitraum von mehreren Monaten hin und her zu schieben. Keiner der beiden Dienste will fallzuständig sein, in der zweiten Fallkonsultation beschreibt eine Fachkraft, dass die Fallübernahme in beiden ASD-Bezirken die Bedeutung gehabt habe, *„den schwarzen Peter zu ziehen".* Auf der Strecke bleibt in diesem Prozess der Antrag auf Fremdunterbringung Ahmets, den Frau Linek dann auch im Januar 1998 zurückzieht. Kurz darauf übernimmt schließlich der ASD Köln-4 *„aus pragmatischen Gründen und um zu verhindern, dass dringend notwendige Hilfen aufgrund von Zuständigkeitsunklarheiten verhindert werden"* den Fall.

Zeitgleich mit diesem Zuständigkeitskonflikt vollzieht sich ein ähnlicher Prozess zwischen den Schulen, die für Ahmet zuständig sind, und zwischen den Systemen Schule und Jugendhilfe. Die erste Schule hält Ahmet nach nur wenigen Wochen für *„nicht mehr tragbar",* kann sich jedoch des Problems dadurch entledigen, dass die Familie (scheinbar) umzieht, zumindest jedoch unter einer neuen Adresse gemeldet ist. Die im neuen Stadtteil zuständige Schule will Ahmet aufgrund seiner kriminellen Vorgeschichte nicht aufnehmen, und es kommt auch hier zu einem Gerangel zwischen den beiden Schulen. Zudem interveniert der ASD bei der Schulaufsichtsbehörde. Die Auseinandersetzungen führen jedoch zu nichts; Ahmet besucht seit Dezember 1997 keine Schule mehr. Befördert wird der Widerstand, sich für den Fall verantwortlich zu fühlen, vermutlich noch dadurch, dass Ahmet strafrechtlich zunehmend in Erscheinung tritt und der auf die Jugendhilfe seitens der Polizei und der Schule ausgeübte Druck immer größer wird. Wie die Familie, insbesondere Frau Linek und Ahmet, diese Zeit erleben, ist aus den Fallakten nicht ersichtlich. Nahe liegen jedoch folgende Vermutungen:

- Ahmet macht wiederholt die Erfahrung, dass es für ihn neben der fehlenden dauerhaften Aufenthaltsgenehmigung in diesem Land auch kein Bleiberecht in der Schule und in der Jugendhilfe gibt, sondern dass diese Institutionen mit Ausgrenzung reagieren. Er und seine Familie müssen so fürchterlich sein, dass niemand sich um sie kümmern will.

- Die Fachkräfte der Hilfesysteme sind so sehr mit sich und ihren institutionellen Klärungsprozessen beschäftigt, dass ihm niemand entgegentritt und seinem Handeln (z.B. durch die Umsetzung der Fremdunterbringung) Einhalt gebietet.

- Frau Kanat erlebt einerseits, dass ihre Strategien (Heirat, Umzüge) erfolgreich sind, um nachhaltige Interventionen der Jugendhilfe abzuwehren. Hin- und her geschoben zu werden bietet viele Freiräume, um die Fachkräfte zu spalten und eine gemeinsame Interventionsstrategie zu verhindern. Gleichsam erfährt sie, dass ihr (halbherzig gestellter) Antrag auf Hilfen zur Erziehung zwischen die Mühlen der Zuständigkeitsklärung gerät und lange nicht bearbeitet wird.

Insgesamt lässt sich vor allem bezogen auf diese Phase in der Hilfegeschichte der Familie Kanat/Linek das Fazit ziehen, dass es niemanden – weder Person noch Institution – gegeben hat, der sich der Familie und dem Jungen offensiv zugewandt, Ansatzpunkte für Handeln aktiv aufgegriffen und sich des Falls verantwortlich angenommen hat.

➢ *Mangelnde Kommunikation und massive Interessenkollisionen im Hilfesystem prägen das Handeln der Professionellen.*
Ein so genannter „schwieriger Fall" war der der Familie Kanat/Linek schon von Beginn an, seit dem Zeitpunkt, als die Kinder mit dem System öffentlicher Erziehung in Form der Schule in Berührung gekommen sind und die beiden Jungen Nejad und Ahmet dort auffällig wurden. „Besonders schwierig" wurde der Fall jedoch nach der Rückkehr der Familie nach Köln im Sommer 1997, zumindest wenn man die Intensität der Interventionen der Hilfesysteme als Maßstab dafür nimmt. Dieselbe Bewertung trifft allerdings auch auf weite Teile der institutionellen Geschichte des Falls zu, wenn auch einzelne Kooperationen gut funktioniert haben:

- Die beiden in Köln involvierten ASD-Bezirke wollen nicht fallzuständig sein und schieben sich den Fall ein knappes halbes Jahr lang wechselseitig zu. Dieser Prozess geht einher mit gegenseitiger Abwertung des Handelns des jeweils anderen Dienstes.

- Die beteiligten Schulen agieren in ähnlicher Weise und bedrängen ihrerseits die Jugendhilfe, im Fall tätig zu werden, die Schule aber damit möglichst nicht zu behelligen.

- Die Polizei fühlt sich machtlos und entwickelt ein hohes Maß an Zorn gegenüber dem Jungen *(„Wir können nur untätig zusehen, wir würden ihn lieber heute als morgen einsperren.")*, da sie aufgrund der Strafunmündigkeit Ahmets seine zunehmend häufiger und schwerer werdenden Straftaten nicht sanktionieren kann. Sie übt massiven Druck auf die Jugendhilfe aus, den Jungen geschlossen unterzubringen, ist ihr z.T. im Rahmen von Amtshilfe aber auch behilflich.

- Der sich schließlich für zuständig erklärende ASD gerät von allen Seiten unter Druck. Die Schule, die Polizei und letztlich die mediale Öffentlichkeit fordern die geschlossene Unterbringung des Jungen. Der ASD reagiert defensiv, um eine Berichterstattung zu vermeiden, die das Jugendamt selbst in die „Schusslinie" bringen könnte: Noch im Mai 1998 denkt die fallzuständige Fachkraft über pädagogische Handlungsalternativen im Fall nach und stellt diese in den Arbeitszusammenhängen des Bezirksdienstes zur Diskussion. In dieser schriftlichen Fallvorstellung werden die Schwierigkeiten einer bezirksübergreifenden Kooperation der sozialen Dienste angesprochen, die die favorisierte Handlungsoption im Fall als nicht umsetzbar erscheinen lassen. Allerdings kommt es nicht zu weiteren Überlegungen, da sich dann das zentrale Fachamt intensiver in den Fall einschaltet und ebenfalls die geschlossene Unterbringung des Jungen favorisiert.

- In den Diskussionen zwischen dem zentralen Fachamt und dem Bezirk kommt es zu unterschiedlichen Einschätzungen bezüglich des Handlungsbedarfes. Das zentrale Fachamt setzt sich jedoch durch und findet aufgrund eines Zufalls einen Platz für Ahmet in einer geschlossenen Heimeinrichtung.

- Weitere Beispiele für Konkurrenz und Interessenkollisionen im Fall sind die Zusammenarbeit zwischen dem ASD Köln-4 und der Kinder- und Jugendpsychiatrie-3 sowie die Kooperation zwischen dem ASD Köln-4 und der Jugendgerichtshilfe während und nach der Zeit der Inhaftierung Ahmets. Die Fallbearbeitung behindernde Schwierigkeiten werden zwar von mindestens einer der jeweils beteiligten Berufsgruppen aufgeschrieben oder benannt, jedoch nicht miteinander kommuniziert.

Insgesamt verweisen die benannten Schwierigkeiten in der Kooperation zwischen Fachkräften und Diensten darauf, dass unterschiedliche Einschätzungen, Aufträge, Handlungsziele und Werte der Systeme ein aufeinander abgestimmtes Handeln im Fall massiv behindern. Die auch systembedingten Unterschiede werden nicht kommuniziert und in eine gemeinsame Handlungsstrategie übersetzt, die unterschiedlichen Arbeitsaufträgen für die einzelnen Dienste beinhaltet. Stattdessen arbeiten viele verschiedene Institutionen ohne ausreichende Abstimmung, was u.a. dazu führt, dass Fallwissen verloren geht, Informationen nicht gebündelt werden, Übergaben und Wechsel zwischen Trägern immer wieder zu Bruchstellen in der Fallgeschichte werden und es insgesamt zu einem zögerlichen und unkoordinierten Vorgehen aller beteiligten Hilfe- und Kontrollsysteme kommt. Hinzu kommt, dass es zwischen den Institutionen viele Bewertungen über die („schlechte") Arbeit der jeweils anderen gab, es aber nie zu einer gemeinsamen Reflexion und Auseinandersetzung kam. Nach Einschätzung der Fachkräfte ist der Fall ein Beispiel dafür, dass die Kooperation im Hilfesystem immer weniger funktioniert hat, je mehr Krisen sich zuspitzten.

b) Interaktion zwischen Hilfesystem und Klientensystem
Eng verbunden mit dem Handeln im Hilfesystem ist die Interaktion zwischen den Hilfesystemen und der Familie Kanat/Linek bzw. ihrer einzelnen Mitglieder, die durch folgende Muster geprägt wird:

➤ *Die Zerrissenheit und Unstetigkeit der Familiengeschichte entfalten eine hohe Dynamik, die sich in der Hilfegeschichte fortsetzt.*
Familiäre Handlungsmuster werden reinszeniert.
Wie eine Vielzahl der schwierigen Fälle weist auch die Geschichte der Familie Kanat/Linek ein hohes Maß an sozialer, emotionaler und auch lebensortbezogener Unsicherheit auf. Äußere und innere Heimatlosigkeit, Unzuverlässigkeit, Vernachlässigung, Gewalt, Versagen und Enttäuschung prägen das Aufwachsen und die biographisch erfahrenen Muster der Beziehungsgestaltung der Kinder. Ahmet und seine Geschwister haben keine Eltern oder andere erwachsene Bezugspersonen, die ihnen Sicherheit bieten, sie in ihrer Entwicklung stützen und fördern. Stattdessen ist ihr Aufwachsen geprägt von Ungewissheiten und Brüchen bezüglich ihres Lebensortes, ihrer Lebensgeschichte, ihrer engen Bezugspersonen und ihrer Zukunft. Hinzu kommt die sozioökonomisch belastende Situation, die materielle Not und die räumliche Enge. Folge für die Kinder ist eine permanente Überforderung, ausgelöst durch die Unstetigkeit ihrer familiären Situation und die ihnen dauerhaft abgeforderten Anstrengungen, die vollkommen gegensätzlichen Anforderungen ihrer Herkunftsfamilie und der unterschiedlichen Erziehungssysteme (Schule, Jugendhilfe) miteinander in Verbindung zu bringen. Die Kinder lernen in der Familie, dass das Leben ein permanenter Kampf ist. Mit diesen Grunderfahrungen und daraus resultierenden Handlungsstrategien geraten sie jedoch in den Systemen öffentlicher Erziehung zwangsläufig in große Konflikte.

Sowohl die Jugendhilfe als auch die Schule haben grundsätzlich den Anspruch, Kinder und Jugendliche auf ihrem Sozialisationsweg zu begleiten, sie darin zu unterstützen, gesellschaftlich integrierte und verantwortliche Persönlichkeiten zu werden, ihnen einen sicheren Rahmen für die Prozesse des Heranwachsens zu bieten und ihnen dabei zum Teil auch korrektive Erfahrungsräume zu eröffnen, die familiäre Schwierigkeiten kompensieren sollen. Demgegenüber zeigt sich in der Analyse des Falls Kanat/Linek jedoch, dass sich in den Erfahrungen der Kinder (bzw. der Gesamtfamilie) mit den unterschiedlichen Hilfe- und Unterstützungssystemen Handlungsmuster reproduzieren, die sie aus ihrer Familie kennen und die ebenfalls von Überlastung, Unzuverlässigkeit, Ambivalenz und Kränkung geprägt sind:

- Ebenso wie die Eltern bestimmte Aspekte der Familiengeschichte aus taktischen Gründen verleugnen und Heimlichkeiten zur Normalität werden, tut dies auch die Jugendhilfe, indem sie bestimmte Informationen über die familiäre Geschichte nicht schriftlich festhält.

- Über einen Zeitraum von mehreren Jahren wird die Familie seitens der Jugendhilfe nur formlos beraten. Die Not der Familie und die ungestillten Bedürfnisse der Kinder nach Sicherheit, Verlässlichkeit und elterlicher Aufmerksamkeit sind der Jugendhilfe bekannt, sie agiert jedoch aufgrund des befristeten Aufenthaltsstatus nicht nachhaltig. Aus Sicht der Kinder in der Familie werden ihre Bedürfnisse abermals missachtet, weil das Hilfesystem über sie hinwegschaut.

- Die institutionelle Fallgeschichte ist geprägt durch eine Vielzahl von Zuständigkeits- und Maßnahmewechseln, mit denen ein Wechsel von Bezugspersonen einhergeht. Interventionen stehen unverbunden nebeneinander, so dass auch das institutionelle Handeln von Brüchen dominiert wird, die bei den Betroffenen vermutlich das Erleben von Diskontinuitäten und Beliebigkeit potenzieren.

- Gerade in der „Hochphase" der Fallgeschichte geht der Zuständigkeitswechsel im Fall mit Streitigkeiten um die Fallverantwortung einher. Es wiederholt sich auf professioneller Ebene das Abschieben von Verantwortung sowie auch das Motiv des Kampfes um die Frage, wer sich institutionell und personell für den Fall verantwortlich fühlen muss.

- Gleichzeitig finden bezogen auf Ahmet Prozesse der Ausgrenzung in der Schule und einzelnen Maßnahmen der Jugendhilfe sowie der Kinder- und Jugendpsychiatrie statt. Die unterschiedlichen Erfahrungen, „nicht tragbar zu sein", summieren sich für den Jungen zu der Gesamterfahrung „immer hinausgeworfen zu werden", für Konflikte „allein verantwortlich" und den „Entscheidungen anderer ausgeliefert" zu sein. Dass vor diesem Hintergrund Misstrauen gegenüber anderen Menschen ein gesundes Grundgefühl zu sein scheint, verwundert nicht.

Betrachtet man diese wenigen Beispiele aus der Fallgeschichte in ihrer Gesamtheit, so wird deutlich, dass es den Hilfesystemen in diesem Fall nicht gelingt, den familiären Erfahrungen und ihrer Dynamik korrektive Erfahrungsräume gegenüberzustellen, sondern dass die Systeme öffentlicher Erziehung und Versorgung die Familiendynamik reinszenieren.

> *Die Interaktion zwischen der Jugendhilfe und der Familie gleicht einem „Katz-und-Maus-Spiel"*

Seit dem Zeitpunkt in der Fallgeschichte, zu dem die Jugendhilfe zu der Einschätzung kommt, dass aufgrund der familiären Situation und des als *„extrem auffällig"* wahrgenommenen Verhaltens von Ahmet eine Fremdunterbringung des Jungen sinnvoll ist, kommt es bildlich gesprochen zu einem „Katz-und-Maus-Spiel" zwischen den Hilfesystemen und der Familie, insbesondere der Mutter. Nach anfänglicher Verweigerung ihrer Zustimmung zu der Fremdplatzierung des Jungen werden von Frau Kanat in der Folge mehrere Anträge auf Hilfe zur Erziehung gestellt und wieder zurückgezogen. Nach einer formulierten Zustimmung zur Heimunterbringung kommt es jeweils kurz vor deren Umsetzung zur Rücknahme der Zusage. Diese drückt sich dadurch aus, dass z.B. ein gestellter Antrag zurückgezogen wird, aber auch durch andere Handlungs- und Verzögerungsstrategien wie Heirat, Umzug oder Schuldzuschreibung an andere. In entscheidenden Situationen gelingt es Frau Kanat und ihrer Familie, sich den jeweils getroffenen Vereinbarungen erfolgreich zu entziehen.

Diese Strategie wird sogar von VertreterInnen einiger freier Träger in einer gemeinsamen Helferkonferenz beschrieben: *„Seitens der Träger wurde dabei festgestellt, dass die Familie und Ahmet in der Vergangenheit immer wieder die Möglichkeit hatten auszuweichen. Dies erfolgt bei der Familie durch Umzüge und bei Ahmet durch Verlagerung seines Tätigkeitsbereiches* [für das Begehen von Straftaten] *zwischen verschiedenen Stadtbezirken. Das wurde durch die jeweils beteiligten Institutionen verstärkt. So gingen bei Zuständigkeitswechseln regelmäßig Informationen verloren, und angestrebte Maßnahmen (...) fanden keine Umsetzung".* Auffällig ist in diesem Kontext, dass die Hilfesysteme dieses Spiel bis zur Einleitung der geschlossenen Unterbringung Ahmets mitspielen. In der Fallreflexion entsteht der Eindruck, als gelinge es den Professionellen über eine lange Zeit nicht, die Interaktionsdynamik zu durchbrechen, weil die Familie die Spielregeln bestimmt, es keine abgestimmte Handlungsstrategie im Hilfesystem gibt und einzelne Fachkräfte und Systeme sich seitens der Familie gegeneinander ausspielen lassen. Das permanente Hin und Her wird nicht durch eine klare Konfrontation seitens der Jugendhilfe gegenüber der Mutter bzw. später gegenüber den Eltern Linek beendet, in der die sich wechselseitig bedingende Handlungsdynamik benannt und seitens der Professionellen aufgekündigt wird.

➢ *In den Falldokumentationen finden sich hauptsächlich „Aussagen über"
die Familie und ihre Mitglieder, aber kaum „Aussagen von" ihnen.*

Diese Bewertung der Interaktion zwischen der Familie Kanat/Linek und der
Jugendhilfe sowie ihrer Partner verweist – wie auch schon in der ersten
Fallrekonstruktion – darauf, dass sich in den schriftlichen Dokumenten fast
keine Selbstaussagen und differenzierten Sichtweisen der einzelnen Familienmitglieder finden. Ihre eigenen Empfindungen, Hoffnungen und Ängste,
subjektiven Erfahrungen und Deutungen ihrer Lebensgeschichte und ihrer
aktuellen Situation kommen nicht zur Sprache. Sie sind somit den Professionellen, die jeweils nicht an Gesprächen beteiligt waren oder zu späteren
Zeitpunkten in den Fall involviert wurden, nicht zugänglich. Folge davon
ist die Gefahr „standardisierter Biographien". Dieser Verlust der Einzigar-
tigkeit eines Falls wird auch am Beispiel der Familie Kanat/Linek deutlich:
Hilfepläne, Berichte, Vermerke und Gutachten im Fall füllen mehrere Ak-
tenbände, nicht zu finden sind darin jedoch zitierte Äußerungen von einzelnen Familienmitgliedern. Bisweilen werden ihre Sichtweisen – in der Minderzahl der Akten – im Konjunktiv wiedergegeben, was noch relativ nah an
die Dokumentation von Selbstäußerungen herankommt, mehrheitlich aber
sind die Einschätzungen aus dem Familiensystem in die Beschreibungen
der Fachkräfte eingewoben und mit deren eigenen Wertungen verknüpft.
Folgendes Beispiel verdeutlicht dieses Handlungsmuster: In dem ersten
ausführlichen Vermerk des ASD Köln-1 heißt es: „*Frau Kanat wirkte bei
dem Gespräch sehr offen, sie erzählte bereitwillig von der Situation ihrer
Familie*". Daraufhin folgen zweieinhalb Seiten, die die familiäre Situation
beschreiben, wobei nur wenige der Beschreibungen auf Aussagen von Frau
Kanat zurückzuführen sind. Beschrieben werden die Probleme und die aktuelle Lebenssituation hauptsächlich von Dritten (z.B. Lehrerinnen, Anwäl-
tin), und schließlich kommt die fallführende ASD-Fachkraft zu der Einschätzung, dass Frau Kanat mit der familiären Situation „*stark überfordert*"
ist. Wozu jedoch Frau Kanat selbst sich „*sehr offen*" äußert und wie sie die
Lage einschätzt, bleibt offen.

Darüber hinaus erscheinen drei weitere Beobachtungen bemerkenswert.
Zum einen werden in den Fallakten keine Interaktionen zwischen den Professionellen und der Familie beschrieben, die einzelne Personen aus dem
Klientensystem zu einem offenen Erzählen auffordern. Stattdessen wird in
unterschiedlichen Kommunikationszusammenhängen deutlich, dass Ahmet
oder seine Mutter kurze, reaktive Antworten auf eher standardisierte Fragestellungen geben, so z.B. bei der Exploration von Frau Kanat im Rahmen
eines umfangreichen psychiatrischen Gutachtens oder bei der Erstellung des
Gutachtens über Ahmet bezüglich des sonderpädagogischen Förderbedarfs.
Ferner wird in diesem Kontext deutlich, dass subjektive Begründungen der
Betroffenen für bestimmte Standpunkte und Handlungen nicht dokumentiert werden. Wieso Ahmets Mutter einer Fremdunterbringung über lange
Zeit nicht zustimmt, womit Ahmet selbst sein „extrem auffälliges Verhal-

ten" und seine „Übergriffe auf Mitschüler" begründet oder warum er unter keinen Umständen in einem Heim untergebracht werden will, erschließt sich aus den schriftlichen Berichten nicht. Ebenso wenig, wie bei den Familienmitgliedern danach gefragt wird, suchen die Hilfesysteme selbst nach Begründungen oder nehmen explizite Bewertungen und Zusammenhangsvermutungen hinsichtlich der familiären Situation und der Auffälligkeiten des Jungen bzw. aller Kinder der Familie vor. Die aufgezeigten Hinweise lassen die Schlussfolgerung zu, dass keine wirklich dialogische Kommunikation und kein (dokumentierter) Perspektivenwechsel auf Seiten der Professionellen stattfindet, der die Logik und die Funktion biographisch geformter Handlungsstrategien der Lebensbewältigung nachzuvollziehen sucht. Wissen über das Familiensystem erstreckt sich folglich hauptsächlich auf das Wissen von Dritten über die familiäre Situation.

c) Handelnde AkteurInnen im Hilfesystem
Auf der individuell-fachlichen Ebene werden im Fall zwei Aspekte, die die Fallarbeit und damit auch den weiteren Hilfeverlauf prägen, besonders deutlich:

➢ *Persönliche Kränkung bestimmt die Interaktion mit Ahmet in der (vorerst) letzten Phase des Falls.*
Während der Zeit in Haft hat Ahmet über die neu in den Fall involvierte Fachkraft der Jugendgerichtshilfe Kontakt zur Jugendhilfe. Darüber hinaus bestehen allerdings noch punktuelle Kontakte zum ASD Köln-4, die sich vor allem über einen Briefwechsel zwischen dem fallzuständigen Kollegen und Ahmet vollziehen. Die seitens der Fachkraft benutzte Sprache gibt m.E. viele Hinweise darauf, dass der Kollege seine in den Fall investierte Arbeit und Mühe von Ahmet nicht gewürdigt sieht, gekränkt darüber ist und dies seinerseits mit z.T. moralisierender Abwertung des Jungen beantwortet, ohne aber der eigenen Kränkung und dem Ärger auf Ahmet Ausdruck zu verleihen. Zur Begründung dieser Bewertung können einige Passagen aus Briefen dienen, die seitens des ASD an Ahmet gesendet wurden:

„Der Ordnung halber und um Klarheit zu schaffen, ..., beantworte ich Dein Schreiben." – Diese Einleitung des Briefes macht deutlich, dass der vorausgegangene Brief von Ahmet beantwortet wird, weil es der Form entspricht, und nicht, weil der Kontakt zu dem Jungen gesucht oder ein Beziehungsangebot eröffnet werden soll. Es folgt eine Aufzählung von Lebensperspektiven für Ahmet, bezogen auf den Zeitraum nach der Inhaftierung, die allesamt aufgekündigt werden: Ahmet könne nicht in Köln oder näherer Umgebung untergebracht werden, kein Heim wolle ihn haben – auch nicht in weiterer Entfernung, die Mitarbeiter des ASD und der beteiligten freien Träger beenden ihre Hilfe mit Beginn der Haft, die Jugendgerichtshilfe stehe Ahmet nur pflichtgemäß zu, bei seiner Mutter könne er nicht mehr unterkommen – kurzum: Nach dieser Auflistung gibt es eigentlich keine perspektivischen Möglichkeiten mehr für den Jungen. Daran ist er aus Sicht

des Mitarbeiters im ASD allerdings selbst schuld: Hinsichtlich aller *„individuellen"*, *„intensiven"* und auch *„hervorragenden"* Angebote gilt für Ahmet: *„... Du hast abgelehnt."* Insbesondere im Zusammenhang der gesamten Passage dieses Briefes kommt der Ärger darüber zum Ausdruck, dass Ahmet alle gut gemeinten und überlegten Angebote der Professionellen abgewehrt hat. Er habe es selbst und in Köln schaffen wollen, obwohl alle anderen Beteiligten erklärt hätten, *„dieses sei aussichtslos, ... Die anderen haben recht behalten, Du – leider für Dich – nicht."* Deutlich wird in diesen und weiteren Formulierungen, dass der Kollege im ASD Ahmet für einen Jungen hält, der die Jugendhilfe bewusst vorführt, der den Bezug zur Realität und eine gesunde Selbsteinschätzung verloren hat und der „sich harter Prüfung unterziehen muss", um überhaupt noch Hilfe und Unterstützung zu bekommen. *„Vielleicht"*, so heißt es gegen Ende des Briefes, *„ist es auch richtiger, Du kehrst nach Tunesien zurück, ..."* – ein Vorschlag, der völlig neben der Lebensrealität des Jungen liegt, da er keinerlei Bezüge mehr dorthin hat und das Land ihm vollkommen fremd ist. Aber auch anderes sei unter bestimmten Bedingungen möglich: *„Nun kennst Du die Konditionen. ... Aber niemand läuft Dir mit der Hilfe entgegen, keiner trägt sie Dir nach."* In diesem Sinne schließt der Brief *„mit freundlichen Grüßen"*.

Dies waren nur wenige Auszüge aus dem insgesamt mehrseitigen „Schreiben" des ASD an Ahmet. Insgesamt erscheint in der Reflexion neben der implizit enthaltenen Kränkung und damit verbundenen Abwertung Ahmets die inhaltliche Botschaft an ihn paradox. Einerseits kann/soll er nur Hilfe erhalten, wenn er *„allen Beteiligten deutlich machen"* kann, und zwar *„glaubwürdig und nachdrücklich"*, dass er Hilfe will, *„sie annehmen und voraussichtlich auch durchstehen"* kann und sich alle über die richtige Form einig werden. Andererseits wird ihm in den vorausgegangenen Passagen des Briefes vermittelt, dass er bislang alle gegebenen Versprechen nicht gehalten hat und unglaubwürdig geworden ist. Aus meiner Sicht ist der Ärger der ASD-Fachkraft über das Agieren Ahmets durchaus verständlich. Als hoch problematisch ist jedoch zu bewerten, dass der Ärger nur „zwischen den Zeilen" ausgedrückt und auf professioneller Ebene versucht wird, „die Form zu wahren", dass Ahmet allein für das Scheitern von Hilfeangeboten verantwortlich gemacht wird und es für diese vermutlich unbewussten Interaktionsformen der Fachkraft kein Korrektiv im Hilfesystem gibt.

➢ *Uneinigkeit und Konflikte unter den fallbeteiligten Fachkräften sprengen ein für fachlich sinnvoll erachtetes Hilfearrangement.*
Der Einfluss von persönlichen Konflikten auf der kollegialen Ebene zeigte sich bezüglich der Entwicklungen im Fall Kanat/Linek insbesondere im Nachgang zur Fallkonsultation, in deren Rahmen ein erstes Hilfearrangement für die Zeit nach der Haft Ahmets entwickelt wurde. Fachlich sinnvoll erschien allen Beteiligten der Fallkonsultation die Einrichtung einer dreiköpfigen Projektgruppe für die Fallbearbeitung, die sich aus jeweils einer persönlich benannten Fachkraft der JGH, des ASD und eines freien Trägers

zusammensetzen und der Leitung und Beratung durch das zentrale Fachamt unterliegen sollte. Aus diesem Setting heraus sollten dann gemeinsam mit dem Jugendlichen einzelne Schritte für die nahe Zukunft und dafür notwendige Betreuungsarrangements erarbeitet werden. Die Projektgruppe kam jedoch aufgrund persönlicher Differenzen und Konkurrenzen sowie unterschiedlicher fachlicher Ansichten über die „richtigen" Schritte zwischen zwei Personen nicht zustande. Das als fachlich aussichtsreich entwickelte Angebote platzte, weil zwei Personen des öffentlichen Trägers nicht miteinander agieren konnten oder wollten und der Konflikt durch die Leitungsebene nicht bearbeitet wurde. Die Begründung seitens der Leitungsfachkräfte in der nachgehenden Fallreflexion lag u.a. darin, dass Kontroll- und Sanktionsmöglichkeiten in der Hierarchie der Organisation Jugendamt nur begrenzt vorhanden sind und aufgrund ihrer prinzipiell angezweifelten Wirksamkeit oftmals gar nicht erst genutzt werden.

d) Konzepte und Arbeitsweisen im Hilfesystem
Das vorstehend analysierte Handeln einzelner Personen im Hilfesystem ist immer rückgebunden an die jeweilige Organisation, der sie angehört, sowie an die in ihr vereinbarten und angewandten Konzepte und Arbeitsweisen. Im Fall „Ahmet" zeigen sich auf der Ebene von Arbeitsweisen und Konzepten vorrangig folgende Handlungsmuster:

➤ *Es gibt keine erkennbaren Konzepte der Jugendhilfe für die Arbeit mit Familien, deren Aufenthaltsstatus ungesichert ist.*
In der Reflexion des Falls Kanat/Linek wurde deutlich, dass die Jugendhilfe in Köln und sicherlich auch an vielen anderen Orten über keine fachlich entwickelten und abgestimmten Konzepte im Umgang mit Familien verfügt, deren Aufenthaltsstatus ungesichert ist. In diesem Fall bestand die fachlich-individuelle oder vielleicht auch innerhalb des bezirklichen Sozialdienstes abgestimmte Handlungsstrategie darin, die Familie formlos zu beraten, aber keine weitergehenden Hilfen einzuleiten. Aufgrund des befristeten Aufenthaltsstatus wurde also gar nicht erst über die erzieherische Notwendigkeit intensiverer Interventionen nachgedacht, obwohl konkrete Jugendhilfemaßnahmen Kindern und Jugendlichen, die aufgrund einer ausländerrechtlichen Duldung in Deutschland leben, rechtlich zustehen. Tatsächlich stellt eine solche Ausgangssituation Fachkräfte und Dienste der Jugendhilfe vor ein Dilemma: Einerseits muss es fachlich darum gehen, den Integrationsweg junger Menschen mit Migrationshintergrund zu begleiten und ihnen Perspektiven in diesem Land zu eröffnen. Andererseits ist die zeitliche Perspektive der Klientel extrem unsicher, und die individuelle Hilfeplanung wird häufig dadurch konterkariert, dass die notwendige Unterstützung der jungen Menschen durch kurzfristig wechselnde ausländerrechtliche Bleibeperspektiven verunmöglicht wird, auf die die Jugendhilfe i.d.R. keinen Einfluss hat. Für diese in jedem Fall schwierige Ausgangssituation kann jedoch nicht die andauernde formlose Beratung im Einzelfall die

fachliche Lösung sein, zumal sich Asylverfahren erfahrungsgemäß oftmals über Jahre hinziehen. Stattdessen erscheint ein einzelfallübergreifendes fachlich-konzeptionelles Nachdenken erforderlich, in welcher Form die Jugendhilfe mit dieser Zielgruppe umgehen will und welche Optionen trotz des ungesicherten Bleiberechts eröffnet werden können. Dazu gehört auch die offensive Beschäftigung mit den Fragen, wie mit kultureller Fremdheit umgegangen wird, welches Wissen über die Herkunftsländer dieser Familien notwendig ist und wie es in die Arbeit des ASD integriert werden kann.

➢ *Die Fallarbeit erfolgt symptomorientiert, nicht systemorientiert und kontextbezogen.*
Ähnlich wie in der ersten Fallrekonstruktion erfolgt das Handeln der Jugendhilfe im Fall reaktiv auf von anderen Institutionen an sie herangetragene Auffälligkeiten und hat eine symptomorientierte Ausrichtung, die auf das ‚Abschalten des störenden Verhaltens‘ ausgerichtet ist. Auf die Meldungen der Schule an den ASD reagieren die beiden bezirklichen Sozialdienste in Köln und der ASD in C-Stadt damit, dass zunächst Hausaufgabenangebote für Ahmet und seine Geschwister gemacht werden und später in C-Stadt die Fremdunterbringung Ahmets für notwendig gehalten und Frau Kanat vorgeschlagen wird. Nach der Rückkehr der Familie nach Köln im Sommer 1997 setzt sich die Ausgrenzung Ahmets und die Konzentration auf die Symptombearbeitung fort, was schließlich in die geschlossene Unterbringung mündet. Unbeachtet und unbearbeitet bleibt, dass der Junge in mindestens zwei Systeme fest eingebunden ist, die mitverantwortlich für die zunehmend eskalierende Situation sind. Zum einen ist Ahmet familiär eingebunden in ungesunde und missbräuchliche Strukturen, zum anderen begeht er die Straftaten innerhalb einer Clique jugendlicher Täter, von denen etliche bereits polizeilich bekannt sind. Diese Clique agiert insbesondere in drei Stadtteilen Kölns. Beide Systeme bieten Ansatzpunkte dafür, sich im professionellen Handeln nicht nur auf Ahmet zu konzentrieren.

Hinsichtlich der familiären Situation hat die Jugendhilfe und auch die Schule in der ‚Hochphase‘ des Falls intensive Kontakten zu Ahmets Mutter und später auch zu seinem Stiefvater. Der fachliche Blick ist dabei jedoch eng geführt und darauf gerichtet, Lösungen für das Problem ‚Ahmet‘ zu finden. Es geht nicht darum, die Erwachsenen in der Familie damit zu konfrontieren, welche Wirkung die vernachlässigende und missbräuchliche familiäre Kultur für Ahmet und seine Geschwister haben und wie Veränderungen mit Unterstützung der Jugendhilfe erreicht werden können. Dies ist umso verwunderlicher, weil der Jugendhilfe zum einen lange vor der Verbalisierung durch Frau Kanat bekannt ist, dass Herr Linek in der pädosexuellen Szene vor Ort agiert und so der Missbrauch der Jungen nahe liegt, und es zum anderen bei den Fachkräften die Einschätzung gibt, dass Frau Linek nicht so überfordert und hilflos ist, wie sie zunächst wirkt: Frau Kanat *„hat scheinbar alle Karten in der Hand“*. Sie weiß *„offensichtlich über alle Straftaten der Jungen Bescheid.“* Sie sei *„die eigentliche Steuerfrau, die ihre Kinder* *verkauft und verhökert hat"*. Selbst wenn es sich bei dieser Einschätzung nur um eine Vermutung handelt, ist nicht nachvollziehbar, wieso sie nie Gegenstand der Arbeit mit der Familie war.

Das zweite Netzwerk, in dem Ahmet sich bewegt, ist das der peer-group, in der gemeinsam die Straftaten begangen werden, die in ihrer Zahl und Schwere auch in der Betrachtung von außen weit über ein Maß hinausgehen, was als passagere Jugenddelinquenz abgetan werden kann. Die Reaktionen der Jugendhilfe und der Polizei richten sich in diesem Zusammenhang immer auf die einzelnen Täter. Im Mai 1998 wird seitens des ASD erstmals eine Gesprächsrunde mit verschiedenen Trägern flexibler Erziehungshilfe in Köln einberufen, um die Möglichkeit eines cliquenbezogenen Angebotes zu erörtern. In dem Wissen um die hohe Bedeutung der peer-group für Jugendliche sieht diese Runde eine Erfolg versprechende Interventionsmöglichkeit darin, einen persönlichen Zugang zu Ahmet und den anderen Jungen der Clique zu bekommen, der nicht über den üblichen Weg der Familie gesucht wurde. Diese Idee wurde jedoch nicht weiter konkretisiert, da die Installierung eines bezirksübergreifenden Angebots, bei dem unterschiedliche ASD-Bezirke miteinander hätten kooperieren müssen, zu dem Zeitpunkt aus Sicht des ASD nicht denkbar war. Fehlte es mit Blick auf die Eltern von Ahmet also an persönlicher oder institutioneller Konfrontation, so scheiterte die cliquenorientierte Kontextualisierung des auffälligen Verhaltens von Ahmet an strukturellen Schwierigkeiten in der Binnenorganisation Jugendamt, die zwar bekannt waren, aber nicht bearbeitet werden konnten.

➢ *Die Hilfesysteme beschreiben und dokumentieren Ereignisseund Fehlverhalten, verweigern jedoch Verstehensleistungen.*
Diese Bewertung des professionellen Handelns steht in engem Zusammenhang mit der bereits beschriebenen Erkenntnis, dass das dokumentierte Fallwissen der Fachkräfte nur sehr wenige Informationen und Einschätzungen von den einzelnen Familienmitgliedern selbst enthält. Umfassend, sehr ausführlich und in der Außenbetrachtung redundant sind in den Berichten der Jugendhilfe, der Schulen, der Polizei und auch der Kinder- und Jugendpsychiatrie die Eckpunkte der Lebensgeschichte der Familie, die Auffälligkeiten der Kinder (insbesondere Ahmets) und das von ihnen gezeigte Fehlverhalten dokumentiert. Ein weiteres Beispiel in dieser Sammlung stellt ein 22-seitiges kinderpsychiatrisches Gutachten der KJP-1 dar, das auf einer eintägigen Untersuchung des Jungen, einer einmaligen „Exploration" der Mutter und auf einer Analyse von Aktenauszügen des Jugendamtes beruht. Das Gutachten beinhaltet

- eine 11-seitige, z.T. wörtliche Zusammenfassung der Jugendhilfe-akten,

- eine knapp 2-seitige Beschreibung des stationären Aufenthalts des Jungen in der KJP-1 (Diagnose: Störung des Sozialverhaltens bei vorhandenen sozialen Bindungen),

- eine 4 ½-seitige Beschreibung der Exploration von Ahmets Mutter (Wiedergabe der Einschätzungen von Frau Linek und professionelle Bewertungen der Aussagen)

- und eine Zusammenfassung und Bewertung der Gesamtsituation, die 3 ½ Seiten umfasst und die geschlossene Unterbringung des Jungen für einen *„zum jetzigen Zeitpunkt nicht genau zu bestimmenden Zeitraum"* empfiehlt.

In dem Gutachten fehlen jedoch, wie in vielen anderen Berichten auch, explizite Zusammenhangsvermutungen und Deutungen. Es gibt kaum schriftlich festgehaltene Versuche, die subjektive Logik der handelnden AkteurInnen in der Familie zu verstehen und diese als Ausgangspunkt für Interventionen zu nutzen. Neben den wenigen aufgenommenen Selbstdeutungen gibt es auch nur wenige Interpretationen der familiären Situation oder des auffälligen Verhaltens, die ein Beleg dafür wären, dass die Fachkräfte (zeitweise) einen Perspektivenwechsel vorgenommen und sich in das Befinden der HilfeadressatInnen eingedacht haben. Vermutlich gehen hier das unzureichende Erfragen von Selbstdeutungen und der zumindest anhand der Akten nicht nachvollziehbar vorgenommene Perspektivenwechsel miteinander einher. Spitzt man diese Einschätzung zu, kann gefolgert werden, dass die Hilfesysteme für die Hilfegestaltung zwingend notwendige Verstehensleistungen verweigern.

e) Organisationsbezogene Strukturen im Hilfesystem

➢ *Zuständigkeits- und Kompetenzprobleme in der Binnenorganisation Jugendamt behindern die Fallbearbeitung.*

Auf der organisationsbezogenen Ebene zeigen sich im Fall verschiedene Konfliktlinien, die darauf hinweisen, dass der Fallverlauf in seiner ‚Hochphase' in starkem Maße dadurch beeinträchtigt wird, wie die unterschiedlichen Organisationseinheiten des Jugendamtes miteinander kooperieren:

- Das Wechseln der Fallakte und damit der Zuständigkeit zwischen zwei ASD-Bezirken nach der Rückkehr der Familie nach Köln über den Zeitraum von etwa einem halben Jahr führt zu einer unklaren Federführung im Fall. Folge ist, dass notwendige und vorbereitete Interventionen (z.B. die Fremdunterbringung) nicht umgesetzt werden und die Familie kein klares Gegenüber auf Seiten der Professionellen hat.

- Als der Fall zunehmend eskaliert, greift das zentrale Fachamt in die Fallbearbeitung des bezirklichen ASD ein, ohne dass es diesbezüglich gedeihliche Absprachen zwischen den beiden Teilsystemen gegeben hätte. Das Fachamt sieht sich aufgrund des medialen Drucks auf das „untätige" Jugendamt dazu gezwungen, der Sozialdienst im Bezirk sieht sich durch diese Intervention jedoch in seiner Arbeit bevormundet. Ungeklärt ist, in welchen Situationen das zentrale Fachamt die Kompetenz hat, auf welche Weise in laufende Fälle zu intervenieren. Dies führt dazu, dass es zwischen beiden Organisationseinheiten des Systems Jugendamt zu heftigen Konkurrenzen kommt und Fragen von Macht und Einfluss, Autonomie und Abhängigkeit sowie Akzeptanz und Wertschätzung geleisteter Arbeit im Vordergrund stehen.

- Ein ähnlicher Prozess verläuft später zwischen dem fallzuständigen bezirklichen ASD und der Jugendgerichtshilfe, ebenfalls also zwei Einheiten ein und derselben Organisation.

Diese Beispiele verdeutlichen, dass Abstimmungsprobleme und ungeklärte Kompetenzfragen zwischen den handelnden Professionellen und ihren Diensten eine an den KlientInnen orientierte Fallarbeit behindern und das Hilfesystem sich gleichzeitig selbst schwächt, weil es in seiner Handlungsfähigkeit eingeschränkt und zudem für Spaltungen von außen anfälliger wird.

➢ *In der Organisation Jugendamt gibt es einen Mangel an sachgemäßen Kontroll- und Sanktionsmöglichkeiten oder eine mangelhafte Umsetzung dieser Optionen. Leitungshandeln wird als willkürlich empfunden.*
Die Probleme innerhalb des Jugendamtes zeugen m.E. allerdings nicht nur von mangelnder Zusammenarbeit und fehlenden Arbeitsvereinbarungen, sondern liefern ebenso Hinweise auf ein Steuerungs- und Managementproblem. Anknüpfend an die obigen Beispiele zwei illustrierende Begebenheiten:

- Das erwähnte Wechseln der Fallakte und damit der Zuständigkeit für den Fall zwischen zwei ASD-Bezirken über den Zeitraum von etwa einem halben Jahr wird seitens der Leitungsebene des Fachamtes nicht durch eine schnelle Entscheidung beendet, obwohl der Fall dort bereits bekannt ist.

- Die Einrichtung der Projektgruppe im Nachgang zur Inhaftierung Ahmets kommt aufgrund persönlicher und fachlicher Differenzen zwischen zwei Fachkräften und ihren Diensten nicht zustande. Von der Leitungsebene aus wird in diesem Konflikt nicht interveniert.

Exemplarisch wird hier deutlich, dass die Leitung in der Organisation ihre Aufsichts- und Kontrollfunktion nicht stringent wahrnimmt oder aufgrund unzulänglicher Sanktionsmöglichkeiten nicht wahrnehmen kann. In der gemeinsamen Reflexion der Situationen mit den Fallbeteiligten wurde seitens einiger Leitungskräfte das Fehlen entsprechender Einflussmöglichkeiten bemängelt, die in einer großen Verwaltung gegeben sind. Generell erscheint darüber hinaus die „Aufgabe und Funktion von Führung und Leitung" in der Jugendhilfe ein zu bearbeitendes Thema. Denn wie sich insgesamt in den Kölner Fällen zeigte, mangelt es der Jugendhilfe i.d.R. nicht an fehlenden Angeboten und Maßnahmen, sondern eher an abgestimmten Zielorientierungen und Handlungsstrategien, die konsequent umgesetzt werden. Die Steuerung und für die AdressatInnen hilfreiche Bearbeitung komplexer Probleme und Entwicklungsprozesse ist die zentrale Aufgabe der Jugendhilfe und insbesondere des Jugendamtes, das für diese Aufgabe oftmals nicht ausreichend ausgestattet ist. Dies bezieht sich vornehmlich auf die Leitungsebene, bei der die Verantwortung für die Steuerung liegt, auch wenn sie aufgrund der Eigendynamik der beteiligten Subsysteme die Folgen des eigenen Handelns nur begrenzt planen kann.

4.3 Fazit: Was zeigen die unterschiedlichen Zugänge zum Fall?

Auch hier soll ein kurzes Fazit hinsichtlich der Frage gezogen werden, was durch die Fallanalyse und die Gegenüberstellung der Perspektive der Jugendhilfe und des im Rahmen der Untersuchung gewählten Zugangs darüber deutlich wird, was den Blick der Professionellen in der Fallbearbeitung geleitet hat. Deutlich werden etliche Parallelen zur ersten Fallrekonstruktion, aber auch neue Aspekte, insbesondere in Bezug darauf, was die Aufmerksamkeit der Fachkräfte in diesem Fall lenkt und welches die zentral wirksam werdenden Deutungs- und Handlungsmuster sind.

Wie im ersten Fall steht auch hier das störende und später kriminelle Verhalten von Ahmet (und seinen Brüdern) im Mittelpunkt der Betrachtungen. Der Fall wird im Wesentlichen auf eine Person reduziert und dadurch in seiner Historizität und Kontextualität beschnitten. Der Migrationshintergrund der Familie, der ungesicherte Aufenthaltsstatus, die räumlich und materiell schlechte Ausstattung der Familie und die Beziehungsproblematik zwischen den Eltern Kanat werden zwar in den Fallakten mehrfach dokumentiert, bleiben aber in ihrer Bedeutung für die Erklärungsmuster der Professionellen und als Grundlage für weiteres Handeln und denkbare Hilfeangebote weitgehend folgenlos. Vor allem in den ersten beiden der hier differenzierten Lebensphasen, der Zeit in Köln und des Lebensabschnittes in den verschiedenen Asylbewerberheimen, scheint die institutionelle Fallbearbeitung von „gebremster Energie" geprägt zu sein. Dass sich die Angebote der Jugendhilfe auf punktuelle Entlastungen beschränken, wird mit der permanent drohenden Abschiebung der Familie begründet. Da jedoch seit Beginn des Kontaktes zwischen dem ASD und der Familie bekannt ist, dass sich das laufende Asylverfahren mindestens über zwei bis drei Jahre erstrecken würde, erscheint die Erklärung für die minimalen Unterstützungsangebote an die Familie aus der Distanz betrachtet zumindest fragwürdig. In der Gesamtbetrachtung des Fallverlaufes, in dem zu einem späteren Zeitpunkt trotz nach wie vor ungesicherten Aufenthalts eine Vielzahl von nachhaltigen Interventionen in kurzer Zeit möglich ist, entsteht zumindest der Eindruck, als sei der Fall seitens der Jugendhilfe über die ersten Jahre hin als „passageres Problem" betrachtet worden, das sich durch die zu erwartende Abschiebung von selbst lösen würde. Die Aussage der Fachkräfte, aufgrund der begrenzten Aufenthaltsdauer wenig Handlungsspielräume zu haben und so zu Angeboten gezwungen zu sein, die eher wie der berühmte „Tropfen auf den heißen Stein" wirken, kann aus anderer Perspektive auch bewertet werden als nahe liegende und ausreichende Begründung, nicht tätig werden zu müssen. Zur „Untätigkeit gezwungen" zu sein kann auch bedeuten, dazu berechtigt zu sein.

Eine ähnliche Rückzugslinie, insbesondere in der Zeit vor der Inhaftierung Ahmets, ermöglicht die enge Auslegung von Zuständigkeitsregelungen und die damit verbundene Erklärung der Nicht-Zuständigkeit für den Fall. In der Rekonstruktion des Handelns und der Kooperation innerhalb des Hilfesystems wird nachgezeichnet, dass sich die zuständigen ASD-Bezirke, aber auch die anderen beteiligten Kooperationspartner den Fall wechselseitig zuschieben, es zwischen ihnen zu kaum kommunizierten Spannungen und starken Differenzen kommt und der Fall für alle Beteiligten so belastend und für das eigene System bedrohlich ist, dass keiner die Verantwortung übernehmen will. Der leitende Blick aller Institutionen auf den Fall ist geprägt davon, „den lästigen und öffentlichkeitswirksamen Fall möglichst schnell loswerden zu wollen", was die wiederholte Ausgrenzung Ahmets und seiner Familie bewirkt und den Jungen zu einem Spielball der Institutionen macht. Ahmet lässt sich sicher nicht als untätiges Opfer des Jugendhilfe-Handelns beschreiben. Dennoch wiederholen sich in der kontinuierlichen Nicht-Verantwortlichkeit für den Jungen die Traumata seiner familiären Erfahrungen, so dass Neuorientierung und Umlernen für ihn nicht möglich werden. Die beschriebene Dynamik potenziert sich mit dem wachsenden Außendruck auf die Jugendhilfe, der zum Motor für eine Form der Fallbearbeitung wird, die auf den Verlauf der Ereignisse lediglich reagiert und ihre originär pädagogische Orientierung aus dem Blick verliert. In der vorerst letzten Phase der Fallbearbeitung, Ahmets Zeit in Haft, ist es dann vorrangig das persönliche Motiv der Kränkung, das wahrnehmungs- und handlungsleitend wird und aufgrund mangelnder Reflexion abermals die Ausgrenzung Ahmets fortsetzt.

Deutlich wird an den vorstehenden Ausführungen und Interpretationen, dass – trotz zum Teil ähnlicher Mechanismen und Handlungsmuster – zwischen den beiden rekonstruierten Fällen Unterschiede darin bestehen, was den Blick der Hilfesysteme auf den jeweiligen Fall vorrangig prägt. Im Fall von „Tim und Familie Schmitz" ist als ein zentraler Wirkfaktor für den Fallverlauf die unreflektierte personelle wie institutionelle Normativität zu nennen, die sich in der kaum verbalisierten und innerhalb des Hilfesystems sowie mit der Familie ebenso wenig kommunizierten Vorstellung darüber ausdrückt, wie, wo und von wem ein Kind erzogen werden soll. Demgegenüber zeigt sich im Fall von „Ahmet und Familie Kanat" sehr viel deutlicher die mächtige Wirksamkeit von institutionellen Mechanismen in und zwischen Organisationen, die für einen Fall „um keinen Preis" zuständig und verantwortlich sein wollen und deren Zusammenarbeit so von wechselseitiger Abgrenzung und Abwertung geprägt ist, dass von Kooperation nicht gesprochen werden kann. Nicht zuletzt aufgrund von medialem und öffentlichem Druck entfaltet sich in diesem Fall eine Gesamtdynamik, die zunehmend davon bestimmt wird, dass das jeweils eigene Hilfesystem möglichst unbeschadet aus der Fallbearbeitung herauskommt.

Bei der Frage, wie die Fachkräfte in ihren Organisationszusammenhängen zu fachlichen Beurteilungen kommen, gibt es viele Parallelen zur ersten Fallrekonstruktion. Auch in diesem Fall existiert eine Vielzahl von beschreibenden Falldokumentationen, aber nur wenig interpretierende Einschätzungen und Hypothesen, die Wirkungszusammenhänge zu erklären suchen und in den subjektiven Logiken der Betroffenen zentrale Ansatzpunkte für professionelle Interventionen sehen. Stattdessen reihen sich in der langen Fallgeschichte die wenigen expliziten Deutungen und Bewertungen unverbunden aneinander, was u.a. durch die starken Konflikte in der institutionellen Kooperation zu erklären ist. Etwas differenziertere Einschätzungen zu Ahmets Verhalten finden sich abermals in einigen Berichten der beteiligten Kinder- und Jugendpsychiatrien. Allerdings beschränken auch sie sich vornehmlich Ahmet, stellen aber kaum Erklärungszusammenhänge für die angeeigneten Verhaltensweisen her.

5. Fallübergreifende Handlungsmuster und Handlungslogiken in den Hilfesystemen

5.1 Typische Handlungsmuster in den Hilfesystemen: Risikofaktoren für die Verschärfung von Fallverläufen

Die Rekonstruktion der beiden Einzelfälle hatte zum Ziel, die Wahrnehmungs-, Deutungs- und Handlungsmuster der Jugendhilfe und ihrer Partner im Detail nachzuzeichnen sowie Dynamiken und Wirkungszusammenhänge institutionellen Handelns zu analysieren, die die Fallbearbeitung behindert bzw. zur Verschärfung der Fallverläufe beigetragen haben. Analog zu diesen Fällen wurden alle weiteren Einzelfälle nach gleichem Verfahren, aber in tabellarischer und stichwortartiger Form ausgewertet, um „typische" Handlungsmuster in den Hilfesystemen zu analysieren. Geordnet wurden die Deutungs- und Handlungsroutinen dabei zunächst wieder anhand der fünf für die Analyse gebildeten Kategorien. In dem anschließenden Arbeitsschritt, der darin bestand, die typischen Muster stärker zu bündeln, wurde die im methodischen Kapitel schon erwähnte Schwierigkeit, die Analyseebenen klar voneinander zu trennen, sehr offensichtlich. Vor diesem Hintergrund und in der Absicht, die Handlungsmuster möglichst pointiert und mit dem Blick auf sozialpädagogische Praxisentwicklung zu benennen, wurde für deren weitere Verdichtung ein Wechsel in der Darstellungslogik vorgenommen. Fallübergreifend werden in diesem Kapitel „Risikofaktoren" in der Wahrnehmung, Interpretation und Bearbeitung von Einzelfällen beschrieben, die aus dem Fallmaterial entwickelt wurden und denen die einzelnen Handlungsmuster zugeordnet sind.

5.1.1 Mangelnde Binnen- und Trägerkooperation

Die analysierten Fälle zeichnen sich alle dadurch aus, dass Kooperation und Kommunikation der beteiligten Fachkräfte und ihrer Organisationen sich als konflikthaft erweisen. Dies gilt für die Zusammenarbeit zwischen unterschiedlichen Trägern und Einrichtungen eines Systems (z.B. innerhalb der Jugendhilfe), zwischen verschiedenen Hilfe-, Unterstützungs- und Kontrollsystemen (d.h. zwischen Jugendhilfe, Psychiatrie, Schule, Polizei/Justiz) sowie für die Binnenkooperation innerhalb einer Institution, z.B. eines

Großstadtjugendamtes wie Köln mit einem zentralen Fachamt und neun bezirklichen Jugendämtern.

a) Kooperation und Kommunikation zwischen den Systemen
Die Kinder und Jugendlichen, deren institutionelle Erfahrungen im Mittelpunkt dieser Untersuchung stehen, haben alle lange Hilfegeschichten hinter sich. Trotz des prinzipiell erklärten Bemühens seitens der Hilfesysteme um möglichst wenige Betreuungs- und Beziehungswechsel kommt es nicht selten vor, dass die Liste der Fachkräfte, die bereits für ein 11- oder 12-jähriges Kind zuständig gewesen sind, bis zu zwanzig Stationen und mehr umfasst. Brüche und Übergänge in der Hilfegeschichte sind folglich eine „Regelerfahrung" für die beteiligten jungen Menschen, sind zu manchen Zeitpunkten sicher sinnvoll, um neue Optionen zu eröffnen, aber oftmals auch in ihrer Notwendigkeit und in ihren fachlichen Begründungen zu hinterfragen.

Vor allem wird in den Fallanalysen jedoch deutlich – und dies erscheint als ein wesentlicher Faktor für die Verschärfung von Fallentwicklungen –, dass Übergänge und Wechsel zwischen einzelnen Maßnahmen und somit auch zwischen unterschiedlichen Bezugspersonen häufig nicht planvoll gestaltet werden, sondern sich unverbunden aneinander reihen. Dies bezieht sich auf Fallübergaben zwischen verschiedenen bezirklichen Sozialdiensten, auf Übergänge zwischen Maßnahmen abgebender und neu aufnehmender freier Träger innerhalb der Jugendhilfe sowie auf Schulwechsel oder Wechsel, die nach einem Aufenthalt in der Kinder- und Jugendpsychiatrie erfolgen. Die Fallsteuerung durch den ASD erfolgt in diesen Fällen aus unterschiedlichen Gründen nicht konsequent und wird von den beteiligten Trägern auch nicht eingefordert. Es zeigt sich, dass nicht nur im Klientensystem keine konstruktive Kommunikation stattfindet, sondern auch im Hilfesystem keine Kultur des offenen und kritischen Dialogs existiert. Dies drückt sich u.a. darin aus, dass seitens des ASD als leistungsgewährender Instanz mit freien Trägern nur selten die Qualität und Zufriedenheit mit ihrer Leistungserbringung thematisiert werden.

> Im Fall „Paul" ist der ASD z.B. sehr unzufrieden damit, dass der leistungserbringende Träger im Verlauf einer Maßnahme mit dem Jungen nicht an vereinbarten Themen arbeitet, um Paul damit einen emotionalen Zugang zu seinen familiären Missbrauchserfahrungen, die sich in einer Jugendhilfeeinrichtung wiederholt haben, zu verschaffen und dem Jungen so eine Möglichkeit der Verarbeitung zu eröffnen. Diese Kritik ist jedoch nicht Gegenstand einer gemeinsamen Reflexion, sondern die Unzufriedenheit seitens des ASD wird hier (wie auch in anderen Fällen) mit zukünftiger Nicht-Belegung des entsprechenden Trägers „geahndet".

Eine weitere Hürde für die vertrauensvolle Kommunikation und die gemeinsame Fallbearbeitung zwischen dem ASD und seinen Kooperationspartnern ist, dass Helferrollen und wechselseitige Erwartungen der verschiedenen Dienste zwischen den Professionellen in einer Reihe von Fällen unklar sind. Als scheinbare Selbstverständlichkeiten sind entsprechende Vereinbarungen nicht oder nur selten Gegenstand von Arbeitsabsprachen oder gemeinsamen Fallreflexionen. Arbeitet ein freier Träger jedoch im Rahmen eines ungeklärten Verhältnisses zu seinem „Auftraggeber" (ASD) mit einem Kind oder einer Familie, so besteht die Gefahr, dass es zwischen den unterschiedlichen Institutionen kein Arbeitsbündnis gibt und die zu bearbeitenden Aufgaben unterschiedlich interpretiert werden.

Im Fall „Nicole" hat dies die Auswirkung, dass die Fachkraft der Sozialpädagogischen Familienhilfe eine Koalition mit (Teilen) der Familie und gegen den ASD bildet und wichtige Informationen nur selektiv an die fallverantwortliche Fachkraft weitergibt. In der Fallkonsultation berichtet die Mitarbeiterin der SPFH: *„Während eines Hausbesuches kam es zu einem Streit zwischen Mutter und Tochter, in dem Frau Schipper* [die Mutter] *mit unglaublicher Wut auf Nicole* [ihre Tochter] *eingeschlagen hat. ... Davon habe ich der ASD-Kollegin erzählt, nicht aber von meiner Vermutung, dass Nicole solche Situationen kennt und wahrscheinlich über einen langen Zeitraum von ihrer Mutter geschlagen wurde. ... Sie* [gemeint ist die Mutter von Nicole] *hat mir im Laufe der Betreuung doch so viel über sich erzählt und sich mir geöffnet ..."* Durch die mangelnde Rollenklarheit, das Fehlen eines Arbeitsbündnisses zwischen den Fachkräften, aber auch aufgrund der Tatsache, dass nicht klar abgesprochen ist, welche Informationen der ASD grundsätzlich von der SPFH erhalten will und muss, kommt es hier zu einem falsch verstandenen Vertrauensschutz auf Seiten des freien Trägers gegenüber der Mutter, der als Hinweis auf die Kooperationsschwierigkeiten zwischen den Professionellen gewertet werden kann.

Die skizzierte unzureichende Kommunikation trägt maßgeblich dazu bei, dass in oft langjährigen Verläufen von Hilfegeschichten wichtige Informationen und einmal gewonnenes Fallwissen wieder verloren gehen. Aktuelle Situationen und Verhaltensweisen von Kindern und Familien werden nicht in ihrer Entwicklung und ihrem Bedeutungszusammenhang gesehen. Ebenso findet in bzw. zwischen den beteiligten Institutionen keine selbstkritische Reflexion der geleisteten Arbeit, d.h. der eigenen Erfolge und Misserfolge, statt, an die eine neue Maßnahme anknüpfen kann. Für die betroffenen Kinder wiederholt sich darin eine Erfahrung, die sie aus ihren Familien zur Genüge kennen: der stetig wiederkehrende Wechsel von Neubeginn und Abbruch, immer verbunden mit dem professionellen Versprechen und/oder

der eigenen Hoffnung, dass es „diesmal besser wird", und der späteren Enttäuschung, wenn es „wieder einmal nicht geklappt hat".[28]

Die mangelnde Kooperation und Kommunikation, für die von den beteiligten Professionellen z.T. auch fiskalische Gründe angeführt werden (*„Das Jugendamt bezahlt keine zeitliche Überlappung in der Fallbearbeitung durch freie Träger."*), lässt sich systemtheoretisch dadurch erklären, dass jede beteiligte Organisation darum bemüht ist, Verunsicherungen zu vermeiden und die eigene Stabilität zu wahren. Dies belegt auch ein weiteres Handlungsmuster in der Interaktion zwischen gleichzeitig agierenden Organisationen: Unterschiedliche Einschätzungen und Prognosen, aber auch strukturell bedingt unterschiedliche Interessen, Aufträge und Zielvorstellungen der unterschiedlichen fallbeteiligten Fachkräfte und ihrer Institutionen werden in der Fallbearbeitung nicht systematisch miteinander kommuniziert, aufeinander bezogen und in ein abgestimmtes Handlungskonzept gebracht. Jedes System agiert entsprechend der eigenen Logik und weitgehend ungeachtet der Tatsache, dass es neben der eigenen Sichtweise noch andere Einschätzungen geben kann. Diese Handlungsweise ist in einer Reihe der Fälle zu beobachten und in besonderem Ausmaß zwischen den unterschiedlichen Unterstützungs- und Kontrollsystemen mit ihren je eigenen Begründungs- und Erklärungszusammenhängen.

Im Fall „Walid" zeigt sich in der Fallkonsultation, dass Schule, Polizei und Jugendhilfe völlig unterschiedliche Interessen verfolgen, mit denen die Sinti-Familie unabgestimmt konfrontiert bzw. „torpediert" wird. Die Arbeit mit der Familie hat keine gemeinsame Richtung: Die einen favorisieren einen Sorgerechtsentzug, weil die Familie einen Alltag lebt, der hiesigen Normvorstellungen nicht entspricht. Die anderen haben zumindest die gute Absicht, die eigenen Lebensvorstellungen der Familie zu respektieren und sie in der Alltagsbewältigung zu unterstützen, wenn auch dies den eigenen Vorstellungen davon, wie Kinder aufwachsen sollen, kaum entspricht. Deutlich wird, dass der eigentliche Schauplatz der Auseinandersetzung das Spannungsfeld der unterschiedlichen Einschätzungen und Erwartungen der verschiedenen HelferInnen und ihrer Systeme ist.

In diesem wie in anderen beratenen Fällen zeigen sich als Auswirkungen einer solchen Interaktion mangelnde Informationsbündelung, Missverständnisse und Interessenkollisionen, wechselseitige Abwertungen sowie (Zuständigkeits-)Konflikte zwischen den einzelnen AkteurInnen und ihren Organisationen. Häufig wird – gerade in den so genannten schwierigen Fäl-

---

28 Jürgen Blandow (1996) hat diese Dynamik an einer sehr differenzierten und sensiblen Einzelfallschilderung bereits vor einigen Jahren nachgezeichnet.

len – mehr gegeneinander agiert als miteinander. Durch die unzureichende und unsystematische Kommunikation im Hilfesystem gelingt es nicht, einen gemeinsamen „roten Faden" für den Fallverlauf zu knüpfen, d.h. ein von allen akzeptiertes Fallverständnis, eine gemeinsame Zielvorstellung und eine daraus resultierende Handlungsplanung zu entwickeln. Dies wiederum kann sowohl zu Unsicherheiten bei den AdressatInnen führen als auch zu einer Schwächung des Hilfesystems, weil dessen Anfälligkeit für Spaltungen durch die AdressatInnen wächst. Eine wichtige Erkenntnis in diesem Zusammenhang ist, dass in allen analysierten Fällen die Kooperation immer weniger funktioniert, je stärker Fälle und Situationen eskalieren. Sich anbahnende Krisen führen häufig dazu, dass sich die beteiligten Fachkräfte und Systeme zunehmend auf die eigenen Grenzen und eng ausgelegte Zuständigkeitsregelungen zurückziehen, Fälle zwischen einzelnen Diensten hin- und hergeschoben werden, eine Negativbewertung der jeweiligen Kooperationspartner stattfindet und weniger lösungsorientiert gedacht und kooperiert wird. Anfällige und ungeübte Kooperationen werden in dem Maße brüchig, in dem der Außendruck in einer kritischen Situation steigt. Neben den beschriebenen Handlungsmustern in der institutionellen Kooperation muss schließlich noch auf einen weiteren Risikofaktor hingewiesen werden: In den untersuchten Fällen zeigt sich, dass Hinweise auf einen möglichen Unterstützungsbedarf von Kindern und Familien oftmals früh in der Lebensgeschichte eines Kindes sichtbar werden, entsprechende Wahrnehmungen sich jedoch als singuläre Eindrücke wieder verflüchtigen und in ihrer Bedeutung als frühe Warnsignale oder Hinweise auf Hilfebedarfe nicht genutzt werden können. Das in unterschiedlichen Institutionen gewonnene Wissen über Schwierigkeiten und Belastungen von Kindern und Familien fließt nicht frühzeitig zusammen und kann somit nicht als Ansatzpunkt für frühzeitige und präventive Unterstützung genutzt werden. In der Regel wird der ASD in einem Fall erst tätig, wenn es – bildhaft gesprochen – bereits „brennt".

b) Binnenkooperation innerhalb eines Systems
Typische Handlungsmuster und sich daraus ergebende Risikofaktoren für Fallverläufe innerhalb einer Organisation können in der vorliegenden Untersuchung nur aus der Analyse von Prozessen innerhalb des Jugendamtes erschlossen werden. Grund dafür ist, dass in den Fallkonsultationen immer mehrere VertreterInnen dieser Organisation anwesend waren und die eigenen Arbeitsweisen mündlich beschrieben und auch reflektiert haben. Dennoch können die nachstehenden Handlungsmuster als exemplarisch für eine mögliche Dynamik in Institutionen gewertet werden, die sich problemverschärfend auswirken kann. Innerhalb des an der Untersuchung beteiligten Großstadtjugendamtes prägen insbesondere wechselseitige Zuständigkeitszuschreibungen, aber auch unklare Kompetenzregelungen und Entscheidungsstrukturen die Konfliktlinien. Bei der Frage der Zuständigkeit und Verantwortlichkeit für einen Fall ist zu beobachten, dass diese in den kon-

fliktbelasteten Fällen nicht anhand des Kriteriums entschieden wird, was für die beteiligten AdressatInnen und den Betreuungsverlauf am sinnvollsten ist (z.B. Beibehaltung der Fallzuständigkeit bei innerstädtischem Umzug). Stattdessen zeigt sich, dass Fachkräfte und ihre Organisationen gerade in den untersuchten Fällen oft auf eine enge Auslegung bestehender Zuständigkeitsregeln beharren und nicht bereit sind, den durchaus vorhandenen Interpretationsspielraum der Regelungen zu nutzen. Zuständigkeitswechsel werden, wie sehr deutlich im Fall „Ahmet", teilweise „vorschriftsgemäß" vollzogen, um für sich selbst bzw. den eigenen Dienst eine Entlastung herbeizuführen, ohne dies benennen oder sich dafür erklären zu müssen. Dies ist nur ein Beispiel dafür, dass von Fachkräften oftmals beklagte formale Regelungen innerhalb einer Organisation von ihnen situativ auch „gewinnbringend" genutzt werden können, weil ihr Interpretationsgehalt subjektive Rückzugsmöglichkeiten eröffnet. Als eine analoge Vorgehensweise außerhalb des ASD kann auch die Zuständigkeitsfrage in Kinder- und Jugendpsychiatrien angeführt werden, in denen diese sich in einigen Fällen ebenfalls stärker an dem fallbezogenen Interesse bzw. Desinteresse sowie an der aktuellen Belegungssituation orientiert als an der Bedürftigkeit von Kindern. Wird Ahmet beispielsweise kurz vor seiner Zeit in Haft in der KJP-2 aufgenommen, obwohl diese örtlich nicht zuständig ist, so lehnt eine zuvor angefragte KJP seine Aufnahme mit genau dieser Begründung ab. Auch hier wird augenscheinlich das institutionelle Handeln eher von eigenen Logiken geleitet.

Unklare Kompetenzregelungen und Entscheidungsstrukturen bilden weitere Risikofaktoren institutionellen Handelns. In der Kooperation zwischen dem Fachamt und den bezirklichen Sozialdiensten, d.h. zwischen den hierarchisch auf unterschiedlichen Ebenen angesiedelten Teilsystemen des Gesamtsystems Jugendamt, wird in einer Reihe von Fällen deutlich, dass unklar ist und somit für die Bezirke und die Fachkräfte auch schwer zu kalkulieren, zu welchem Zeitpunkt das Fachamt in Fallverläufe interveniert. Allen Beteiligten ist die generelle Aussage bekannt, dass sich die in der Hierarchie höher stehende Ebene vorbehält zu intervenieren, wenn ein Fall eskaliert, d.h. in der Regel wenn er zu teuer, öffentlichkeits- oder medienwirksam wird oder aber von Dritten Eingriffserwartungen nachdrücklich formuliert werden. Wann genau dies jedoch passiert, wird in den Subsystemen als willkürlich erlebt. Dementsprechend wirken situative Eingriffe auf die betroffenen ASD-Fachkräfte, aber auch auf die Leitungskräfte der mittleren Ebene oftmals als formale Ausübung hierarchischer Macht und befördern das Empfinden eigener Ohnmacht gegenüber der Willkür und Unberechenbarkeit in der eigenen Organisation.

Diese Dynamik wird z.B. im Fall „Paul" sehr offensichtlich. Paul ist gerade 14 Jahre alt, als er geschlossen untergebracht wird. Er hat bereits eine lange Hilfegeschichte mit etlichen Betreuungs- und Unterbringungsformen hinter sich, hat innerhalb der Jugendhilfe Missbrauchserfahrungen gemacht, ist in die Pädophilenszene der Großstadt geraten und kommt zunehmend mit der Polizei in Konflikt. Der zuständige ASD verliert mehr und mehr den Zugang zu Paul und die Probleme werden größer. In dieser Situation schaltet sich der zuständige Bezirksamtsleiter ein und forciert in Sorge vor „negativer Presse" die geschlossene Unterbringung des Jungen. Der ASD ist mit dieser Entscheidung zunächst nicht einverstanden, arrangiert sich jedoch im weiteren Verlauf damit, weil *„damit ja auch die Chance verbunden war, Paul festzuhalten, damit er greifbar war, um überhaupt erzogen werden zu können. "*

Eine nicht seltene Reaktion auf dieses Erleben plötzlicher Eingriffe durch die Hierarchie ist, dass bestehende Regelungen und Kompetenzen der Einflussnahme durch die in der Hierarchie höher stehende Ebene von den Subsystemen auf „subversiven" Wegen unterlaufen werden, um den eigenen Einfluss und die eigene Bedeutung aufrechtzuerhalten. Das grundsätzlich auch als fachliche Unterstützung gedachte Beratungsangebot des Fachamtes für die bezirklichen Sozialdienste kann in einer solchen Situation nicht angenommen werden. Hier zeigt sich die gleiche Spannung von Hilfe und Kontrolle wie in vielen Hilfegeschichten. Kann diese dann nicht kommuniziert und für alle Beteiligten nachvollziehbar ausbalanciert werden, so überwiegt das Misstrauen gegenüber der angebotenen Unterstützung. Die institutionelle Konkurrenz um Einfluss und Entscheidungsbefugnisse sowie wechselseitige Abgrenzung der einzelnen Teilsysteme in der Organisation werden somit auf Kosten der AdressatInnen ausgetragen.

Ähnliche Auswirkungen hat eine Arbeitsform, die die Gestaltung der Fallarbeit und die Umsetzung getroffener Vereinbarungen weitgehend in das Belieben, die Kompetenz und die Kooperationsfähigkeit der fallzuständigen Fachkräfte stellt.

Im Fall „Ahmet" wird im Verlauf der Fallkonsultation ein Hilfearrangement erarbeitet, das die weitere Fallsteuerung bei klarer Letztverantwortung durch die zuständige Leitungsfachkraft einem eigens eingerichteten dreiköpfigen Team überträgt, welches aus dem Jungen nahe stehenden Fachkräften besteht. Aufgrund persönlicher Differenzen zwischen zwei der drei Fachkräfte kommt dieses Betreuungsarrangement nicht zustande. Die zuständige Leitungsfachkraft sieht sich nicht in der Lage, diesen Konflikt zu moderieren bzw. klare Entscheidungen zu treffen, die jenseits der Animositäten zwischen den Fachkräften die Interessen des Jungen gewahrt und die Umsetzung des geplanten Steuerungsgremiums ermöglicht hätten.

Die beschriebene Situation, die die Frage aufwirft, warum das, was als fachlich sinnvoll erscheint, nicht umgesetzt wird, steht beispielhaft dafür, dass der subjektive Handlungsspielraum von Fachkräften und ebenso der individuelle Handlungszwang relativ groß sind, wenn Leitungsaufgaben nicht oder nur unzureichend wahrgenommen werden oder werden können.

Unterstützungs-, Kontroll- und Sanktionsmöglichkeiten in der Organisation und in der Hierarchie werden durch die Leitungskräfte – trotz streng geordneter Dienst-, Informations- und Entscheidungswege – nicht genutzt bzw. sind aus ihrer Sicht nicht oder nur sehr begrenzt vorhanden. In der m.E. vorherrschenden methodischen Beliebigkeit für individuelles Handeln innerhalb eines formal straffen „Organisationskorsetts" zeigt sich ein Managementproblem der Jugendhilfe: Was sind im Kontext der Jugendhilfe Aufgaben und Funktionen von Leitung, und wie sind diejenigen, die Leitung wahrnehmen, für diese Tätigkeit qualifiziert und ausgestattet? Was sind die zur Verfügung stehenden und vereinbarten Instrumente, um das organisatorische Gesamtsystem zu steuern?

Resümierend lässt sich mit Blick auf das Thema „Kooperation" ein Mangel an Information, Kommunikation, Transparenz, Rollen- und Erwartungsklarheit sowie abgestimmten Deutungs- und Handlungskonzepten konstatieren. Zwar zeigen sich in den analysierten Fällen eine Reihe gelingender und produktiver Einzelkooperationen, gleichzeitig existieren aber kaum tragfähige Strukturen, Vereinbarungen, Rituale und Erfahrungen, auf denen die Zusammenarbeit von Personen grundsätzlich beruht.

5.1.2 Dominanz organisationaler Interessen

Folgt man dem systemtheoretischen Paradigma, so sind formalisierte Organisationen als selbstreferentielle oder autopoietische Systeme zu begreifen, die ihr Handeln nach je eigenen Rationalitäten ausrichten und danach streben, ihre Stabilität zu bewahren, wiederzugewinnen oder zu optimieren (vgl. Miller 2001: 50). Die systemeigenen Rationalitäten wiederum ergeben sich aus den funktionalen Sinnzusammenhängen einer Organisation, deren Grundlagen der Systemzweck, die spezifischen Strukturen, Regeln, Rollen, Rollenerwartungen und die Bedingungen bilden, die für die Kommunikation mit der Umwelt leitend sind. Dies bedeutet, dass auch Organisationen, die den Auftrag haben, anderen Menschen in Belastungs- und Krisensituationen zu helfen, das eigene Handeln nicht nur an dem Hilfemotiv ausrichten, sondern auch daran, ob das professionelle Agieren der eigenen Systemstabilität und dem Selbsterhalt dient. Im Kontext dieser theoretischen Erklärungen lässt sich an den analysierten Fällen zeigen, dass die unterschiedlichen Interessen und Aufträge innerhalb einer Organisation nicht immer miteinander zu verbinden sind und das Ausbalancieren der unterschiedlichen sinngebenden Zielorientierungen mit einem hohen Anspruch verbunden ist. In den untersuchten Fällen zeigt sich mehrheitlich eine Dominanz organisationaler Interessen gegenüber den Belangen der HilfeadressatInnen und gegenüber den pädagogischen Anforderungen im Umgang mit kritischen Lebenssituationen. Dies lässt sich an vier herausgearbeiteten Handlungsmustern illustrieren:

- Strategie des minimalen Eingriffs,

- Ausgrenzung von Kindern und Jugendlichen,

- Maßnahmeorientierung,

- kurzsichtiges, auf die nächste Intervention begrenztes Denken und Handeln.

Strategie des minimalen Eingriffs

In einer Reihe der Fälle zeigt sich, dass Handlungsintensität und Stärke der Interventionen in Fallverläufe über lange Zeiträume sehr gering sind. Formlose Beratung oder sehr niederschwellige Hilfen sind die Mittel der Wahl, um Familien zu unterstützen. Zu beobachten ist dann im Rückblick auf diese Hilfegeschichten, dass die Interventionen in ihrer Abfolge immer etwas „höher dosiert" werden, bis es dann langsam, aber stetig oder manchmal auch „von null auf hundert" doch z.B. zur Fremdunterbringung oder gar zur geschlossenen Unterbringung kommt. Dieses Handlungsmuster lässt sich damit erklären, dass eine moderne und ressourcenorientierte Jugendhilfe bestrebt ist, die Potenziale von Kindern und Familien zu berücksichtigen und Eingriffe möglichst gering zu gestalten. Die Gefahr der beschriebenen Ressourcenorientierung liegt jedoch darin, den gefährdenden Momenten für ein gesundes Aufwachsen von Kindern nicht genug Beachtung zu schenken. In der Bedeutung jedoch problematischer als die möglicherweise eingeschränkte Wahrnehmung von Gefährdungsmomenten erweist sich in den Fallanalysen, dass das beschriebene Handlungsmuster (d.h. die langsam ansteigende „Dosierung" von Hilfeleistungen) weniger als ein Ergebnis planvoller Hilfegestaltung erscheint, sondern als ein zögerliches, unentschiedenes und an Eigenlogiken orientiertes Handeln innerhalb des Hilfesystems. Dies zeigt sich sehr deutlich in den beiden differenziert rekonstruierten Fallgeschichten von Tim und Ahmet, aber auch in einer Reihe der anderen Fälle.

In der Hilfegeschichte von „Paul" werden das zögerliche Eingreifen der Jugendhilfe und die Unsicherheit bezüglich der angemessenen Intervention z.B. am Umgang mit der gesamten Familie deutlich. Es handelt sich um eine Familie, die dem Jugendamt zum Zeitpunkt der Fallkonsultation seit mehr als zwanzig Jahren bekannt ist. Über lange Jahre hat die Jugendhilfe den Eltern und ihren sieben Kindern unterschiedliche Angebote gemacht, um die materielle Notlage, vor allem aber die Versorgung und Erziehung der Kinder durch die Eltern zu unterstützen. Über einen längeren Zeitraum gibt es Hinweise darauf, dass mindestens zwei der Töchter vom (Stief-)Vater sexuell missbraucht werden, alle Kinder erleben physische Gewalt durch Herrn Beckhoff. Im Zuge der Entwicklung kommt es 13 Jahre nach dem Erstkontakt zu der Familie zum Sorgerechtsentzug für die beiden ältesten Töchter der Eheleute, drei Jahre später wird ihnen das Sorgerecht für die anderen Kinder entzogen, die daraufhin fremdplatziert werden. Für Paul (und auch für seine Geschwister) ist dies der Beginn einer langen Kette unterschiedlicher Betreuungs- und Unterbringungsformen, die in seinem 14. Lebensjahr vorerst mit der geschlossenen Unterbringung enden. Anhand der Auflistung der Hilfestationen des Jungen und der Analyse der damit verbundenen Begründungen kann die Schlussfolgerung gezogen werden, dass die institutionelle Geschichte von Paul einem permanenten Wechselspiel von Versuch, Irrtum und Neubeginn gleicht, denn es bleibt unklar, wann welche Maßnahme mit welcher Begründung gewährt wird und wieso gerade diese Hilfe gegenüber anderen denkbaren Möglichkeiten ausgewählt wird.

Wie die verschiedenen Fallbeispiele zeigen, liegen Gründe für zunächst minimale Eingriffe durch die Hilfesysteme auch darin, dass Fälle durch diese Form der Bearbeitung zunächst weniger Arbeitskapazitäten binden, Akten schneller wieder beiseite gelegt werden können und konfrontative Auseinandersetzungen mit Eltern und Kindern seltener geführt werden müssen. Hinzu kommt, dass die Jugendhilfe der eigenen beurteilenden oder diagnostischen Kompetenz oftmals nicht zu trauen scheint und deshalb zu Interventionen neigt, die mit weniger Begründungsnotwendigkeiten verbunden sind. Grundlage für diese Vermutung sind zwei Erkenntnisse aus den Fallanalysen. Zum einen werden insbesondere seitens des ASD, aber auch von beteiligten freien Trägern, nur in sehr geringem Ausmaß begründete Beurteilungen oder Diagnosen für einzelne Fälle formuliert. Zusammenhangsvermutungen, Kontextualisierungen von auffälligem Verhalten und Hypothesen bezüglich subjektiver Sinnlogiken von HilfeadressatInnen stehen gegenüber langen Beschreibungen von Fehlverhalten deutlich zurück. Zum anderen liefern die Psychiatrieerfahrungen der vorgestellten Kinder (zehn von elf hatten ambulante und/oder stationäre Erfahrungen mit der KJP) und die Vielzahl der vorliegenden psychologischen oder psychiatrischen Gutachten einen Hinweis auf eine unzureichende eigene Beurteilungskraft der Jugendhilfe. Anhand der Fallverläufe und der mündlichen Berichte von Fachkräften lässt sich schließen, dass die Jugendhilfe oftmals vor Fremdunterbringungen, Sorgerechtsentzügen oder der Erwägung geschlossener Unterbringung Gutachten der Psychiatrie einholt, d.h. oftmals dann, wenn die eigenen Einschätzungen durch ein vermeintlich „objektiveres" Urteil einer anerkannteren Disziplin abgesichert werden sollen.

Ausgrenzung von Kindern und Jugendlichen
Neben der beschriebenen Strategie des minimalen Eingriffs sind verschiedenartige Ausgrenzungsmechanismen, mit denen die Hilfesysteme zur Stigmatisierung von Kindern beitragen, ein weiterer Beleg für die Dominanz organisationaler Interessen. Zu unterscheiden sind dabei die Form von Ausgrenzung, die die Kehrseite einer modernen und differenzierten Jugendhilfe darstellt, und diejenige Ausgrenzung, welche offensichtlich der eigenen Entlastung und der Minimierung institutioneller Verunsicherung dient. Schon Jürgen Blandow (1996) hat in der bereits erwähnten Einzel-

fallschilderung darauf hingewiesen, dass die Modernisierung der Jugendhilfe auch negative Folgewirkungen erbringt. Die Differenzierung von Maßnahmen, die zielgruppenbezogene Spezialisierung und die Professionalisierung von Handlungskonzepten haben neben den positiven Effekten auch ein tragisches „Prinzip der Delegation" zur Folge: Für jedes Problem gibt es eine Lösung und für jede Lösung ein spezifisches Angebot. Problemlagen von Kindern und Jugendlichen werden „in Scheibchen zerlegt" und weitergereicht. Die Genese eines problematischen Lebensverlaufes in seinem familiären und sozialen Zusammenhang gerät aus dem Blick, je mehr sich die verselbstständigte Symptomatik in den Vordergrund schiebt. Das Hilfesystem wird Teil der Dynamik, weil es den Kontext des auffälligen Verhaltens ausblendet bzw. gar nicht kennt.

Zu diesem strukturellen Problem kommt hinzu, dass in fast allen analysierten Fällen mit Blick auf die Kinder und Jugendlichen die Rede davon ist, dass diese für eine Maßnahme oder eine (Heim-)Gruppe aus unterschiedlichsten Gründen ab einem bestimmten Zeitpunkt „nicht mehr tragbar" sind. Die Selektionskriterien von Fachkräften und Organisationen sind dabei vielfältig: Drogenkonsum, mehrfaches Weglaufen, massives Verstoßen gegen die Gruppenregeln, Gruppenunfähigkeit, mangelnde Einsicht in die eigenen Probleme und Schwierigkeiten etc. – all das sind Begründungen für den Ausschluss eines jungen Menschen, die manchmal bekannt sind und kommuniziert werden, oftmals aber erst angeführt werden, wenn das persönliche bzw. institutionelle Maß an geduldetem Fehlverhalten überschritten ist. Sehr offensichtlich wird in den Fallanalysen allerdings, dass über die jeweilige Schwelle für die Ausgrenzung von Kindern und Jugendlichen häufig situativ entschieden wird und für diese Entscheidung maßgeblich ist, wann ein System sich durch einen jungen Menschen in seiner Beschaffenheit und Funktionstüchtigkeit bedroht fühlt. Institutionell unerwünschtes Verhalten wird also nicht zum Anlass für Selbstreflexion, sondern führt häufig dazu, dass die nächste Station in der Hilfegeschichte eines Jungen oder eines Mädchens beginnt. Dieser häufig zu beobachtende mehrfache Wechsel von Neubeginn, Aufnahme und Ausgrenzung wird zum Kreislauf, der von einer negativen Dynamisierung gekennzeichnet ist. „Nicht mehr tragbar" zu sein fungiert in Organisationen als Chiffre für Ausgrenzung und die Delegation von Problemen; durch den Sprachgebrauch in Berichten und Gesprächen werden junge Menschen zunehmend stigmatisiert.

In erschreckendem Ausmaß wird dies im Fall von „Kazim" offensichtlich. Wie fast alle Kinder in der Untersuchung hat Kazim mit seinen 11 Jahren bereits eine Vielzahl von Schulwechseln, Jugendhilfemaßnahmen und Psychiatriekontakten hinter sich. Auffällig bei der Analyse der Fallakten ist, dass der Junge von Bericht zu Bericht sowohl in seinem Wesen als auch in seinem Verhalten zunehmend „schlimmer" und „untragbarer" wird. Kazim selbst weiß nicht, ob er ein „kleiner Junge" oder ein „Extrem-Verbrecher" sein will. Beide Anteile, die kindhaften und die erwachsenen und aggressiven, kommen in seinem Verhalten zum Ausdruck; zudem muss er der Partner und Beschützer seiner psychisch labilen Mutter sein. Die Fachkräfte und Institutionen begegnen mit ihren Interventionen jedoch nur den aggressiven und gewaltvollen Anteilen im Verhalten des Jungen. Sein in der Tat hohes Aggressionspotenzial und seine massiven Regelverstöße allein stehen im Mittelpunkt professioneller Analyse und Intervention, er wird als Erwachsener behandelt, zum „Extrem-Verbrecher" geredet, und niemand will ihn haben, d.h. mit ihm arbeiten. Augenscheinlich ist hier, dass die Spirale der negativen Zuschreibungen sich immer schneller dreht und sich schließlich verselbstständigt. Ihren Höhepunkt findet sie in einem 23-seitigen psychiatrischen Gutachten, das die Stigmatisierung des Jungen fortsetzt und den elfjährigen Kazim schließlich zu einem aussichtslosen Fall erklärt: „... Die hier mitgeteilten Befunde sind als einschränkungslos zuverlässig anzusehen. ... Bei Kazim Zafari liegt eine schwerwiegende und hinsichtlich ihrer Auswirkungen katastrophale Strukturschwäche seines Persönlichkeitssystems vor. ... Unglücklicherweise muss bei dieser Sachlage von einer überwiegend ungünstigen Prognose ausgegangen werden. ... Es muss von Anfang an für die mit der Betreuung befassten Personen Klarheit darüber bestehen, dass ein Änderungserfolg überwiegend unwahrscheinlich ist. ... Ich möchte dazu anmerken, dass ich mir die Belastung einer Betreuung nicht zumuten würde. ...".

Warum aber sollte ein Jugendlicher, der von Fachkräften und Institutionen in solcher Form ausgegrenzt und stigmatisiert wird, sich einlassen auf eine Gruppe in der Schule oder im Heim, an einem Ort heimisch werden und sich dazugehörig fühlen, wenn er regelmäßig aufgrund unterschiedlicher und für ihn oftmals nicht erkennbarer Selektionskriterien aus Maßnahmen „hinausfliegt" und immer wieder neu beginnen muss?

Maßnahmeorientierung

Eng verbunden mit dem Muster der institutionellen Ausgrenzung von Kindern und Jugendlichen ist ein mit dem Stichwort „Maßnahmeorientierung" verbundenes Handlungsschema, das in der Fallbearbeitung der bezirklichen Sozialdienste nachhaltig ausgeprägt ist. Signalisiert ein leistungserbringender freier Träger dem ASD, dass ein Kind für diese Einrichtung oder Maßnahme „nicht mehr tragbar" ist – was sich in den analysierten Fällen häufig „von jetzt auf gleich", d.h. scheinbar plötzlich herausstellt –, so zeigt sich innerhalb des ASD ein hohes Bestreben, möglichst schnell eine neue Maßnahme für das betreffende Kind zu installieren. Die handlungsleitenden Fragen in diesen Situationen sind oftmals: „Wie kann das Problem möglichst schnell gelöst werden? Welche Maßnahme ist die richtige? Was kann ich der Familie als Nächstes anbieten?" Aufgrund des realen oder subjektiv empfundenen Problem- und Arbeitsdrucks innerhalb der bezirklichen Sozialdienste ist die Maßnahme- und Lösungsorientierung in der Fallbearbeitung sehr hoch. Bevor die Schwierigkeiten einer vorangegangenen Maßnahme reflektiert und damit zusammenhängende Probleme richtig verstanden werden, wird die nächste Maßnahme bereits vorbereitet, u.a. auch um das Problem „wieder vom Tisch zu haben". Schnelles Handeln dient in diesem Zusammenhang oftmals der Kompensation eigener Überlastung. Über Erziehung und originär pädagogisch begründete Handlungsschritte wird in diesen Situationen kaum noch reflektiert. Die Folge solch zügig getroffener Entscheidungen für einen neuen Träger und eine neue Maßnahme ist, dass sich diese dann oftmals an dem bekannten oder regional verfügbaren Angebotsspektrum orientieren und nicht vorrangig am individuellen Hilfebedarf. Maßnahmen, die für einen jungen Menschen und seine Familie jedoch nicht „passen", sind häufig schon von Beginn an zum Scheitern verurteilt und nur ein neuer Mosaikstein im stetigen Kreislauf von Neubeginn und Abbruch nach dem bereits beschriebenen Prinzip von Versuch und Irrtum.

Kurzsichtiges, auf die nächste Intervention begrenztes Handeln
Ein weiteres Handlungsmuster ist ein anhand der Fälle nachzuzeichnendes Denken und Handeln der Fachkräfte und ihrer Institutionen, das in der kritischen Bewertung vielfach kurzsichtig erscheint und auf die nächste Intervention begrenzt ist. Im Rahmen der Fallbearbeitung plant der ASD mit den beteiligten Kooperationspartnern i.d.R. eine (weitere) Maßnahme in einem Fall und legt die Akte dann bis zum nächsten Hilfeplangespräch zur Seite. In vielen der analysierten Fälle ist jedoch offensichtlich, dass die Umsetzung eines geplanten Schrittes mit einem hohen Risiko des Scheitern verbunden ist. Für diese Situationen werden jedoch nur sehr selten die vorhersehbaren oder zumindest zu erwartenden Eskalationen im Voraus gedacht. Es findet kein Vordenken von Krisen statt, sondern die Jugendhilfe gerät in Aktionismus, wenn diese dann (vermeintlich) plötzlich eintreten. Fehlende Strategien oder Absprachen für eine Krisenintervention führen in der konkreten Krise allerdings zu Handlungsunfähigkeit, da sich der Druck in akut zugespitzten Situationen über das erträgliche Maß hinaus steigert und Träger mehr mit sich selbst beschäftigt sind als mit dem Fall. Die Suche nach kurzfristiger Entlastung, z.B. dadurch, dass ein Jugendlicher im Ausland untergebracht und dadurch zunächst aus der eigenen, unmittelbaren Zuständigkeit entlassen wird, erweist sich bei eintretenden Krisen als trügerisch, da der Handlungsdruck in solchen Situationen plötzlich und durch das Unvorbereitetsein potenziert zum Tragen kommt.

Insgesamt verweisen die beschriebenen Handlungsmuster darauf, dass sich Hilfeentscheidungen in Institutionen oftmals sehr nach dem richten, was organisationskonform ist. Formal organisierte Systeme wie Jugendämter, psychosoziale Dienste, Psychiatrien, Schulen etc. stellen bestimmte Erwartungen an ihre MitarbeiterInnen, z.B. die vorhandenen finanziellen Mittel sparsam zu verwenden (Stichwort „ambulant vor stationär"), die institutionellen Werte zu vertreten oder Lösungen für Probleme anzubieten, die von der Organisation getragen werden können. Im systemtheoretischen Sinne sind dies legitime Erwartungen einer Organisation, die jedoch vielfach nicht-intendierte Nebenwirkungen mit sich bringen, die zu Lasten der HilfeadressatInnen gehen. Werden quasi automatisch immer erst ambulante Hilfen gewährt, weil diese billiger sind, oder die regional zur Verfügung stehenden Hilfeangebote ausgewählt, weil sie nun einmal da sind, so orientiert sich dies wenig(er) an dem, was eine Familie oder ein junger Mensch wirklich braucht. Führt ein Fall, so die zentrale Schlussfolgerung, aus welchen Gründen auch immer für eine Organisation zu einem Maß an institutioneller Verunsicherung, die die eigene Stabilität in Frage stellt, werden pädagogische Handlungsnotwendigkeiten den organisationalen Interessen i.d.R. untergeordnet.

5.1.3 Übergewicht unreflektierter normativer Orientierungen

Leitend für das Selbstverständnis sozialer Arbeit ist es, soziale Gerechtigkeit hinsichtlich der Verteilung von Lebensressourcen und der gesellschaftlichen Teilhabe ihrer Adressatinnen und Adressaten realisieren zu wollen (vgl. Thiersch 2001). Im Alltag der sozialen Praxis bedeutet dies, Entwicklungsprozesse von Menschen zu begleiten sowie Unterstützung in Belastungs- und Krisensituationen anzubieten. Zur Erfüllung dieser Aufgaben benötigt die soziale Arbeit normative Orientierungen für das konkrete Handeln. Ohne beispielsweise Vorstellungen darüber zu haben, was ein Kind braucht, um physisch und psychisch möglichst unversehrt heranwachsen zu können, sich die Welt anzueignen und eine eigene Identität zu entwickeln, ist Erziehung und die Unterstützung elterlicher Verantwortung durch professionelle Sozialarbeit nicht denkbar. Aber so notwendig diese normativen Vorstellungen sind, so riskant sind sie auch mit Blick auf eine konsequente Orientierung an der Autonomie des Subjekts. Ob und wie ein Problem wahrgenommen und bewertet wird, hängt in nicht unerheblichem Maße von der Person ab, die diese Einschätzung vornimmt. Zum einen prägen die individuellen Wahrnehmungen der Fachkräfte, ihre eigenen Normen und Werte, ihre Grundhaltungen und lebensgeschichtlichen Erfahrungen den fachlichen Zugang zu der Situation eines jungen Menschen bzw. seiner Familie und spielen eine bedeutende Rolle im Kontakt sowie bei der Definition des individuellen Hilfebedarfes. Zum anderen steht das individuelle Fallverstehen in enger Verbindung mit dem System, in dem sich eine Fachkraft bewegt. Wertvorstellungen sind abhängig von Personen, Organisationen, situativem Kontext und der jeweiligen Kultur. In den analysierten Fällen wird in diesem Zusammenhang offensichtlich, dass die Fallbearbeitung in fast allen Fällen übermäßig stark durch unbewusste und/oder nicht kommunizierte persönliche Normen und Wertvorstellungen der fallbeteiligten Fachkräfte geprägt ist, die das Fallverstehen und die daraus folgenden Interventionen maßgeblich leiten. Ob es aber sinnvoll ist, in einer Familie, in der ein Kind real und emotional keinen Platz mehr hat, das Ideal der Familie hochzuhalten und eine Mutter dazu zu bewegen, eine „bessere Mutter" zu sein, auch wenn sie dies nicht sein will bzw. kann, ist höchst fraglich (vgl. Fallrekonstruktion „Tim"). In jedem Falle aber zeigt sich, dass die Fallbearbeitung hier durch einen eindimensionalen und die Wirklichkeiten ignorierenden Blick geleitet wird, der der Komplexität von Problemlagen nicht gerecht wird, wenn es kein Korrektiv zu der notwendigerweise immer subjektiv geleiteten Perspektive der handelnden Fachkraft gibt.

Hinzu kommt auf der persönlichen Ebene, dass Fachkräfte nicht selten in ein weiteres Dilemma geraten: Sie wollen *„das Beste für ein Kind ermöglichen, ... erfahrenes Leid wieder gut machen und für ein Kind ein Stück heile Welt erschaffen"*. Angesichts sozialer Realitäten und begrenzter eigener Handlungsmöglichkeiten können sie dieses „Beste" aber nicht erreichen. Nicht selten entstehen in diesen Situationen Gefühle der Enttäuschung und Ohnmacht, weil die eigenen „Rettungsideen" (und damit verbundene „Allmachtsphantasien") nicht eingelöst werden können und schließlich gegen diejenigen gerichtet werden, die sie auslösen. Das Ideal verstellt häufig den Blick auf real machbare und für Kinder und Familien akzeptable Hilfeangebote. Werden diese an der „Wunschvorstellung", d.h. am Optimum ausgerichtet, gehen sie oftmals mit einer Überforderung für die betroffenen Kinder und auch für die Jugendhilfe selbst einher, weil die Ziele für die konkrete Ausgangssituation und die subjektiven Lebensentwürfe von HilfeadressatInnen viel zu hoch gesteckt sind.

Dies zeigt sich z.B. im Fall von „Martin". Der gerade zehnjährige Junge hat bereits eine Lebens- und Hilfegeschichte hinter sich, die von einer Vielzahl an Enttäuschungen, Vernachlässigungs- und Gewalterfahrungen, Bezugspersonen und Lebensorten geprägt ist. Seine alkohol- und tablettenabhängige Mutter lebt mit häufig wechselnden Partnern zusammen, zu seinem Vater hat er seit seinen frühesten Lebensjahren kaum Kontakt, da dieser in der Drogenszene einer anderen Stadt lebt und mit der Mutter zerstritten ist. In den ersten beiden Lebensjahren wächst Martin bei seiner Mutter auf, wird von ihr aber zwischenzeitlich immer wieder bei Verwandten und Bekannten untergebracht. Mit zweieinhalb Jahren kommt der Junge aufgrund einer Tablettenvergiftung ins Krankenhaus; seine Mutter hat versucht, das schreiende Kind mit Tabletten zu beruhigen. Im Anschluss daran wird er erstmals in einem Kinderheim untergebracht. Nach einem halben Jahr folgt eine etwa halbjährige Lebensphase zuerst zusammen mit seinem Vater und nach kurzer Zeit gemeinsam mit Vater und Mutter, anschließend wieder die Fremdunterbringung über einen Zeitraum von sechs Jahren in zwei verschiedenen Kinder- bzw. Kleinstheimen. In beiden Einrichtungen bleibt Martin so lange, bis er dort jeweils „nicht mehr tragbar" ist. Kurzfristig wird er dann im Alter von knapp 10 Jahren in der Aufnahmegruppe eines Kinderheims in seiner Heimatstadt Köln untergebracht, was jedoch nur als eine Übergangslösung gedacht ist.

Die fallverantwortliche Fachkraft im ASD ist zu diesem Zeitpunkt, als eine erneute Unterbringungsform für Martin gesucht werden muss, hochidentifiziert mit dessen belastender Lebensgeschichte und will dem Jungen in jedem Fall die fehlenden Familienerfahrungen ersetzen, ihm zu einem Zuhause verhelfen. Für Martin soll eine Pflegefamilie gefunden werden, wobei kein Träger in der Umgebung den Jungen aufnehmen will (oder kann). Martin selbst will um jeden Preis weiterhin in seiner Heimatstadt leben, wo er aktuell den Schlafplatz in der Aufnahmegruppe des Heim nutzt und von einem Einzelbetreuer begleitet wird: *„Eigentlich hat der Junge nur Köln, die Stadt, die er kennt und von der er weiß, dass er am Hauptbahnhof seine Schwester treffen kann. Sonst hat er nichts"*. In diesem Fall stehen sich das seitens der Fachkraft favorisierte Ideal und eine für den Jungen akzeptable Hilfeform konträr gegenüber, zumal die fallzuständige Fachkraft, wie sie in der Fallberatung äußert, keinen wirklichen Zugang zu den Bedürfnissen des Jungen hat, sondern dessen Wunsch nach Beheimatung in einer familienähnlichen Form voraussetzt. In der Fallkonsultation wird dieses Missverhältnis von einer Kollegin folgendermaßen auf den Punkt gebracht: „Martin ist ein Kind, das in der Wüste aufgewachsen ist. Sie ist sein Alltag. Bietet ihm jetzt jemand ein Haus mit blühendem Vorgarten, kann er dessen Reiz nicht erkennen und dessen Schönheit nicht einfach annehmen. Er kann sich nicht nach etwas sehnen, von dem er keine Idee hat, dass es existiert."

In dieser bildhaften Beschreibung kommt die Orientierung der Hilfesysteme am Wünschenswerten zum Ausdruck, was zugleich aus der Perspektive der HilfeadressatInnen oftmals gar nicht die erhoffte Hilfe darstellt. Kinder und Familien geraten durch diese Diskrepanz und die Vorstellung von Fachkräften zu wissen, was z.B. ein Kind braucht, in die Gefahr, „Opfer der Ideale der Jugendhilfe" zu werden. Das Scheitern ist programmiert.

Institutionell setzen sich ähnliche Mechanismen fort. Ebenso wie bei den einzelnen Fachkräften finden sich auch in den sozialen Diensten und Einrichtungen unreflektierte normative Vorstellungen darüber, wie Kinder aufwachsen sollen und was „gut und richtig" für sie ist. Auffällig ist auch hier die hohe Orientierung am Familienideal, verbunden mit einer Fokussierung tradierter Geschlechterstereotypen („die gute Mutter") sowie fest gefügte Vorstellungen über die erwünschte Lebensweise von ausländischen Familien in diesem Land. Anpassung an das hiesige Wertesystem und die deutsche Kultur stehen in diesem Kontext als handlungsleitende Maxime im Vordergrund. Ebenso problematisch wie auf der fachlich-individuellen Ebene ist auch hier, dass diese Vorstellungen nicht systematisch kommuniziert und zur fachlichen Leitidee bzw. zum Standard erhoben werden, der auch für Außenstehende transparent ist, sondern diese Normen sich „freischwebend" im System bewegen und die zu treffenden Entscheidungen prägen. Dies vollzieht sich sowohl in kollegialen Beratungszusammenhängen als auch in der bilateralen Interaktion zwischen einer fallzuständigen

Fachkraft und einer Leitungskraft, wenn es in dem jeweiligen System keine gruppenorientierten Arbeitszusammenhänge gibt. In diesen Fällen repräsentiert die Leitungskraft die kollektiven Normen.

Dass die institutionellen Werteorientierungen oftmals mit denen der einzelnen Fachkräfte identisch sind, lässt sich mit einer wechselseitigen Einflussnahme erklären, die sich zwischen einer Person und dem System, welches sie umgibt, vollzieht, wobei der institutionelle Anpassungsdruck gegenüber den einzelnen Fachkräften höher ist als umgekehrt. I.d.R. werden Systeme von kollektiven Normen geleitet, die für den/die einzelne/n Akteur/in einen immer begrenzten Korridor zulässiger Wahrnehmungs-, Deutungs- und Handlungsmuster eröffnen. Organisationstheoretisch gesprochen leitet das Wertesystem einer Institution das Handeln der in ihr tätigen Personen (vgl. z.B. Miller 2001; Sülzer 1996; Simon 1981). Auf der konkreten Handlungsebene erweist sich für die HilfeadressatInnen als problematisch, dass die subtil wirksamen Werteorientierungen von Professionellen zum ausschlaggebenden Faktor für die Leistungsgewährung werden können. LeistungsempfängerInnen werden in diesen Situationen mit einem Wertesystem konfrontiert, das ihnen nicht gemäß ist; beispielsweise werden bestimmte Dinge von den Fachkräften als Problem angesehen, sind jedoch gar kein (vorrangiges) Problem für die HilfeadressatInnen selbst. Es findet jedoch vielfach keine offene Auseinandersetzung über diese unterschiedlichen Wertvorstellungen statt, sondern es kommt zu einer massiven Konfrontation ohne direkte Kommunikation. Die persönlichen Vorstellungen von Familien stehen häufig konträr zu den institutionellen Interessen der HelferInnen und ihrer Organisationen, wobei die Machtverhältnisse zwischen den an der Interaktion Beteiligten ungleich sind. Die unreflektierte Abwertung der Lebensformen und -vorstellungen von Kindern und Familien auf Seiten der Professionellen wird hier zum Maßstab für die Leistungsentscheidung, d.h. für die Unterstützung von Familien oder die Versagung eines Hilfeangebotes. Das in letzterem Fall unterschwellig wirkende Motto *„Wenn eine Familie sich nach unseren Vorstellungen entwickelt, hat sie die Leistung verdient"* führt dazu, dass der angestrebte Dienstleistungscharakter der Jugendhilfe ad absurdum geführt wird.

Auf ein weiteres Handlungsmuster bleibt an dieser Stelle noch hinzuweisen: In einigen der analysierten Fälle hat die hohe Familienorientierung der Jugendhilfe dazu geführt, dass die Interessen von Kindern und Jugendlichen aus dem Blick geraten sind. Zwar hat der Versuch von Fachkräften, Familien zu erhalten, Eltern bzw. i.d.R. Mütter in die Elternverantwortung zu nehmen und damit den Kindern ihr Zuhause zu lassen, das meist vordringlichste Bedürfnis von Kindern nach einem Leben in ihrer Ursprungsfamilie aufgegriffen, dabei jedoch auf die professionell notwendige Differenzierung von Bedürfnissen und Bedarf verzichtet. Parteilich im Sinne der Kinder wäre es in einigen Fällen eher gewesen, sie in dem emotionalen Verstehensprozess zu unterstützen, dass ihr Zuhause und die Eltern ihnen zumindest zu einem gewissen Zeitpunkt in ihrer Lebensgeschichte nicht die materielle, soziale und vor allem emotionale Versorgung geben können, die sich diese Kinder wünschen. Stattdessen kommt es jedoch in diesen Situationen vielfach zu einer die Familiendynamik fortsetzenden Verquickung der normativen Wunschvorstellungen der Fachkräfte mit den subjektiven Wünschen und Hoffnungen emotional verlassener Kinder. Ist in diesen Fällen keine Distanzierung von der emotionalen Aufgeladenheit mehr möglich, richtet sich die professionelle Anwaltschaftlichkeit für die Interessen der Kinder schließlich doch gegen sie, da Ziele verfolgt werden, die zwar ihren Sehnsüchten entsprechen, aber sich vom real Machbaren mehr und mehr entfernen. Das beschriebene Muster der „Werteallianz" zwischen Fachkräften und Kindern bildet sich auch in anderen Beziehungskonstellationen ab

Insgesamt zeigt sich in den Fallanalysen bezüglich der Normativität in den Hilfesystemen, dass die Existenz und Wirksamkeit persönlicher und institutioneller Werte für den Verlauf eines Hilfeprozesses oftmals nicht im Bewusstsein der Fachkräfte sind und deshalb selten selbstkritisch reflektiert werden. Auf der Bewusstseins- und Absichtsebene findet eine Orientierung an den Lebenswelten von HilfeadressatInnen statt, die ihre eigene Begrenzung durch persönliche Werthaltungen nicht bemerkt und eine Übergriffigkeit auf die Autonomie des jeweiligen Gegenübers nach sich zieht. Die unter solchen Vorzeichen installierten Hilfen kommen oftmals gar nicht erst zustande oder scheitern nach kurzer Zeit, weil Entscheidungen nicht mit dem Blick auf das Gesamtgefüge getroffen werden und sich nicht konsequent an der Lebenssituation von Kindern und Familien.

5.1.4 Symptomorientierte Fallbearbeitung

Fachkräfte und Institutionen beschäftigen sich hauptsächlich mit dem als auffällig und störend wahrgenommenen Verhalten von Kindern. Vielfach ist im Verlauf der analysierten Hilfegeschichten zu beobachten, dass sich der Versuch, einen Fall zu verstehen und zu bearbeiten, auf die Symptomebene beschränkt. Die differenzierte Analyse der dahinter liegenden Themen, die biographischen Vorerfahrungen, das gesamte Familien- oder gar das Hilfesystem selbst spielen demgegenüber nur eine untergeordnete Rolle. Die Interventionen sind in diesem Kontext vornehmlich darauf ausgerichtet, störendes Verhalten zu verändern bzw. es möglichst ganz „abzustellen". In der Konsequenz führt dies häufig dazu, dass sich die verselbstständigte Symptomatik zunehmend in den Vordergrund schiebt, wodurch die Geschichte und die Genese eines problematischen Lebensverlaufes in seinem familiären und sozialen Zusammenhang aus dem Blick gerät.

Ein treffendes Beispiel für diese Dynamik ist der Fall „Dorota". Bei Dorota handelt es sich um eine zum Zeitpunkt der Fallkonsultation 17 ½ Jahre alte junge Frau, die bis etwa zu ihrem zwölften Lebensjahr in Polen aufgewachsen ist. Dann ist sie ihrer Mutter nach Deutschland gefolgt, die selbst etwa zwei Jahre zuvor eingereist war und hier ihren zweiten Mann geheiratet hatte, vorrangig – so die Einschätzung der Professionellen –, um in diesem Land leben zu können. Als Dorota knapp 16 Jahre alt ist, ziehen sie, ihre Mutter und ihr Stiefvater nach Köln, wo es schnell zum Kontakt mit dem Jugendamt kommt, da Dorota aufgrund der Auseinandersetzungen mit der Mutter und dem Stiefvater sowie der Gewalttätigkeiten des Stiefvaters beiden Frauen gegenüber um Inobhutnahme bittet. Für Dorota stellt dies einen Schritt dar, der ihre Mutter dazu bewegen soll, sich in den familiären Streitigkeiten mehr auf ihre Seite zu stellen, der jedoch genau das Gegenteil bewirkt. Nach ca. 14 Tagen in der Inobhutnahme teilt die Mutter Dorota und den betreuenden Fachkräften mit, *„dass es das Beste sei, wenn Dorota im Heim bliebe"*. Diese Erklärung der Mutter löst bei Dorota einen Prozess aus, der sich in den folgenden anderthalb Jahren in seiner negativen Dynamik mehr und mehr aufschaukelt. Dorota verbringt ab dem Zeitpunkt der ersten Inobhutnahme jeweils kurze Lebensphasen in wechselnden Unterbringungsformen der Jugendhilfe und auch in der Psychiatrie. Sie provoziert mehrmals ihren eigenen „Rausschmiss" und verwendet alle ihre Energien darauf, sich bei den Menschen in ihrem Umfeld – bei Fachkräften wie im Freundeskreis – unbeliebt zu machen und sich gegen Absprachen und Regeln zu wenden, die zwischen ihr und den jeweiligen Fachkräften ausgehandelt werden (➢ Diebstahl, Raubüberfall, Drogenkonsum, Prostitution, suizidales Verhalten, psychosomatische Erkrankungen etc.). Die Hilfesysteme reagieren im Verlauf dieser Lebensphase vorrangig damit, auf Dorotas Verhalten beschwichtigenden Einfluss zu nehmen, ihr ein anderes Verhalten abzuverlangen (z.B. indem in Hilfeplangesprächen hoher Druck auf sie ausgeübt wird) und ihr immer dann ein neues Angebot zu machen, wenn das vorausgegangene gescheitert ist. Der eigentliche „Knackpunkt" im Fall kann jedoch über lange Zeit nicht ausreichend verstanden werden, und dies, obwohl es bei fast allen betreuenden Fachkräften Sympathien und grundsätzliches Wohlwollen gegenüber der jungen Frau gibt. Es wird wohl gesehen, dass Dorota mit all ihren Kräften versucht, ihre Mutter für sich zu gewinnen und ihre emotionale Zuwendung zu erhalten. Die Beweggründe und die subjektive Logik der jungen Frau für dieses Verhalten bleiben jedoch unerkannt, da die alles beherrschende Beziehungsgeschichte und -dynamik zwischen Dorota und ihrer Mutter nicht konsequent aus der Perspektive des Mädchens analysiert, von den Professionellen verstanden und zum Ausgangspunkt für ihr Handeln gemacht wird.

Verstärkt wird die beschriebene Symptomorientierung dadurch, dass HelferInnen häufig nur über sehr begrenztes Fallwissen verfügen bzw. dies auch nur sehr problembezogen einholen und erfragen. In einer Reihe von Akten finden sich zwar ausführliche Beschreibungen des Fehlverhaltens von Kindern, was als ein Hinweis für die Symptomorientierung gewertet werden kann, aber deutlich weniger und eher spärliche Angaben über Fakten und Ereignisse in der Geschichte einer Familie mit all ihren Verflechtungen. Ob es z.B. bestimmte Lebensthemen gibt, die sich durch die Generationen einer Familie ziehen (Missbrauch, Tod, Suizid, früh sterbende Väter o. ä.), ist oft nicht bekannt. Ebenso ist über die Kernfamilie hinaus meist nur wenig über die Chronik von Familiengeschichten dokumentiert, wie die mündlichen Fallberichte in den Fallkonsultationen zeigen. Auf Seiten der Professionellen gibt es kaum (Mehr-)Generationenwissen, obwohl Großeltern in den Fällen häufig von sehr hoher Bedeutung sind. Überdies mangelt es an Wissen über Personen und personenbezogene Ressourcen im Umfeld eines Kindes und seiner Kernfamilie. Verbunden mit der Aufgabe, einen Hilfebedarf nachzuweisen und eine Hilfe innerhalb der eigenen Institution bewilligt zu bekommen, dominieren defizitorientierte Beschreibungen von Lebenssituationen. Der Blick auf die Ressourcen, Talente und Fähigkeiten eines Kindes oder einzelner Familienmitglieder bleibt in diesem Kontext ausgespart. Durch diese Orientierung findet eine Fokussierung auf den oder die Symptomträger/-in statt, die oftmals zu weiterer Ausgrenzung eines Kindes innerhalb der Familie und des Umfeldes führt und Hilfen hervorbringt, die schnell wieder scheitern, weil sie nicht auf das Gesamtsystem ausgerichtet sind und nicht von allen Beteiligten innerlich mitgetragen werden. Es werden immer wieder Maßnahmen „ausprobiert", die die spezifische Auffälligkeit beheben sollen, ohne dass ausreichend darüber nachgedacht wird, ob diese Maßnahmen sinnvoll an vorangegangene Hilfen anschließen.

Ein weiterer Nebeneffekt der Symptomorientierung: Wird von Professionellen vorrangig auf auffälliges, aggressives und störendes Verhalten von Jugendlichen geschaut, so drohen Mädchen und junge Frauen aus dem institutionellen Wahrnehmungsraster herauszufallen, weil dieses mädchenspezifische Ausdrucksformen für erfahrenes Leid nicht erfasst und ihnen somit den Zugang zu Hilfen deutlich erschwert. Trotz mehrfacher Anregung wurden z.B. im Kölner Modellprojekt nur zwei Fälle in die Fallberatungen eingebracht, in denen Mädchen/junge Frauen im Vordergrund standen. Dies muss jedoch mehr als Indiz für eine weniger sensible Aufmerksamkeit gegenüber den Problemen von Mädchen und jungen Frauen gewertet werden und nicht als Beleg dafür, dass diese in „besseren" Lebenssituationen aufwachsen als Jungen oder sie selbst ihre Lebenssituation nicht als „schwierig" erleben.

5.1.5 Unreflektierte Verstrickung in die Familiendynamik und Reinszenierung

Zu den grundlegenden Kompetenzen von Fachkräften in psychosozialen Arbeitsfeldern gehört die Fähigkeit, mit dem Gegenüber in Beziehung zu treten. Für ihre Sensibilität, die Fähigkeit, sich in die Empfindungen, Wünsche, Ängste und Wirklichkeitsdeutungen von HilfeadressatInnen einfühlen und sich emotional vorstellen zu können, was von ihnen geäußerte Mitteilungen für sie selbst bedeuten, werden Sozialpädagoginnen, ErzieherInnen, PsychologInnen und ähnliche Berufsgruppen ausgebildet und bezahlt. Aber auch diese notwendige Kompetenz, Nähe herstellen zu können, birgt ein Risiko, wenn sie nicht der fachlichen Reflexion zugänglich gemacht wird. In allen untersuchten Fällen sind (sehr) wirkungsmächtige, aber weitgehend unverstandene Verstrickungen der HelferInnen innerhalb ihrer eigenen Systeme und/oder mit den Systemen der KlientInnen zu beobachten, die sich an zwei Phänomenen verdeutlichen lassen:

Zum einen finden im Verlauf des Fallverstehens und der Fallbearbeitung häufig einseitige Identifikationen von Fachkräften der Jugendhilfe und ihrer Bezugssysteme sowie auch von gesamten Institutionen mit einer Person bzw. mit einer Personengruppe aus dem Klientensystem statt. Aus den Augen dieser Person(-engruppe) werden Situationen und Entwicklungen in der Folge bewertet, und die i.d.R. unbewusst gewählte Perspektive bildet die Grundlage für weitere Interventionen. In der Mehrzahl der Fälle identifizieren sich die Fachkräfte mit den Müttern bzw. den Eltern, d.h. mit den Erwachsenen. Möglich ist aber auch eine (Über-)Identifikation mit den Interessen der Kinder, die zu einer falsch verstandenen Parteilichkeit führen kann (➤ Gleichsetzung von Bedürfnis und Bedarf bzw. Kindeswille und Kindeswohl). Wird ein Fall nur eindimensional, d.h. aus einer einzigen Perspektive heraus betrachtet, rutschen die Sichtweisen, Wünsche und Interessen der anderen Beteiligten automatisch weg, und eine differenzierte Problemwahrnehmung wird verhindert. Eine Situation beispielsweise nur aus den Augen einer jungen Mutter zu bewerten heißt u. U., die Schutzbedürfnisse eines Säuglings nicht ausreichend zu berücksichtigen. Lediglich dem Wunsch eines zehnjährigen Jungen zu folgen, der nichts anderes will, als bei seiner Familie zu leben, heißt u. U. zu übersehen, dass dort kein Platz mehr für ihn ist, weil alle Familienmitglieder ihre Probleme auf ihn übertragen haben und er in diesem System keine Chance mehr hat, aus der Rolle des „ungeliebten Schuldigen" herauszukommen. Einseitige Wahrnehmungen verengen folglich den Blick und verhindern eine den unterschiedlichen Interessen gerecht werdende Wahrnehmung und Interpretation der Lebenssituation einer Familie. Die Jugendhilfe und ihre Kooperationspartner übernehmen in diesen Fällen unbewusst die Aufträge der Personen, mit denen sie identifiziert sind, und lassen sich für deren Interessen instrumentalisieren.

Eindrücklich zeigt sich dies im Fall „Carsten". Zum Zeitpunkt der Fallkonsultation ist Carsten 16 Jahre alt. Die Stationen in seiner Hilfegeschichte, die beginnt, als er mit knapp vier Jahren aus dem Regelkindergarten in einen heilpädagogischen Kindergarten wechseln muss, sind durch eine enorme Anzahl von Fachkräften und Maßnahmen gekennzeichnet, wobei sich diese in auffälliger Weise auf den Jungen konzentrieren. Die begonnene Familientherapie und die SPFH werden seitens der Mutter bzw. der Eltern schnell und von den Fachkräften kaum hinterfragt wieder abgebrochen. Einzelfallhilfe für Carsten gibt es demgegenüber gleich viermal, die Anzahl seiner Psychiatrieaufenthalte ist beinah ebenso hoch, und schließlich wird der Junge mit 14 Jahren auf Wunsch der Mutter fremduntergebracht. Was hier nur angedeutet werden kann, lässt sich anhand der Fallakten und der mündlichen Beschreibungen in der Fallkonsultation differenziert nachzeichnen und begründen. In der Familie von Carsten vollzieht sich sein Aufwachsen unter belastenden und auch bedrohlichen Bedingungen. Insgesamt gibt es in der Familiengeschichte viel Tod und Krankheit, eine missbräuchliche und gewaltvolle Kultur gegenüber den Kindern über mindestens zwei Generationen und materiell sehr eingeschränkte Möglichkeiten. *„Wenn Carsten von sich erzählt, dann erzählt er von erfahrener Gewalt, als gehöre die eben zum Leben dazu, genauso wie essen und trinken"*, so berichtete eine Fachkraft in der Fallkonsultation über den Jungen. Im Kontext der gesamten familiären Schwierigkeiten und Konflikte wird Carsten von allen anderen Familienmitgliedern zunehmend in eine „Sündenbockrolle" gedrängt. Seine Mutter bezeichnet ihn z.B. als *„Störenfried, der die Harmonie der Familie zerschlägt"*. In diesem Sinne beauftragt sie die Jugendhilfe, *„das Problem zu beheben"*, indem der Junge fremdplatziert wird. Jugendhilfe wie Psychiatrie lassen sich über lange Jahre für diese Interessen instrumentalisieren, wie sich an der Ausrichtung der Maßnahmen und der nicht stattfindenden Konfrontation mit der Mutter bzw. den Eltern (Vater und Stiefvater) zeigt. Carsten selbst erscheint den Fachkräften so *„traumatisiert und vor der Vergangenheit und der Zukunft auf der Flucht"*, dass er das, was er braucht und sich wünscht, nicht in Worte fassen kann. Umso erschreckender ist, dass die Professionellen ebenso wenig in der Lage sind, den Jungen vor seiner Familie zu schützen, in seinem Sinne anwaltschaftlich zu handeln und einen Zugang zu seinem Leid und seinen Bedürfnissen zu bekommen.

Hier wie auch in einigen der anderen untersuchten Fälle erweist sich als hoch problematisch, dass oftmals gerade die Perspektive der Kinder und damit die Parteilichkeit für die originäre Zielgruppe von Jugendhilfemaßnahmen verloren geht. Mögliche Gründe für die häufige Identifikation der Fachkräfte mit den Erwachsenen könnten darin liegen,

- dass diese i.d.R. machtvoller auftreten als Kinder und mehr Parteinahme für ihre Belange einfordern,

- dass die Professionellen aufgrund des eigenen Lebensalters eine größere Nähe zu den Eltern haben,

- oder aber dass es einen heimlichen Konsens zwischen den Erwachsenen gibt, der daraus resultiert, dass der elterliche Auftrag an die Hilfesysteme („Unser Kind macht Probleme, Sie müssen diese beheben, damit es uns wieder besser geht.") und der eigene professionelle Auftrag („Die Verhaltensauffälligkeiten eines Kindes müssen behoben werden.") miteinander korrespondieren.

Vermutlich liegt die Begründung für das beschriebene Bündnis sogar in einer spezifischen Mischung aller genannten Aspekte. In jedem Falle aber potenziert die Identifikation der Fachkräfte mit den Erwachsenen die bereits herausgearbeitete Problemfokussierung auf die Kinder, schreibt diese auf die Rolle des/der Schuldigen weiter fest und erhöht für die Professionellen die Schwierigkeit, die Erwachsenen innerhalb des Klientensystem in der Auseinandersetzung über die Wahrnehmung ihrer Elternrolle zu konfrontieren.

Ein anderes zu beobachtendes Phänomen ist, dass die Jugendhilfe und ihre Akteure und Akteurinnen anfällig dafür sind, familiäre Muster zu reproduzieren. In den professionellen Handlungsweisen zeigen sich sehr oft Parallelen zu den Interaktionsmustern und Dynamiken von Familien. Gerade die „schwierigen" Kinder haben oftmals lange und vielfältige Erfahrungen mit der Jugendhilfe, häufig auch mit der Psychiatrie – als GrenzgängerInnen zwischen den Systemen. In den „Maßnahmeketten", die sie durchlaufen – jeweils bis zu dem Zeitpunkt, an dem sie „für eine Maßnahme nicht mehr tragbar sind", – wiederholen bzw. spiegeln sich die Ambivalenzen und Diskontinuitäten ihrer Familien: der Wechsel von Neubeginn und Abbruch, von Hoffnung und Enttäuschung, von Zuwendung und Gleichgültigkeit, von Übergriffigkeit und Begrenzung. Belastende Lebenserfahrungen von Kindern und Familien wiederholen sich somit bzw. setzen sich in ihren Hilfeerfahrungen in transformierter Form fort und werden nicht durch (ausreichende) Gegenerfahrungen abgelöst. Stattdessen bieten die Jugendhilfe und ihre Kooperationspartner ähnliche Erfahrungen in professionalisiertem Gewand.

Nachzeichnen lässt sich dieses Handlungsmuster am Fall „Kazim", in dem die institutionelle Hilfegeschichte der Familie über zwei Generationen von der immer gleichen Dynamik und den Motiven von Zwang, Kampf und Feindschaft geprägt ist. Bereits die Mutter von Kazim, eine Frau, die mit ihren Eltern in ihren frühen Lebensjahren aus der Türkei nach Deutschland gekommen ist, hat seit ihrem 7. Lebensjahr Heim- und später auch Psychiatrieerfahrungen. Nach der Trennung ihrer Eltern wird sie erstmals (gemeinsam mit ihren beiden Geschwistern) in einem Kinderheim untergebracht. Die Mutter hat die Familie verlassen, der Vater ist mit der Erziehung der drei kleinen Kinder überfordert. Innerhalb der nächsten zehn Lebensjahre kommt es dann zu verschiedenen Heimaufenthalten, die unterbrochen werden von kurzen Lebensphasen bei dem Vater. In diesem Zeitraum wird dem Vater das Sorgerecht für die Tochter zweimal entzogen, beim zweiten Mal wird es der Mutter übertragen, zu der die Tochter (also Kazims Mutter) nach etlichen Jahren wieder Kontakt aufgenommen hatte. Aber auch mit der Mutter kommt es schnell zu Konflikten, so dass die junge Frau wieder zum Vater zurückkehrt und das Pendeln zwischen diesem Lebensort und Aufenthalten in verschiedenen Aufnahmeheimen wieder beginnt. Zu den Notaufnahmen kommt es meist aufgrund der Eigeninitiative von Kazims Mutter, da ihre Lebensvorstellungen und die religiös und kulturell geleiteten Vorstellungen des Vaters mit zunehmender Eigenständigkeit der Tochter immer größer werden. Mit knapp 18 Jahren wird Kazims Mutter dann das erste Mal schwanger. Zu Beginn der Schwangerschaft kommt es abermals zu einem längeren Psychiatrieaufenthalt und infolge der verordneten Einnahme schwerer Psychopharmaka zu einer Abtreibung des ungeborenen Kindes gegen den Willen der Mutter.[29] Ein knappes Jahr später, Kazims Mutter lebt nach dem Psychiatrieaufenthalt wieder bei ihrem eigenen Vater, fährt der Vater mit ihr in die Türkei, wo sie einen jungen Mann heiraten soll, den sie bis zu dem Zeitpunkt nicht kennt. „An ein gemeinsames Zusammenleben war aber wohl nicht gedacht", da Kazims Mutter kurz nach diesem Ereignis mit ihrem Vater nach Deutschland zurückkehrt, das zweite Mal schwanger ist und hier mit knapp 20 Jahren ihren Sohn Kazim zur Welt bringt. Bis zu diesem Zeitpunkt ist das Leben der jungen Frau sowohl familiär als auch in ihrer Geschichte mit Jugendhilfe und Psychiatrie überwiegend geprägt von Zwang: Heim- und Psychiatrieunterbringungen, die im Erleben des Mädchens bzw. der heranwachsenden jungen Frau fast immer fremdbestimmt durch den Vater oder die Fachkräfte der Jugendhilfe herbeigeführt wurden, Sorgerechtsentzüge, Zwangsabtreibung, Zwangsverheiratung, Zwangszeugung des zweiten Kindes. Die Hilfesysteme wiederholen die bekannten familiären Muster; Kazims Mutter und das Hilfesystem verbindet eine lange, endlose und feindselige Geschichte, die sich mit der Geburt ihres Sohnes Kazim in der nächsten Generation fortsetzt. Gegen den Willen der jungen Mutter wird ihr das Sorgerecht entzogen, und der Junge wird in einem Kinderheim untergebracht. Abermals beginnt ein Kampf, diesmal zwischen Kazims Mutter und der Jugendhilfe, in dem die Hilfesysteme in der Wahrnehmung der Mutter immer als ein machtvolles und feindliches Gegenüber erscheinen. Zunächst wird ihr das Sorgerecht für das Kleinkind entzogen, und Kazim wird in einem Kinderheim untergebracht, dann beginnt ein mehrjähriger Streit um das Sorgerecht für den Jungen, in dem die Rückkehr des Jungen mit knapp fünf Jahren und unter der Bedingung, dass Kazims Mutter bereit ist, eine SPFH zu akzeptieren, nur einen Zwischenstand und Teilerfolg für die Mutter darstellt. Es folgen weitere Jugendhilfemaßnahmen, meist nicht einvernehmlich zwischen Jugendhilfe, Frau Zafari und Kazim eingerichtet, sondern nach dem Motto „Wer

---

29 Ob zum Zeitpunkt der Psychiatrieaufnahme bekannt ist, dass Kazims Mutter schwanger ist, ist nach Aktenlage unklar.

gewinnt? Wer kann die eigenen Interessen durchsetzen?". Ebenso wie in diesem Dreiecksverhältnis auf institutioneller Ebene setzt sich auch auf familiärer Ebene zwischen Mutter und Sohn die gleiche Geschichte fort wie ehemals zwischen der Tochter und ihrem Vater. Den Hilfesystemen gelingt es nicht, diese Beziehungs- und Handlungsdynamik zu durchbrechen bzw. sie überhaupt in ihrer Differenziertheit und wechselseitigen Bedingtheit zu verstehen.

Eine weitere Folge der Wiederholung familiärer Handlungsmuster in institutionalisierten Zusammenhängen ist, dass Familiendynamiken nicht nur im Kontakt zwischen einem Kind und beteiligten Fachkräften bzw. Institutionen fortgesetzt werden, sondern durch die Interaktion der Professionellen mit dem gesamten Familiensystem auch die familiären Dynamiken selbst aufrechterhalten werden. Werden die Beziehungs- und Handlungsdynamiken in einer Familie von den Professionellen nicht erkannt, so besteht die Gefahr, dass die Jugendhilfe und ihre Kooperationspartner Teil der Dynamik werden, mit ihren eigenen Interventionen genau auf diese Muster „einsteigen", d.h. exakt auf die Erwartung des Gegenübers antworten, und sich somit die gewohnten Muster im Klientensystem mehr und mehr verfestigen und immer schwerer zu durchbrechen sind. Als Beispiel dafür kann ein weiteres Mal der oben bereits beschriebene Fall „Carsten" angeführt werden: Durch die Übernahme der vorrangig subtil, z.T. aber auch direkt erteilten Aufträge der Mutter und der anderen Familienmitglieder konzentriert sich die Jugendhilfe in der Problembearbeitung auf Carsten. Einmal mehr wird er dadurch zum Problemverursacher der Familie, was wiederum seine Rolle in der Familie als „Sündenbock" verstärkt.

Insgesamt zeigt sich in diesen und weiteren Beispielen, dass das Fehlen von regelhafter Selbstreflexion auf Seiten der Fachkräfte und ihrer Institutionen dazu beiträgt, dass das grundsätzlich notwendige Mitfühlen und die damit verbundene punktuelle Verstrickung unverstanden bleibt und in der Folge einen nicht-intendierten, z.T. problemverschärfenden Einfluss auf die Fallentwicklung nimmt.

5.1.6 Ausblendung eigener Affekte und Intuitionen

SozialpädagogInnen müssen „professionell" arbeiten. Verbunden damit ist in der Bewertung durch Außenstehende und z.T. auch durch die Fachkräfte selbst oftmals der Anspruch, einem Fall möglichst objektiv und rational zu begegnen und die eigene emotionale Befindlichkeit im Kontakt mit den KlientInnen möglichst nicht zum Tragen kommen zu lassen. Distanz zu halten, abgeklärt zu sein und in jeder Situation die eigenen Gefühle zu beherrschen gilt als Handlungsmaxime für eine fachlich qualifizierte Arbeit. Vor dem Hintergrund der analysierten Fälle wird jedoch deutlich, dass eine solche Haltung wichtige Handlungsoptionen im Kontakt mit Kindern und Familien ausschließt. Gerade in schwierigen und emotional aufgeladenen Situationen zeichnet sich ab, dass Intuitionen und eigene Affekte auf Seiten der Fachkräfte nicht verbalisiert werden. Entweder werden sie in diesen Situationen als unprofessionell abgewertet und unterdrückt, oder sie werden rationalisiert, und es findet ein Rückzug der Professionellen auf eine formale Ebene der Interaktion statt.

Ein Beispiel für diese Form der Interaktion ist der Fall „Walid", in dem die Fachkräfte die Geschichte und Sprache der Mutter nicht verstehen und sich verärgert und/oder erschrocken darüber aus der Interaktion und Kommunikation mit Frau Melchers zurückziehen. Bei der Familie handelt es sich um eine Sinti-Familie; eine allein erziehende Mutter mit vier Kindern, die nach ihren eigenen, kulturell geprägten Vorstellungen und sehr auf sich selbst konzentriert leben. Dies wird dadurch bestärkt, dass die Kinder das Einzige sind, was die Mutter nach eigenem Erleben „besitzt". Sie symbolisieren Lebenssinn und Lebensberechtigung für Frau Melchers, deren Wurzeln und familiäre Bindungen ansonsten abgeschnitten sind. Nach Einschätzung der Jugendhilfe ist die familiäre Situation geprägt durch eine *„totale Grenzen- und Strukturlosigkeit: die Generationengrenze zwischen Mutter und Kindern ist verwischt, es gibt kein altersorientiertes Verhältnis in der Geschwisterreihe, es gibt keinen geregelten Tag-/Nachtrhythmus usw. ... Die Familie ist extrem chaotisch ... die vier Kinder sind grundsätzlich liebenswert, obwohl den Jungen eher eine kriminelle Karriere bevorsteht, wenn man weiterdenkt ... auch Frau Melchers ist eigentlich sympathisch ... In der Arbeit mit der Familie kommt man immer wieder an den Punkt, wo sich in der Familie nichts wirklich verändert"*. In dieser Situation sieht sich die Jugendhilfe vor der Entscheidung, der Mutter das Sorgerecht zu entziehen oder die Familie nach ihren Vorstellungen gewähren zu lassen. In der Auseinandersetzung mit der Mutter zeigt sich dabei folgende Dynamik: Frau Melchers wird als temperamentvolle und laute Frau beschrieben, die *„für ihre Kinder kämpft wie eine Löwin"*, die die Fachkräfte in für sie kritischen Situationen *„hochaufgeregt, wütend und wild beschimpft"* und nach der Maxime handelt: *„Wer den Kindern zu nahe kommt und etwas will, kriegt Ärger!"*. In diesen Situationen agieren die Fachkräfte im Fall eher mit eigenem Rückzug aus der direkten Interaktion und der Betonung der formalen Ebene, was sich z.B. darin ausdrückt, dass mit der Beendigung der Unterstützung oder später dem Entzug des Sorgerechts gedroht wird. Was nicht passiert, ist, dass Fachkräfte emotional und personal greifbar bzw. spürbar in die Auseinandersetzung mit Frau Melchers gehen. In der Fallkonsultation wurde das Fehlen dieser subjektiven Komponente folgendermaßen beschrieben: *„Diese Frau braucht jemand, der mal zurücktobt, wenn sie laut und wütend wird, der Contra gibt, und nicht jemand, der dann formal mit der Beendigung der Hilfe droht."*

Ein Effekt dieses beschriebenen Handlungsmusters, das sich in einigen Fällen zeigt, ist, dass mit Familien und insbesondere mit Eltern selten „Tacheles geredet" wird, Fachkräfte stattdessen die Beziehungsebene verlassen und die Interaktion leblos oder formalisiert zu werden droht. Fachkräfte der Jugendhilfe gehen in der Fallbearbeitung konfrontativen Auseinandersetzungen mit Eltern häufig aus dem Weg. Stattdessen gibt es eher zögerliche Anfragen an die Wahrnehmung der elterlichen Rolle, die nicht nachhaltig verfolgt werden, oder auch eine Unehrlichkeit gegenüber den Eltern, die sich z.B. darin ausdrückt, dass die Jugendhilfe bereits eine Vorstellung davon hat, in welcher Form sie intervenieren will, dies aber nicht offen mit Eltern verhandelt.

Eigene Grenzen aufzuzeigen, klare Einschätzungen und Bewertungen zur Verfügung zu stellen, ernsthafte und sicher auch unangenehme Auseinandersetzungen anzuregen und mit Eltern „Klartext zu reden", all das wird häufig als mögliche und durchaus professionelle Intervention ausgeblendet. Folge der Ausblendung des „subjektiven Faktors", d.h. hier der eigenen Emotionalität, ist, dass Kinder und Familien kein für sie erkennbares und spürbares Gegenüber haben, oftmals nicht wissen, „woran sie sind", die Produktivität emotionaler Kompetenz ungenutzt bleibt und personale Beziehungen nicht entwickelt werden können. Zudem ist die Neigung im Hilfesystem, den Eltern bzw. Erwachsenen im Klientensystem nicht zu stark entgegenzutreten, ein weiterer Hinweis darauf, dass sich auf Seiten der Professionellen schnell eine Problemfokussierung auf die Kinder vollzieht, deren „störendes Verhalten abgeschafft" werden soll, Eltern dafür aber nicht ausreichend in die Verantwortung genommen werden. Hier wiederholt die Jugendhilfe die Vermeidungsstrategien von Eltern. Verstärkt wird diese Dynamik durch die oftmals vorzufindende Alleinzuständigkeit von Fachkräften, die mangels teamorientierter Arbeitsweisen die Balance von Nähe und Distanz zu einer Familie schlecht auspendeln können, weil es kein kollegiales Korrektiv für ihre Subjektivität gibt. Die Sorge, sich zu sehr in eine Familiendynamik zu „verstricken", behindert die Notwendigkeit und die Bereitschaft, es (verbunden mit Möglichkeiten der fachlichen Reflexion) auch zu tun.

Zu dem Handlungsmuster der Ausblendung des subjektiven Faktors gehört oftmals auch der fehlende Blick auf die „Passung von Personen" bei der Auswahl von Hilfen für Kinder und Familien. Aufgrund des fachlichen Anspruchs, dass eine Hilfeform für ein spezifisches Problem sorgfältig auszuwählen ist, damit es die Akzeptanz von KlientInnen findet, müsste vorab auch bedacht werden, ob die davon betroffenen Personen wechselseitig anschlussfähig sind. In einigen Fallanalysen zeigt sich jedoch, dass dieses Kriterium keine wirkliche Rolle spielt. Ob ein Betreuer und ein Jugendlicher einen „Draht zueinander finden", ist zwar für die Erfolgsaussichten einer Betreuung existenziell, für die Auswahl des konkreten Angebotes aber eher nachrangig, obwohl bei genauem Hinsehen häufig vor Installierung einer Maßnahme absehbar ist, ob die beteiligten Personen „miteinander können", oder aber sich dies nach Beginn schnell herausstellt. Meist werden solche

Erkenntnisse nicht entsprechend schnell korrigiert, sondern erst, wenn zwischen den beteiligten Personen „gar nichts mehr geht". Vorrangig bei der Hilfeauswahl ist folglich, wo gerade ein Platz frei ist bzw. welche Fachkraft aufgrund eigener Kapazitäten eine Betreuung übernehmen kann. Die an sich banale Erkenntnis, dass zwischen Menschen „die Chemie stimmen muss" (wenigstens in einem Mindestmaß), um miteinander etwas zustande zu bringen und einen auch in konfliktreichen Situationen tragfähigen Bezug aufzubauen, wird in diesem Kontext eher dem organisationalen Interesse, ein Problem schnell zu lösen, untergeordnet. Auch bei diesem Handlungsmuster zeigt sich folglich eine Dominanz der administrativen gegenüber der pädagogischen Rationalität.

5.1.7 Unaufmerksamkeit und Ignoranz gegenüber subjektiven Handlungslogiken von AdressatInnen

Programmatisch ist die moderne Sozialpädagogik orientiert an den Lebenswelten ihrer KlientInnen. Faktisch und im Konkreten fehlt es im sozialpädagogischen Alltag jedoch oft an einem tiefer gehenden Verständnis und Verstehen von Lebensgeschichten, Zusammenhängen und Unterstützungsbedürfnissen. Darauf verweist zumindest die hier vorgenommene Analyse. In einigen vorstehend beschriebenen Handlungsmustern der Hilfesysteme wurde offensichtlich, dass diese häufig fixiert sind auf das auffällige Verhalten von Kindern. Die Fallakten als ein Beleg dafür enthalten oft seitenlange Beschreibungen über Familien und Kinder und insbesondere über das störende Verhalten von Mädchen und Jungen. Zu differenzieren ist diese Beobachtung in Abhängigkeit davon, welcher psychosoziale Dienst den jeweiligen Fallbericht erstellt. Während Dokumente der bezirklichen Sozialdienste und der Schulen sehr stark durch Beschreibungen des Fehlverhaltens und entsprechende handlungsbezogene Beurteilungen geprägt sind, finden sich in den Berichten von Kinder- und Jugendpsychiatrien und von Jugendhilfeträgern, die eine Maßnahme umsetzen, häufig etwas differenziertere Ausführungen. Diese Unterschiede sind jedoch nur gradueller Natur, d.h. eine Tendenz zur Problemzentrierung auf den jungen Menschen und ein Übergewicht von Verhaltensbeschreibungen gegenüber Deutungen und Zusammenhangsvermutungen kann für die Mehrzahl aller Falldokumente festgehalten werden.

Auffällig ist, dass es – insbesondere in den Berichten der Jugendhilfe und der Schule – kaum differenzierte Hypothesen zu familiären Situationen, zu deren Dynamiken und zu den Gründen für auffälliges Verhalten gibt, die an die Situationsbeschreibungen anknüpfen. Einschätzungen, die auf das Verstehen und Erklären von Zusammenhängen zielen, finden sich nur in der Minderzahl von Berichten. Folge davon ist, dass sich viele Dokumente über als sozial auffällig und schwierig wahrgenommene Kinder in ihren Beschreibungen gleichen und für den/die LeserIn austauschbar erscheinen. Im

Grundsatz verweist diese Beobachtung darauf, dass die Jugendhilfe und hier insbesondere der bezirkliche Sozialdienst als leistungsgewährende Instanz nur über eine eingeschränkte analytische und bewertende, d.h. diagnostische Kompetenz verfügt oder aber den eigenen Beurteilungen nicht traut und deshalb die Diagnostik oftmals an die Kinder- und Jugendpsychiatrie delegiert. Im Ergebnis, so zumindest die Schlussfolgerung dieser Untersuchung aufgrund der analysierten psychiatrischen oder psychologischen Gutachten, können die Kinder- und Jugendpsychiatrien die an sie herangetragenen Erwartungen allerdings nur bedingt einlösen. Die Qualität und Aussagekraft ihrer Gutachten und Diagnosen ist enorm unterschiedlich. In manchen Fällen sind sie von Jugendhilfeakten nicht zu unterscheiden und produzieren bei der Jugendhilfe abermals Enttäuschung, weil sie nicht die erhofften und konkreten Handlungsanleitungen für die Jugendhilfepraxis geben oder aus Sicht der Jugendhilfe keine neuen Erkenntnisse erbringen.

Für die konstatierte Unaufmerksamkeit und Ignoranz der Hilfesysteme gegenüber den subjektiven Handlungslogiken von AdressatInnen kann ein weiterer Beleg angeführt werden: In den Fallakten finden sich in der Regel keine expliziten Aussagen und Selbstdeutungen von HilfeadressatInnen darüber, wie sie ihre Geschichte, ihre Situation, ihre aktuellen Probleme und ihre Perspektiven sehen. Ihre eigenen Sichtweisen und Einschätzungen kommen nicht vor bzw. sind bestenfalls in Berichten in die Beschreibungen der Fachkräfte eingewoben, d.h. sie werden mit deren Worten (also dem professionellen Sprachgebrauch) wiedergegeben. Diese Form der Problembeschreibung wird dadurch verstärkt, dass es für die Dokumentation unterschiedlicher Perspektiven z.B. in den Hilfeplanformularen der bezirklichen Sozialdienste vielfach kein vorgegebenes Raster gibt, das die unterschiedlichen Einschätzungen regelhaft abfragt und so die Berücksichtigung dieses Aspektes befördern würde. In der oftmals üblichen Dokumentationsform unter dem Stichwort „Problembeschreibung" o. ä. gehen unterschiedliche Sichtweisen von einzelnen Familienmitgliedern folglich ebenso unter wie auch differente Wahrnehmungen von KlientInnen und Fachkräften. Die Komplexität von Problemlagen und die Vielfalt möglicher Einschätzungen wird dadurch auf die gängigen Sprachformeln von Fachkräften und sozialen Systemen gebracht, gleichzeitig jedoch ihrer eigenen Ausdruckskraft für das Verstehen und das Entwickeln von Handlungskonzepten beraubt.

Neben diesem Ergebnis der Aktenanalyse berichteten die Fachkräfte in den Fallkonsultationen oft, dass sie „nicht wirklich wüssten, was die Kinder oder Jugendlichen in den Familien gerade wirklich beschäftigen würde". Dies zeigt, dass Fachkräfte zu wenig über die (unterschiedlichen) Vorstellungen von Familienmitgliedern wissen und offensichtlich auch nicht versuchen (können), viel darüber in Erfahrung zu bringen. Sinnlogiken von einzelnen Beteiligten werden nicht deutlich, wodurch eine tragfähige Hilfeplanung, die an den Vorstellungen der AdressatInnen ausgerichtet sein und an ihren Denkweisen anknüpfen muss, massiv erschwert wird. Denn es ist naheliegend, dass Hilfen von Beginn an zu scheitern drohen, wenn sie nicht die Akzeptanz der Zielgruppe finden. Begründungen für das mangelnde Interesse an Selbstdeutungen und Interpretationen der HilfeadressatInnen scheinen dabei sowohl individuell als auch institutionell auf der Ebene von „Entlastung" angesiedelt zu sein. Sich nicht zu sehr auf individuelle Lebensschicksale und subjektive Erklärungen einzulassen dient dem Schutz der Fachkräfte vor emotionaler Überlastung sowie der Aufrechterhaltung der bestehenden Interaktionsordnung zwischen AdressatInnen und Fachkräften bzw. ihren Institutionen. Denn ein offenerer Zugang zum Gegenüber (z.B. über den Weg von Erzählungen und Selbstdeutungen) bringt Verunsicherungen mit sich, die eher vermieden werden. Sich emotional und in der Berufsrolle einzulassen auf die Subjektivität von KlientInnen und auf die Einmaligkeit ihrer Lebensgeschichte bedeutet, die vormals sichere Frage-Antwort-Situation aufzugeben, den eigenen Expertenstatus zu relativieren und sich emotional mehr engagieren zu müssen. Die Möglichkeiten der Distanzierung und Rationalisierung verringern sich.

5.1.8 Hohe Verwaltungsrationalität in Arbeitsweisen und Konzepten

Im Folgenden sollen abschließend einige in den Fallauswertungen hervorstechende Handlungsmuster skizziert werden, die vorrangig auf der Ebene fachlicher Konzepte und Arbeitsweisen betrachtet werden, die sich meinen Beratungserfahrungen nach in vielen kommunalen Jugendhilfestrukturen abbilden und beispielhaft stehen für ein Übergewicht an Verwaltungsrationalität gegenüber pädagogischen Konzepten im Alltagshandeln der sozialen Praxis.

a) Alleinzuständigkeit von Fachkräften ohne ausreichende Absicherung

Fachkräfte in den Erziehungshilfen und ähnlichen psychosozialen Arbeitsfeldern werden in ihrer Aufgabenwahrnehmung vor hohe Anforderungen gestellt. Fast immer geht es um Situationen, in denen in Belastungs- und Krisensituationen mit begrenzten Zeit-, Geld- und Personalressourcen relativ schnell Entscheidungen von oft weit reichender Bedeutung für die Betroffenen zu treffen sind, die dann mit ihnen verhandelt, ggf. modifiziert und umgesetzt werden müssen. Verbunden damit sind auch auf Seiten der Fachkräfte immer hohe emotionale Anstrengungen im Umgang mit der Not und dem Leiden von Familien sowie eine enorme persönliche Verantwortung für die Folgen des professionellen Handelns gegenüber konkreten Personen.[30] In den Fallanalysen zeigt sich in diesem Zusammenhang, dass Fachkräfte in den bezirklichen Sozialdiensten, aber auch in Einrichtungen und Diensten freier Träger sich in dieser verantwortlichen Rolle von ihrer Institution häufig allein gelassen und einer hohen persönlichen Belastung ausgesetzt fühlen. Aus Sicht der Fachkräfte ist dabei nicht die verantwortliche Zuständigkeit für einen Fall das zentrale Problem, sondern das „Einzelkämpfertum" und die oftmals als uneindeutig charakterisierte Haltung von Leitungskräften gegenüber einem Fall, welche bei den fallzuständigen MitarbeiterInnen eine subjektiv empfundene Überlastung bewirken. In welcher Form fachliche Einschätzungen zustande kommen, welches Faktenwissen und welche Methoden dafür verwendet werden, war meist der Entscheidung der einzelnen Fachkraft überlassen und kann mit dem Stichwort „methodische Beliebigkeit" beschrieben werden, die jedoch gleichzeitig oftmals in einen engen Rahmen von hierarchisch streng geordneten Dienst-, Informations- und Entscheidungswegen eingebunden ist.

Dass es zu dieser Überforderung kommt, liegt zum Teil daran, dass es keine regelhaft gruppenorientierten Arbeitsweisen und damit auch kein Korrektiv für die perspektivisch immer begrenzte Wahrnehmung und Deutung von Problemlagen gibt. Zum anderen werden kollegiale Fallbesprechungen von den Fachkräften oft als Orte erlebt, in denen keine wirklich kritische Auseinandersetzung über die Arbeitsweisen und die Fallbearbeitung stattfindet, weil man sich wechselseitig gewähren lässt. Ferner führten die Fachkräfte in den Fallberatungen an, dass gerade in Fällen, in denen der Handlungsdruck durch Dritte sehr hoch ist, das Handeln von Leitungskräften und z.T. auch von den Fachkräften selbst eher darauf zielt, dem Erwartungsdruck nachzukommen, und weniger darauf, selbstbewusst eine fachliche Position zu vertreten und durchzusetzen, die sich an pädagogischen Leitideen orientiert und der Aufforderung Dritter ggf. auch widersetzt. Mangelnde fachliche Rückbindung und Reflexion sowie fehlende institutionelle Rückendeckung potenzieren so die emotionale Belastung einzelner Fachkräfte, wodurch es in einigen Fällen zu einer unbewussten emotionalen Distanzierung von dem erfahrenen Leid der Kinder kam, weil dies für die Fachkräfte ohne den Rückhalt der Institution nicht auszuhalten war. Ein Zitat aus einer Fallkonsultation, in der die fallzuständige ASD-Fachkraft ihren Umgang mit Nicole beschreibt, gibt diesen Mechanismus sehr eindrücklich wieder: *„Mal wirkt sie abgezockt und blockt alles und jeden ab, und dann gibt es Momente, in denen sie dasitzt, wie ein Häufchen Elend. ... Mein erster Im-*

---

30 Ein Hinweis darauf ist, dass die sozialpädagogische Profession in den letzten Jahren so häufig wie nie zuvor damit konfrontiert worden ist, dass ihre Urteilsfähigkeit strafrechtlich überprüft wurde und auch SozialpädagogInnen für Fehleinschätzungen haftbar gemacht werden können, wenn KlientInnen dadurch zu Schaden kommen (vgl. z.B. Mörsberger/Restemeyer 1997).

puls ist, sie in den Arm zu nehmen, aber das tue ich nicht, weil dann vielleicht alle Dämme brechen. ... Was kann ich ihr dann wirklich anbieten?".

b) Volljährigkeit als Begrenzung für die Hilfe

Mit dem Erreichen der Volljährigkeit sollen erzieherische Prozesse in elterlicher oder öffentlicher Verantwortung im Wesentlichen abgeschlossen sein. Da dieses Ziel aus unterschiedlichen Gründen nicht immer erreicht werden kann, ist im KJHG mit dem § 41 ein individuell einklagbares Leistungsangebot festgeschrieben, das junge Menschen insbesondere zwischen dem Erreichen des 18. und der Vollendung des 21. Lebensjahres in ihrer Persönlichkeitsentwicklung und bei einer eigenverantwortlichen Lebensführung unterstützen soll. Vor diesem Hintergrund stellt das Erreichen der Volljährigkeit bei Jugendlichen, die bereits vorher Leistungen der Erziehungshilfe erhalten, meist eine Zäsur dar. Die erreichten Ziele und der weitere Hilfebedarf werden überprüft und ggf. wird der/die Jugendliche aufgrund des nicht mehr bestehenden Sorgerechtsverhältnisses eigenständige/-r Antragsteller/-in. In der Praxis ist die beschriebene Überprüfung der Notwendigkeit individueller Unterstützung seitens der öffentlichen Jugendhilfe allerdings häufig auch ein Zeitpunkt, der für die Durchsetzung institutioneller Eigeninteressen günstig erscheint. Im Fall von „Dorota" ist die örtliche Jugendhilfe bestrebt, das bestehende Hilfeangebot mit dem Eintritt der Volljährigkeit einzustellen, und setzt die Altersgrenze zudem als Druckmittel für das Erreichen der vereinbarten Ziele ein („Wenn du das vereinbarte Ziel x nicht bis zu einem gewissen Zeitpunkt erreichst, wird die Hilfe mit dem Erreichen der Volljährigkeit beendet."). In diesem Fall zeigt sich ein Handlungsmuster, das aus anderen Beratungsprozessen und Untersuchungen in Jugendämtern bekannt, d.h. also kein Einzelfall ist (vgl. Münder u.a. 2003): Die öffentliche Jugendhilfe ist bestrebt, sich ihren Leistungsverpflichtungen gegenüber jungen Volljährigen zu entziehen, indem sie Hilfen mit dem Erreichen der Volljährigkeit einstellt und/oder versucht, diese Zielgruppe in die Sozialhilfe zu verschieben, um selbst nicht mehr Kostenträger zu sein. Professionelles Handeln orientiert sich in diesem Kontext also an hierarchischen und fiskalisch motivierten Weisungen, nicht aber am individuellen pädagogischen Bedarf. Das grundsätzliche, auch für die fachliche Bewertung eines Fallverlaufes relevante Spannungsverhältnis von Prozess- und Ergebnisorientierung wird hier einseitig zu Gunsten der Ergebnisorientierung und somit der Verwaltungslogik folgend entschieden.

c) Mangelnde Berücksichtigung der Beteiligungsrechte von Kindern und Jugendlichen

In den elf analysierten Fällen wurde nachhaltig und erschreckend deutlich, wie häufig die Sichtweisen und Belange von Kindern und Jugendlichen aus dem Blickfeld der Erwachsenen geraten. Dies geschieht in der Regel nicht mit Absicht, es zeigt sich aber, dass die Sensibilität gegenüber der Dynamik, die Kinder und Jugendliche zum „schwächsten Glied in der Kette" werden lässt, mangelhaft ausgeprägt ist. Folgende Mechanismen, auf die z.T. in diesem Kapitel schon hingewiesen wurde, kommen dabei zum Tragen:

Mangelnde Differenzierung zwischen Sichtweisen von Eltern und Kindern: In der Beschreibung der Unaufmerksamkeit und Ignoranz gegenüber den subjektiven Handlungslogiken von AdressatInnen wurde aufgezeigt, dass Problembeschreibungen der Fachkräfte meist aus ihrer Perspektive formuliert werden. Es wird also nicht ausreichend zwischen den Sichtweisen von Fachkräften und Familienmitgliedern differenziert. Noch seltener wird eine explizite Differenzierung von unterschiedlichen Einschätzungen auf Seiten des Klientensystems vorgenommen. Insbesondere solange Kinder in ihrer Herkunftsfamilie leben, ist es die Ausnahme, dass Vorstellungen von Eltern und Kindern gesondert dokumentiert werden. Zwar gibt es Beschreibungen zum Verhalten und zu den Problemen der Einzelnen, nicht aber die regelhafte Dokumentation dessen, was die einzelnen Familienmitglieder selbst zu diesen Aspekten denken. Dass jedoch Eltern und Kinder/Jugendliche nicht immer einer Meinung sind, belegen unzählige Praxisbeispiele allzu genau.

Falsch verstandene Parteilichkeit: Die mangelnde Differenzierung der unterschiedlichen Sichtweisen führt u.a. auch dazu, dass es zu der z.B. im Fall „Tim" ausführlich beschriebenen falsch verstandenen Parteilichkeit kommt, die Fachkräfte manchmal gegenüber Kindern/Jugendlichen entwickeln. Indem ihre Sichtweisen in die der Fachkräfte eingewoben werden und sich zudem mit dem Wunsch von Fachkräften verbinden, den Kindern „Gutes tun" zu wollen, kommt es oftmals zu einer Gleichsetzung von Bedürfnis und Bedarf. Parteilichkeit heißt in diesen Fällen, bestrebt zu sein, die Sehnsüchte von Kindern zu erfüllen, so unrealistisch sie auch immer sein mögen, und nicht die professionelle Kompetenz zu haben, *„aus den Augen des Kindes zu schauen, aber mit dem Blick und dem Wissen eines Erwachsenen".*

Kein ausreichendes Verstehen/Erforschen der inneren Motive von Mädchen und Jungen: Beteiligungsrechte von Kindern werden dadurch missachtet, dass ihnen Verstehensleistungen seitens der Fachkräfte verwehrt werden. Wie bereits aufgezeigt, steht es auf dem Plan der Fachkräfte oftmals an erster Stelle, das auffällige Verhalten von Kindern „in den Griff zu bekommen". Bei dieser Orientierung ist die Gefahr groß, dass die inneren Handlungsmotive von Kindern und die Funktion ihrer angeeigneten Verhaltensweisen nicht verstanden werden. Diese Dynamik zieht nach sich, dass der professionelle Blick sich nicht auf die Belange der Kinder richtet, sondern einseitig auf die Minimierung der kontraproduktiven Auswirkungen störender Verhaltensweisen.

Allianzen zwischen Fachkräften und Eltern: Auf die Gefahr der „Bündnisbildung" zwischen Fachkräften und Eltern wurde bereits bei der Beschreibung des Phänomens der Verstrickung und der einseitigen Identifikation eingegangen. Fachkräfte neigen aus unterschiedlichen Gründen dazu, sich innerhalb des Klientensystems schneller mit der Perspektive der Eltern zu verbinden, wodurch es zwischen diesen beiden Gruppen zu einem unausgesprochenen Werte- und Interessenkonsens kommt, der die Aufmerksamkeit von den Belangen der Kinder ablenkt und so zu einer unzureichenden Beachtung ihrer eigenständigen Beteiligungsrechte an Hilfeverfahren führt.

Kein kindgerechtes Setting für die Hilfeplanung: In verschiedenen Fällen finden sich Hinweise darauf, dass die Hilfeplanung insgesamt und die Hilfeplangespräche im Konkreten oftmals in einem Setting stattfinden, das es Kindern (und sicher auch Eltern) schwer macht, ihre Interessen und Wünsche zu verbalisieren und zu vertreten. Wenn sich auch diesbezüglich in den letzten Jahren einiges verändert hat, so sitzen Kinder (und Eltern) häufig noch immer einer größeren Anzahl von Fachkräften gegenüber, sie werden zwischenzeitlich hinausgeschickt („weil die Erwachsenen etwas besprechen müssen"), nach ihren Defiziten befragt oder sollen sich mehr oder weniger unvorbereitet dazu äußern, was sie sich vorstellen und wünschen. In einem solchen Rahmen, so zeigen unterschiedliche Studien (vgl. z.B. Kriener 2001; Schwabe 2000; Kriener/Petersen (Hg.) 1999), ist es jedoch für Kinder schwer und oft sogar unmöglich, sich überhaupt zu äußern.

Zusammengefasst verweisen diese Handlungsdynamiken darauf, dass die Vorstellungen und Wünsche von Kindern und Jugendlichen oftmals nicht die gleiche Wertigkeit haben wie die der anderen Beteiligten in der Hilfeplanung. Ihnen zustehende und gesetzlich verankerte Beteiligungsrechte (vgl. § 8, § 36 KJHG) werden jungen Menschen auf diesem Weg verwehrt.

d) Geschlossene Unterbringung ohne klare Indikation und Zielsetzung

Die geschlossene Unterbringung wurde in den analysierten Fällen vor den Fallkonsultationen, d.h. in der Vorgeschichte der jeweiligen Hilfeverläufe, in fünf der beratenen Fälle in Erwägung gezogen, und es erfolgte die Antragstellung. In drei dieser Fälle wurde sie dann konkret umgesetzt. Alle drei Unterbringungen erfolgten mit der Begründung, *„einen jungen Menschen festhalten zu wollen, um ihn überhaupt erziehen zu können"*, sowie aus der eigenen Rat- bzw. Hilflosigkeit der Jugendhilfe heraus, stets verbunden mit dem Bedürfnis, *„doch etwas tun zu wollen"*. Nachhaltig forciert wurde die geschlossene Unterbringung in zwei Fällen durch hohen öffentlichen und medialen Druck auf die Jugendhilfe, dem diese sich kaum widersetzen konnte oder wollte. Es gibt also in den Hilfegeschichten keine klaren Indikationen für diese weit reichenden Eingriffe in die persönliche Integrität der jungen Menschen, keine zeitlichen Planungen für die Maßnahmen und auch keine klaren pädagogischen Zielsetzungen, die mit ihnen verbunden sind. Stattdessen hängen die getroffenen Entscheidungen im Wesentlichen davon ab, wie jeweils in einem ASD-Bezirk gearbeitet wird und wann individuell und institutionell die Schwelle erreicht ist, die anzeigt, wann das für die Institution „normale", akzeptable und bearbeitbare Maß überschritten ist und ein junger Mensch nach Einschätzung des Systems geschlossen untergebracht werden muss. Geht man davon aus, dass diese Schwelle abhängig von der Kompetenz der handelnden Akteure und der situativ bedingten Dynamiken sehr unterschiedlich sein kann, sind Entscheidungen für die geschlossene Unterbringung in hohem Maß durch Zufälle gesteuert (wie im Übrigen viele andere Hilfeentscheidungen auch). Geschlossene Unterbringung, so zeigt sich hier wieder einmal, ist die „ultima ratio" der Jugendhilfe, mit der Probleme, d.h. Kinder und Jugendliche, zumindest für eine begrenzte Zeit „verschoben" werden sollen. Damit dient sie auch der Entlastung von Fachkräften und sozialen Diensten. Die meist mit der geschlossenen Unterbringung verbundene Hoffnung, die Jugendlichen *„sicher unterzubringen"* (so dass sie nicht „entweichen" können), oder *„die Probleme für eine längere Zeit vom Tisch zu haben"*, hat diese Maßnahme in den vorgestellten Fällen allerdings nicht erfüllen können. Die getroffenen Entscheidungen haben nicht dazu geführt, dass die Schwierigkeiten der Jugendlichen im Verlauf der geschlossenen Unterbringung geringer geworden sind oder dass für die Jugendhilfe die Schwierigkeiten mit den jungen Menschen nach der Unterbringung beseitigt waren. Für die betroffenen Kinder und Jugendlichen bedeutete dieser Lebensabschnitt allerdings weitere Stigmatisierung und Ausgrenzung. Lediglich bei Paul gab es neben dem subjektiven Unverständnis für die geschlossene Unterbringung auch einen Aspekt, den er für sich selbst nach Aussagen der zuständigen ASD-Fachkraft als vorteilhaft erlebt hat: Paul habe für sich als positiv empfunden, *„dass ihm mit der Unterbringung jemand einmal ‚Stop!' gesagt und ihm eine deutliche Grenze aufgezeigt hätte"*. Die klaren Worte in Verbindung mit einer für den Jungen spürbaren Handlung seien in der Selbsteinschätzung gut für ihn gewesen, was die geschlossene Unterbringung retrospektiv jedoch nicht als einzig mögliche und denkbare Intervention in dieser Situation rechtfertigen sollte.

An dieser Stelle der Untersuchung sollen typische Handlungsmuster und Risikofaktoren in der Fallbearbeitung der Jugendhilfe aufgezeigt werden. Es ist also nicht der richtige Ort, um eine längere Diskussion über die geschlossene Unterbringung zu führen. Erst recht nicht soll die alte polarisierte und normativ aufgeladene Debatte um das „Dagegen" oder „Dafür" aufgegriffen werden, zumal die empirische Basis für diese Auseinandersetzung dünn ist (vgl. Ader/Schrapper 2004; Späth 2001). Dennoch wird sich die Jugendhilfe als Teil der sozialpädagogischen Disziplin stärker damit beschäftigen müssen, wie einerseits die nachvollziehbare Unsicherheit und Hilflosigkeit auf Seiten der Fachkräfte als ernst zu nehmendes Praxisproblem aufgegriffen werden kann und andererseits die damit verknüpfte Diskussion um freiheitsbegrenzende Maßnahmen nicht den Bezug zur Grundorientierung der Sozialpädagogik/Jugendhilfe verliert. Wesentliches Ziel von sozialpädagogischem Handeln ist es, die Eigenverantwortung und Autonomie von Menschen zu stärken. In diesem Bemühen steht der Prozess von Erziehung und Bildung schon immer und prinzipiell in einem enormen Spannungsverhältnis. Er zielt auf Mündigkeit, Freiheit und Selbstbestimmung, ist auf die Beteiligung der zu Erziehenden angewiesen und kommt gleichzeitig ohne das Aufzeigen von Grenzen, also ohne Zwang, nicht aus. Aus dieser grundsätzlichen Polarität pädagogischen Handelns ergibt sich, dass es in Theorie und Praxis nicht um das „ob" oder „ob nicht" von Zwang in der Erziehung gehen kann und gehen sollte, sondern um das „wie" und „wozu". Zwang und zeitlich begrenzte Freiheitsentziehung sind in pädagogischen Prozessen nicht prinzipiell unzulässig und kategorisch abzulehnen, aber in ihrer Anwendung nur durch das Ziel der Ermöglichung von Autonomie und Eigen-Sinn zu rechtfertigen, das auch für den betroffenen jungen Menschen noch erkennbar sein muss. Als grundsätzlich entmündigender Übergriff und massiver Eingriff in die persönliche Integrität eines jungen Menschen sind und bleiben freiheitsentziehende Maßnahmen immer besonders streng zu prüfen und zu rechtfertigen.[31]

e) „Personalunion" von ASD-Zuständigkeit und Vormundschaft
In Jugendämtern sind die Aufgaben der Amtsvormundschaft/Amtspflegschaft unterschiedlich organisiert (vgl. Hansbauer 2002; Münder u.a. 2000; Petersen 1999). Vielfach ist es so, dass die Vormundschaft mit dem Anteil der förmlichen Personensorge in Vormundschaftsabteilungen liegt, die die verwaltungstechnische Abwicklung der Vormundschaftsaufgaben erledigen, und die sozialpädagogischen Anteile der Vormundschaft (≻ Beziehung zum Mündel, individuelle Begleitung) den sozialen Diensten in der Institution übertragen werden. Ein anderes Organisationsmodell ist, dass beide Anteile der Vormundschaft dem ASD eines Jugendamtes übertragen werden.[32] Bei beiden Organisationsformen erweist sich in der Praxis als problematisch, dass die Funktion des Jugendamtes als Sozialleistungsträger einerseits und Elternersatz andererseits miteinander vermischt werden, was zu Interessenkonflikten und zur Schwächung der Position von Kindern (als Mündeln) führen kann. Denn mit dieser Regelung wird das „natürliche und notwendige Spannungsverhältnis zwischen den Leistungsberechtigten und der leistungsgewährenden Behörde" aufgehoben (vgl. Wiesner 2002: 49),

---

31 In einem Tagungsbeitrag hat Hansbauer diesen Aspekt weiter ausgeführt und Prüffragen formuliert, die vor der Entscheidung über eine geschlossenen Unterbringung bedacht und in einem institutionell vereinbarten Verfahren beraten werden müssten (vgl. ebd. 2002).

32 Ein drittes, in der Praxis seltener anzutreffendes Modell ist die Vereinigung der Vormundschaftsaufgaben in einer eigenen Abteilung „Amtsvormundschaften", wobei dann die AmtsvormünderInnen überwiegend eine sozialpädagogische Ausbildung haben (vgl. Petersen 1999).

womit der Aspekt der Kontrolle von Verwaltungshandeln entfällt. In einem der untersuchten Fälle war genau dies zu beobachten:

Die ASD-Zuständigkeit und die Vormundschaft des Jugendamtes waren im Fall „Fabian" über einen Zeitraum von mehr als zehn Jahren in einer Person miteinander verbunden. Zum Zeitpunkt der Übertragung der Personensorge auf das Jugendamt war Fabian vier Jahre alt. Die Familie Kaminski war dem Jugendamt bekannt, da Fabians Großeltern sich bereits vier Jahre vor der Geburt des Enkels an das Jugendamt gewandt hatten, weil sie selbst mit ihrer jüngsten Tochter, d.h. Fabians Mutter, Schwierigkeiten hatten, als diese 15 Jahre alt war. Ab diesem Zeitpunkt gab es über zwei Jahre Kontakte zwischen dem Jugendamt und der Familie, im Anschluss zwei weitere Jahre, in denen es keine Bezüge gab, und mit Fabians Geburt kam es dann aufgrund der Meldung des Großvaters erneut dazu, dass das Jugendamt zu Fabians Mutter Kontakt aufnahm. Die junge Mutter, Frau Kaminski, lebte zum Zeitpunkt von Fabians Geburt allein in einer kleinen Einzimmerwohnung. Der nachfolgende Hilfeverlauf und die institutionelle Fallgeschichte belegen das Risiko der Verknüpfung von ASD-Zuständigkeit und Vormundschaft in einer Person. Der zentrale Konflikt, der jahrelang über den Jungen ausgetragen wurde, war zwischen der jungen Mutter und ihren Eltern angesiedelt, die offensichtlich die nicht gelösten Auseinandersetzungen aus der Vergangenheit miteinander fortsetzten. Folge davon war, dass Fabian über Jahre zwischen der Mutter und den Großeltern hin- und hergereicht wurde und ständig wechselnde Lebensorte hatte, je nachdem, wie die jeweilige Interessenlage der Erwachsenen in der Familie gerade war und wie die Verständigung zwischen ihnen funktionierte. Die Jugendhilfe trug dieses Wechselspiel mit, obwohl sie seit dem vierten Lebensjahr des Jungen die Personensorge innehatte, und beschränkte sich darauf, Empfehlungen für die Erziehung des Jungen zu formulieren, die befolgt werden konnten oder eben nicht. In diesem Fall war die Jugendhilfe, insbesondere die ASD-Fachkraft, deutlich identifiziert mit den Sichtweisen und Wünschen der Erwachsenen, mal mehr mit denen der Mutter, mal mehr mit denen der Großeltern. Fabian „rutschte" dabei mit seinen Bedürfnissen aus dem Blick, obwohl dem Jugendamt mit der Übertragung des Sorgerechts die Aufgabe zugekommen war, die Belange des Jungen explizit zu vertreten. Die ASD-Fachkraft hatte sich in die Familiendynamik verstrickt, personell gab es kein Korrektiv, da ASD-Zuständigkeit und Vormundschaft identisch waren, und institutionell existierte kein Korrektiv, da auf Leitungsebene das Bestreben vorherrschte, Fabian seine Familie zu erhalten.

In Fällen und Organisationsformen wie den soeben beschriebenen, d.h. dann, wenn es keine eindeutig zugeordnete und alleinige Interessenvertretung für ein Mündel gibt, kann die Vormundschaft nicht oder nur unter erschwerten Bedingungen als eine pädagogische und erzieherische Verantwortung wahrgenommen und als ein parteiliches Beziehungsangebot an einen jungen Menschen gestaltet werden. Stattdessen stellt sie eher eine Formalie dar, da die Rolle des/der Erziehungsverantwortlichen durch dieses Konstrukt faktisch unbesetzt bleibt. In den letzten Jahren wurde dieses Problem zunehmend erkannt und auch erforscht, wobei sich die Praxis in Jugendämtern und das Selbstverständnis der AmtsvormünderInnen erst langsam zu verändern beginnt.

f) Tabuisierung oder Unaufmerksamkeit gegenüber spezifischen Themen

In den untersuchten Fällen zeigt sich, dass die Jugendhilfe und ihre Kooperationspartner bestimmte Probleme – die je nach örtlichen Bedingungen unterschiedlich sein können – mit einem Tabu belegen oder diesen mit Unachtsamkeit und Ignoranz begegnen, statt fachliche Konzepte für einen offensiven Umgang damit zu entwickeln. Beispielhaft lässt sich dieser Mechanismus am Umgang mit dem Problem der „Pädophilie/-kriminalität" sowie am Thema „Migration/Interkulturelle Orientierung in der Einzelfallarbeit" zeigen:

Tabuisierung des Problems „Pädophilie/-kriminalität":
In den Fallkonsultationen wurden überwiegend Jungen im Alter von 10 bis 14 Jahren vorgestellt, die fast alle Kontakte zur Pädophilen-/Pädokriminellen-Szene in der Stadt hatten. Die Erfahrung der Jugendhilfe-Fachkräfte ist, dass die Jungen diese Kontakte häufig decken und (zumindest in Betreuungssettings) nicht oder nur selten darüber reden. Ein ähnlicher Mechanismus wirkt – so die Erkenntnis aus den analysierten Fällen – offensichtlich auch im Hilfesystem. Das Problem der Pädophilie/-kriminalität ist bekannt, und die Professionellen wissen um diese Bezüge der Jungen. Ihnen selbst erscheint die Szene jedoch sehr „verfilzt", und sie fühlen sich vielfach machtlos, da keine wirkungsvollen Interventionsmöglichkeiten gesehen werden. Diese subjektiv empfundene Machtlosigkeit führt zu Resignation und Nicht-Kommunikation über das Problem, was sich z.B. auch darin äußert, dass entsprechende Zusammenhänge in den Fallakten kaum systematisch dokumentiert werden. Hinzu kommt die lokalpolitische Tabuisierung des Themas. Folge dieser Dynamik ist, dass die Handlungsweisen der Fachkräfte in den beratenen Fällen sehr individuell sind und es zudem bezüglich der Situation vor Ort kaum zusammengetragenes, kommuniziertes und systematisiertes Wissen über die Szene gibt.

Im Rahmen des Modellprojektes wurde das Thema im Anschluss an diese Erkenntnis offensiv aufgegriffen und mit VertreterInnen aus Jugendhilfe, Polizei und Schule diskutiert. Das dabei erarbeitete Bild relativiert die bis dahin vorherrschende Einschätzung deutlich, dass es sich bei der Szene um eine *„mafia-ähnliche Struktur"* handelt. Gleichzeitig macht die Auseinandersetzung aber auf gravierende Probleme für die Jugendhilfe sowie die angrenzenden Systeme aufmerksam, die mir mit Blick auf das dahinter liegende Problem wichtig erscheinen und deshalb hier benannt werden sollen:

Die Pädophilen-/Pädokriminellen-Szene ist neben der „offiziellen Jugendhilfe" eine Art „inoffizielle Jugendhilfe", ein mit ihr „konkurrierendes Unterstützungssystem" insbesondere für Jungen zwischen 10 und 16 Jahren. Zwischen diesen beiden Systemen gibt es Verbindungen über Orte und Personen.

Die Szene kompensiert offensichtlich Mängel und Lücken der offiziellen Jugendhilfe. Sie hat den Jungen etwas zu bieten, was Jugendhilfe (als professionelles Hilfesystem) nicht bieten kann, z.b. Geld, Schlafplätze, Unterhaltung, Zuwendung, Aufmerksamkeit, Treffpunkte etc.

Offenbar wird von allen Beteiligten eine Spaltung in ein „gutes" und ein „böses" Unterstützungs- und Versorgungssystem vorgenommen, wobei in der Wahrnehmung der Jugendlichen/Jungen die Vertreter der Szene häufig die „Guten" und die offiziellen BetreuerInnen die „Bösen" sind.

Einerseits gibt es viele Phantasien über Hintergründe und Ausmaß der Szene und ihrer Entwicklungen und Verbindungen. Andererseits gibt es real und rechtsstaatlich gesichert wenig Eingriffsmöglichkeiten: Auch der vermutete Täter „genießt" den Schutz des Rechtsstaates.

Vor der analytischen Bewertung und Interpretation dieser Erkenntnisse noch ein weiteres beispielhaftes Thema, mit dem Fachkräfte und Institutionen sich offensichtlich schwer tun:

Unaufmerksamkeit gegenüber dem Lebenshintergrund „Migration"
Familien mit Migrationshintergrund gehören zu den alltäglichen Zielgruppen sozialer Einrichtungen und Dienste. Der Blick auf die quantitative Dimension, d.h. beispielsweise die Inanspruchnahme erzieherischer Hilfen durch nichtdeutsche Familien, verweist jedoch darauf, dass diese Hilfen den besonderen Bedarfslagen ausländischer Kinder und Familien (noch) nicht im erforderlichen Maße genügen. In den Angeboten der Jugendhilfe insgesamt und auch in den erzieherischen Hilfen sind Kinder und Jugendliche mit Migrationshintergrund im Verhältnis zu ihrem Anteil an der Gesamtbevölkerung unterrepräsentiert. Am deutlichsten ist dies in den präventiven und niederschwelligen Hilfen (z.B. Erziehungsberatung, Tagesgruppen), wohingegen sie bei den stärker intervenierenden Hilfen, z.B. in der Jugendgerichtshilfe oder der Inobhutnahme, eher überrepräsentiert sind. Dies gilt insbesondere für nichtdeutsche männliche Jugendliche (vgl. z.B. Teuber 2002). Diese Zahlen weisen darauf hin, dass es der Jugendhilfe und ihren Kooperationspartnern nicht ausreichend gelingt, eine quantitativ wachsende Zielgruppe frühzeitig mit familienunterstützenden Angeboten anzusprechen, obwohl es sich gerade bei dieser Gruppe um Kinder und Familien handelt, die strukturell von Risikofaktoren und Problemlagen stärker betroffen sind und deren soziale Belastungen höher liegen als bei Familien mit Kindern, die der Mehrheitsgesellschaft angehören. Gründe dafür liegen – so belegen unterschiedliche Studien (vgl. z.B. Trede 2000; Schwabe 1999;

Stüwe 1996) – in der mangelnden Sensibilität und Beachtung, die dem Thema „Migration" bislang in der Kinder- und Jugendhilfe beigemessen wird, sowohl auf der individuellen Ebene von Fachkräften als auch konzeptionell und strukturell. Es fehlen institutionell bereitgestellte Zeitressourcen, regelmäßige Austauschforen oder Möglichkeiten zu individueller Fortbildung, so dass die Aneignung von Fachwissen in den psychosozialen Regeldiensten oft zu einer Art „Luxusthema" wird. Auch auf der planerischen Ebene wird die Lebenssituation von MigrantInnen nicht systematisch einbezogen. Teuber kommt vor dem Hintergrund unterschiedlicher Forschungsergebnisse somit zu dem Schluss, dass „die Jugendhilfe – ohne es zu beabsichtigen, sondern aus Unachtsamkeit, Unwissen und fehlendem Handlungsdruck, ..., Kinder und Jugendliche aus Zuwandererfamilien von ihren Leistungsangeboten ausgrenzt" (vgl. ebd. 2002: 80).

Diese Schlussfolgerung kann durch die Fallanalysen der hier vorgelegten Untersuchung bestätigt werden. Von den elf untersuchten Fällen handelt es sich bei vier Fällen um Familien mit Migrationserfahrungen. Neben vielen anderen Schwierigkeiten, die im Verlauf der Hilfegeschichten zu einer kritischen Zuspitzung der jeweiligen Situationen führen, zeigt sich in all diesen Fällen, dass sich vor allem die Fachkräfte und die Migranteneltern fremd und unverständlich bleiben und wechselseitiges Misstrauen die Interaktion prägt. Deutlich wird dabei allerdings auch, dass neben den normativ motivierten Konflikten um die „richtige" Lebensführung bei Fachkräften auch schlichtweg die Kompetenz und das Wissen fehlen, andersartige und kulturell bedingte Verhaltensweisen und Einstellungen zunächst einmal zu verstehen. Der Konflikt ist jedoch programmiert, wenn beispielsweise eine Fachkraft den Ausführungen einer nichtdeutschen Mutter keinen Glauben schenkt, weil diese im Gespräch keinen Blickkontakt hält, sondern überwiegend auf den Boden schaut, die Fachkraft aber ihre Motive nicht hinterfragt. Aus Sicht der Fachkraft weicht die Mutter ihr aus, um dadurch eine vermeintliche Unwahrheit besser vertreten zu können, aus der eigenen Tradition heraus ist aber eben diese Mutter es gewohnt, gegenüber Autoritäten, wie z.B. dem Jugendamt, so defensiv aufzutreten. Aus ihrer Sicht ist der gesenkte Blick ein Zeichen der Achtung. Einstellungen und Handlungen von Familien mit Migrationshintergrund unwissend und vorschnell nach hiesigen Bewertungskriterien zu beurteilen greift also zu kurz.

Mit Blick auf die beiden Beispiele und den Umgang mit den beschriebenen Themen stellt sich analytisch die Frage, wieso es zu diesem Umgang mit spezifischen Themen kommt und ob die tabuisierten oder vernachlässigten Fragen beliebig sind. Meines Erachtens lassen sich in den Themen inhaltlich gleiche Kernpunkte ausmachen, die für das Hilfesystem eine Verunsicherung darstellen und deren Verdrängung auf der Handlungsebene Folgendes bedingen:

Auseinandersetzung mit Fremdheit und den Fremden: Sowohl in der Auseinandersetzung mit pädokriminellen Szenen als auch im Umgang mit Familien, die einen Migrationshintergrund haben, sind die Hilfesysteme personell und institutionell mit Lebenswelten konfrontiert, die ihnen mehrheitlich fremd sind, die also i.d.R. mit eigenen Lebenshintergründen und Erfahrungen kaum Gemeinsamkeiten aufweisen. Dieses Faktum gilt zwar für etliche Themen des sozialpädagogischen Alltags, die Differenz zwischen der eigenen Lebenswelt von Fachkräften und dem Alltag in der pädokriminellen Szene oder aber den Erfahrungen von MigrantInnen ist jedoch besonders hoch. Generell löst die Begegnung mit Fremdheit oftmals Unsicherheit und Irritationen aus, weil eigene Erklärungsmuster, Sinnkonstruktionen und Selbstverständlichkeiten durch das Andere in Frage gestellt werden (vgl. Burkhardt 1988). Infolge der damit verbundenen Sorge vor dem Verlust oder der Bedrohung eigener Erschließungszusammenhänge und Wertekonstruktionen entwickeln Menschen und Systeme über die Zeit ein umfangreiches „Inventar an Reaktionen auf die eigensinnige Gegenwart des Fremden" (Bauman 1995: 89), um dieses Unbehagen gegenüber der Andersartigkeit des Gegenübers zu minimieren und „in den Griff" zu bekommen. Eine mögliche Reaktion aus dem gängigen Handlungsrepertoire ist dabei die Ignoranz oder Tabuisierung der Irritation.

Verweis auf eigene Unzulänglichkeiten: Im Umgang mit beiden oben beschriebenen Themen wird die Jugendhilfe auf ihre eigenen Defizite verwiesen. Im Umgang mit der pädokriminellen Szene ist dieses eher strukturbedingt. Als professionelles und institutionalisiertes Erziehungsverhältnis, das auf Lohnarbeit basiert, kann die Jugendhilfe jungen Männern nicht die Anreize bieten, die oben bereits für die pädokriminelle Szene beschrieben wurden. In der Arbeit mit MigrantInnen sind die Unzulänglichkeiten eher konzeptionell bedingt. Fachkräfte und Dienste verfügen häufig nicht über interkulturelle Kompetenzen und Konzepte im Umgang mit nichtdeutschen Lebensformen und Traditionen und es gibt zu wenige Fachkräfte, die selbst einen Migrationshintergrund haben. Dies bedeutet, dass die Fachkräfte im Umgang mit dieser Zielgruppe oftmals keine angemessene Beziehung gestalten können und dies aufgrund der unbewussten, aber wirkungsmächtigen Orientierung an der deutschen Kultur zusätzlich erschwert wird. Die Konfrontation mit dem eigenen Unvermögen wird in beiden Beispielen nicht konstruktiv gewendet, sondern reaktiv durch Nicht-Bearbeitung abgewehrt.

Verweis auf die Grenzen des eigenen Einflusses: Dieser Aspekt spielt vermutlich im Umgang mit der pädokriminellen Szene eine größere Rolle als im Umgang mit nichtdeutschen Familien. Wie die Analyse der Fälle, in denen die Jungen in pädosexuelle Kontakte eingebunden waren, sehr deutlich gezeigt hat, entwickelt die Jugendhilfe hier einen resignativen Mechanismus. Aufgrund der eigenen Vorstellung, gegen diese Bezüge der Jungen nichts ausrichten zu können, wird das Thema bei den Fachkräften und Institutionen zum Tabu und damit nicht nachhaltig angegangen. Dieser Mechanismus kann nicht in gleicher Wirkungskraft für die Arbeit mit Familien beschrieben werden, die einen Migrationshintergrund haben. Dennoch gibt es auch in diesem Kontext in einzelnen Fällen den entmutigten Rückzug der Professionellen gegenüber der „Hartnäckigkeit", mit der Väter oder Mütter nichtdeutscher Kinder ihre tradierten Werte durchsetzen und bewahren wollen. In der Analyse dieser Fälle erscheint das zentrale Problem der Hilfesysteme, sich schlecht mit einem „sowohl als auch" abfinden zu können. Integration im Sinne der Hilfesysteme bedeutet dann oftmals Assimilation an die deutsche Kultur, was aus Sicht der Familien nicht das Ziel sein kann, da damit der Verlust der eigenen Wurzeln und Identität verbunden ist. Folge in derart gestalteten Bezügen zwischen Professionellen und AdressatInnen sind resignativer Rückzug oder aber vehementer Kampf der Professionellen gegen die fremde Kultur.

Systemtheoretisch interpretiert, laufen diese Beobachtungen in der Konsequenz abermals darauf hinaus, dass es innerhalb der Hilfesysteme die Strategie gibt, Verunsicherungen zu vermeiden, was hier auf dem Weg der Tabuisierung und Abwertung „unangenehmer" Themen passiert. Je nach vorhandener Handlungskompetenz innerhalb sozialer Dienste und Einrichtungen können die spezifischen Inhalte, die verdrängt werden, hierbei variieren, wobei in der Analyse derselben vermutlich immer einige der oben beschriebenen Motive als Gründe für die Verdrängung auszumachen sind.

5.1.9 Fazit: Schwierige Kinder und Familien = schwierige Fälle?

Oftmals werden in der Jugendhilfe schwierige Fälle und eskalierende Lebensgeschichten sowie Situationen, „in denen nichts mehr geht", damit erklärt, dass die betroffenen Kinder so schwierig sind, dass sie oder ihre Eltern sich auf ihre Weise ständig den wohlgemeinten Hilfeangeboten der Jugendhilfe widersetzen und eine konstruktive Zusammenarbeit kaum möglich ist. Begründungen gibt es immer vielfältige, die sicher auch nicht „falsch" sind, aber i.d.R. nur einen Erklärungszusammenhang für die Zuspitzung und Eskalation von Fällen anführen.

Das Aufwachsen von Kindern und Jugendlichen gerade in Familien, die zur „klassischen" Klientel der Erziehungshilfen gehören, ist häufig von erschwerten Bedingungen geprägt (vgl. ausführlicher Ader 2002). Häufig handelt es sich um Familien bzw. Mütter mit neuen Partnern, die in Armut und innerer Not leben. Die Erwachsenen sind vielfach schon in den eigenen Lebens- und Entwicklungsbedürfnissen eingegrenzt worden und geben das erfahrene Leid an die Kinder weiter. Für die Kinder realisiert sich dies in Form von Vernachlässigung, Unterversorgung und Überforderung (z.B. Übernahme der Elternrolle). Ihre biographisch erfahrenen Muster der Beziehungsgestaltung sind geprägt durch ein hohes Maß an Unsicherheit, Aggressivität, Versagung und Enttäuschung. Sie erleben schon früh, dass es keine berechenbaren und zuverlässigen Erwachsenen an ihrer Seite gibt, dass Beziehungen oftmals von kurzer Dauer sind, dass Eltern zwischen großer Nähe und Distanz zu ihnen schwanken und Gewalt zu ihren Alltagserfahrungen gehört. In diesen Zusammenhängen sind Kinder gezwungen, sich Strategien anzueignen, um ihr Überleben zu sichern. Sie müssen lernen, sich das Notwendigste zu besorgen, lernen schnell und lernen dabei vor allem durch ihr Umfeld und die Anforderungen, die es an sie stellt. Was aber z.b. bei einem sechs Monate alten Säugling als völlig natürliches Verhalten sofort akzeptiert wird – z.B. lautes und unerbittliches Schreien, bis die angemeldeten Bedürfnisse „gestillt" sind –, wird bei einem sechs Jahre alten Kind für einen bedenklichen Mangel an sozialer Kompetenz gehalten. Das bedeutet, dass die angeeigneten und in ihrem primären Lebensumfeld durchaus sinnvollen Strategien unzureichend versorgter Kinder mit zunehmendem Alter häufig kontraproduktiv und vom Umfeld als störend und auffällig wahrgenommen werden. Die scheinbar unlösbaren Probleme der gesamten Familie verschränken sich und werden für das Umfeld als Symptome von Dissozialiät und Grenzüberschreitung sichtbar. Zu diesem Faktorenbündel kommen meist sozioökonomisch belastende und aktuell krisenhaft zugespitzte Familien- und Lebensverhältnisse hinzu. Armut, Arbeitslosigkeit, Wohnungsnot und Konflikte wie Alkoholismus und Drogensucht prägen den Alltag vieler Familien in den Erziehungshilfen.

Diese Beschreibungen stellen allerdings m.E. nur einen Erklärungszusammenhang für die Zuspitzung von Hilfeverläufen dar. Denn die beiden Einzelfallrekonstruktionen sowie die Auswertung der anderen Fälle haben gezeigt, dass sozioökonomisch belastende und aktuell krisenhaft zugespitzte Familien- und Lebensverhältnisse sowie erfahrene Verletzungen und Traumatisierungen allein als Begründung für einen schwierigen Fall nicht ausreichen. Hoch belastete Lebenssituationen von Kindern und Familien werden offensichtlich immer dann zu besonders schwierigen Fällen, wenn mindestens zwei Dinge zusammenkommen:

a) die materielle, psychische und/oder soziale Not und Isolierung, die wie oben skizziert dazu führt, dass ein Familiensystem völlig „aus den Fugen gerät",

b) und ein Hilfesystem, das so in die Dynamik einer Familie verstrickt und so mit eigenen (Kooperations- und Zuständigkeits-)Problemen beschäftigt ist, dass es den am jungen Menschen orientierten Blick auf eine eskalierende familiäre Situation verliert.

Dies bedeutet, dass es nicht allein spezifische Schlüsselsituationen in der Lebens- und Familiengeschichte eines jungen Menschen sind, die dazu führen, dass sie stolpern und zu Grenzfällen werden, sondern es sind eher die Schlüsselkonstellationen, d.h. die Summe der Ereignisse, Bewertungen und Dynamiken aller Beteiligten und ihrer Systeme. Auch das Handeln im Hilfesystem, die Interaktionsdynamik zwischen allen Beteiligten sowie die

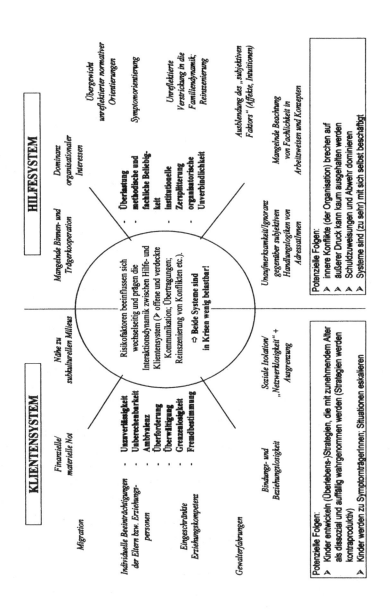

Abb. 12: Wie werden aus Kindern in Schwierigkeiten „schwierige Fälle"?
Risikofaktoren für Verschärfungszusammenhänge in Hilfegeschichten[33]

---

33 Die linke Seite des Schaubildes wird im Kontext dieser Untersuchung kaum inhaltlich erläutert, vgl. dazu Ader 2002: 114 ff.

206

eigendynamischen Wirkungen von Handlungsvollzügen liefern also wichtige und notwendige Erkenntnisse über einen Fall, müssen selbstreflexiv analysiert werden und sind für die Hypothesen- und Urteilsbildung der Professionellen unerlässlich.

Abb.12 soll dies verdeutlichen und fasst die beschriebenen Risikofaktoren zusammen.

5.2 Zentrale Handlungslogiken der Hilfesysteme und ihre Folgewirkungen

Auf der Grundlage der Fallanalysen wurden potenzielle Risikofaktoren für eine erfolgversprechende Fallbearbeitung in der Erziehungshilfe herausgearbeitet. Diese werden nun in einem letzten Schritt auf die hinter ihnen liegenden Logiken und Folgewirkungen untersucht und nochmals verdichtet. Dabei kristallisieren sich drei zentrale Handlungslogiken (Thesen 1-3) heraus sowie zwei übergreifende Folgewirkungen dieser Denklogik (Thesen 4+5). Die als Thesen formulierten und begründeten Befunde werden abgerundet durch eine sechste These, die die Frage zu beantworten sucht, wer verantwortlich dafür ist, dass professionelles Handeln sich gerade in den schwierigen Fällen häufig nicht danach ausrichtet, was aus externer Perspektive problemlösend („eigentlich logisch") und fachlich sinnvoll erscheint.

5.2.1 Zentrale Handlungslogiken in den Hilfesystemen

These 1:[34] Die unterschiedlichen Organisationen der Jugendhilfe und ihrer Partner verstehen sich nicht als ein Gesamtsystem, das eine gemeinsame Aufgabe zu bewältigen hat. Jedes (Sub-)System löst nur Teilaufgaben, die nicht komplementär, sondern oft konkurrierend bearbeitet werden.

Als ein wesentlicher Befund der Fallauswertungen kann hervorgehoben werden, dass es zwischen den Dynamiken in belasteten Familiensystemen und den mit ihnen arbeitenden Hilfesystemen eine Vielzahl an Analogien gibt. Kinder und Jugendliche in schwierigen und für sie bedrohlichen Lebenssituationen haben in ihren primären Beziehungen häufig die Erfahrung gemacht, sich auf „nichts und niemanden wirklich verlassen zu können". In den institutionellen Geschichten dieser Kinder und ihrer Familien wieder-

---

34 Grundsätzlich gilt für die Thesen, dass sie keine generelle Gültigkeit, bezogen auf die Prozesse der Fallbearbeitung in der Jugendhilfe, beanspruchen. Analog zu den analysierten Risikofaktoren stellen sie potenziell hinderliche Logiken dar, die das institutionelle Handeln gerade in schwierigen Fallkonstellationen häufig leiten.

holen sich dann oftmals die Erfahrungen von Überlastung und Überforderung, Unzuverlässigkeit und Beliebigkeit, Ambivalenz und Kränkung. Kinder erleben eine Vielzahl an Maßnahmen, Betreuungs- und Beziehungswechseln, die sich für sie häufig kurzfristig vollziehen, nicht nachvollziehbar und somit kaum verständlich sind. Dieses Erleben potenziert sich dadurch, dass Übergänge und Wechsel zwischen einzelnen Hilfestationen nicht regelhaft geplant und gestaltet werden. Der Weg vieler Kinder und Jugendlicher durch die Jugendhilfe ist folglich geprägt von Zufälligkeiten – sowohl personell als auch strukturell.

Die Ursache für diesen Mangel an institutioneller Steuerung von Hilfeverläufen liegt vor allem darin, dass die am Hilfeprozess beteiligten Organisationen/Systeme sich nicht als ein in Subsysteme ausdifferenziertes Gesamtsystem verstehen, das eine gemeinsame Aufgabe zu bewältigen hat. Die wesentliche Aufgabe aller an Hilfeverläufen beteiligten Fachkräfte sind die Organisation und prozesshafte Umsetzung von Hilfen für Kinder und Familien in Schwierigkeiten, die von ihnen selbst möglichst auch als hilfreich empfunden werden sollen. Diese Anforderung ist aufgrund der Komplexität von Problemlagen und der Pluralität notwendiger Ansatzpunkte für Unterstützung nur in einem abgestimmten Zusammenwirken der unterschiedlichen Professionellen zu bewältigen, da die Kompetenzen und Zuständigkeiten zu ihrer Erfüllung i.d.R. nicht bei einer Organisation allein liegen. Die Realität zeigt jedoch dass die Übernahme von persönlicher und institutioneller Verantwortung für individuelle Lebensgeschichten, Entwicklungsprozesse und das Aufwachsen von Kindern häufig nur so weit reicht bzw. so lang andauert, bis die jeweils übernommene Teilaufgabe im Hilfeprozess erfüllt ist. Das heißt, die Verantwortung für einen jungen Menschen wird abgegeben, sobald der spezifische Auftrag beendet und/oder gescheitert ist und eine neue Organisation den Fall übernimmt. Die gezielte Vorbereitung auf die konkrete Aufgabe durch den ASD erfolgt dabei häufig ebenso wenig wie die planvolle Übergabe eines abgebenden Trägers an den nachfolgenden Erbringer einer Unterstützungsleistung. Unbeachtet bleiben dabei sowohl bereits gewonnene Erfahrungen, z.B. über die Stärken und Entwicklungsbedarfe eines Kindes oder über sein erfahrenes Leid, als auch (Selbst-)Erkenntnisse der Fachkräfte aus der Arbeit mit einem jungen Menschen oder einer Familie. Gemeint ist damit beispielsweise das Wissen darüber, was im unmittelbaren Kontakt gut und weniger gut funktioniert, welche Interaktionsdynamiken zwischen Fachkräften und Familienmitgliedern wirken oder welche „Stolpersteine" im professionellen Umgang mit einer Familie bewältigt wurden, die den institutionellen Weg nicht ein weiteres Mal „pflastern" müssen.

Hinzu kommt, dass diese notwendige Kommunikation zwischen den beteiligten Fachkräften und ihren Organisationen oftmals auch dann nicht ausreichend geführt wird, wenn sie zeitgleich in den Hilfeverlauf involviert sind. Aus systemtheoretischer Perspektive ist Kommunikation das basale

Element des Sozialen; über Kommunikation werden Systeme aufgebaut sowie Strukturen und Prozesse hervorgebracht (vgl. Luhmann 1987; Miller 2001).

Die Analyse von Kommunikationsprozessen ist der Schlüssel, um zu verstehen, wie ein System funktioniert, da über die in einem System gelebte Kommunikation die Muster (re)produziert werden, die Zugehörigkeit und Entwicklung sowie Störungen und Irritationen ermöglichen (Miller 2001: 83). Die Auswertung von Kommunikation in den analysierten Fallgeschichten hat gezeigt, dass diese häufig geprägt ist von Misstrauen, mangelnder Offenheit, Konkurrenz, Abwertung sowie subtilen Botschaften und dass sich diese Charakteristika der Kommunikation in komplexen Fällen potenzieren. Unterschiedliche Einschätzungen, Prognosen und Zielvorstellungen in der Arbeit mit einem Kind oder einer Familie, die z.T. struktur- bzw. aufgabenbedingt sind, werden oftmals nicht miteinander kommuniziert und vor allem nicht aufeinander abgestimmt. Infolgedessen kollidieren die verschiedenen Institutionen in ihrer Aufgabenwahrnehmung miteinander und geraten bezüglich der Durchsetzung ihrer jeweiligen Interessen in Konkurrenz.

Eine von allen beteiligten Hilfe- und Kontrollsystemen verstandene und akzeptierte Diagnose, verbunden mit einer übergreifenden Zielsetzung sowie klaren Aufträgen und Zuständigkeiten für die Fallbearbeitung, war in den untersuchten Fällen nicht ein einziges Mal vorhanden. Dieser Befund verweist auf das Fehlen ausreichender gemeinsamer Sinngehalte zwischen den einzelnen Teilsystemen (Jugendhilfe, Schule, Psychiatrie, Polizei/Justiz) des gesamten Systems „Hilfen für Kinder und Familien". Gelingende Kommunikation und Interaktion zwischen Systemen und ihren Subsystemen basiert im Verständnis der Systemtheorie u.a. darauf, dass es neben interessengeleiteten Dissensen zwischen Systemen immer auch ein Minimum an gemeinsamen Vorstellungen und Zielsetzungen gibt, die das Handeln der einzelnen Teilsysteme verbindet. Willke (2000: 243) spricht in diesem Zusammenhang von notwendigen „operativen Kontexten" im Sinne von Gesamtentwürfen für die Bewegungsrichtung des Handelns, die erforderlich sind, um eine „gleichgeordnete Interaktion gesellschaftlicher Teilsysteme mit dem Ziel" zu organisieren, „in reflektierten Abstimmungsprozessen kombinatorischen Gewinn aus ihren Differenzen zu ziehen (ebd. 242). Fehlen solche gemeinsamen Übereinkünfte, können die immer vorhandenen Teilrationalitäten einzelner Subsysteme nicht mit den Rationalitäten des Gesamtsystems ausbalanciert werden und die spezifischen sinngesteuerten Verarbeitungsleistungen der einzelnen Organisationen dominieren (vgl. Miller 2001). Mit Blick auf die Praxis der Jugendhilfe erscheint mir diese Erkenntnis bezüglich der Steuerung von Hilfeprozessen und einer qualifizierten Umsetzung des Case Management bedeutsam (dazu vgl. Löcherbach u.a. 2003; Wendt 2001).

These 2: Die immer notwendige Reduktion von Komplexität erfolgt über die einseitige Anwendung administrativer Rationalität. Die Anwendung administrativer Rationalität geht mit der Minimierung bzw. dem Verzicht auf pädagogische Rationalität/Professionalität und Selbstreflexivität einher.

Komplexität ist ein zentraler Begriff der neueren Systemtheorie. Willke (2000: 22) versteht darunter „den Grad der Vielschichtigkeit, Vernetzung und Folgelastigkeit eines Entscheidungsfeldes". Dabei bezeichnet der Begriff immer die Relation zwischen einem System und der Umwelt eines Systems, wobei die Umwelt als Gesamtheit aller Systeme und ihrer Interdependenzen immer komplexer ist als jedes Bezugssystem (vgl. Luhmann 1987). Aufgrund dieser Gegebenheit ist die systemspezifische Verarbeitung von Umweltkomplexität immer reduktiv, d.h. jedes System kann stets nur einen Teil der Umwelt verarbeiten und blendet dabei zwangsweise andere Teile aus. In diesem Zusammenhang ist die Wahrnehmung der Umwelt immer mit einem Selektionszwang verbunden, der in der konkreten Ausprägung von der spezifischen Beschaffenheit des jeweiligen Referenzsystems abhängig ist. Konkret bedeutet dies, dass Systeme jeweils die Ausschnitte ihrer Umwelt wahrnehmen, die sie für sich als relevant betrachten. Miller (2001: 49) konstatiert in diesem Zusammenhang, dass die wesentliche Bedeutung von Systemen darin liegt, Komplexität zu reduzieren und in für sie sinnhafte Ordnungen zu bringen, die dann für das System zu einem gewissen Grad überschaubar sind. Die Komplexitätsreduktion eines Systems erfolgt dabei auf seine funktionalen Belange hin, für die der Sinnbegriff und die sich davon ableitenden Rationalitäten konstitutiv sind. „Sinn" ist im systemtheoretischen Verständnis das zentrale Kriterium für die Reduktion von Umweltkomplexität und die wesentliche Steuerungsgröße für systemspezifisches und individuelles Agieren. „Sinn verweist darauf, welche Handlungsmöglichkeiten ausgewählt werden und welche nicht aktualisiert werden" (Miller 2001: 50). Somit ist Sinn und die Sinnhaftigkeit keine allgemeingültige Kategorie, sondern immer abhängig vom jeweiligen Referenzsystem. Über den Sinnbegriff erklärt sich, dass Systeme ihr Denken und Handeln jeweils nach den eigenen Rationalitäten ausrichten, die vom spezifischen Zweck des Systems abhängig sind. Organisationen werden in diesem Zusammenhang als selbstreferentiell aufgefasst: Informationen aus der Umwelt werden mittels der je eigenen System- und Operationslogik verarbeitet, wodurch sich die Organisationen fortlaufend selbst reproduzieren.

Über den Zweck oder die Funktion eines Systems lässt sich bestimmen, welche Wirkungen ein System anstrebt. Nach Miller orientieren sich daran der Fokus der Wahrnehmung und Interpretation von Umwelt, die Planungen und Entscheidungen sowie das Handeln eines Systems. Für die Jugendhilfe und hier in besonderem Maße für den öffentlichen Träger lassen sich in diesem Kontext zwei zentrale Systemzwecke und damit verbundene Handlungsrationalitäten ausmachen, die in je spezifischer Ausprägung auch für ihre Kooperationspartner handlungsleitend sind. Zum einen hat die öffentliche Jugendhilfe, d.h. das Jugendamt, den hoheitlichen Auftrag, den sozialrechtlich verankerten und individuell einklagbaren Leistungsanspruch von Eltern auf Unterstützung in ihrer Erziehungsaufgabe zu prüfen und festzustellen, ob ein erzieherischer Bedarf vorliegt (§ 27 SGB VIII). Hinzu kommt bezogen auf Kinder und Jugendliche eine Schutzverpflichtung der Jugendhilfe: Junge Menschen sind vor Gefahren für ihr Wohl zu schützen (vgl. §§ 1 (3), 42, 43 SGB VIII; Stichwort: staatliches Wächteramt). Aus diesen beiden Aufträgen lässt sich ein Systemzweck erschließen, der von einer *administrativen Rationalität* geprägt ist. Im Rahmen gesetzlicher Bestimmungen geht es um verwaltungsmäßige Prüfung und die sozialstaatliche Organisation von Hilfe wie auch von Kontrolle.

Daneben steht eine zweite Funktion, die für das Handeln im Hilfesystem konstitutiv und mit dem erstgenannten Auftrag nicht immer kompatibel ist: Die Jugendhilfe soll Kinder und Jugendliche in ihrer Entwicklung fördern, soll an der Umsetzung ihres Rechts auf Erziehung mitwirken und Eltern bei der Versorgung und Erziehung ihrer Kinder beraten und unterstützen (vgl. § 1 SGB VIII). Verbunden damit sind ein deutlich *sozialpädagogisches Profil und ein pädagogischer Auftrag*, der durch die Fachkräfte der Jugendhilfe und im Zusammenwirken mit den relevanten Kooperationspartnern erfüllt werden soll. Administrative Rationalität und pädagogische Rationalität bilden somit zwei funktionale Belange, die in der Bearbeitung von Problemlagen und in Wahrnehmung von Kindern und Familien in Schwierigkeiten miteinander verbunden werden müssen. Hier haben jedoch die Fallanalysen gezeigt, dass beide Rationalitäten gerade in sehr komplexen Fällen offensichtlich nicht gleichwertig ausbalanciert werden können, sondern die administrative Logik vielfach siegt. Auffälliges und störendes Verhalten von Kindern soll schnell behoben werden, Probleme sollen zügig gelöst werden, Konflikte werden vermieden, Hilfen sollen vor allem kostengünstig sein und der Aufwand für die Fallbearbeitung möglichst gering – so verlangt es die verwaltungsrationale Logik. Zu kurz kommt dabei häufig das Verstehen von Kindern und Familien in belasteten Lebenssituationen als der zentrale Ansatzpunkt für Handeln. Mit Verstehen ist dabei gemeint, sich mit den Selbstbeschreibungen des Gegenübers auseinander zu setzen, sich auf die Erfahrungen und Deutungsmuster von AdressatInnen einzulassen, nach dem funktionalen Sinn ihrer Haltungen und ihres Verhaltens zu fragen und zeitweise zurücktreten zu können von der eigenen, systemgebundenen Logik der Beobachtung (vgl. auch Klatetzki 1993: 28ff.). Dies wäre die Voraussetzung, um den erzieherischen Auftrag der Jugendhilfe erfüllen zu können und die pädagogische Rationalität stärker zum Tragen kommen zu lassen.

Fraglich ist in diesem Zusammenhang, wieso diese beiden konstitutiven Systemrationalitäten nicht gleichrangig im Blick der Professionellen sind und das Handeln anleiten. Aus systemtheoretischer und organisationssoziologischer Perspektive lassen sich dafür mindestens vier Begründungen anführen, die hier nur skizziert werden können und keinen Anspruch auf Vollständigkeit erheben:

(1) Von ihrer funktionalen Logik her hat die soziale Arbeit primär einen defizitorientierten Blick, der in einem verwaltungsrationalen Handeln seine Entsprechung findet. Gemeint ist damit, dass sowohl die Jugendhilfe als auch Psychiatrie und Schule ihren Blick auf Kinder und Familien an Problemen gesellschaftlicher Teilhabe ausrichten, d.h. auf das, was dieser Zielgruppe fehlt oder zukünftig fehlen könnte. Unterstützung und Hilfe werden gewährt, wenn bestimmte Defizite oder Störungen festzustellen sind und ein erzieherischer oder psychologischer Handlungsbedarf besteht. Denn erst dieser ist die Legitimation für sozialstaatliche Leistungen.

(2) Die Organisationen im Hilfesystem, insbesondere die Jugendhilfe (und hier das Jugendamt), reagieren vor allem auf Umweltsegmente, die für die eigene Ressourcenlage und Legitimation entscheidend sind. Im Kontext der Diskussion um den Einfluss von potenziellen LeistungsempfängerInnen auf Entscheidungen der Jugendhilfe hat Hansbauer (1995: 18f.) organisationssoziologisch begründet, dass verwaltungsrationales Denken und Handeln gegenüber der Stärkung von Partizipationsrechten und der Orientierung an pädagogischen Maximen in Jugendhilfeorganisationen Vorrang hat. Grund dafür ist, dass diese in ihrer Existenz maßgeblich auf ihre Reputation und Legitimation durch die kommunalpolitischen Umweltsegmente (z.B. Politik, Öffentlichkeit) angewiesen sind sowie auf deren finanzielle Ressourcen. Weniger abhängig sind sie demgegenüber von ihrer Klientel, die i.d.R. die eigenen Einflussmöglichkeiten auf institutionelle Prozesse nur so gut kennt, wie sie ihr von den Fachkräften nahe gebracht worden sind. Zudem tragen die LeistungsadressatInnen nicht oder nur unwesentlich zur Ressourcenlage der Organisationen bei, da die Budgets und vor allem die Personalkosten des öffentlichen Trägers aus staatlichen und kommunalen Finanzmitteln bestritten werden und die Budgets freier Träger der Jugendhilfe wiederum vorrangig von der Gewährungspraxis der Jugendämter abhängen. Hansbauer resümiert in diesem Kontext: „Da die kommunalpolitische Arena für Jugendämter [und andere Organisationen im Hilfesystem] also das wohl wichtigste, zumindest aber das mächtigste Umweltsegment ist, dürften sie dazu neigen, ihr Handeln an die dort herrschenden Erwartungen anzupassen und die Bedürfnisse ihrer Klientel nach Möglichkeit auch" (ebd.: 19).

(3) Das System Jugendhilfe verfügt über eine unzureichend ausgebildete sozialpädagogische Identität. Die Identität eines Menschen oder eines Systems sagt etwas über das Selbstbild und das Selbsterleben aus. Bezogen auf soziale Systeme, beschreibt sie relativ konstante Einstellungen und Verhaltensziele gegenüber sich selbst oder anderen, und für ihre Herausbildung ist die Umwelt konstitutiv. Erst durch die Abgrenzung eines Systems von seiner Umwelt ist Identitätsbildung möglich, weil dadurch von den Systemak-

teuren Grenzen definiert werden, die die spezifische Ausdifferenziertheit einer Organisation markieren, dessen Identität wahren und ein adäquates Funktionieren ermöglichen (vgl. Häfele 1990: 145). Abhängig von der Kontinuität im Selbsterleben eines Systems und von der Art und Ausprägung der spezifischen Grenzen ist nach Häfele die Qualität der Kommunikation und Kooperation mit der Umwelt. Unterschieden werden dabei starre, diffuse und klare Grenzen (ebd.; zusammenfassend auch Barthelmess 2001): Klare Grenzen sind eindeutig gesetzt, nach innen und außen erkennbar und gleichzeitig auch durchlässig. „Sie ermöglichen für die Mitglieder der verschiedenen Subsysteme Selbst-entwicklung, Selbst-verständnis, Selbst-ständigkeit (also Identität) im Kontakt mit anderen Subsystemen" (Häfele 1990: 146). Starre Grenzen korrelieren demgegenüber mit Rigidität, Distanz und Unverbundenheit, diffuse Grenzen korrespondieren mit Intransparenz, Verstrickung, Konfliktvermeidung und übersteigerter Loyalität. Nach Häfele treten die beiden zuletzt beschriebenen Formen der Grenzsetzung häufig in dysfunktionalen Sozialsystemen in Erscheinung. Verbunden damit, ist in diesen Systemen die Identität, d.h. das Selbstverständnis von den eigenen Fähigkeiten, Zielsetzungen, Kernaufgaben, Zuständigkeiten und Kompetenzen, häufig unzureichend ausgeprägt.

Diese Erkenntnisse lassen sich m.E. auch auf die Hilfesysteme in den analysierten Fällen und insbesondere auf die Jugendhilfe übertragen und sind eine Erklärung für die unzureichend ausgeprägte sozialpädagogische Identität, aufgrund deren die administrative Logik in ihrem Denken und Handeln dominiert. Die Sozialpädagogik und die Jugendhilfe als eines ihrer praktischen Handlungsfelder verfügen strukturell über keine von angrenzenden Disziplinen und Arbeitsfeldern klar abzusetzenden Grenzen. Eine sozialpädagogisch orientierte Jugendhilfe hat die Aufgabe, den ganzen Menschen in seinem Lebenskontext zu sehen und dies zum Ausgangspunkt für Erklärungen und Handlungen zu machen. Somit ist eine sozialpädagogische Perspektive auf einen Fall immer offener und komplexer als andere professionelle Perspektiven. Diese multiperspektivische Orientierung (vgl. Müller 1993) erfordert das Einbeziehen des Fachwissens aus den Bezugswissenschaften (z.B. Psychologie, Soziologie, Psychiatrie, Medizin), was gleichzeitig die Abgrenzung von ihnen erschwert. Hinzu kommt, dass der Auftrag der Jugendhilfe nicht eindeutig ist und die „Regeln der sozialpädagogischen Kunst" für viele nur rudimentär erkennbar sind (vgl. z.B. Hartwig 2004; Hege 2001, Rauschenbach u.a. 1993), was beides eine professionsbezogene Verunsicherung mit sich bringt und die klare Abgrenzung gegenüber anderen Professionen erschwert. In der sozialpädagogischen Praxis ist also häufig unklar, ob Erziehen und Fördern, Behandeln und Heilen oder Sanktionieren das Leitmotiv für das eigene Handeln ist. Überdies besteht eine große Unsicherheit bezüglich der eigenen diagnostischen Kompetenz. Aus der hier nur angedeuteten Gemengelage resultiert in der Jugendhilfe m.E. ein unterentwickeltes fachliches Selbstbewusstsein, das von den kausal orientierten Denkmodellen der Verwaltungsrationalität, die Entlastung von Komplexität und Unübersichtlichkeit verheißen, relativ leicht in den Hintergrund gerückt werden kann.

(4) Die Anwendung pädagogischer Rationalität geht gegenüber der administrativen Rationalität mit einem höheren Grad an persönlicher und organisationaler Verunsicherung einher. Diese Einschätzung hängt eng zusammen mit der nachfolgend ausgeführten These 3. Darin wird beschrieben, dass die Hilfesysteme über gewohnheitsmäßig herausgebildete Muster der Wahrnehmung, Deutung, Entscheidung und des Handelns verfügen. Diese Routinen orientieren sich vorrangig an administrativen Rationalitäten und reproduzieren sich dabei gleichzeitig selbst. Organisationen neigen dazu, einmal etablierte Programme und Operationsweisen beizubehalten. Neues wehren sie als bedrohlich für die eigene Systemstabilität ab. Dieser Mechanismus bedingt, dass verwaltungskonformes Denken und Handeln gegenüber pädagogischen und an der Lebenswelt der Klientel orientierten Logiken den Vorrang hat. Dies liegt nicht nur daran, dass Letzteres als Irritation von administrativen Habitualisierungen eine prinzipielle Verunsicherung darstellt, sondern in dem Umstand begründet, dass eine konsequente Umsetzung eine noch größere Verunsicherung für die Hilfesysteme mit sich bringen würde. Denn mit der Anforderung, sich stärker an den Sinnzusammenhängen von Kindern und Familien zu orientieren, würde die Komplexität von zu bearbeitenden Problemlagen gesteigert, und die Interaktionsordnung zwischen Professionellen und HilfeadressatInnen wäre gänzlich neu zu definieren (Wer ist Experte, und für was?).

These 3: Irritationen von institutionalisierten Deutungs-, Entscheidungs-und Handlungsroutinen werden als individuelle und systembezogene Bedrohung abgewehrt.

Muster oder Routinen sind für Menschen und Systeme grundsätzlich notwendig, um die Komplexität der Umwelt und des Alltags zu bewältigen und nicht in jeder Situation neu entscheiden zu müssen, worauf in diesem Moment zu achten oder was zu tun ist. Sie steuern das Erleben, Denken, Urteilen und Handeln von Persönlichkeitssystemen und sozialen Systemen. Es handelt sich dabei um Sichtweisen, Fertigkeiten oder Tätigkeiten, die auf vorausgegangenen Erfahrungen beruhen, welche zu gewohnheitsmäßigen Verarbeitungsmechanismen für Umwelteinflüsse auf ein System generalisiert wurden. Auch in professionellen Zusammenhängen sind solche in Arbeitsprozessen herausgebildeten Wahrnehmungs- oder Handlungsroutinen unerlässlich, um die Vielzahl der zu bearbeitenden Aufgaben in einem immer begrenzten Zeithorizont fachlich qualifiziert erledigen zu können. Dabei reichen diese automatisierten Handlungsprogramme von ganz trivialen Routinen, wie z.B. der Klärung der formalen Zuständigkeit eines ASD, bis hin zu komplexeren Wahrnehmungsmustern und Zusammenhangsvermutungen, die beispielsweise spezifische Verhaltensauffälligkeiten von Kindern auf bestimmte Grunderfahrungen in ihrer frühen Kindheit zurückführen. In der Regel basieren solche Routinen auf der Verknüpfung von fachspezifischem Wissen sowie praxisbezogenen und biographischen Erfahrungen und können sowohl individueller als auch institutioneller Natur sein.

Neben der Maximierung von Handlungssicherheit und der Optimierung des Ressourceneinsatzes kommt diesen Habitualisierungen im systemtheoretischen Paradigma eine weitere Funktion zu. Institutionalisierte Routinen, Regeln und Handlungsstrategien sind in gewisser Weise das Gedächtnis einer Organisation und schaffen mit Blick auf formale Systeme organisationale Identität, sie dienen der Selbstidentifikation und der Abgrenzung gegenüber anderen Organisationen: *„Wir machen das hier so (... und damit anders als andere). Wir als Jugendhilfe schauen zuerst auf die Kompetenzen eines Kindes und nicht (wie in der Schule oder der Psychiatrie) auf erbrachte Leistungen oder Störungen und Defizite."* – Eine solche Setzung, die sich u.a. in impliziten Wahrnehmungs- und Handlungsgewohnheiten ausdrückt, ist für ein System identitätsstiftend und somit für die eigene Existenz grundlegend. Denn erst durch die Abgrenzung eines Systems von seiner Umwelt, durch eine erkennbare System-Umwelt-Differenz, sind Identität, Selbstdefinition und Autonomie möglich. Die Gefahr solcher Routinen liegt allerdings darin, dass sie schnell zur nicht mehr kommunizierten und begründungspflichtigen Selbstverständlichkeiten werden, oftmals nicht auf der Bewusstseinsebene angesiedelt und damit der Reflexion nicht zugänglich sind. Sie entfalten ihre Wirkung unterschwellig und unkontrolliert. Zudem korrespondieren solche impliziten Muster mit dem generellen Bestreben von Systemen nach Selbsterhalt.

Das Bestreben, sich selbst zu erhalten, gilt in der Systemtheorie als ein konstitutives Charakteristikum von sozialen Systemen. Autopoiesis und Selbstreferentialität sind in diesem Kontext zwei zentrale Begriffe. Miller (2001: 60) beschreibt, dass das Konzept der Autopoiesis auf den Grundgedanken basiert, dass Systeme prinzipiell nach Sicherheit und Stabilität streben, sich selbst steuern und reproduzieren. Dies bedeutet, dass für die Gestaltung aller Prozesse innerhalb eines Systems sowie für dessen Umweltkontakte die Reproduktion der Einheit des Systems die zwingende Bedingung darstellt. „Das System selbst und die Kontinuierung seiner operativ geschlossenen Funktionsweise wird zum Maßstab für die Geeignetheit der Operationen des Systems" (Willke 2000: 249). Obwohl selbstreferentielle Systeme grundsätzlich offen und auf die Umwelt hin angelegt sind, ja sogar auf Austauschprozesse mit ihr angewiesen, beziehen sie sich in ihrem Operieren immer auf sich selbst und sind in diesem Sinne autonom und operational geschlossen. Ausschlaggebend für den Erhalt des Ganzen, d.h. der operativen Einheit, sind dabei insbesondere der Systemzweck und die übergreifenden Ziele, auf den bzw. die hin alle Operationen ausgerichtet sind. Dieser Zweck wird stabilisiert und aufrechterhalten durch die jeweilige

Struktur eines Systems, d.h. seine innere Ordnung (Anordnung der einzelnen Elemente, Hierarchien, Festlegung von Kommunikationsabläufen, Regeln, Entscheidungen, Macht, Aufgabenverteilung etc.), sowie die dazugehörigen Prozesse (zeitlich aufeinander folgende und miteinander verkettete Ereignisse, die sich aus der inneren Ordnung ableiten und diese wiederum reproduzieren). Geht man nun davon aus, dass organisierte Systeme primär nach ihren eigenen rationalen Zielorientierungen handeln und zudem der Selbsterhalt ein leitendes Ziel ist, so kann gefolgert werden, dass soziale Systeme und insbesondere formale Organisationen im Kern konservativ sind und zu einer gewissen Starrheit neigen. Sie vermeiden Irritationen und unterwerfen sich Veränderungen nicht ohne Anlass. Bezogen auf die analysierten Fälle und die Vielzahl der herausgearbeiteten Interpretations- und Handlungsmuster der Jugendhilfe und ihrer Kooperationspartner, ist diese systemtheoretische Erkenntnis von folgenreicher Bedeutung:

In These 2 wurde hinsichtlich der Unterstützungs- und Hilfesysteme für Kinder und Familien in Schwierigkeiten eine Dominanz der administrativen Rationalität gegenüber der pädagogischen Rationalität festgestellt. Verknüpft mit dieser verwaltungsrationalen Logik ist ein spezifisches Set an leitenden Wahrnehmungs-, Deutungs- und Handlungsmustern im Hilfesystem: Der Aufmerksamkeitsfokus von Fachkräften ist häufig symptom- und defizitorientiert, die persönlichen oder institutionellen Werte leiten die Fallbearbeitung, Probleme sollen schnell und kostengünstig gelöst werden, zur zügigen und unkomplizierten Aufgabenerledigung findet eine enge Auslegung von Zuständigkeitsregelungen und Verantwortlichkeiten statt, Konflikte werden vermieden, statt zu kritischer Selbstreflexion führen Krisen zu Selektion und Ausgrenzung von Kindern etc. Wenn nun in Organisationen solche Routinen wirken, Kontinuitätsinteressen prinzipiell überwiegen und sich bedingt dadurch ein jeweils eigenes Abwehrsystem herausbildet, um konsensuale Gewohnheiten vor Unruhe und Neuerungen zu schützen, bedeutet dies, dass eine konsequent pädagogische und der Klientel ausgerichtete, d.h. subjektorientierte Wahrnehmung, Interpretation und Bearbeitung von problematischen Lebenssituationen nur schwer Raum greifen und wirksam werden kann. Denn Wahrnehmungen und Entscheidungen orientieren sich dann eher an bereits gemachten Erfahrungen und nicht an den generell möglichen und denkbaren (vgl. Hansbauer 1995: 15), die als individuelle und systembezogene Bedrohung abgewehrt werden, weil sie verwaltungsrationale Habitualisierungen infrage stellen. Ein veränderter, stärker pädagogisch und am Verstehen subjektiver Logiken der AdressatInnen orientierter Zugang zu Kindern und Familien würde vermutlich zu einer gravierenden Veränderung der Interaktion zwischen Betroffenen und Fachkräften und auch zwischen den einzelnen Organisationen im Hilfesystem führen.

5.2.2 Nicht-intendierte Folgewirkungen

Für die Vielzahl von Denk- und Handlungsroutinen der unterschiedlichen an der Fallbearbeitung beteiligten Organisationen wurden drei zentrale Handlungslogiken beschrieben, die diesen Mustern zugrunde liegen. Aus dem Blick der beteiligten Organisationen und Teilsysteme sind diese entwickelten Handlungsmuster logisch, weil sie der Stabilisierung des jeweils eigenen Systems dienen. Aus der Perspektive von Kindern und Familien in kritischen Lebenssituationen, in denen es i.d.R. um einschneidende Weichenstellungen für ihr weiteres Leben geht, sind sie jedoch als dysfunktional zu bewerten, weil sie in ihren Auswirkungen für die LeistungsadressatInnen in einem negativen Sinne folgenreich sind. Zwei einzelfallübergreifende und grundlegende Folgewirkungen des professionellen Denkens und Handelns sollen hier auf den Punkt gebracht werden:

These 4: Professionelles Handeln ist oftmals verbunden mit nicht-intendierten Folgewirkungen. Die unreflektierte Eigenlogik und die Eigeninteressen der jeweils beteiligten Organisationen können in erheblichem Maße zur Verschärfung von Fallverläufen beitragen.

Diese These besagt, dass die Jugendhilfe und ihre Partner in der Fallbearbeitung einen erheblichen Anteil daran haben, dass Fälle schwierig werden und eskalieren und sich die Beziehungs- und Interaktionsdynamiken in Familien, zwischen Familien und Profis und innerhalb des Hilfesystems kritisch zuspitzen, statt sich zu entspannen.[35] Wie in den Fallanalysen deutlich wird, ergibt sich gerade in den schwierigen Fällen i.d.R. ein Mitverschulden der Hilfesysteme an sich vollziehenden Verschärfungen, d.h. die Fachkräfte und ihre Organisationen sind meist aktiv Beteiligte an diesem Geschehen. Gründe dafür liegen vor allem in der unreflektierten Eigenlogik der beteiligten Hilfesysteme und in der unzureichenden Beachtung der nicht beabsichtigten Folgewirkungen des eigenen Handelns. Jedes Subsystem im Gesamtsystem „Unterstützung und Hilfe für Familien in Belastungs- und Krisensituationen" handelt nach den je eigenen Sinnkriterien, was dann häufig solche oder ähnliche „Gemengelagen" mit sich bringt:

Ein Schulleiter macht Druck auf eine Mutter und auf das Jugendamt: Die Kinder sind so vernachlässigt, dass der allein erziehenden Mutter das Sorgerecht entzogen werden und die 10-jährige Tochter der Familie auf die Sonderschule wechseln soll. Die zuständige ASD-Fachkraft hält die Versorgungssituation der Kinder in der Familie für ausreichend und sieht das

---

35 Hinzuweisen ist darauf, dass „die Jugendhilfe" natürlich kein einzelner Akteur im Geschehen ist, sondern sich aus vielen unterschiedlichen Akteuren zusammensetzt, die an der Produktion solcher Verschärfungen beteiligt sind, aber auch damit konfrontiert sein können. Dies gilt auch für andere beteiligte Systeme.

Kindeswohl nicht gefährdet. Die Familie aus Marokko habe eben andere Vorstellungen von Ordnung und Erziehung. Der Kollege aus der SPFH will, dass mehr für die Kinder getan wird. Der bereits in die Drogen- und Pädophilenszene verstrickte und bei der Polizei mehrfach auffällig gewordene knapp 14-jährige Sohn der Familie soll möglichst weit entfernt vom jetzigen Lebensort in einem Heim untergebracht werden, vorab aber in die Psychiatrie, um eine klare Diagnostik zu erhalten. Die 10-jährige Tochter soll Nachhilfe erhalten und auf der jetzigen Schule bleiben, um ihr die sozialen Kontakte zu erhalten, vielleicht soll über eine Pflegefamilie für sie nachgedacht werden. Die Kinder- und Jugendpsychiatrie will den Fall aufgrund ihrer Belegungssituation auf keinen Fall direkt aufnehmen, zumal keine akute Selbst- und Fremdgefährdung vorliegt. Der Leiter des Jugendamtes überlegt, ob der Junge geschlossen untergebracht werden soll, weil er sich allen professionellen Überlegungen entzieht, die begangenen Delikte zunehmend schwerer werden und die Polizei wie auch die bereits aufmerksam gewordene mediale Öffentlichkeit in der Kommune strikte Sanktionen für den Jungen für richtig halten. Der Einzelbetreuer des Jungen will die flexible Betreuung des Jungen aufrechterhalten, die zwar noch nicht den gewünschten Erfolg gebracht hat, aber die Akzeptanz des Jungen findet. Die Therapeutin der Mutter will, dass die SPFH alltagspraktischer arbeitet und der Mutter Freiräume schafft, um eine berufliche Perspektive zu entwickeln. Die Familie schließlich weiß auf die schnellen Fragen, was sie denn wolle, keine schnelle Antwort ... und für ihre Sicht der Dinge ist wenig Zeit und Aufmerksamkeit.

Diese sehr unterschiedlichen und aus der Perspektive der einzelnen Systeme und Beteiligten jeweils „sinn-vollen" Vorstellungen über das, was in einem solchen Fall zu tun ist, werden zum einen innerhalb der einzelnen Systeme häufig nicht regelhaft auf ihre nicht-intendierten Folgewirkungen hin reflektiert. Zum anderen werden sie zwischen den beteiligten Organisationen meist nicht miteinander und vor allem nicht gleichzeitig kommuniziert. Vielfach sind die beteiligten Personen, ihre Organisationen, ihr Auftrag und ihre Ressourcen einander gar nicht bekannt (vgl. Kalscheuer/Schone 2002). Folge davon ist, dass jede Organisation tut, was in ihre Zuständigkeit fällt; sie erfüllt ihre Aufgabe nach den Rationalitäten des eigenen Systems, die unterschiedlichen Rationalitäten der an einem Fall beteiligten Teilsysteme passen jedoch oftmals nicht zusammen, blockieren sich z.T. gegenseitig oder bleiben unverbunden nebeneinander stehen. Was fehlt, ist gerade in den komplexen und schwierigen Fällen eine Metaperspektive auf das Gesamtsystem, die nicht nur die singuläre Aufgabenerfüllung im Blick behält, sondern vor allem den Prozessverlauf, und dies aus der Perspektive der betroffenen Kinder und Familien. Eine solche, fachlich zwingend notwendige Perspektive kann es nicht geben, so Jürgen Blandow, „wenn jeder nur seinen Job macht und wenn der zu Ende ist, an jemand anders weiter verweist, der dann wiederum seinen Job macht" (vgl. ebd. 2000:

35). Die Organisationen im Hilfesystem sind gewohnt, in Zuständigkeiten und Abteilungen zu denken und ihre Arbeit nach funktionalen Gliederungsprinzipien zu lösen. Aufgaben werden bearbeitet, erfüllt und dabei oft als singuläres Ereignis betrachtet und nicht als Teil eines längeren Prozessverlaufes, in dem Ereignisse ineinander übergehen und einander wechselseitig beeinflussen. Prozessorientiertes und vernetztes Denken ist eher ungewohnt, und dies umso mehr, je größer ein System ist (vgl. z.B. Senge 1997). Wenn Menschen in Systemen oder ganze Systeme sich allerdings nur auf ihre eigene Position und Aufgabe konzentrieren, fühlen sie sich kaum verantwortlich dafür, zu welchen Ergebnissen das Zusammenwirken aller Beteiligten führt.

Aus Forschungen zum Qualitätsmanagement ist bekannt, dass die bewusste und planvolle Gestaltung von Prozessen in und zwischen Organisationen in der Praxis und auch in der Theorie lange vernachlässigt wurde und großen Entwicklungsbedarf aufweist (vgl. Langnickel 2002). Praxisforschungen zeigen, dass es in Systemen für „größere" Prozesse zumeist keinen Verantwortlichen gibt bzw. dieser seine Aufgabe nicht wahrnimmt oder wahrnehmen kann. Infolgedessen tut jeder an einem Prozess Beteiligte seine Pflicht, aber insgesamt dominiert eine „organisierte Unverantwortlichkeit", weil niemand die Gesamtverantwortung dafür hat, dass das Ganze zusammenpasst. Als eine gravierende Konsequenz zieht dies so genannte „Schnittstellenprobleme" nach sich, d.h. Schwierigkeiten in der Kooperation und in der Organisation von kontinuierlichen und möglichst kooperativ und reibungslos fortlaufenden Prozessen.

Das beschriebene Problem des Prozessmanagements oder schlicht der reflektierten und vorausschauenden Gestaltung von Prozessen erweist sich auch in den Erziehungshilfen als ein nachhaltiges Problem. Zwar liegt die Federführung für Einzelfälle im Rahmen der Jugendhilfe im ASD bzw. im Jugendamt, die konsequente Prozessorientierung in der Bearbeitung von Hilfe- und damit immer auch von Lebensgeschichten gelingt aber gerade in schwierigen Fällen aufgrund der beschriebenen Ver- und Bearbeitungsmechanismen im gesamten Hilfesystem, die durch Eigeninteressen und unzureichende Reflexivität gekennzeichnet sind, nur unzureichend.

These 5: Kinder geraten oftmals aus dem Blick. Die Rationalitäten des Eltern- und des Hilfesystems sind eher kompatibel und gehen in der Fokussierung des „Problems" häufig Allianzen ein. Durch solche Bündnisse wird es für die Fachkräfte und ihre Institutionen schwierig, die Eltern zu konfrontieren.

Neben der generellen Mitwirkung der Hilfesysteme an der Verschärfung belasteter Lebenssituationen erscheint der Befund, dass Kinder und Jugendliche mit ihren Vorstellungen, Bedürfnissen und Bedarfen häufig aus dem Blickwinkel und dem Aufmerksamkeitsfokus der Professionellen geraten, von hervorgehobener Bedeutung. Denn sie und das „Kindeswohl" sind originärer Zielpunkt von Jugendhilfe. In der konkreten Fallbearbeitung, so belegen die Fallanalysen, dreht sich das Handeln der Fachkräfte zwar um die betroffenen Kinder, dies jedoch in spezifischer Weise: Ihr auffälliges und störendes Verhalten steht im Mittelpunkt aller Bemühungen, ihr Fehlverhalten wird in Akten ausführlich dokumentiert, und in guter Absicht werden Maßnahmen installiert und umgesetzt, die ihnen und ihren Familien helfen sollen, aber häufig zu eindimensional auf die Veränderung von störendem Verhalten ausgerichtet sind. Damit setzt sich für die Kinder fort, was sie aus ihrer Geschichte kennen. Häufig erleben sie schon in sehr jungem Alter Gewalt, Vernachlässigung und frühe Verletzungen ihrer Subjektivität. Auf diese Erfahrungen folgen weitere Schwierigkeiten, sobald sie mit den gesellschaftlichen Sozialisations- und Erziehungssystemen in Kontakt kommen (vgl. Köttgen 1999). Schnell gelten sie dort als „nicht normal", Erfolge bleiben ihnen versagt. Ihre permanente Überforderung, ausgelöst durch die Anstrengung, die vollkommen gegensätzlichen Anforderungen ihrer Herkunftsfamilie und der Erziehungssysteme miteinander in Verbindung zu bringen, beantwortet das soziale Umfeld mit Ausgrenzung. Der Sonderkindergarten und die Schule für Lernbehinderte sind häufig die ersten Stationen einer langen Reihe von Maßnahmen, die häufig durch die Erziehungshilfen und die Psychiatrie fortgesetzt werden.

Aufgrund der etablierten Wahrnehmungs- und Handlungsroutinen in den Hilfesystemen werden diese Kinder oftmals (zumindest in ihrer Selbstwahrnehmung) zu den „Schuldigen" für die bestehenden Probleme und im Verlauf von Hilfeprozessen eher zu Objekten von Hilfebemühungen als zu Ko-Produzenten hilfreicher Unterstützung. Handlungsformen, die dazu führen können, wurden in der Auswertung der fallübergreifenden Handlungsmuster bereits näher beleuchtet. Insbesondere der Aspekt, dass Fachkräfte und Eltern aufgrund kompatibler Perspektiven und Interessen häufig ungeplante Allianzen eingehen, erscheint dabei besonders gravierend. Denn neben der Tatsache, dass Eltern in der Hilfeplanung oftmals machtvoller auftreten können als Kinder und Fachkräfte zu ihnen aufgrund des eigenen Lebensalters eine größere Nähe haben, ist für die Kinder vor allem der unausgesprochene Interessenkonsens zwischen Fachkräften und Eltern folgenreich, weil er sich gegen sie richtet. Aus Sicht der Eltern verursachen häufig ihre Kinder die Probleme, die die Familie belasten, sie durcheinander bringen und die durch die Jugendhilfe behoben werden sollen. Auch aus Sicht der Profis geht es meist in erster Linie um die Behebung des auffälligen und störenden Verhaltens von Kindern. Vermutlich ist den Professionellen auf der Bewusstseinsebene häufig noch klar, dass die Kinder i.d.R. nur die Problemträger für die sozialen und familiären Konflikte sind, auf der konkreten Handlungsebene scheint diese Erkenntnis jedoch oft zu verschwinden, da das professionelle Handeln stark problem- und symptomorientiert ausgerichtet ist. An diesem Punkt passen die Rationalitäten von Eltern und Fachkräften bzw. ihren Organisationen zusammen. In der Konzentration auf die Verhaltensauffälligkeiten gehen Eltern und Fachkräfte ein Bündnis ein, das den Status von Kindern und die Wahrung ihrer Beteiligungsrechte schwächt und gleichzeitig die oftmals notwendige Konfrontation der Eltern durch die Jugendhilfe und ihre Kooperationspartner erschwert. Dieser Mechanismus scheint mir ein Motiv dafür zu sein, dass mit Eltern seitens der Professionellen so selten „Tacheles geredet" wird.

Zudem werden Kinder durch diese Dynamik weiter in dem Empfinden gestärkt, dass sie verantwortlich dafür sind, dass in ihren Familien so vieles anders verläuft, als sie selbst und ihre Eltern es sich vorstellen. Denn ihre Chancen, die eigene Familiengeschichte und die oft leidvollen Erfahrungen zu verstehen, zu begreifen, dass sie nicht die Verantwortung dafür tragen, und ebenso nachvollziehen zu können, was mit ihnen geschieht, gerade in den kritischen Phasen unvermeidbarer Trennungen und Wechsel, werden durch das Bündnis der Erwachsenen deutlich minimiert.

Noch seltener als die Erwachsenen werden die Kinder nach ihren Erfahrungen und Wirklichkeitsdeutungen gefragt, obwohl vielleicht sogar viele Gespräche mit ihnen geführt werden. Deren Interesse gilt aber mehr den Ereignissen, Handlungen und Symptomen und weniger den Besonderheiten ihrer Biographie und den Deutungen durch sie selbst. Neben dem damit verbundenen Mangel an einem tiefer gehenden Fallverstehen wird den Kindern durch diese Arbeitsweise auch verweigert, sich durch sprachliche Auseinandersetzung das verfügbarer zu machen, was bislang zumeist von ihnen selbst über ihre Herkunft und Geschichte nicht verstanden werden konnte. Wie wichtig dies jedoch wäre, dass „Reden über die traumatischen Erfahrungen ... ein wesentlicher Faktor von Heilung" ist (Weiß 2003: 76) und die eigenständige Gestaltung von Zukunft i.d.R. nur im Wissen um die eigene Herkunft und die Akzeptanz der eigenen Geschichte gelingen kann, schildert Wilma Weiß sehr eindrücklich in ihrem Buch über den Umgang mit traumatischen Erfahrungen von Kindern in den Erziehungshilfen (vgl. ebd. 2003).

5.2.3 Fazit: ... und wer trägt die Verantwortung?

These 6: Fallentwicklungen negativ beeinflussende Handlungsmuster im Hilfesystem können nicht allein einzelnen AkteurInnen, Gruppen und/oder Strukturen zugeordnet werden, sondern bedingen sich in hohem Maße aus der Eigendynamik von Handlungsvollzügen und der prinzipiellen Kontingenz komplexer Situationen.

Anhand der analysierten Hilfeverläufe kann sehr deutlich gezeigt werden, dass die Hilfesysteme durch ihr Handeln häufig zur Verschärfung kritischer Lebenssituationen und zum „Schwierig-Werden" von Fällen beitragen und dass sich durch ihr Mitwirken Probleme von Kindern und Familien verschärfen können. Schnell stellt sich in diesem Zusammenhang die Frage nach der Verantwortung: Hätten die Profis nicht früher erkennen, besser intervenieren und hilfreicher tätig sein müssen? Aber genauso komplex wie die Probleme von Kindern und Familien mit sich selbst und mit dem Hilfesystem ist auch die Antwort auf die Frage nach der Verantwortung.

Sowohl aus der Feldtheorie Kurt Lewins als auch aus der Systemtheorie lassen sich eine Interdependenz zwischen den Teilen eines Feldes und dem gesamten Feld bzw. zwischen einzelnen Systemen und der Umwelt ableiten. Bereits Kurt Lewin formulierte: „Die Veränderung in einem Teil des Feldes beeinflusst bis zu einem gewissen Grade jeden anderen Teil des Feldes. Jede Veränderung innerhalb des Feldes hängt von der Konstellation des Gesamtfeldes ab" (Lewin 1982: 25ff.). In ähnlicher Weise konstatiert die Systemtheorie, dass die Elemente eines Systems so miteinander verknüpft sind, „dass kein Teil unabhängig ist von anderen Teilen und das Verhalten des Ganzen beeinflusst wird vom Zusammenwirken aller Teile" (Ulrich/Probst 1991: 30). Systeme werden also als „dynamische Ganzheiten" verstanden, deren Verhalten das Zusammenwirken der Teile bestimmt und das selbst wiederum von seiner Umwelt und den Austauschprozessen mit ihr abhängig ist. Aus diesen Annahmen folgt, dass Ereignisse und Prozesse – im Fall der Erziehungshilfen die Schwierigkeiten von Familien – nicht mit einfachen „Ursache-Wirkungs-Begründungen" erklärt werden können. Jeder Einfluss, den ein Systemelement oder ein System ausübt, ist sowohl Ursache für eine Veränderung des Gesamtsystems als auch zugleich Wirkung auf einen anderen Systemteil oder ein System. „Nichts wird jemals nur in eine Richtung beeinflusst", so Peter Senge (1997: 96), was in jedem Falle die Frage nach der Verantwortung wesentlich kompliziert.

Die Systemtheorie hat für diese Auswirkung von Komplexität den Begriff der „Kontingenz" bzw. der „doppelten Kontingenz" geprägt. Mit dem Begriff der Komplexität wurde schon erläutert, dass Menschen und Systeme ihre Umwelt immer nur selektiv wahrnehmen können und gezwungen sind, deren Komplexität zu reduzieren. Er verweist auf die Unmöglichkeit, alles erfassen zu können und in linearen Kausalmodellen zu denken. Letzteres bedeutet, dass Handeln und dessen Folgewirkungen eben nicht im Sinne von linearen „Wenn-dann-Vorstellungen" erklärbar und planbar sind, sondern Systemhandeln immer von Komponenten beeinflusst wird, die weder in ihrem Auftreten noch in ihren Auswirkungen vorhersehbar sind. Dieses Faktum wird in der Systemtheorie mit dem Begriff der Kontingenz, d.h. der Unbestimmtheit, beschrieben: „Auf Reaktion A folgt eben nicht mit Sicherheit Reaktion B, sondern aufgrund der individuellen Persönlichkeit, der spezifischen Systemeingebundenheit und wegen der nicht mehr überschaubaren Verknüpfungen der Elemente innerhalb der System-Umwelt-Differenz müssen wir davon ausgehen, dass im Rahmen des sozialen Handelns Einflussfaktoren zum Tragen kommen, die wir nicht absehen können beziehungsweise die uns bislang unbekannt geblieben sind" (Miller 2001: 47f.). Der Begriff der doppelten Kontingenz pointiert diese Annahme, indem er auf die wechselseitige Ungewissheit von Akteuren verweist. Jeder beteiligte Akteur kann eine Kommunikation anders interpretieren, und es ist nicht im Vorhinein anzunehmen, dass beide Akteure zu gemeinsamen Interpretationen kommen oder dass die Einzelnen sich in der vom Gegenüber erwarteten Weise verhalten. Die Folge davon ist, dass Komplexität und Kontingenz ursächlich dafür sind, dass Situationen und Prozesse sowie das Handeln von Systemen immer von einer spezifischen Eigendynamik geprägt werden. Handlungen erzeugen also Wirkungen, die von den Akteuren nicht planbar sind, aber in jedem Falle – auch in der kombinierten Wirkung mit anderen Folgewirkungen von Handlungen – die Dynamik des Gesamtsystems beeinflussen und in nicht vorhersehbarer Weise verändern.

In Zusammenhang mit sozialen Systemen haben Luhmann/Schorr dafür den Begriff des „strukturellen Technologiedefizits" der Pädagogik geprägt (vgl. ebd. 1982), der besagt, dass es in der sozialen Arbeit keine Instrumente und Verfahren geben kann, die dazu benutzt werden können, „um Materialien mit vorhersehbaren Wirkungen und erkennbaren Fehlerquellen von einem Zustand in den anderen umzuformen" (ebd.: 14). Dem steht entgegen, dass es die soziale Arbeit immer mit AkteurInnen zu tun hat, die über die Fähigkeit zur Selbstreferenz, d.h. über Eigensinn verfügen. Konstitutive Momente sozialpädagogischen Handelns sind somit die „Ungewissheitsbelastung" (vgl. Olk 1996) und die Herausforderung, mit struktureller Unsicherheit umzugehen. Der Erfolg einer Maßnahme kann nicht vorab bestimmt werden, und auch wenn ein Angebot an eine Familie nach bestem Wissen und nach intensiven Anstrengungen entwickelt und miteinander als die „richtige" Hilfe ausgehandelt wurde, kann dessen Umsetzung andere Wirkungen hervorrufen als die ursprünglich angestrebten. Nimmt man bei der Suche nach Antworten auf die Frage nach der Verantwortung diese Erkenntnisse und Erfahrungen zusammen, so muss Folgendes resümiert werden: Zum einen kann die Verantwortung für problematische Fallverläufe nicht einzelnen AkteurInnen oder Teilsystemen zugeordnet werden. Zum anderen sind es nicht so sehr spezifische Schlüsselsituationen, die allein dazu führen, dass Kinder und Familien stolpern und an ihren Lebenswelten scheitern, sondern es sind eher die Schlüsselkonstellationen, d.h. die Summe der Ereignisse, der Bewertungen und der Dynamiken aller Beteiligten und ihrer Systeme. Diese Gesamtdynamik frühzeitig in ihrer Brisanz zu verstehen und nicht nur das in den Blick geratene Symptom zu bearbeiten gelingt im Alltag der Jugendhilfe und ihrer Kooperationspartner jedoch häufig nicht.

Der Befund, dass es i.d.R. keine eindeutig einem einzigen System zuzurechnende Verantwortung für das Scheitern von Jugendhilfemaßnahmen oder für die Diskontinuitäten in Hilfeverläufen gibt, darf allerdings nicht in der Form interpretiert werden, dass aufgrund der Eigendynamik von Systemen keiner der beteiligten Akteure bzw. keines der Systeme verantwortlich dafür ist. Zwar relativieren Komplexität, Kontingenz und Eigendynamik die professionellen Möglichkeiten gezielter Planung, Steuerung, Intervention und Veränderung. Sie jedoch als alleinige Begründung für Misserfolge in der Praxis der Sozialen Arbeit anzuführen würde ihre Bedeutung und ihre Wirkungskraft sicher überbewerten. Denn trotz der Unbestimmtheit der Folgewirkungen des Handelns bleibt jedes System handelnder Akteur, kann bestrebt sein, die Kontingenzen des eigenen Handelns sowie die dysfunktionalen Entscheidungs- und Handlungsroutinen innerhalb des Systems zu reduzieren und ist prinzipiell in der Lage, mögliche Folgewirkungen der eigenen Interventionen zu antizipieren.

Willke (1999) spricht im Zusammenhang mit der Steuerung und Beeinflussung von Systemen vom „Grundproblem der Intervention" und der Schwierigkeit bzw. Unwahrscheinlichkeit von gezielter Einflussnahme auf komplexe Systeme, sieht aber dennoch Möglichkeiten, die aus einer solchen steuerungsbegrenzten Sackgasse herausführen. Senge (1997) teilt diese Auffassung und geht davon aus, dass zwar alle Prozessbeteiligten Anteil an der Produktion von sozialen Wirklichkeiten und Problemlagen haben, ihre Möglichkeiten, „Hebelwirkung auszuüben, um ein System zu verändern" (ebd.: 101), allerdings unterschiedlich verteilt sind. Entscheidend dafür sind insbesondere die Verfügungsmöglichkeiten über Macht, Einfluss und finanzielle Ressourcen. Für die Jugendhilfe und ihre Kooperationspartner, die gegenüber Kindern und Familien über einen höheres Maß an solchen Einflussfaktoren verfügen, sollte dies Anlass sein, die Kraft und die Richtung der eigenen Hebelwirkung in Bezug auf die Fallbearbeitung und damit auch hinsichtlich der systemimmanenten Funktionsweisen und -logiken im gesamten Hilfesystem kritisch zu reflektieren.

6. Schlussfolgerungen für Theorie und Praxis der Sozialen Arbeit

Verbunden mit den Fallanalysen war die Intention, mögliche Risikofaktoren in den professionellen Arbeitsprozessen zu benennen, Anforderungen an ein qualifiziertes Fallverstehen in der sozialpädagogischen Praxis zu formulieren und einen empirisch fundierten Beitrag zum fachlichen Diskurs über die „richtigen" Konzepte und Methoden des Fallverstehens bzw. der Diagnostik zu liefern. Hinsichtlich der Theorie und Praxis Sozialer Arbeit beziehen sich die zentralen Folgerungen aus den Fallauswertungen auf drei unterschiedliche Ebenen: auf den theoretischen Diskurs zur „rekonstruktiven Sozialpädagogik", auf die praxisorientierte Debatte zur Anwendung fallanalytischer Verfahren und auf die Fachdiskussion über den Stand und die Ausrichtung sozialpädagogischer Forschung in der Jugendhilfe. Der Blick auf Letztere ergibt sich aus der Reflexion des gewählten Forschungsdesigns und der Verortung der Untersuchung in der aktuellen (z. Zt. wieder etwas „abgeflauten") Debatte.

6.1 Zur „rekonstruktiven Sozialpädagogik": Was ist „der Fall"?

Mit den Schlussfolgerungen hinsichtlich der rekonstruktiven Sozialpädagogik wird an Kapitel 1 angeknüpft, in dem die fachtheoretische Verortung der Untersuchung vorgenommen wurde. Die Darstellung des Diskurses über die Zusammenführung von rekonstruktiven Forschungsmethoden und sozialpädagogischer Praxis wurde dort mit den kritischen Einschätzungen von Christian Lüders (1999) und Andreas Hanses (2001) abgeschlossen. Ihre Kritik bezieht sich vornehmlich auf zwei Aspekte: Zum einen berücksichtige das Programm der rekonstruktiven Sozialpädagogik in seinen Überlegungen zum Praxistransfer nicht die konstitutiven Rahmenbedingungen sowie den institutionellen Kontext des Handlungsalltags. Zum anderen bleibe die Differenz von Wissenschaft und Praxis weitgehend unbeachtet, weil bestehende Unterschiede auf die Entwicklung notwendiger Abkürzungsstrategien für die Anwendung von sozialwissenschaftlichen Methoden in der sozialpödagogischen Praxis reduziert würden. Da beide Autoren in der rekonstruktiven Sozialpädagogik jedoch Anregungspotenziale für die Weiterentwicklung von Disziplin und Profession sehen, plädieren sie für eine Fortführung der Diskussion, in der ihrer Ansicht nach die Dienstleistungsdebatte und der Diskurs zur rekonstruktiven Sozialpädagogik zusammengeführt werden müssen. Beide Autoren beziehen sich dabei stärker auf die Ebene der theoretischen Begriffsbildung.

In Fortführung der Überlegungen von Lüders und Hanses soll hier aufgrund der Erkenntnisse aus den Fallauswertungen eine weitere Spezifizierung des Fallbegriffs und der notwendig zusammenzuführenden Theoriedebatten vorgenommen werden. Neben den zentralen Kategorien der „Biographie" und der „Institution" bzw. des „institutionellen Kontextes" wird das „methodische Handeln" als dritte Komponente eingeführt, die einen Fall in der Sozialpädagogik konstituiert. Die aus den Untersuchungsergebnissen generierte Begründung dafür wird entsprechend der folgenden Argumentationslinie erläutert:

a) Erkenntnis 1: Hilfesysteme tragen maßgeblich zur Verschärfung oder Entlastung von Lebens und Hilfegeschichten bei.

b) Folgerung 1: Ein sozialpädagogischer Fall ist immer mehr als eine Biographie oder eine Familiengeschichte.

c) Folgerung 2: In der Praxis konstituiert sich der Fall in einem Dreieck von Biographie, institutionellem Kontext und professionellem Handeln.

6.1.1 Hilfesysteme tragen maßgeblich zur Verschärfung oder Entlastung von Lebens und Hilfegeschichten bei

Diese Erkenntnis wurde in den Kapiteln zu den Handlungsmustern und Handlungslogiken der Hilfesysteme schon differenziert hergeleitet und soll hier zur Erinnerung nur noch kurz „auf den Punkt gebracht" werden.

Die Fachkräfte der Jugendhilfe und ihre Kooperationspartner haben es immer wieder mit Kindern und Jugendlichen, Mädchen und Jungen zu tun, die sie an ihre Grenzen bringen: an die Grenzen ihrer persönlichen Belastungsfähigkeit, die Grenzen ihrer Strukturen und Handlungskonzepte, die Grenzen ihrer Zuständigkeiten und gesetzlichen Aufträge und auch an die Grenzen öffentlicher Akzeptanz für abweichendes und auffälliges Verhalten. Gerade die Kinder, die zur Zielgruppe der Erziehungshilfen zählen, haben häufig schon in sehr frühem Alter massive Vernachlässigung erlebt und traumatisierende Erfahrungen gemacht. Sie machen der Jugendhilfe Schwierigkeiten, sind aber vor allem und zuerst selbst Kinder in Schwierigkeiten. Wie jedoch die Fallanalysen belegen, sind es nicht ihre Lebenshintergründe allein, die dazu führen, dass Lebenssituationen eskalieren. In allen analysierten Fällen wird deutlich, wie machtvoll die Arbeitsweisen, Haltungen und institutionellen Mechanismen auf die Entwicklung von Lebens- und Hilfegeschichten Einfluss nehmen, und es zeigen sich auffällige Analogien zwischen den Ereignissen im Klientensystem und denen im Hilfesystem. In den Organisationen, die für die Unterstützung junger Menschen und ihrer Familien zuständig sind, wiederholen und spiegeln sich die

Erfahrungen, die Kinder aus ihren Familien kennen. Überlastung und Überforderung, Unzuverlässigkeit und Beliebigkeit, Ambivalenz und Kränkung erleben diese Kinder sowohl in ihren familiären Zusammenhängen als auch in ihren Begegnungen mit den Systemen öffentlicher Erziehung und Versorgung. Diese Wiederholungen ergeben sich daraus, dass die Fachkräfte und ihre Organisationen in die jeweils spezifische Übertragungs-/Gegenübertragungsdynamik verwickelt werden (vgl. z.B. Stemmer-Lück 2004; Weiß 2003; Zenz 2002). Die von Kindern und Eltern erfahrenen Erlebnisinhalte, ihre Erwartungen an ein Gegenüber und die erlernten Handlungsmuster aus der eigenen Vorgeschichte werden in neue Begegnungen hineingenommen und aktualisiert. Dies birgt auf institutioneller Seite immer die Gefahr des unbewussten Agierens, d.h. dass Fachkräfte und Organisationen sich so verhalten, dass es den Erwartungen im Klientensystem entspricht und somit die in einer Familie routinisierten Muster der Beziehungs- und Interaktionsgestaltung aufrechterhalten und in den neuen Kontakten fortgesetzt werden (vgl. Weiß 2003).

Neben dieser möglichen personellen wie institutionellen Verstrickung in die Dynamik familiärer Krisen zeigt sich in den Fallanalysen allerdings auch, dass Fachkräfte und Organisationen gerade in komplexen und sich zuspitzenden Hilfeverläufen häufig (zu sehr) mit Kommunikations- und Kooperationsschwierigkeiten in ihren eigenen Systemen beschäftigt und darin verwickelt sind. Die Folge davon ist nicht selten, dass eine fachliche Perspektive, die sich vorrangig am jungen Menschen, seiner Lebenssituation und seinen Schwierigkeiten orientiert, aus dem Blick gerät. Dies äußert sich z.B. darin, dass gerade in eskalierenden Familiensituationen innere Konflikte von Fachkräften und Organisation aufbrechen, der äußere Druck kaum ausgehalten werden kann, die Suche nach „schnellen Lösungen" ein angemessenes Verstehen der Situation verhindert, gegenseitige Schuldzuweisungen und Abwehr dominieren und so trotz guter Absichten erfolglos interveniert wird. Lebensgeschichten werden also auch dadurch zu schwierigen Fällen, dass familiäre Krisen im Hilfesystem unbewusst fortgeführt und/oder durch die eigenen Konflikte der Professionellen verstärkt werden. In der Regel ist der Blick auf einen schwierigen Fall folglich immer auch der Blick in die Schwierigkeiten von Fachkräften und Organisationen.

6.1.2 Ein sozialpädagogischer Fall ist immer mehr als eine Biographie oder eine Familiengeschichte

Aus der zuvor dargestellten Erkenntnis lässt sich als eine erste für die Praxis der Sozialpädagogik wichtige Konsequenz folgern, dass ein sozialpädagogischer Fall immer mehr ist als eine Biographie oder eine Familiengeschichte. Dies liegt darin begründet, dass die Hilfesysteme bzw. seine HelferInnen eine Hilfegeschichte und deren Verlauf mitbestimmen, sobald ein Fall zum Fall wird, d.h. das Hilfesystem ihn als solchen definiert. Mit der formalen Einordnung einer belasteten oder auch bedrohlichen Lebenssituation als eine durch die Hilfesysteme zu bearbeitende Aufgabe werden diese Teil des Falls, weil sie im Gesamtfeld der sich vollziehenden Aktivitäten tätig werden und (gezielt oder unbewusst) auf die anderen Teilsysteme und AkteurInnen Einfluss nehmen. Den fachlichen Zugang zu solchen Situationen und ihrer Deutung prägen zum einen die individuellen Wahrnehmungen der Fachkräfte, ihre fachlichen Grundhaltungen, ihre eigenen Normen und Werte sowie lebensgeschichtlichen Erfahrungen. Zum anderen steht das Fallverstehen in enger Verbindung mit dem System/der Organisation, in dem sich eine Fachkraft bewegt, weil es in Systemen immer einen spezifischen Kanon an für die Institution zulässigen Wahrnehmungs- und Handlungsmustern gibt. Organisationstheoretisch gesprochen, leitet das Wertesystem einer Institution in nicht unerheblichem Maße das Handeln der in ihr tätigen Personen (vgl. auch Imber-Black 1992).

In den untersuchten Fällen werden vielfach sehr wirkungsmächtige, aber weitgehend unverstandene Verstrickungen der HelferInnen in ihren Systemen und mit den Systemen der KlientInnen deutlich.[36] Für die Antwort auf die Frage, was der Fall ist, d.h. was von den Professionellen verstanden werden muss, ergeben sich daraus zwei notwendige Blickrichtungen. Einerseits geht es um das Verstehen eines jungen Menschen in seinen jeweiligen Bezugssystemen und seinem sozialen wie materiellen Lebenshintergrund. Andererseits muss sich das Verstehen auf die Rolle der beteiligten HelferInnen beziehen sowie auf die Interaktionen zwischen dem Hilfe- und dem Klientensystem. Denn auch diese Aspekte sind wichtige Konstruktionselemente dessen, was in einer spezifischen Situation der Fall, d.h. Gegenstand der Analyse ist. Erst wenn die Schwierigkeiten und Dysfunktionalitäten in der eigenen Organisation, im Team, mit der Wirtschaftlichen Jugendhilfe, mit den FachkollegInnen, beim freien Träger oder mit den angrenzenden Systemen der Psychiatrie, Polizei oder Schule offenbar werden können, kann ein multiperspektivisches Verstehen und vor allem das Handeln in einem komplexen Fall produktiv entwickelt werden. Die eigene Organisation und das professionelle Handeln sind als Teil des zu verstehenden und zu bearbeitenden Problems anzuerkennen und ernst zu nehmen. Dies bedeutet, dass Organisationen „sich selbst", d.h.

- ihre Regelungen bezüglich Zuständigkeiten und Verantwortlichkeiten, Information und Beteiligung, Kooperation und Kontrolle,

- ihre Entscheidungs- und Handlungsroutinen,

---

36 Wichtig ist an dieser Stelle anzumerken, dass nicht die Verstrickungen an sich der wesentliche Grund für die mögliche Verschärfung von Fällen sind, sondern der Aspekt, dass diese oftmals nicht reflektiert werden, somit unverstanden bleiben und „im Verborgenen" wirken.

- ihre Mechanismen, an Bestehendem festzuhalten und sich gegen Verunsicherungen abzuschirmen,

- und ihre Strategien zur Veränderung und Weiterentwicklung

als wirkungsvolle Bedingungsmomente schwieriger Fälle reflektieren und als notwendigen Bezugspunkt für zu entwickelnde Handlungsstrategien einordnen müssen.

6.1.3 In der Praxis konstituiert sich der Fall in einem Dreieck von Biographie, institutionellem Kontext und professionellem Handeln

Auf der Grundlage der vorstehenden Überlegungen, lässt sich eine weitere Folgerung ableiten, die für die Bestimmung des Fallbegriffs entscheidend ist. Die Fallrekonstruktionen haben insbesondere durch die Analyse der leitenden Entscheidungs- und Handlungsroutinen der Hilfesysteme und der dahinter liegenden Logiken Folgendes deutlich machen können: Es sind mindestens drei Faktorenbündel, die zusammenkommen und bedingen, dass sich kritische Lebenssituationen zuspitzen, dass Kinder in der Zuschreibung durch Dritte zu „Störern" oder „Systemsprengern" werden und ein Jugendhilfefall zu einem „besonders schwierigen Fall" wird. Zu solchen Entwicklungen tragen

- soziale und materielle Rahmenbedingungen, Erfahrungen und Ereignisse in der Lebens- und Familiengeschichte eines jungen Menschen (= Biographie),

- die Form der Umsetzung bzw. die Wirkungen von Aufgaben, Strukturen, Konzepten und Arbeitsweisen in den Organisationen öffentlicher Erziehung und Versorgung (= institutioneller Kontext),

- und auch die Wirkungen des methodischen Handelns, d.h. der Anwendung von Wissen, Können und Haltungen, der professionellen AkteurInnen in den Organisationen (= professionelles Handeln)

maßgeblich bei. Hinzu kommen die Interaktions- und Eigendynamiken der beteiligten Systeme, die sich aus den Wechselwirkungen der drei genannten Bedingungsmomente ergeben und nur bedingt zu steuern sind. Folglich ist der Fall in sozialpädagogischen Handlungsvollzügen nie ein abstrakter und unveränderlicher Gegenstand, sondern konstituiert sich auf der Basis der drei genannten Faktorenbündel sowohl zu einem spezifischen Zeitpunkt als auch in einem konkreten Kontext immer wieder neu. Bezieht man diese Überlegungen auf die Diskussionen über die rekonstruktive Sozialpädagogik oder auf die stärker praxisbezogene Debatte nach den für das Handlungsfeld angemessenen Konzepten und Verfahren für Deutungs- und Bewertungsprozesse, so verweist das eingeführte Bedingungsmoment des „professionellen Handelns" auf einen erweiterten Fallbegriff, der sich aus drei Komponenten zusammensetzt. Lüders und Hanses sprechen sich in der Fachdebatte dafür aus, die Begriffe „Biographie" und „Institution" stärker zusammenzuführen und auf theoretischer Ebene die Dienstleistungsdebatte und die rekonstruktive Sozialpädagogik miteinander zu verbinden. In Fortführung dieser Überlegungen erscheint es notwendig, als dritte Kategorie das „professionelle Handeln" hinzuzufügen und somit eine Differenzierung des Eckpfeilers „institutioneller Kontext" vorzunehmen. Folglich konstituiert sich ein sozialpädagogischer Fall in einem Dreieck von Biographie, institutionellem Kontext und professionellem Handeln:

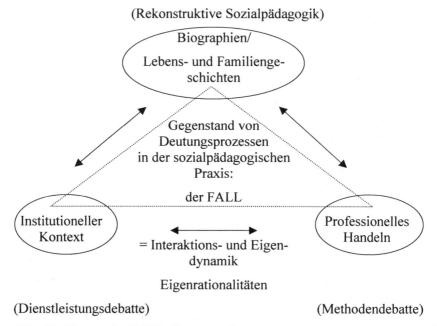

Abb. 13: Was ist der Fall? – Gegenstand von Deutungsprozessen in der sozialpädagogischen Praxis

Weder in den zentralen Ausführungen zum Thema von Lüders (1999) noch in denen von Hanses (2001) ist klar erkennbar, ob sie das Handeln der professionellen AkteurInnen unter den Begriff der Institution subsumieren, und wenn sie es tun, welche Bedeutung sie dieser Dimension in ihrer Definition des Fallbegriffs zumessen. Je nach Auslegung der Ausführungen beider Autoren stellt die hier hinzugefügte Kategorie des professionellen Handelns als eigenständige Komponente also eine Spezifizierung oder aber eine Erweiterung des Bezugsrahmens dar.

Vor dem Hintergrund der Fallanalysen erscheint die gesonderte Betrachtung dieses Bedingungsmomentes von Fällen in der sozialpädagogischen Praxis notwendig, weil anhand der Untersuchung deutlich geworden ist, wie machtvoll sich auch das Agieren einzelner AkteurInnen im Hilfesystem auf einen Fall auswirkt. In Ergänzung zum institutionellen Kontext verweist die Kategorie des professionellen Handelns folglich stärker auf die personen- und methodenbezogene Dimension, die zur Konstituierung eines Falles beiträgt. Angesprochen werden damit Fragen der Professionalität, des methodischen Handelns und der notwendigen Kompetenzen für die sozialpädagogische Praxis, insbesondere für die Aufgaben der Wahrnehmung, Deutung und Bewertung. Diese Fragen sind der disziplinären Methodendebatte zuzuordnen, die in den letzten Jahren neben der Auseinandersetzung über die Dienstleistungsorientierung und über die rekonstruktive Sozialpädagogik wieder verstärkt geführt wird (vgl. z.B. Spiegel 2004; Spiegel 2002; Hansbauer 2002c, 2001; Galuske/Müller 2002; Stimmer 2000; Müller 2001; Galuske 1998).

In den Fachdiskussionen der letzten Jahrzehnte hatte die Methodenfrage eine wechselhafte Konjunktur und war immer eng verknüpft mit Fragen der Professionalisierung Sozialer Arbeit. Die Wurzeln dieses Diskurses gehen in Deutschland auf Alice Salomons Konzept „Sozialer Diagnosen" (vgl. ebd. 1926) zurück. Im Anschluss daran entwickelten sich insbesondere nach dem Zweiten Weltkrieg die Einzelfallhilfe, die Soziale Gruppenarbeit und die Gemeinwesenarbeit als die drei Methoden, die über lange Jahre das klassische „Dreigestirn" bildeten, welches das Handeln in der Sozialen Arbeit anleitete. In den ausgehenden 1960er und beginnenden 1970er Jahren geriet diese „Methoden-Trias" im Zuge des gesellschaftlichen Wandels jedoch zunehmend in die Kritik. Diese bezog sich im Kern auf drei Aspekte: zum einen auf die fehlende theoretische Fundierung der Methoden, ferner auf ihre gesellschaftliche Funktion bzw. Funktionalisierung (Methoden seien herrschaftsstabilisierend und würden dazu dienen, gesellschaftspolitische Probleme zu individualisieren) sowie drittens auf ihre Nähe zu medizinischen Handlungsmodellen, die die AdressatInnen von Hilfen pathologisieren würden (vgl. ausführlicher Galuske 1998: 101 ff). Die Folge der Kritik war, dass Fragen des methodischen Handelns für fast zwanzig Jahre von der Tagesordnung fachpolitischer Diskussionen verschwanden. Erst in den 1990er Jahren wandte sich die sozialpädagogische Fachwelt diesen Themen wieder zu, nicht zuletzt, weil es keinen fachlichen Diskurs über ein für die Profession angemessenes Handlungsrepertoire gab und „sozialpädagogische Fachkräfte zwar häufig über viel guten Willen und kritische Normativität, aber wenig Rüstzeug verfügten und so der Möglichkeit beraubt waren, sich innerhalb des eigenen Berufsfeldes systematisch über die Bedeutung und Folgen des eigenen Handelns bewusst zu werden" (vgl. Hansbauer 2002c: 835). Als bedingender Faktor für die erneute Diskussion über Methodenfragen kam hinzu, dass an die Soziale Arbeit zunehmend Legitimationsanforderungen im Hinblick auf den Nachweis einer rationellen Aufgabenerfüllung herangetragen wurden. Kritische Fragen nach der Wirksamkeit von Jugendhilfeleistungen und nach einer planvollen, nachvollziehbaren und überprüfbaren Durchführung von Hilfen wurden bedeutsamer und im Zuge der Reorganisationsbemühungen der gesamten öffentlichen Verwaltung auch eng mit Fragen der Qualitätsentwicklung verknüpft (vgl. Merchel (Hg.) 1998 b). Die Zahl der in den letzten Jahren publizierten Beiträge zur Methodenfrage ist ein Hinweis auf die nach wie vor zu konstatierende Aktualität des Themas und die Suchbewegungen in Disziplin und Profession.

Interessant im Zusammenhang mit den in dieser Arbeit diskutierten Fragen des Fallverstehens und dessen Gegenstand ist dabei ein zentrales Spannungsfeld der Methodendiskussion, auf das Hansbauer aufmerksam macht (vgl. ebd. 2002c: 836 ff.). Dieses ergibt sich aus der Funktion von Methoden für die sie anwendende Profession auf der einen Seite und den Anforderungen an eine moderne Jugendhilfe auf der anderen. SozialpädagogInnen versprechen sich von Methoden Hilfestellung, um die komplexen beruflichen Anforderungen besser bewältigen zu können und die eigene Handlungssicherheit durch ein Set von erprobten und bewährten Methoden zu erhöhen. Zudem geht es darum, das berufliche Handeln mittels eines originären Handlungsrepertoires nach innen und außen kommunizierbar zu machen und damit die eigene fachliche Expertise zu verdeutlichen. Die Funktion von Methoden ist also sowohl berufspraktischer als auch berufspolitischer Art. Nach Hansbauer steht der erstgenannten Funktion von Methoden (Erhöhung von Handlungssicherheit), durch die vor allem das „Kontingenzproblem" sozialer Arbeit gemindert werden soll, der im KJHG verankerte Anspruch einer ausgeprägten AdressatInnenorientierung in einem Spannungsverhältnis gegenüber. Denn einerseits sollen verlässliche Handlungsroutinen ausgebildet werden, wobei die Profession „dazu neigt, soziale Regelmäßigkeiten systematisch zu nutzen und einmal beobachtete Zusammenhänge in „Wenn-dann"-Entscheidungsregeln zu übertragen" (Hansbauer 2002c: 836), andererseits soll sich die Soziale Arbeit an der Individualität des Einzelfalls ausrichten und sich prinzipiell fremden Lebenswelten respektvoll und mit einer ethnographischen Haltung nähern. Die sich daraus ergebende Frage ist, wie die vorhandene Spannung zwischen beiden Polen ausbalanciert werden kann und welches methodische Handwerkszeug bzw. welche professionelle Handlungskompetenz in den drei zentralen Dimensionen *Wissen*, Können und *berufliche Haltungen* (vgl. Spiegel 2004, 2002) dafür angemessen und notwendig ist.

Als ein Kernpunkt der Methodendiskussion kann diese Fragestellung gleichzeitig übertragen werden auf die Aufgaben der Wahrnehmung, Interpretation und Beurteilung von Fällen durch die Fachkräfte in der sozialpädagogischen Praxis. Die Bewältigung dieser Aufgabe ist abhängig von den institutionellen Kontexten, d.h. den zu bearbeitenden Aufgaben sowie den Strukturen, Arbeitsweisen, Regelungen und Mechanismen in denen sich eine Fachkraft bewegt, und auch von den Rahmenbedingungen, die diese Organisation für die Bearbeitung der Aufgaben und Prozesse institutionalisiert. Allerdings wird die Qualität der Deutungs- und Bewertungsprozesse auf Seiten der Professionellen auch von ihren individuellen wie fachlich-methodischen Kompetenzen bestimmt, mit komplexen und vieldeutigen Problemen umgehen zu können und diese als „Normalfall" (vgl. Klatetzki 1998: 66) in der Sozialen Arbeit zu begreifen. Sowohl bei Heiner (2004, 2002) als auch bei Hansbauer (2002c) finden sich in diesem Zusammenhang Vorschläge hinsichtlich der „Kernkompetenzen" und „Schlüsselmethoden", die eine sozialpädagogische Fachlichkeit begründen. Wichtig ist in diesem Kontext noch zu erwähnen, dass beide AutorInnen mit Bezug auf professionsanalytische Untersuchungen (vgl. Thole/Closs 2000; Ackermann/Seek 1999; Thole 1998; Keiner u.a. 1997) feststellen, dass die Verfügbarkeit methodischen Wissens und die instrumentell-fachlichen Kompetenzen bei sozialpädagogischen Fachkräften unzureichend ausgebildet sind. Darüber hinaus dominiere in der Praxis ein „Muster von Fachlichkeit und Professionalität, das auf die in der Kindheit und Jugend gesammelten Erfahrungen rekurriert und diese mit Idealvorstellungen vom Beruf, aktuellen Erfahrungen und Deutungsmustern verbindet" (vgl. Heiner 2002: 599).[37]

Mit diesem Rekurs auf die Methodenfrage sollte hergeleitet werden, dass auch im wissenschaftlichen Diskurs über den Fallbegriff nicht nur zwei, sondern drei Diskussionsstränge zusammengeführt werden müssen:

– Die rekonstruktive Sozialpädagogik beschäftigt sich vornehmlich mit Fragen des Verstehens von individuellen Lebensvollzügen und subjektiven Sinnzusammenhängen sowie mit den Möglichkeiten des Transfers von Methoden der qualitativen Sozialforschung in sozialpädagogische Handlungsvollzüge.

– Die Dienstleistungsdebatte rückt Aspekte der fachlich angemessenen Gestaltung von organisatorischen bzw. institutionellen Strukturen und Arbeitsprozessen für die Erbringung von Leistungen in den Mittelpunkt, die sich an der Nachfrage und den Bedürfnissen der AdressatInnen bzw. KundInnen Sozialer Arbeit orientieren sollen.

– In der Methodendiskussion geht es darum, einen Kernbestand methodischen Handelns zu formulieren, d.h. ein in der Profession akzeptiertes Handlungsrepertoire, das der Komplexität des Handlungsfeldes gerecht wird, ohne sie technizistisch zu reduzieren, das die Fachlichkeit der Sozialpädagogik klarer beschreibt und die Profession damit nach innen und außen als solche auszeichnet.

---

37 Hansbauer und Heiner verweisen im Zusammenhang mit den unzureichend ausgebildeten Kompetenzen von Fachkräften in der Sozialen Arbeit selbstkritisch auf die Qualität der wissenschaftlichen Ausbildung von Studierenden.

Reduziert man die drei Diskurse auf ihre zentralen Begriffe – Biographie, Institution/Organisation und professionelles Handeln – so bilden sich darin die konstitutiven Bedingungsmomente sozialpädagogischer Fälle ab, die aus dem empirischen Fallmaterial dieser Untersuchung herausgearbeitet wurden. Wenn sich folglich ein sozialpädagogischer Fall in einem Dreieck von Biographie, institutionellem Kontext und professionellem Handeln konstituiert, müssen auch auf der begriffsbildenden Ebene die drei korrespondierenden Fachdiskurse stärker verbunden werden.

6.2 Zur Praxisdebatte: Anforderungen an sozialpädagogische Analyse, Deutung und Beurteilung

Im vorangegangenen Kapitel wurde eine Antwort auf die Frage formuliert, was in der sozialpädagogischen Praxis „der Fall" ist. Im Anschluss daran soll es nun um die anderen Spannungsfelder gehen, die eingangs hinsichtlich des gegenwärtigen Diskurses zum Fallverstehen und zur Diagnostik aufgezeigt wurden: Fragestellungen nach dem Grad der Standardisierung, der Reduktion von Komplexität und der fachlichen Haltung, die hinter den fallanalytischen Prozessen der Praxis steht. Besonderes Gewicht wird dabei auf die Grundanforderungen an fallverstehende bzw. diagnostische Tätigkeiten gelegt.

6.2.1 Von „bunter Vielfalt" zur Verständigung über das notwendige Maß an vereinbarten Standards

In der Aufarbeitung der wissenschaftlichen wie der praxisbezogenen Diskussionen über Deutungs- und Bewertungsprozesse in der Sozialpädagogik wurde deutlich, dass dieses Thema in Disziplin und Profession seit einigen Jahren (wieder) Konjunktur hat. Gerade erst sind zwei umfangreiche Handbücher erschienen, die zusammen etwa 50 Beiträge rund um das Fallverstehen und die Diagnostik vereinen (vgl. Heiner (Hg.) 2004; Schrapper (Hg.) 2004). Die inhaltliche Spanne reicht von Grundsatzbeiträgen und Konzeptdarstellungen über Beschreibungen von entsprechenden Modellprojekten und Praxisvollzügen bis hin zur Vorstellung und Reflexion von Methoden. Insgesamt zeigt sich angesichts der breiten Palette an Veröffentlichungen und auch Fachtagungen eine „bunte Vielfalt" (vgl. Heiner/Schrapper 2004) an Erfahrungen, Ideen und fachlichen Konzepten, aber keine von WissenschaftlerInnen und PraktikerInnen getragene und akzeptierte Vorstellung von vereinbarten Standards, die für Wahrnehmungs- und Deutungsprozesse in der Sozialen Arbeit bindend sind. Heiner/Schrapper (2004) bringen diese Erkenntnis treffend auf den Punkt: „Es gibt weder einen Konsens, welche Konzepte und welche Verfahren wozu und wie zwingend einzusetzen wären, noch eine gemeinsame Sprache und Begriffe, um relevante Tatbestände zu erfassen" (ebd.: 213). Dies ist m.E. jedoch kein Anzeichen dafür, dass innerhalb der Sozialpädagogik keine Einigung zu erzielen ist. Vielmehr bildet sich hier die Tatsache ab, dass soziale Situationen, Prozesse und Probleme eben keine einfachen, objektiven und eindeutigen Sachverhalte sind. Zu klären ist in diesem Zusammenhang allerdings, welches Maß an fachlich vereinbarten Überzeugungen und Standards notwendig ist, damit aus der Vielfalt kein „beliebiges Allerlei" wird und Disziplin wie Profession sich nach innen und außen verständigen können, an andere Disziplinen anschlussfähig bleiben, ernst genommen werden und selbst ein klares Profil aufweisen. Mit Blick auf die erforderliche Weiterentwicklung sollen an dieser Stelle zwei Aspekte des Diskurses kurz aufgegriffen werden, im Anschluss daran dann ausführlicher die fachlichen Orientierungen und Anforderungen (Kap. 6.2.2) sowie die konzeptionelle Rahmung (6.2.3) für sozialpädagogische Deutungs- und Beurteilungsprozesse.

Bezogen auf die *Frage der Standardisierung* ist es unwahrscheinlich und auch wenig wünschenswert, dass die Sozialpädagogik für ihre Deutungen und Bewertungen einheitliche Frageraster und Beurteilungsschemata analog z.B. dem ICD 10 der Psychiatrie entwickelt, die für alle Handlungsfelder der Sozialen Arbeit Gültigkeit beanspruchen. Zu unterschiedlich sind dafür die Arbeitsfelder, die Verwendungszusammenhänge und die fachlichen und rechtlichen Kontexte, um mit einem einheitlichen, formalen Gerüst erfasst zu werden. Ertragreich wäre es m.E. hingegen schon, wenn innerhalb einzelner Felder (z.B. Jugendhilfe, Altenarbeit, Migrationsarbeit) eine stärkere Einheitlichkeit auf regionaler Ebene erzielt werden könnte, indem innerhalb einer Kommune oder eines Landkreises gemeinsame und verbindlich einzusetzende Verfahren und Instrumente entwickelt würden, die in der Planung und Gestaltung von Hilfeprozessen die Beliebigkeit und die starke Abhängigkeit von Zufällen reduzieren würden. Innerhalb einer regionalen Struktur sollte angestrebt werden, dass die Qualität von Unterstützung und Hilfe für LeistungsadressatInnen nicht davon abhängig ist, ob sie an einen „guten" oder „weniger guten" Träger geraten. Denkbar wäre in diesem Kontext auch, dass ähnlich wie in anderen Arbeitsbereichen einmal entwickelte Instrumente und Konzepte der Deutungs- und Beurteilungsarbeit in der Sozialen Arbeit eine „Sammelstelle" eingerichtet würde (wie z.B. das good-practice-center des Bundesinstituts für berufliche Bildung im Feld der Jugendberufshilfe), in die entsprechende Materialien eingestellt würden und so für andere Träger über das Internet abrufbar wären.

So wenig erstrebenswert ein einheitliches Klassifikationsschema für die Dokumentation und Bewertung von sozialen Problemlagen wäre, so notwendig und hilfreich wäre es allerdings, in der Sozialen Arbeit zu eindeutigen und einheitlichen *Begriffen für die Prozesse der Interpretation und Beurteilung* zu kommen. Eingangs wurde begründet, dass weder der Begriff des „Fallverstehens" noch der „Diagnostik" ausreichend tauglich sind, um die Tätigkeiten von Fachkräften im Rahmen der Fallbearbeitung angemessen abzubilden. Beide betonen jeweils nur einen Pol des Spannungsfeldes, welches für die Gestaltung von Unterstützung und Hilfe gerade in Belastungs- und Krisensituationen konstitutiv ist. Verstehen *und* Beurteilen, Selbstdeutungen von HilfeadressatInnen ernst nehmen *und* eigene, fachliche Deutungen daneben stellen, beide Eckpunkte müssen in der sozialen Praxis stets ausbalanciert werden und sich somit auch in den Bezeichnungen dafür wieder finden, was Fachkräfte tun, wenn sie mit Menschen arbeiten und über Hilfen entscheiden. Selbstdeutungen allein können fachliche Analysen nicht ersetzen, und diagnostische Beurteilungen bleiben folgenlos, wenn sie nicht an die subjektiven Logiken und Erklärungsmuster von den Menschen, um die es geht, anschließen. In diesem Zusammenhang haben Heiner/Schrapper (2004) jüngst einen Vorschlag gemacht, der die sprachliche Begriffsvielfalt und die damit verbundene Begriffsverwirrung auflösen soll. Die Wortkombination „diagnostisches Fallverstehen" (vgl. ebd. 203 ff.) soll dem Spannungsgefüge zwischen Verstehen von subjektivem Sinn, Aushandlung und fachlicher Urteilsfindung Ausdruck verleihen. Diese Bezeichnung samt ihrer Definition erscheint mir zum jetzigen Zeitpunkt im Vergleich zu allen anderen diejenige, die am klarsten ausdrückt, worum es geht: „Diagnostisches Fallverstehen in der Sozialen Arbeit ist das Ergebnis einer systematischen, regelgeleiteten, empirisch fundierten Informationssammlung, -auswertung und -interpretation auf der Grundlage von Wissen, Erfahrungen und reflektierter situativer Intuition. Es dient dem Verstehen der Lebensläufe, Lebensbedingungen und Lebensweisen der KlientInnen sowie der kontinuierlichen Überprüfung der Urteils- und Entscheidungsfindung der Fachkräfte bei der Einleitung, Begleitung und Beendigung von Interventionsprozessen, mit denen diagnostische Aussagen und die damit begründeten Interventionen von Anfang an diskutiert und deren abweichende Problemeinschätzung dokumentiert werden" (Heiner/Schrapper 2004: 204).

Lohnend finde ich dennoch weiteres Nachdenken. Der Vorschlag von Heiner/Schrapper erscheint mir für die Diskussionen innerhalb der Sozialpädagogik verständlich und klar, zumal er die Durchführung von Deutungs- und Beurteilungsprozessen nicht auf ein einzelnes analytisches Verfahren festschreibt. Für die Kommunikation gegenüber Dritten (Kindern und Familien, Psychiatrie, Schule etc.) halte ich den Begriff allerdings noch für zu wenig „griffig".

6.2.2 Fachliche Grundorientierungen
diagnostischen Fallverstehens in der Sozialen Arbeit

Mit dem Ziel, zu vereinbarten und verbindenden Grundüberzeugungen für fallanalytische Tätigkeiten zu kommen, werden nachfolgend in vier Leitsätzen der theoretische Hintergrund sowie der praktische Bezug diagnostischen Fallverstehens deutlich gemacht (vgl. auch Ader/Schrapper 2004).

Diese wurden im Kontext der Fallanalysen und des durchgeführten Projektes gewonnen und spiegeln eine für Verstehens- und Beurteilungsprozesse erforderliche fachliche Haltung, die dem Charakter sozialpädagogischen Handelns entspricht, die HilfeadressatInnen als Subjekte ernst nimmt und um die eigene Begrenztheit in Wahrnehmungen und Interpretationen weiß.

a) Diagnostisches Fallverstehen ist vorrangig darauf gerichtet, subjektive Sinnzusammenhänge zu verstehen sowie Erziehung und Bildung zu ermöglichen.

Um von einem eigenständigen diagnostischen Fallverstehen sprechen zu können, ist es für die Sozialpädagogik von Bedeutung, sich ihrer Kernelemente bewusst zu sein, um nicht zum „Erfüllungsgehilfen" der Diagnostik anderer Professionen zu werden. In einer sozialpädagogischen Tradition macht es nur dann Sinn, von einem diagnostischen Fallverstehen zu sprechen, wenn auch etwas genuin Pädagogisches, also etwas über Prozesse der Erziehung und Bildung von Menschen durchblickt und verstanden wird. Dies bedeutet, dass PädagogInnen in ihren diagnostischen Bemühungen nicht zuerst die Frage zu interessieren hat, wie defizitär ein Verhalten oder eine Einstellung ist. Weiterhin kann auch nicht zuerst die Frage interessieren, ob in Verhaltensweisen oder Einstellungen „pathogene Persönlichkeitsstrukturen" deutlich werden. Das können andere Professionen besser, und daher ist eine gute Kooperation z.B. mit KinderpsychiaterInnn oder PsychologInnen wichtig. Von diesen müssen PädagogInnen sich etwas darüber sagen lassen, ob junge Menschen aufgrund von Krankheiten und Beeinträchtigungen nicht in der Lage sind, beispielsweise andere Verhaltensstrategien zu entwickeln.

In einem diagnostischen Fallverstehen ist jedoch vor allem die Frage in den Mittelpunkt zu stellen, welche subjektive Logik eine bestimmte Handlungsstrategie in der Lebens- und Bildungsgeschichte eines Kindes hatte und aktuell hat. So können z.B. kritische, gefährliche oder belastende Verhaltensweisen und Haltungen von Kindern sozialpädagogisch vor allem über ihre Funktion verstanden werden, d.h. Handlungen wie Stehlen, Weglaufen, aggressive Reaktionen, Sich-entziehen oder Lügen sind zuerst so zu verstehen, dass deutlich wird, welche subjektiv sinnvolle Funktion ihnen in der Überlebensstrategie und im Handlungsrepertoire eines (jungen) Menschen zukommt. Den Eigensinn, die Widersprüche, Spannungen und Brüche in der Lebens- und Lerngeschichte eines Menschen zu „entschlüsseln" ist der entscheidende Zugang eines diagnostischen Fallverstehens in der Sozialen Arbeit. Denn nur an solche individuellen Sinnkonstruktionen junger Menschen anknüpfend kann Erziehung Kindern Angebote zum Um- und Neulernen erfolgreicher und sozial respektierter Überlebensstrategien machen. Und dies nicht, weil diese Kinder und Jugendlichen zuvor falsch und defizitär waren, sondern weil das, was sie sich bisher aneignen konnten, nicht mehr funktional und respektabel ist.

**b) Diagnostisches Fallverstehen ist immer eine
schrittweise Annäherung mit hypothetischen Erkenntnissen.**

Derzeit verfügt die Sozialpädagogik (noch) nicht über einheitliche und anerkannte Begriffe für fallverstehende bzw. diagnostische Tätigkeiten, und aus guten Gründen tut sich ein Teil der Profession schwer damit, sich des Diagnosebegriffes zu bedienen. Dieser ist traditionell durch Medizin und Psychiatrie geprägt und vermittelt, dass es objektive, personen- und kontextunabhängige Beurteilungen sozialer Situationen oder individueller Verhaltensweisen sowie eindeutige Zuweisungskriterien für daraus folgende Interventionen geben kann.

Eine solche Sicherheit bei der Problemerkennung und -bearbeitung kann es in sozialpädagogischen Handlungsfeldern jedoch nicht geben, da der Gegenstand komplex ist, mehrere „Wirklichkeiten und Wahrheiten" zu bedenken und sozialpädagogische Beurteilungen das Ergebnis einer Annäherung an prinzipiell fremde Lebenswelten sind. Sozialpädagogische Beurteilungen haben immer hypothetischen Charakter und müssen zwingend mehrperspektivisch überprüft und ggf. korrigiert werden. Zentral ist dabei die Rückvermittlung professioneller Einschätzungen mit den Adressatinnen und Adressaten, also mit Mädchen und Jungen, Müttern und Vätern.

Dennoch werden auch in sozialpädagogischen Handlungsfeldern wie der Jugendhilfe professionelle Einschätzungen gefunden und Urteile über Gefährdungen oder Entwicklungspotenziale gefällt. Auch wenn pädagogische Prozesse nur an den positiven Selbsterklärungsideen und Selbstbildungskräften der Kinder und Jugendlichen ansetzen können und nicht an ihren Störungen und Defiziten, so müssen auch PädagogInnen zu eigenständigen Beurteilungen kommen und sich dabei auch auf eigene Vorstellungen von einer Normalität z.B. gesunder Entwicklung, ausreichender Versorgung oder sozial akzeptabler Konfliktlösung beziehen können. Diagnostisches Fallverstehen ist in der Praxis immer ein Spagat zwischen einer fachlich fundierten Beurteilung auf der einen Seite und der Bereitschaft, die eigenen Urteile und Bewertungen im Dialog mit den Betroffenen zur Diskussion zu stellen, auf der anderen.

**c) Diagnostisches Fallverstehen bezieht sich sowohl auf das Klienten-
als auch auf das Hilfesystem.**

Ein Fall ist immer mehr als eine Biographie oder Familiengeschichte. Das Hilfesystem ist Teil jedes Falles, sobald es ihn als solchen definiert. Denn wie ein Fall von außen betrachtet, erlebt, verstanden und bearbeitet wird, ist abhängig von der Person, die ihn betrachtet, und von den Institutionen, in denen die Fachkräfte sich bewegen (vgl. Ader/Schrapper 2002 a, b; Imber-Black 1992). Folglich gehört das Hilfesystem zum Fall und muss so auch Gegenstand der Analyse sein.

Dabei ist es immer unter zwei Aspekten zu betrachten: Zum einen ist danach zu fragen, mit welchen institutionellen Normen und Werten die Fachkräfte einer Organisation schwierigen Fällen begegnen und wie sich diese auf das diagnostische Fallverstehen auswirken. Zum anderen geht es um das so genannte Spiegelungsphänomen (dazu z.B. Mertens 1993 und 2000; Muck/Trescher 2001), das in der Literatur der Psychoanalyse, der systemischen und der psychoanalytischen Organisationsanalyse und auch in der Gruppendynamik als wichtiges diagnostisches Mittel beschrieben wird, um die sich im Hilfesystem widerspiegelnden Dynamiken, Ängste, Abwehrstrategien, Überforderungsgefühle u.ä. des Klientensystems zu erkennen. Dies gilt es innerhalb eines Hilfesystems als ein zentrales Werkzeug zum Fallverstehen zu begreifen und zu nutzen.

d) Diagnostisches Fallverstehen erfordert Perspektivenvielfalt.
In Fallanalysen wird häufig deutlich, dass Fachkräfte in ihrer Fallbearbeitung dazu neigen, sich unbewusst mit einzelnen Personen aus dem Klientensystem zu identifizieren oder sich in die familiäre Dynamik zu verstricken. Die Gefahr ist groß, die notwendige Distanz zu einem Fall zu verlieren und die Komplexität und Vielfalt der möglichen Sichtweisen auf die Probleme nicht ausreichend wahrzunehmen. Diese zeitweise Verwicklung ist andererseits notwendig, um sich einfühlen und spüren zu können, was von den KlientInnen geäußerte Beschreibungen und Bewertungen emotional bedeuten, wie es ihnen damit geht, um herauszufinden, was gebraucht wird. Voraussetzung für ein Verstehen ist die Fähigkeit der fallzuständigen Fachkraft, sich verwickeln zu lassen, d.h. mit Hilfe ihrer Intuition, ihrer emotionalen Beteiligung und ihrer Anteilnahme zu spüren, was gemeint wird.

Um jedoch einen Problemkontext möglichst umfassend zu verstehen, ist es ebenso notwendig, Distanz zu gewinnen und die in einem Fall steckende Komplexität zu entfalten. Es geht um das Zusammentragen unterschiedlicher Sichtweisen, Gefühle, Sorgen, Wünsche und Vorstellungen. Erst wenn diese in ihrer Vielfalt sichtbar und der Reflexion zugänglich gemacht werden, kann eine fachliche Einschätzung gewonnen werden, in der sorgfältig alle fallbezogenen Informationen und Einschätzungen berücksichtigt werden. Verstrickung und Identifikation benötigen also zwingend ein Korrektiv, das vor „blinden Flecken" und Überidentifikation schützt. Hilfreich ist es hier für Fachkräfte, in Teams oder Arbeitsgruppen eingebunden zu sein, die einerseits von dem Anspruch entlasten, als Einzelperson „alles" sehen und erkennen zu müssen, und andererseits davor schützen, aufgrund eigener Verstrickung und Nähe zu einem Fall „Wesentliches" nicht wahrzunehmen. Allerdings erfüllen Arbeitsgruppen nicht „automatisch" diese Funktion der Perspektiverweiterung und Kontrolle, sondern bedürfen dazu strukturierter methodischer Arbeitsformen (Schrapper/Thiesmeier 2004).

6.2.3 Konzeptionelle Rahmung: Zugänge, Bausteine und Arbeitsweisen des diagnostischen Fallverstehens

Was sind nun – nach umfangreicher Beschäftigung mit den Prozessen der Wahrnehmung und Beurteilung in der Jugendhilfe – die „richtigen" Verfahren und Konzepte für diese Aufgabe? Wie so oft in sozialpädagogischen Zusammenhängen gibt es auf diese Frage keine eindeutige Antwort im Sinne eines Votums für das eine oder das andere der eingangs vorgestellten Verfahren für Deutungs- und Bewertungsprozesse im Alltag der Sozialen Arbeit. Die intensive Auseinandersetzung mit den theoretischen Diskursen hat stattdessen erbracht, dass es stärker um eine Integration der verschiedenen Ansätze gehen muss, die jeweils einzelne Schwerpunkte eines diagnostischen Fallverstehens hervorheben, dafür aber andere vermissen lassen. Deutungs- und Beurteilungsprozesse in sozialpädagogischen Zusammenhängen müssen unterschiedliche Zugänge zum Fall ermöglichen und spezifische Arbeitsweisen/-schritte beachten, wobei die konkreten Methoden und Instrumente nicht beliebig, aber doch variabel sind – abhängig von den Kontextbedingungen eines Falls und den in der Situation gestellten Anforderungen an die Fallbearbeitung.

Zunächst werden die wesentlichen Zugänge und Materialien zu einem Fall dargestellt; bedeutsam ist dabei die prinzipielle Gleichwertigkeit der im nachfolgenden Schaubild skizzierten Zugänge:

1. Lebenssituation, Lebensgeschichten, Lebensumfeld: Informationen aus verschiedenen Quellen zu:	*2. Selbstaussagen zu Lebens-, Situations-, Problemdeutungen:* Erfahrungen, Sichtweisen, Einschätzungen und Deutungen von:	*3. Institutionelle Hilfegeschichte und Hilfesysteme:* Informationen über und Bewertungen der Hilfegeschichte und des institutionellen Handelns:
• Daten und Fakten (Mehrgenerationenperspektive) • sozialer und materieller Situation • kritischen Lebensereignissen • Beeinträchtigungen und Gefährdungen • individuellen und umfeldbezogenen Ressourcen • Aufträgen und Erwartungen	• Mädchen und Jungen, • Müttern und Vätern, • anderen „Schlüsselpersonen" aus Familiensystem, peer-group und dem Umfeld *(durch Erzählungen, nicht durch „Abfragen")*	• Maßnahmen • Übergänge und Wechsel • „Diagnosen" und Interventionen • Kooperation und Konflikte • Erfolge und Misserfolge institutionellen Handelns
Dokumentation:	> Trennung von Beschreiben und Bewerten > Aussagen und Einschätzungen einzelnen Personen zuordnen	

Abb. 14: Zugänge und Materialien des diagnostischen Fallverstehens, Fortschreibung von Ader/Schrapper 2004 und Heiner/Schrapper 2004

Die beschriebenen Zugänge und Materialien zu einem Fall liefern die Basis für die Erarbeitung einer Fallanalyse, die sich als fachlich fundierte Hypothese über Problemlagen und notwendige Interventionsstrategien versteht und der weiteren Aushandlung mit allen Fallbeteiligten bedarf. Aus dieser Grundlage für Deutungs- und Beurteilungsprozesse ergeben sich gleichzeitig konstitutive Bausteine und Arbeitsweisen für das diagnostische Fallverstehen, die nachstehend zuerst beschrieben und dann in einem weiteren Schaubild (S. 243, Abb. 14) zusammengefasst werden sollen:

(1) Zunächst geht es um die systematische Sammlung und Verarbeitung gesammelter eigener Daten und Fakten sowie Einschätzungen und Bewertungen anderer. Hauptproblem hierbei ist, „die Spreu vom Weizen zu trennen", also das Bedeutsame vom Nebensächlichen zu unterscheiden. Instrumente hierzu sind z.B. Erfassungs- und Auswertungsraster, Genogramme oder Fragenkataloge (z.B. Harnach-Beck 2003). Entscheidend für die Menge an Informationen ist, hier keinem „Vollständigkeitswahn" zu verfallen, sondern eher so viel wie nötig, aber so wenig wie möglich an „Zustandswissen" zusammenzutragen.

(2) Zu ergänzen sind solche Faktensammlungen und Einschätzungen mit den Erfahrungen und Deutungen der Menschen, um die es geht. Es gilt, die Perspektive zu wechseln und andere Sichtweisen „zur Sprache bringen". Instrumente können das klassische Erstgespräch und der Hausbesuch oder verschiedene Formen des Interviews sein. Bedeutsam ist, dass die gewählten Gesprächsformen Raum für Erzählungen eröffnen und nicht ausfragen. Nur so können der Eigensinn und die Funktion biographischer Strategien und Muster der Lebensbewältigung gemeinsam „rekonstruiert" werden. Wichtig ist auch, dies in der Sprache der AdressatInnen zu dokumentieren und nicht in den habitualisierten „Sprachformeln" der Professionellen.

(3) Damit aber nicht genug, ein Drittes muss hinzukommen, nämlich die Selbstreflexion des Hilfesystems. Informationen und Bewertungen der „Hilfegeschichte" z.B. in einer tabellarischen Gegenüberstellung von Lebens- und Hilfegeschichte mit wichtigen Stationen, Diagnosen, Interventionen, Konflikten, Erfolgen und Misserfolgen. Dies öffnet den Blick auf die Themen und Konflikte des Helfersystems, die durch einen „Fall" und seine Dynamiken angeregt und verstärkt werden. Dieser selbstkritische Blick schützt einerseits die Klienten vor den „Stellvertreter-Konflikten" ihrer Helfer und eröffnet dem Hilfesystem andererseits diagnostische Zugänge über das Entschlüsseln von Gegenübertragung und Spiegelung sowie von Handlungsroutinen und Selektionsmechanismen.

(4) Weiter gilt es, die gewonnenen Einsichten und Deutungen „auf den Punkt zu bringen" und Konsequenzen zu ziehen. Die zuvor gesammelten Informationen und Sichtweisen müssen zusammengeführt, bewertet und darauf hin ausgewertet werden, welche Schlussfolgerungen für sozialpädagogische Handlungsvorschläge oder Interventionen zu ziehen und zu kon-

kretisieren sind. Zu diesem Zweck ist es wichtig, über ein institutionell geregeltes, gruppenorientiertes Verfahren der „Urteilsbildung" zu verfügen, um gerade die Frage der Deutung und Bewertung nicht der Beliebigkeit zu überlassen.

(5) Die sozialpädagogischen Deutungen und Beurteilungen mit den Menschen sind zur Verfügung zu stellen und rückzukoppeln, von denen und über die Fachkräfte etwas erfahren wollten. Verstehen ist erst der Anfang, danach folgt die meist größere Anstrengung der Verständigung und Aushandlung.

(6) Kontinuierlich von Beginn bis zum Ende einer Fallbearbeitung und Analyse ist gut zu dokumentieren und vor allem systematisch auszuwerten und zu reflektieren, also kurz zu evaluieren, welche Einschätzungen und Vorschläge sich als tragfähig für Entwicklung oder Schutz, Bildung oder Unterstützung erwiesen haben. Diese Evaluation ist die unverzichtbare Grundlage für Kontrolle und Weiterentwicklung und damit für die Legitimation der skizzierten diagnostischen Fallverstehens.

(7) Über den konkreten Einzelfall hinaus sind schließlich die Erkenntnisse aus der individuellen Fallbearbeitung in institutionelle und infrastrukturelle Planungs- und Gestaltungsprozesse einzubringen. Es hat sich in den Fallanalysen gezeigt, dass manche Interventionsstrategien nicht umgesetzt werden, weil das entsprechende Angebot regional nicht zur Verfügung steht oder zu organisieren ist. Hier wäre eine systematische Einzelfallauswertung und Anbindung an fallübergreifende Planungsprozesse ein hilfreicher Schritt, um zu einer besseren Passung von Angebot und Bedarf zu kommen.

6.2.4 Konzepte und Methoden brauchen institutionelle Absicherung und Verbindlichkeit

Vorstehend wurden die fachlichen, konzeptionellen und methodischen Anforderungen an diagnostisches Fallverstehen formuliert. Was in Organisationen auf der konzeptionellen Ebene etabliert werden soll, braucht jedoch eine Entsprechung auf der Ebene der handelnden AkteurInnen und der organisatorischen Struktur. Dieser „Dreiklang" von Konzepten, Strukturen und Personen und vor allem seine Funktionstüchtigkeit im Sinne der Interessen von Kindern und Familien ist eine entscheidende Voraussetzung für das Ge- oder Misslingen von Deutungs- und Beurteilungsprozessen in den täglichen Handlungsvollzügen der Sozialen Arbeit. Aufgrund dessen sollen abschließend zumindest einige Überlegungen zu den Ebenen „Person" und „Struktur" skizziert werden, wobei die organisationsstrukturelle Dimension in den Vordergrund gestellt wird.

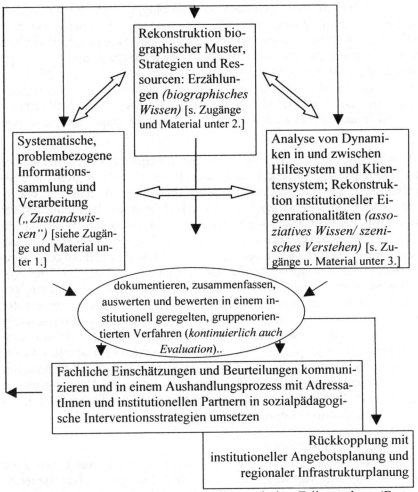

Abb. 15: Bausteine und Arbeitsweisen diagnostischen Fallverstehens (Fortschreibung von Ader/Schrapper 2004 und Heiner/Schrapper 2004)

Sich als *Person* auf die komplexe und auch emotional belastende Aufgabe der Beratung und Unterstützung von Menschen in schwierigen Lebenssituationen einzulassen muss mit der Gestaltung einer Berufsrolle einhergehen, die in einer besonderen Weise subjektiv geprägt ist und die Spannung zwischen emotionaler Einfühlung und analytisch notwendiger Distanz auszuhalten vermag. Erforderlich ist dafür eine innere Haltung, die bereit ist, auch in chaotisierten Familien die Potenziale zu erkennen und zu stärken, und ebenso festzustellen, ob Kinder einen emotionalen, sozialen und realen Platz in ihrer Familie haben und sie das erhalten, was sie brauchen und worauf sie ein Recht haben, ggf. auch gegenüber den eigenen Eltern. Neben fundierten sozialwissenschaftlichen Kenntnissen, z.B. über die Entwicklung von Krisen in familiären Systemen oder die biographische Bedeutung früh erlebter Vernachlässigung, ist dafür insbesondere die Entwicklung einer subjektiven Wahrnehmungs- und Deutungskompetenz als „reflektierte Intuition" notwendig. Darüber hinaus müssen SozialpädagogInnen – so kompetent sie im Einzelnen auch sein mögen – eingebunden sein in stabile Organisationen, tragfähige Handlungskonzepte und kollegiale Arbeitszusammenhänge. Denn die Bewältigung der anstehenden Aufgaben erfordert mehr, als durch den Erwerb individuell fachlicher Kompetenzen zu leisten ist.

Auf der *Ebene der Organisation* haben sich für eine qualifizierte Gestaltung von Deutungs- und Entscheidungsprozessen vor dem Hintergrund der Fallanalysen vor allem folgende Aspekte als problematisch erwiesen: die Eigenrationalitäten der beteiligten Systeme, die Dominanz der administrativen Logik, die autopoietische Orientierung, die unzureichende Beachtung der Folgewirkungen des eigenen Handelns und die Tatsache, dass HilfeadressatInnen von Organisationen i.d.R. nicht als machtvoller Einflussfaktor wahrgenommen werden, der Systemveränderungen durch Irritationen des Systems ohne Weiteres anstoßen kann. Organisationen sind in Bezug auf Veränderungen ihrer Sinnhorizonte und Systemrelevanzen strukturkonservativ, Irritationen werden eher abgewehrt als in ihre Sinngebungsprozesse integriert. Die sich daran anschließende Fragestellung ist, wie und von wem Veränderungen in Organisationen angestoßen werden können und was eine Organisation ausmacht, die in der Lage ist, mit komplexen Situationen und Prozessen umzugehen und für AdressatInnen hilfreiche Unterstützung zu organisieren, die nicht darauf fußt, dass die zu bewältigenden Schwierigkeiten mit administrativer Logik abgearbeitet werden.

Steuerung komplexer Systeme

Grundsätzlich lässt sich zur Frage der Steuerung komplexer Systeme aus der Systemtheorie begründen, dass sich Veränderungen in und Steuerung von Systemen durch Dritte nicht planvoll erwirken lassen. Das Autopoiese-Konzept setzt die interne Strukturdeterminiertheit gegenüber der Betonung der Umwelt-Abhängigkeit von Systemen primär. Organisationen als selbstreferentielle Systeme haben im Hinblick auf die Reproduktion ihrer Teile eigene Verarbeitungslogiken und müssen vor allem die eigene Kontinuierung organisieren, um überhaupt als Systeme zu ihrer Umwelt in Beziehung treten zu können. Insofern können Systeme/Organisationen nicht auf spezifische Veränderungen festgelegt werden, sondern können als strukturdeterminierte, selbststeuernde Systeme durch Umweltereignisse und Interventionen maximal zu eigenen Operationen angeregt oder angestoßen werden. Wirkungen, die durch Interventionen erzielt werden sollen, sind somit nicht planbar. Trotz ihrer operativen Geschlossenheit sind Systeme allerdings für bestimmte Außenreize zugänglich und leiten aus ihnen Informationen ab, um sich über diesen Weg an veränderte Umweltbedingungen anzupassen und immer wieder entstehende System-Umwelt-Differenzen auszubalancieren, damit die eigene Stabilität gewährleistet wird. Allerdings gibt das autopoietische System durch seine Struktur und Operationsweise vor, innerhalb welcher Spannweite es sich von seiner Umwelt beeinflussen zu lassen bereit ist.

Mit Blick auf (aus der Sicht Außenstehender) wünschenswerte Veränderungen innerhalb einer Organisation sieht Willke (1987, 2000) angesichts dieses „Steuerungsdilemmas" vor allem die Möglichkeit, mit einem System in einen „produktiven Dialog" zu kommen, der die Selbstreflexivität einer Organisation anregt: „Intervention in ein autonomes System läuft auf die Aktivierung von Reflexionspotential hinaus mit der Folge, daß eine Realität in Sichtweise eines Systems rückt, die (noch) nicht die Realität des Systems ist, sie aber sein könnte" (Willke 1987: 356). Ob eine Irritation von außen dann tatsächlich zu Veränderungen innerhalb eines Systems führt, und wenn ja, in welcher Ausprägung, bleibt den inneren Operationsweisen des Systems überlassen. Gesteigert wird die Möglichkeit der Veränderung, wenn es innerhalb des Systems oder/und auch zwischen dem System und der Umwelt gemeinschaftlicher Übereinkünfte im Sinne eines „Gesamtentwurfs für die Bewegungsrichtung" (vgl. Willke 2000: 243) gibt. Konkret bedeutet dies z.B.: Gibt es zwischen einem Träger der freien Jugendhilfe, dem belegenden Jugendamt und einer Familie in einem Einzelfall eine gemeinsam getragene Zielvorstellung, „wohin es mit einem Hilfeangebot gehen soll", so erhöht dies die Chance, dass alle beteiligten Systeme im Sinne des gemeinsamen Ziels agieren und sich eher von den beteiligten Partnern bewegen lassen, etwas zu tun, was der gemeinsamen Zielerreichung dient. Willke bezeichnet diese Form der Steuerung von Systemen als „Kontextsteuerung". Indem die an einem Prozess beteiligten Systeme und Teilsysteme in einen Diskurs über die gemeinsamen Kontextbedingungen des Handelns der Teilsysteme kommen, konstruieren sie gemeinsame Rationalitäten, durch die trotz je eigenständigen Handelns eine gemeinsame Richtung festgelegt wird. Durch Selbstbindung soll Ordnung erzeugt werden. Um die angestrebte Wirkung entfalten zu können, muss diese Berücksichtigung des operativen Kontextes nach Willke gekoppelt sein mit einer wechselseitigen Respektierung der operativen Geschlossenheit und Autonomie der Teilsysteme sowie der Berücksichtigung der „operativen Restriktionen, die sich aus dem konstitutiven Bedingungsgefüge spezialisierter, aber zusammenhängender Funktionen ergeben" (Willke 2002: 243).

Wohin soll gesteuert werden? Was sind Qualitäten in Organisationen?
Die Frage der Steuerung von Organisationen zieht in Verbindung mit den analysierten Handlungsroutinen der Hilfesysteme im Rahmen dieser Untersuchung eine weitere Frage nach sich: die nach der „Bewegungsrichtung" für anzustrebende Veränderungen, welche qualifiziertere Interpretationen, Bewertungen und Entscheidungen ermöglichen. Was sind Qualitäten von

Organisationen, die mit vieldeutigen und komplexen Problemen umgehen können, ohne die Komplexität solcher Situationen allein über ihre administrative Logik zu reduzieren? Dazu sollen zwei Hinweise gegeben werden, die sich auf Ausführungen von Klatetzki (1998) und Hansbauer (1999, 1995) beziehen. Nach Ansicht beider Autoren muss es das Ziel organisationalen Handelns in der Jugendhilfe bzw. in der Sozialen Arbeit sein, auf situative Anforderungen flexibel reagieren zu können, sich nicht an etablierten Handlungs- und Entscheidungsroutinen auszurichten und der Individualität eines Einzelfalls gerecht zu werden. Dies gilt zumindest, wenn die Interessen von Leistungsberechtigten bei der Gestaltung von Hilfen im Vordergrund stehen. Zur Umsetzung des genannten Ziels braucht es nach Klatetzki und Hansbauer in einer Organisation vor allem zwei Voraussetzungen:[38]

1. Ein hohes Maß an *„Varietät"* (Hansbauer) bzw. *„inhaltlicher Vielfalt und Differenziertheit von praktischen Ideologien"* (Klatetzki). Mit dem Begriff der „praktischen Ideologie" bezeichnet Klatetzki ein „relativ kohärentes System, bestehend aus emotional besetzten Vorstellungen, Werten und Normen, das Personen gemeinsam ist, sie zusammenbindet und ihnen hilft, ihrer Umwelt Sinn zu verleihen" (Klatetzki 1998: 63).[39]

2. Einen *Kommunikationsstil*, der Variation von Interpretationen fördert.

Mit der ersten Anforderung ist die Annahme verbunden, dass durch spezifische Setzungen einer Organisation (Ausbildungsniveau der MitarbeiterInnen, Alter, Teamzusammensetzungen, Möglichkeiten zum Besuch von Fortbildungen, vorhandene Fachliteratur in einer Einrichtung etc.) das in der Organisation vorhandene Wissen kontinuierlich verändert/erweitert werden sollte und es dadurch immer wieder zu „kognitiven Dissensen" in der Zusammenarbeit zwischen den handelnden Fachkräften kommt, die ausgehandelt werden müssen. In einer Organisation mit einem geringen Konsens zu arbeiten steigert nach Auffassung von Klatetzki die Variation von Interpretationen und verhindert die Perpetuierung etablierter Handlungs- und Entscheidungsroutinen. Durch eine solche Zunahme von Varietät wird es im Sinne beider Autoren möglich, sich stärker der Individualität

---

38 Hansbauer stellt die erstgenannte Voraussetzung in seinem Ausführungen in den Vordergrund (Maß an Varietät in Organisationen). Dennoch können m.E. die Überlegungen beider Autoren hier gebündelt werden, da sie inhaltlich sehr ähnlich argumentieren und auch Hansbauer Aspekte der Kommunikation anspricht.

39 In der Jugendhilfe sind praktische Ideologien nach Klatetzki die Folie, auf der Interpretationen und Entscheidungen getroffen werden. Die Ideologien verknüpfen „Vorstellungen über Ursache-Wirkungsrelationen mit Präferenzen für bestimmte Ziele und Resultate und mit Erwartungen im Hinblick auf richtiges Verhalten" (ebd. 1998: 63).

des Einzelfalls zuzuwenden, die Deutungsflexibilität und Vielfalt an möglichen Entscheidungsausgängen im Sinne der Leistungsberechtigten zu steigern und das organisationsspezifische Repertoire an Angemessenheitsregeln zu verbreitern.

Um jedoch „erfolgreich" mit einem geringen Konsens arbeiten zu können, ist die zweite Voraussetzung entscheidend: die der Kommunikationskultur in Organisationen. Damit der Dissens auf fachlicher Ebene nicht dazu führt, dass jegliche Einigung über eine Problemdefinition unmöglich wird, muss in einer Organisation ein Kommunikationsstil realisiert werden, der den Dissens weder als persönlichen Angriff wertet noch als Ausdruck z.B. einer schlechten Teamarbeit. Mit einem geringen Konsens zu arbeiten bedingt folglich gleichzeitig ein ausreichend hohes Maß an Sympathie und Kooperation in einer Organisation herstellen zu müssen, damit im „auf Dauer gestellten" fachlichen Dissens die Zusammenarbeit zwischen Personen nicht aufgekündigt wird.

Die Qualität einer Organisation drückt sich also in der nachgezeichneten Argumentation sowohl im Ausmaß an Varietät/Vielfalt aus als auch in der Qualität ihrer Kommunikation. Hansbauer führt in diesem Zusammenhang noch an, dass Organisationen aufgrund ihrer Beharrungstendenzen immer wieder dazu neigen, in habitualisierte Handlungsroutinen zurückzufallen und deshalb Beweglichkeit und Veränderung in Organisationen durch geplant eingesetzte Irritationen institutionalisiert werden müssen, z.B. durch Supervision, Praxisberatung, Selbstevaluation, gezielte Auswahl neuer MitarbeiterInnen. Da solche Irritationen in Systemen oftmals und schneller von mächtigen AkteurInnen ausgelöst werden können, sieht Hansbauer in der Auswahl der Instrumente für systematische Verunsicherungen des professionellen Alltags und ihre Institutionalisierung eine originäre Aufgabe von Leitung.

Mit diesem Hinweis kann der Kreis zum diagnostischen Fallverstehen und den dafür notwendigen Methoden geschlossen werden. In den Fallanalysen dieser Untersuchung und in der Planung von Hilfestrategien in den beratenen Einzelfällen hat sich gezeigt, dass es i.d.R. ausreichend Konzepte, Modelle und Methoden gibt, um Kindern und Familien in Schwierigkeiten zu helfen. Notwendig ist vielmehr eine sorgfältige Qualifizierung der Arbeitsprozesse in der Jugendhilfe bzw. den Hilfesystemen insgesamt, d.h. der Prozesse von Wahrnehmung, Deutung, Intervention, Interaktion und Kooperation.

6.3 Anmerkungen zum Diskurs über sozialpädagogische Forschung

Zieht man zum Ende einer Forschungsarbeit die wesentlichen Schlussfolgerungen, so wird schnell klar, dass längst nicht alle Fragen zum Thema beantwortet sind. Auf einige Fragestellungen gibt es (vorläufige) Antworten, andere sind zum Teil beantwortet, und ganz neue tun sich erst auf, wenn das Resümee gezogen werden soll. Hinsichtlich der Beschäftigung mit dem „Fall", mit der rekonstruktiven Sozialpädagogik und mit den für die Praxis angemessenen Konzepten für Deutungs- und Beurteilungsprozesse wurde vorstehend ausführlich auf die zu Beginn aufgeworfenen Fragen eingegangen. Darüber hinaus sollen noch einige Überlegungen skizziert werden, die sich vor dem Hintergrund des durchgeführten Projekts mit Blick auf den aktuellen Diskurs über die sozialpädagogische Forschung ergeben. Dabei kann hier die Beschäftigung mit den vielerorts geführten Diskussionen nicht in aller Tiefe erfolgen. Die nachfolgenden Ausführungen sind also weniger als gesicherte Aussagen zu verstehen, die aus einer intensiven Auseinandersetzung mit der gesamten Fülle an Publikationen hervorgegangen sind, die in den letzten ca. sechs Jahren veröffentlicht wurden, sondern eher als begründete Einschätzungen und Diskussionsbeiträge, über die gestritten werden kann. Die Anmerkungen zur Debatte werden nachstehend in Form von vier Thesen formuliert und anschließend begründet.

1. Sozialpädagogische Praxis vollzieht sich in Prozessen, sozialpädagogische Forschung fokussiert diese kaum.

2. Organisationen wirken! Sie sind weit mehr als nur der feste Rahmen für professionelles Handeln.

3. Die aktuelle Debatte um sozialpädagogische Forschung erscheint weitgehend „geschichtslos" und von disziplinären Selbstzweifeln dominiert.

4. Von der Paradoxie disziplinärer Ansprüche: Ein klares „Jein" zur Praxisforschung.

Während die ersten beiden Thesen stärker aus dem direkten Zusammenhang der hier dokumentierten Untersuchung entstanden sind, stellen die Thesen 3 und 4 eher eine kritische Kommentierung des Diskurses zur sozialpädagogischen Forschung dar.

6.3.1 Sozialpädagogische Praxis vollzieht sich in Prozessen, sozialpädagogische Forschung fokussiert diese kaum

Was sozialpädagogische Forschung ist und ob sie überhaupt existiert, gehört zu den meist erörterten Fragen des aktuellen Diskurses über Forschung in sozialpädagogischen Zusammenhängen (vgl. These 4). Mittlerweile wird dabei mehrheitlich davon ausgegangen, dass sich das sozialpädagogische Forschungsfeld anhand von zumindest drei Eckpunkten aufspannen lässt (vgl. Flösser 1994; Lüders/Rauschenbach 2001), die in einem Spannungsverhältnis zueinander stehen. Dazu gehören (1) die zuständigen Institutionen, (2) die in ihnen tätigen Professionellen bzw. beruflich oder ehrenamtlich Tätigen sowie (3) die Adressatinnen und Adressaten. Flösser hat diese

Kategorien als „Strukturmomente organisierter Sozialer Arbeit" bzw. als ihre „inhärenten Konstitutionselemente" (Flösser 1994: 30) bezeichnet. In der Regel setzen sozialpädagogische Forschungsprojekte an einem dieser Aspekte an und berühren in ihrem Verlauf oder in ihren Schlussfolgerungen einen oder beide anderen Eckpunkte mehr oder weniger intensiv.[40] Häufig werden in diesem Zusammenhang Spannungsverhältnisse und Konflikte zwischen AdressatInnen, Fachkräften und/oder Institutionen thematisiert. Selten sind jedoch Forschungsvorhaben, die den Prozesscharakter des sozialpädagogischen Geschehens, die Interaktionen zwischen den AkteurInnen und die dabei wirkenden (Eigen-)Dynamiken und Systemrationalitäten in den Blick nehmen. Das gesamte Feld einer sozialpädagogischen Situation oder eines Handlungszusammenhangs ist kaum Gegenstand der Betrachtung/Forschung, nicht zuletzt, weil dies unter forschungsmethodologischen Gesichtspunkten schwierig zu bearbeiten ist (Forschungsgegenstand wird komplexer, Zahl intervenierender Faktoren wird größer etc.).

Für die vorliegende Untersuchung wurde ein Design gewählt, durch das ein solches Feld erfasst und die wechselseitige Bedingtheit und die Dynamik zwischen den konstitutiven Eckpunkten sozialpädagogischen Handelns untersucht werden sollte. Das Forschungsfeld stellt sich folgendermaßen dar:

Abb. 16: Forschungsfeld dieser Untersuchung

Eine zentrale Erkenntnis aus der Analyse des empirischen Materials ist, dass es meist nicht spezifische Ereignisse in den Lebens- und Familiengeschichten junger Menschen sind, die dazu führen, dass sie stolpern und zu Grenzfällen in der Jugendhilfe (und häufig auch der Psychiatrie) werden, sondern dass es eher die Schlüsselkonstellationen, d.h. die Summe der Ereignisse, Bewertungen und Dynamiken aller Beteiligten und ihrer Systeme sind, die Fälle schwierig werden lassen. Diese Annahme verweist auf den

---

40 Diese Annahme ergibt sich m.E. als Konsequenz aus den Systematisierungsbemühungen sozialpädagogischer Forschungsprojekte in Flösser u.a. 1998 oder Lüders/Rauschenbach 2001.

prozessualen, kommunikativen und (eigen-)dynamischen Charakter des sozialpädagogischen Alltags. Als Handlungswissenschaft ist die Sozialpädagogik und ihre Praxis dadurch gekennzeichnet, dass in ihr zugleich gehandelt und ergründet wird, dass sich in Interaktionen (d.h. im pädagogischen Bezug) Veränderungen von Situationen vollziehen, auch wenn die Interaktionen nicht als planvolle Interventionen angelegt sind, und dass der dialogische und interaktive Charakter von Handlungsvollzügen bedingt, dass sich eine Situation fortlaufend wandelt, jeweils geprägt von den lebensweltlichen Kontexten der beteiligten AkteurInnen sowie den situativen Bedingungen und Anforderungen. In den Worten Lewins und/oder Luhmanns bedeutet dies: Die Veränderung eines Teils innerhalb einer Ganzheit führt immer auch zu Veränderungen der Ganzheit und all ihrer Teile.

Geht man von dieser grundlegenden Logik sozialpädagogischer Handlungsvollzüge aus, so müsste m.E. auch ihre Forschung diesen prozessualen und dynamischen Aspekt stärker in den Mittelpunkt rücken. Problematische Lebenssituationen von Menschen und der professionelle Umgang mit ihnen können eben nicht (ausschließlich) in ihre Einzelteile seziert, bearbeitet und erforscht werden, sondern müssen (auch) in ihren Kontextbedingungen und Entwicklungsverläufen gesehen werden, die die Menschen durch eigenes Handeln zwar gestalten, die aber auf der anderen Seite auch Einfluss nehmen auf das Denken und Verhalten dieser Menschen in einer spezifischen Situation. Forschungspragmatisch würde diese stärkere Hinwendung zum gesamten Feld bzw. zu systemischen Zusammenhängen und Dynamiken bedeuten, sich u.a. wieder stärker an scheinbar veraltete Forschungstraditionen wie z.B. die Aktions-/Handlungsforschung zu erinnern, statt diese Ansätze pauschal als sozialpolitisch ambitioniert und die Differenz von Forschung und Praxis negierend abzuwerten. „Forschungs-Klassiker" wie z.B. die Marienthal-Studie (Jahoda/Lazarsfeld/Zeisel 1933, Erstveröffentlichung) oder die Aktionsforschungen Kurt Lewins in den 1940er Jahren bieten hier interessante Anknüpfungspunkte, wenn auch sie sicher der Weiterentwicklung und Anreicherung durch den Stand der aktuellen sozialwissenschaftlichen Forschung und ihrer Methoden bedürfen.

6.3.2 Organisationen wirken! Sie sind weit mehr als nur der feste Rahmen für professionelles Handeln

Organisationen der Jugendhilfe, aber ebenso Kinder- und Jugendpsychiatrien, Schulen, Organisationseinheiten der Justiz/Polizei u. ä. gesellschaftliche Institutionen sind im Sinne der Systemtheorie als formal organisierte Systeme zu verstehen. Sie sind auf einen bestimmten Zweck hin orientiert, auf den sie ihre Kommunikation und ihr Handeln ausrichten. Der Zweck stellt die inhaltliche Basis für das Operieren von Systemen dar, steuert die Art und Weise der Reduktion von Umweltkomplexität und bedingt auch die Wirkungen, die ein System in seinen Handlungsvollzügen anstrebt. In diesem Verständnis der Systemtheorie sind Systeme/Organisationen als Träger von Sinn und Bedeutung einzuordnen, wobei diese funktional auf die Systemlogik und die regulativen Systemprämissen hin bezogen sind. Dazu gehören nach innen gerichtet Systemstrukturen wie z.B. Hierarchien, Funktionen, Regeln, Traditionen, Ideologien, Rollen und Rollenerwartungen, die Systeme herausbilden, und nach außen gerichtet die Bedingungen für den Austausch zwischen einem System und seiner Umwelt. Zur Erfüllung des Systemzwecks bedarf es also einer systemfunktionalen Ganzheit, die als die innere Ordnung oder die Struktur eines Systems bezeichnet werden kann. Diese soll die Stabilität der Ganzheit festigen und wahren, ist i.d.R. relativ zeitstabil, vermittelt Orientierung und prägt maßgeblich entsprechende Wahrnehmungs- und Verhaltensmuster der zum System gehörenden AkteurInnen. Insofern agiert auch das System selbst als Akteur, indem es zum einen Eigenrationalitäten entwickelt und die Kommunikation sowie das Handeln seiner Mitglieder prägt und indem zum anderen aufgrund der prinzipiellen Kontingenz komplexer Situationen und Systeme Eigendynamiken und Folgewirkungen von Kommunikationen entstehen und wirken, die nicht vorauszusehen sind. Auch sind diese Eigenschaften und Dynamiken, die Systeme entfalten, nicht aus den Eigenschaften ihrer einzelnen Systemelemente erklärbar.

Deutlich wird, dass in diesem Verständnis soziale Systeme, also auch Einrichtungen und Dienste der Jugendhilfe und ihrer Kooperationspartner, nicht als Systeme begriffen werden können, die ihre Operationen ähnlich einer Maschine durchführen, d.h. wohl geordnet, leicht durchschaubar und berechenbar sind sowie in mechanistischer Weise entsprechend ihren formalen Strukturen funktionieren. Eine solche Auffassung, die die organisationstheoretische Literatur über lange Zeit prägte und z.T. noch prägt, geht davon aus, dass Organisationen quasi von einer überindividuellen Realität geleitet werden, die objektiv und von determinierender Wirkung zu sein scheint (vgl. Klatetzki 2003: 94 ff.). Dem gegenüber stehen in den (organisations-)theoretischen Diskursen zunehmend Auffassungen, die Systeme als komplexe und dynamische Größen verstehen, deren Handeln vor allem an eigenen Systemlogiken ausgerichtet ist, die durch ihre Eigenrationalitäten und die Eigendynamiken des Systems Wirkungen in ihrer Umwelt erzeugen, die in ihrer Ganzheit nur schwer zu durchschauen und von außen nicht bzw. nur sehr begrenzt zu steuern sind.

Das skizzierte Bild von der Beschaffenheit und dem Funktionieren von Organisationen spiegelt sich in den Fallanalysen dieser Untersuchung deutlich wider. Es hat sich gezeigt, dass beispielsweise die institutionellen Werte den Umgang mit einer Familie unbewusst anleiten oder dass Kooperationen zwischen unterschiedlichen Organisationen, die für die Entwicklung eines Kindes hilfreich wären, durch die Erklärung der Nichtzuständigkeit eines Hilfesystems verhindert werden, weil es sich selbst „die Finger an einem Fall nicht verbrennen will". Eine Reihe der analysierten Handlungsmuster und -logiken in den Hilfesystemen verweist folglich darauf, dass auch das Handeln der Jugendhilfe und ihrer Kooperationspartner in hohem Maße durch das geprägt wird, was aus der eigenen Logik für Erhalt und Sicherung der eigenen Existenz „vernünftig" und Erfolg versprechend erscheint.

Für ein Jugendamt, das in der Kommune für kompetent gehalten und geschätzt werden will, ist es nicht „vernünftig", in der Lokalpresse angeprangert zu werden, weil ein Jugendlicher ungebremst Straftaten begeht und das Amt diesen Aktivitäten nicht durch restriktive Maßnahmen Einhalt gebietet, sondern versucht, den jungen Menschen auf andere Weise zu erreichen. Für einen ASD, der sein fachliches Selbstverständnis aus der unmittelbaren Beratung und Betreuung von Menschen heraus begründet, ist es nicht verheißungsvoll, sich als Fallmanager zu verstehen und vorrangig dafür Sorge zu tragen, dass die Unterstützungsangebote für eine Familie sinnvoll gesteuert und aufeinander abgestimmt werden. Für einen freien Träger, der weiterhin vom Jugendamt belegt werden will, erscheint es häufig „logischer", die eigenen Schwächen und Misserfolge in der Betreuung eines Kindes nicht zu benennen und als Erfahrungen für die weitere Hilfegestaltung zur Verfügung zu stellen. Ein Heim, das einen möglichst reibungslosen Alltag anstrebt und bestehende Gruppenordnungen nicht gefährden will, erklärt eine Jugendliche lieber für „nicht mehr tragbar", als kritisch zu hinterfragen, welche eigenen Anteile das „störende" Verhalten einer jungen Frau bedingen. Diese Beispiele zeigen, dass es für Organisationen und Menschen oftmals nicht „logisch" und „vernünftig" ist, sich konsequent an den AdressatInnen der Unterstützung zu orientieren und sich damit auf etwas einzulassen, was für die eigene Organisation Unruhe und Mehrarbeit mit sich bringt und möglicherweise auch Unsicherheit und Existenzbedrohung bedeutet. Stattdessen können Eigenrationalitäten von Systemen, unberechenbare Handlungs- und Beziehungsdynamiken sowie Kontingenzen als Folge von Komplexität als wirkungsvolle Einflussfaktoren auf Interaktionen im Hilfegeschehen benannt werden.

In Bezug auf das Thema „sozialpädagogische Forschung" ist dabei interessant, dass Systeme/Organisationen in dieser Dimension, d.h. in ihrem Prozessieren, in ihren Entwicklungsverläufen, den Wirkungen ihrer Eigen- und Interaktionsdynamiken sowie den folgenreichen Eigenrationalitäten kaum Gegenstand der disziplinären Forschung sind. Bei der Suche nach Literatur zu eben diesen Fragen waren im Verlauf dieser Untersuchung innerhalb der sozialpädagogischen Fachliteratur nur wenige Erfolge zu verzeichnen (z.B. Klatetzki 1993; Hansbauer 1999). „Organisation und Beratung" (Wimmer 2004), „Organisieren und Organisationen verstehen" (Sülzer/Zimmermann 1996), „Praxis der Veränderung in Organisationen" (Wagner 1995), „Wie Institutionen denken" (Douglas 1991), „Hinter den Kulissen der Organisation" (1988) etc. sind Buchtitel, die einen soziologischen oder psychologischen Hintergrund haben oder aber der Organisationsberatungs- und Managementliteratur zuzuordnen sind. Für die sozialpädagogischen Diskurse und die entsprechende Forschung hingegen scheinen Organisationen noch immer nicht viel mehr zu sein als der strukturelle Rahmen für professionelles Handeln. Häufig fehlt der (soziologisch, sozialpsychologisch oder gruppendynamisch „angereicherte") Blick auf Organisationsprozesse, oder es wird mit mechanistischen Vorstellungen und Organisationsmodellen gearbeitet (vgl. Klatetzki 2003; Hansbauer 1995), in denen organisatorische Eigenrationalitäten und Dynamiken unterschätzt werden. Gründe dafür liegen sowohl in der unzureichenden Aneignung soziologischer oder sozialpsychologischer Erklärungsmuster durch die Sozialpädagogik als auch in der Abstinenz der Organisationssoziologie oder der Sozialpsychologie gegenüber den praxisnahen Diskursen und den Problemen der Sozialpädagogik.

6.3.3 Die aktuelle Debatte um sozialpädagogische Forschung erscheint weitgehend „geschichtslos" und von disziplinären Selbstzweifeln dominiert

Im wissenschaftlichen Diskurs der Sozialpädagogik steht in den letzten ca. sechs Jahren die Diskussion über die disziplinäre Forschung, ihre Bestimmungsmerkmale und ihre Bedeutung hoch im Kurs. Dies wird sowohl an den Schwerpunktthemen von Fachtagungen und Kongressen als auch an der Fülle der in dieser Zeit erschienenen Literatur zum Thema deutlich (z.B. Sammelband Rauschenbach/Thole 1998; Hansbauer/Schone 1998; Hornstein 1999; Thole 1999; Lüders/Rauschenbach 2001; Schefold 2002; Munsch 2002; Jakob 2002; Schwabe 2002; Hansbauer 2002 c; Sammelband Schweppe 2003). Die Schwerpunkte in den einzelnen Beiträgen liegen dabei ähnlich und lassen sich m.E. im Kern auf einige wenige, aber kontrovers diskutierte Fragen reduzieren: Was ist sozialpädagogische Forschung? Existiert überhaupt eine genuin sozialpädagogische Forschung? Gibt es eine eigenständige Jugendhilfeforschung, oder ist diese unter dem Dach der sozialpädagogischen Forschung zu subsumieren? Wie lässt sich die Bandbreite an Forschungsarbeiten in der Sozialpädagogik systematisieren? Was ist „richtige" Forschung, und ist die so genannte Praxisforschung als solche zu bezeichnen?

Darüber hinaus beschäftigen sich die Beiträge in unterschiedlicher Intensität mit dem seit jeher umstrittenen Theorie-Praxis-Verhältnis, den Forschungsorten und Organisationsformen von Forschung, den methodologischen Zugängen zum Gegenstand, der Verwendung bzw. dem Nutzen von Forschung sowie Fragen der notwendigen Ausbildung, um Forschung betreiben zu können.

Die Schlussfolgerungen, die in der Debatte bezüglich der Entwicklung, des gegenwärtigen Standortes und der Perspektiven sozialpädagogischer Forschung gezogen werden, sind dabei ebenso vielfältig, wie die Anzahl der Publikationen groß ist. Verlässliche Aussagen können in diesem Kontext weder über das Ausmaß und das Volumen sozialpädagogischer Forschung getroffen werden noch darüber, welche Gegenstände und Inhalte vorrangig im Zentrum der disziplinären Forschung stehen (vgl. Rauschenbach/Thole 1998: 9 ff.). Ob die sozialpädagogische Forschung folglich ein diffuses Feld und die Sozialpädagogik „ein Fach ohne Forschungskultur" (Rauschenbach/Thole 1998: 9) ist, oder ob sie „doch weiterentwickelter ist, als ihr Ruf vermuten lässt" (Schweppe 2003: 7), bleibt bis auf Weiteres umstritten.

In der Betrachtung des Diskurses von außen erscheinen mir allerdings zwei Aspekte auffällig und bemerkenswert, denen an anderer Stelle genauer nachgegangen werden sollte:

(1) Die gegenwärtige disziplinäre Beschäftigung mit der sozialpädagogischen Forschung scheint auf den ersten Blick ein Novum zu sein. In der Mehrzahl der Sammelbände, Handbuchbeiträge und Artikel aus den einschlägigen Fachzeitschriften finden sich kaum Hinweise auf Beiträge und Ergebnisse sozialpädagogischer Forschungen, die älter als 1970 sind; im Wesentlichen wird auf Arbeiten aus den letzten 25 Jahren Bezug genommen. So entsteht der Eindruck, dass das „sozialpädagogische Jahrhundert" (vgl. Rauschenbach 1999) eines gewesen ist, in dem sich Profession und Disziplin zwar in ungeahntem Maße entwickelten, in dem im Verhältnis zur Dauer eines Jahrhunderts jedoch nur wenig geforscht wurde. Auf den Punkt gebracht, bedeutet dies, dass die gegenwärtige Debatte überwiegend „geschichtslos" wirkt und kaum an Traditionen und Forschungsarbeiten angeknüpft wird, die die Geschichte der Sozialen Arbeit von Beginn an begleitet und in ihrer Theorie- und Praxisentwicklung geprägt haben (vgl. dazu Müller 1982 und 1988; Thole 1999; Schrapper 2004 b: 11 ff.).

(2) Eine zweite Beobachtung, die m.E. eng mit der ersten verknüpft ist, lässt sich daraufhin zuspitzen, dass die Disziplin in den Vergewisserungen über ihre Forschung mehrheitlich von Selbstzweifeln geprägt ist. Sowohl in der Entwicklungsgeschichte als auch in der Gegenwart der Sozialpädagogik gibt es unzählige Beispiele für Forschungsarbeiten unterschiedlicher Art, die – manche mehr, manche weniger – dazu beigetragen haben, dass sich theoretische Reflexionen, fachliche Konzepte und sozialpädagogische Praxis z.B. zu einer modernen Jugendhilfe weiterentwickelt haben. Geprägt ist der analytische Blick der Wissenschaft jedoch, ähnlich wie in den Handlungsvollzügen des sozialpädagogischen Alltags, von der Orientierung am Defizit. Wird in Forschungsprozessen in ausreichender Form die Distanz von Wissenschaft und Praxis, Forscherinnen und „Beforschten" gewahrt? Sind die erarbeiteten Befunde von praktischer Relevanz für die Profession und die Gesellschaft? Werden die Ergebnisse der sozialpädagogischen Forschung von anderen Wissenschaften als methodisch „ordentliche" Forschungsbeiträge gewertet und inhaltlich als bedeutungsvoll eingeschätzt? So oder ähnlich lauten die Fragen, die die skeptische Bestandsaufnahme dominieren.

Als Erklärung für die beiden beobachteten „Phänomene" liegen m.E. mindestens zwei Begründungen nahe, in denen gleichzeitig wichtige Aufgaben für die zukünftige Beschäftigung mit der sozialpädagogischen Forschung liegen: Eigene Traditionen in der disziplinären Forschung geraten vermutlich nicht zuletzt deshalb in Vergessenheit, weil es bislang kaum geregelte Orte gibt, an denen sozialpädagogische Forschungsarbeiten systematisch gebündelt, geordnet, rezipiert und diskutiert werden. Zwar werden Ergebnisse von Forschungsprojekten in vielfältiger Form publiziert, sie werden aber nicht in Form von z.B. regelmäßigen Forschungsreports oder in forschungsbezogenen Fachzeitschriften in einen Gesamtzusammenhang gebracht, der mittels kontinuierlicher Analyse über den Stand und die Perspektiven der disziplinären Forschung Aufschluss geben könnte (vgl. Lüders/Rauschenbach 2001; Schweppe in Schweppe (Hg.) 2003). Eine innerdisziplinäre, aufeinander bezogene Kommunikation über Forschungsaktivitäten und -ergebnisse findet nicht statt. Projekte haben den Status von Einzelforschungen, sind oft unverbunden, wenig aufeinander bezogen und schon gar nicht zu Forschungsschwerpunkten gebündelt. Dies scheint mir ein Grund dafür, dass Forschungsprojekte innerhalb des Wissenschaftsbetriebes mehr oder weniger schnell in Vergessenheit geraten und es somit schwierig wird, mit fachlichem Selbstbewusstsein an eigene Forschungstraditionen und Erfolge anzuknüpfen.

Eine zweite Begründung, insbesondere mit Blick auf die Selbstzweifel in der forschungsbezogenen Diskussion, ergibt sich m.E. mehr implizit als explizit aus einer Argumentation, die Schrapper (2004 b) hinsichtlich der gegenwärtigen Lage der sozialpädagogischen Forschung anführt. Über die Frage „Was ist Sozialpädagogik?" kommt er in einem Beitrag auf ein zentrales Spannungsverhältnis zu sprechen, welches sozialpädagogisches Handeln hinsichtlich ihres Selbstverständnisses und ihrer gesellschaftlichen Funktion von Beginn an geprägt hat. Zum einen soll sozialpädagogische Praxis als gesellschaftliche Mehrleistung konzipiert werden, die Erziehung und Bildung ermöglicht und prinzipiell allen Menschen durch Unterstützung und Beratung individuelle Entwicklungsperspektiven und Lebenschancen eröffnet, zum anderen soll sie als problemorientierte Nothilfe die an den Widersprüchen moderner Gesellschaften scheiternden Individuen sozial verträglich in die Gesellschaft integrieren. Eigensinn fördern und zugleich begrenzen, zwischen diesen Polen schwankt die sozialpädagogische Praxis von jeher, und die sich daraus ergebende Unsicherheit oder Doppeldeutigkeit des eigenen Auftrags überträgt sich auch auf die disziplinäre Forschung. Dies drückt sich sowohl in der Unsicherheit bezüglich der Gegenstände sozialpädagogischer Forschung aus als auch hinsichtlich ihrer methodologischen Orientierung. Soll sie sich auf das „Sozialpädagogische" im engeren Sinne beschränken, d.h. auf Fragen der Förderung, Erziehung und Bildung von Menschen, oder kann und soll sie beispielsweise auch gesellschaftliche, sozialpolitische oder ökonomische Fragen berühren? Wie nah darf sie dabei der Praxis sein, vor allem angesichts des Anspruchs, dass Sozialpädagogik als Handlungswissenschaft darauf angewiesen ist, dass ihre Forschung sich nicht in folgenlosen Grundsatzbetrachtungen erschöpft? In diesen exemplarischen Fragen des wissenschaftlichen Diskurses über die „richtige" Forschung spiegelt sich die mehrdeutige und unentschiedene Positionsbestimmung der sozialpädagogischen Praxis. Aus den hier sicher nicht erschöpfend ausgeführten Begründungen für die „Traditionslosigkeit" und die disziplinäre Skepsis in den Diskussionen über die sozialpädagogische Forschung ergeben sich als zwei zentrale Aufgaben für eine selbstbewusste Weiterentwicklung der Forschungsaktivitäten in der Sozialpädagogik: Zum einen der Aufbau und die Fortschreibung einer regelmäßigen Forschungsberichterstattung sowie der entsprechenden Analyse und Reflexion; zum anderen eine stärkere Orientierung an den konstitutiven Aufgaben und Bedingungen sozialpädagogischer Praxis, die sich aus ihrer disziplinären Identität ergeben und aus denen Spezifika für die sozialpädagogische Forschung abgeleitet werden können.

6.3.4 Von der Paradoxie disziplinärer Ansprüche: Ein klares „Jein" zur Praxisforschung

Die letzte Anmerkung zur sozialpädagogischen Forschung bezieht sich auf das viel diskutierte Verhältnis von Forschung und Praxis, das sich beispielsweise in der disziplinären Bewertung der Praxisforschung ausdrückt. Bei der Sichtung der zahlreichen Publikationen zum Thema fällt in einer Reihe von Beiträgen auf, dass in ihnen ein sehr zwiespältiges Verhältnis zur Praxisforschung zum Tragen kommt. Zum einen soll sich sozialpädagogische Forschung für die Praxis als nützlich erweisen und in ihren Prozessen den Kontakt zu sozialpädagogischen Handlungsvollzügen herstellen, zum anderen werden der Begriff der „Praxisforschung" und damit verbundene Forschungsformen implizit häufig abgewertet, zumindest aber mit Bedenken belegt. Einige Textpassagen aus einschlägigen Beiträgen zur sozialpädagogischen Forschung sollen diese Einschätzung illustrieren:

Aus Lüders 1998: „So wird es notwendig, sozialwissenschaftliche Forschung in dem hier verstandenen Sinne mindestens in zwei Richtungen abzugrenzen: Gegenüber allen Versuchen, Forschung und Praxis zu verbinden, wie es vor allem in einigen Ansätzen der sogenannten Praxisforschung immer wieder postuliert wird, und gegenüber ..." (ebd.: 116). Im Anschluss an diese Passage geht Lüders ausführlicher auf Ansätze der Praxisforschung ein. Er differenziert zwischen solchen Ansätzen der Praxisforschung, in denen die Forschungsprozesse von den PraktikerInnen selbst vollzogen werden, und solchen, in denen die Wissenschaft die Nähe zur Praxis sucht und dabei auch an Traditionen der Handlungs- und Aktionsforschung anknüpft. Letztlich kritisiert Lüders jedoch beide Ausprägungen, d.h. auch die letztgenannte Variante: „So vertritt beispielsweise H. Moser nach wie vor ein

Konzept der Praxisforschung, das zwar wissenschaftliche Forschung in den Dienst der Praxis stellen möchte, aber zunächst von der Differenz von Wissenschaft und Praxis ausgeht." Aus der Sicht von Lüders erscheint dieser Anspruch nicht einlösbar, weil er Wissenschaft und Praxis als zwei Systeme mit unüberbrückbaren Gegensätzen erachtet, die eine „innovative praktische Forschung" (ebd.: 117), welche darauf abzielt, gegenseitige Anschlüsse zu finden und fruchtbar werden zu lassen (vgl. Moser 1995), nicht ermöglicht. Gleichzeitig fordert er zum Ende seines Beitrags eine „handwerklich ordentliche sozialwissenschaftliche, für die Sozialpädagogik relevante Forschung" (ebd.: 128), über deren Nutzen die PraxisvertreterInnen entscheiden.

Ähnlich ambivalent argumentiert Schefold (2002): „Es (gemeint ist das in dem Beitrag beschriebene Verständnis sozialpädagogischer Forschung; Anm. S.A.) orientiert sich an den konstitutiven Merkmalen sozialpädagogischer ‚Praxis', ist jedoch keineswegs mit dem gängigen Etikett ‚Praxisforschung' gleichzusetzen" (ebd.: 878). Später heißt es dann: „Praxis-, Professions- und Disziplinforschung lassen sich von den Verwendungskontexten ihrer Produkte her sinnvoll unterscheiden (vgl. Thole 1999), nicht jedoch von der Qualität theoretischer Fundierung oder empirischer Methodik" (Schefold 2002: 880). Auch diese beiden Zitate beinhalten eine doppelte Botschaft: „Gängige Praxisforschung" ist disziplinär anrüchig – wobei nicht expliziert wird, was gängige Praxisforschung ist und unterstellt wird, dass es eine einheitliche Vorstellung davon gibt – und gleichzeitig wird der Begriff bei der Zusammenstellung wichtiger Forschungstypen in der Sozialpädagogik genutzt, und es wird herausgestellt, dass alle genannten Forschungstypen als gleichwertig zu betrachten sind.

Als letztes Beispiel Lüders/Rauschenbach 2002: „Diese praxisbezogenen Formen der Forschung, die gelegentlich auch an den Hochschulen bzw. ohne Beteiligung Dritter in der Praxis durchgeführt werden, kann man, wenn man keine allzu strengen Maßstäbe anlegt, ebenfalls als eine Art von Forschung verstehen. Die Schwierigkeit die damit verbunden ist, liegt jedoch auf der Hand. Meist nur auf der Basis sehr knapp kalkulierter Ressourcen werden in diesen Studien Daten höchst unterschiedlicher Qualität erzeugt" (ebd.: 570). Mit „praxisbezogenen Formen der Forschung" sind in diesem Kontext Planungs-, Beratungs- und Organisationsentwicklungsprojekte gemeint sowie die Evaluierung von Modellprojekten oder Einrichtungen, in deren Rahmen empirisches Wissen erzeugt wird.

Obwohl es sich in dieser Zusammenstellung nur um aus ihrem inhaltlichen Kontext herausgelöste Textpassagen handelt, wird m.E. doch deutlich, dass die Haltung einer Reihe von VertreterInnen der wissenschaftlichen Sozialpädagogik zur Praxisforschung mit einem „klaren Jein" beschrieben werden kann. Ursachen für diese Unentschiedenheit sehe ich mindestens auf zwei Ebenen:

Einerseits zeigt sich in dieser ambivalenten Einstellung, dass der Begriff der Praxisforschung nicht eindeutig definiert ist. Die Palette der Projekte, die unter diesem Etikett firmieren, ist vielfältig und in ihren jeweiligen Grundauffassungen von Differenzen geprägt. Insbesondere werden die notwendigen Formen der Kooperation zwischen Wissenschaft und Praxis in diesen Projekten sehr unterschiedlich aufgefasst und umgesetzt. Nach meiner Sicht auf die aktuellen Publikationen überwiegt allerdings der Teil an Beiträgen, der davon ausgeht, dass praxisorientierte Forschung sich immer wieder deutlich und kritisch von der Praxis distanzieren muss und die Funktion hat, Praxis zu irritieren, sich ihr gleichzeitig jedoch nicht gänzlich verweigern kann.[41] Zum anderen liegt das Problem mit der Praxisforschung m.E. allerdings auch auf Seiten der wissenschaftlichen KritikerInnen selbst. Zwischen den Zeilen von Aufsätzen liest es sich aus meiner Perspektive so, dass es vorrangiges Interesse sozialpädagogischer Forschung sein sollte, für die Weiterentwicklung der Praxis hilfreich zu sein, und es dennoch viele Vorbehalte und Befürchtungen gibt, sich der Praxis im Forschungsprozess allzu sehr zu nähern und sich mit ihr zu verstricken, weil dies den Status der Wissenschaft als unabhängige und aus dieser Position „objektiver" beurteilende Instanz anfragt. Die Lektüre eine Reihe von aktuellen Beiträgen zur sozialpädagogischen Forschung erweckt (zumindest bei mir) den Eindruck, als gebe es in der Beurteilung einiger WissenschaftsvertreterInnen noch immer Forschungen erster und zweiter Güteklasse, wobei die Praxisforschung zu Letzterer gehört.

Sich in der Forschung klarer zur sozialpädagogischen Praxis zu bekennen, sich als ForscherIn auch als Teil von ihr zu verstehen, Nähe und Distanz zum Feld gleichermaßen herstellen zu können und sozialpädagogische Forschung auch als „soziale Veranstaltung" zu begreifen, in der die beteiligten AkteurInnen mit unterschiedlichen Intentionen aufeinander treffen, darin liegt m.E. eine wesentliche Aufgabe für die sozialpädagogische Forschung.

---

41 Funktionen und Aufgaben der Praxisforschung sowie die Spannungsfelder, die es auszubalancieren gilt, werden differenziert beschrieben in Hansbauer/Schone 1998, Munsch (2002) und Schwabe (2002).

Literatur

Ackermann, Friedhelm/Seek, Dietmar: Soziale Arbeit in der Ambivalenz von Erfahrung und Wissen. In: neue praxis, Heft 1/1999, S. 7-22

Ader, Sabine: Strukturiertes kollegiales Fallverstehen als Verfahren sozialpädagogischer Analyse und Deutung. In: Heiner, M. (Hg.) 2004, S. 317-331

Ader, Sabine: Wie werden aus Kindern in Schwierigkeiten die „besonders Schwierigen"? Erkenntnisse aus den Fallkonsultationen und Fallanalysen. In: Henkel, J./Schnapka, M./Schrapper, Ch. (Hg.) 2002, S. 108-147

Ader, Sabine/Schrapper, Christian: Sozialpädagogische Diagnostik als fallverstehende Analyse und Beurteilung – Entwicklungslinien, Konzepte und Anforderungen. In: Fegert, Jörg M./Schrapper, Christian (Hg.): Handbuch Jugendhilfe – Jugendpsychiatrie – interdisziplinäre Kooperation. Weinheim und München 2004, S. 85-99

Ader, Sabine/Schrapper, Christian (2002a): Wie aus Kindern in Schwierigkeiten „schwierige Fälle" werden. Erfahrungen und Befunde aus einem neuen Forschungsprojekt zu einem alten Thema. In: Forum Erziehungshilfen, Heft 1/ 2002, S. 27-34

Ader, Sabine/Schrapper, Christian (2002b): Fallverstehen und Deutungsprozesse in der sozialpädagogischen Praxis der Jugendhilfe. In: Henkel, J./Schnapka, M./Schrapper, Ch. (Hg.) 2002, S. 34-75

Ader, Sabine/Schrapper, Christian: Entwicklungen in der Heimerziehung – Möglichkeiten und Chancen neuer Präventionskonzepte. Expertise zum 7. Jugendbericht der Landesregierung NRW. Hg.: Ministerium für Frauen, Jugend, Familie und Gesundheit des Landes NRW. Düsseldorf 2000

Ader, Sabine/Schrapper, Christian/Thiesmeier, Monika (Hg.): Sozialpädagogisches Fallverstehen und sozialpädagogische Diagnostik in Forschung und Praxis. Band 1 der Koblenzer Schriften zur Sozialpädagogik und Weiterbildung. Münster 2001

Ader, Sabine/Thiesmeier, Monika: Kollegiales Fallverstehen und Fallkonsultationen als Instrumente sozialpädagogischer Analyse und Deutung. In: Henkel, J./Schnapka, M./Schrapper, Ch. (Hg.) 2002, S. 76-96

Adler, Helmut: Fallanalyse beim Hilfeplan nach § 36 KJHG. Frankfurt/Main 1998

Allende, Isabel: Paula. Frankfurt/Main 1998

Ardelt-Gattinger, Elisabeth/Lechner, Hans/Schlögl, Walter (Hg.): Gruppendynamik. Anspruch und Wirklichkeit der Arbeit in Gruppen. Göttingen 1998

Armbruster, Jürgen: Praxisreflexion und Selbstevaluation in der Sozialpsychiatrie. Freiburg 1998

Bange, Dirk/Körner, Wilhelm (Hg.): Handwörterbuch Sexueller Missbrauch. Göttingen 2002

Barthelmess, Manuel: Systemische Beratung. Eine Einführung für psychosoziale Berufe. Weinheim und Basel 2001 (2., überarb. und erw. Auflage)

Bauman, Zygmunt: Moderne und Ambivalenz. Frankfurt/Main 1995

Bayerisches Landesjugendamt (Hg.): Sozialpädagogische Diagnose. Arbeitshilfe zur Feststellung des erzieherischen Bedarfs. München 2001.

Becker, Patric N.: Welche Qualität haben Hilfepläne? Bundesweite Strukturanalyse und Konzeption eines Handlungsleitfadens. Hg.: Deutscher Verein für öffentliche und private Fürsorge. Frankfurt/Main 1999

Becker, Patric N./Petermann, Franz: Diagnostik und Indikation im Rahmen der Hilfeplanerstellung. In: Jugendwohl, Heft 6/1997, S. 257-268

Becker, Birgit/Glöckner, Rolf: Das „Glinder Manual" – vom Aktenvermerk zum qualifizierten Beobachtungskatalog. In: Schone, R. u.a. (Hg.) 1997, S. 93-107

Birtsch, Vera/Münstermann, Klaus/Trede, Wolfgang (Hg.): Handbuch Erziehungshilfe. Leitfaden für Ausbildung, Praxis und Forschung. Münster 2001

Blandow, Jürgen: Analysen und Strategien zum Fall „Ralf Dierks" aus der Sicht der Jugendhilfe. In: Bundesministerium für Familien, Senioren, Frauen und Jugend (Hg.): Entwicklung und Chancen junger Menschen in Sozialen Brennpunkten. „Straßenkarrieren" im Schnittpunkt von Jugendhilfe, Schule und Polizei. Analysen und Modelle. Bonn 2000, S. 27-43

Blandow, Jürgen: Über Erziehungshilfekarrieren. Stricke und Fallen der postmodernen Jugendhilfe. In: Gintzel, Ullrich u.a. (Hg.): Jahrbuch der Sozialen Arbeit 1997. Münster 1997, S. 172-188

Bundesministerium für Familie, Senioren, Frauen und Jugend (Hg.): Elfter Kinder und Jugendbericht. Bericht zur Lebenssituation junger Menschen und die Leistungen der Kinder- und Jugendhilfe in Deutschland. Berlin 2002

Bundesministerium für Familie, Senioren, Frauen und Jugend (Hg.): Leistungen und Grenzen von Heimerziehung. Ergebnisse einer Evaluationsstudie stationärer und teilstationärer Erziehungshilfen. Bd. 170 der Schriftenreihe des BMFSJ. Stuttgart 1998 (= JULE-Studie)

Burkhardt, Astrid: Kulturbegriff und Bildungskonzepte. Analysen zum geschichtlichen Horizont und zur systematischen Problematik von Konzepten Interkultureller Pädagogik. Wuppertal 1988

Burnham, John B.: Systemische Familienberatung. Weinheim und München 1995

Dewe, Bernd/Otto, Hans-Uwe: Wissenschaftstheorie. In: Otto, H.-U./Thiersch, H. (Hg.) 2001, S. 1966-1979

Douglas, Mary: Wie Institutionen denken. Frankfurt/Main 1991

Dörr, Margret: Fremdverstehen als Methode. Sozialpädagogische Beziehungsarbeit in der Kinder- und Jugendpsychiatrie. In: Rauschenbach, Th./Ortmann, F./Karsten, M.-E. (Hg.) 1993, S. 113-128

Eberhard, Kurt: Einführung in die Erkenntnis- und Wissenschaftstheorie. Stuttgart 1999

Erler, Michael: Systemische Familienarbeit. Eine Einführung. Weinheim und München 2003

Fallner, Heinrich/Gräßlin, Hans-Martin: Kollegiale Beratung. Eine Systematik zur Reflexion des beruflichen Alltags. Hille 1990

Fegert, Jörg M./Späth, Karl/Salgo, Ludwig (Hg.): Freiheitsentziehende Maßnahmen in Jugendhilfe und Kinder- und Jugendpsychiatrie. Münster 2001

Fischer, Wolfram/Goblirsch, Martina: Narrativ-biographische Diagnostik in der Jugendhilfe. Fallrekonstruktion im Spannungsfeld von wissenschaftlicher

Analyse und professioneller Handlungspraxis. In: Heiner, M. (Hg.) 2004, S. 127-140

Fischer, Wolfram/Goblirsch, Martina: Konzept und Praxis der narrativ-biographischen Diagnostik. In: Schrapper, Ch. (Hg.) 2004, S. 49-59

Flick, Uwe/von Kardorff, Ernst/Steinke, Ines (Hg.): Qualitative Sozialforschung. Ein Handbuch. Reinbek bei Hamburg 2000

Flick, Uwe/von Kardorff, Ernst/Steinke, Ines: Was ist qualitative Forschung? In: Flick, U./von Kardorff, E./Steinke, I. (Hg.) 2000, S. 13-29

Flick, Uwe: Triangulation in der qualitativen Forschung. In: Flick, U./von Kardorff, E./Steinke, I. (Hg.) 2000, S. 309-318

Flick, Uwe (Hg.): Handbuch qualitative Sozialforschung. München 1995

Flick, Uwe: Stationen des qualitativen Forschungsprozesses. In: Flick, U. (Hg.) 1995; S. 148-176

Flösser, Gaby: Soziale Arbeit jenseits der Bürokratie. Über das Management des Sozialen. Neuwied u.a. 1994

Flösser, Gaby/Otto, Hans-Uwe (Hg.): Die Neuorganisation der Jugendhilfe. Auf der Suche nach alternativen Steuerungsmodellen. Neuwied 1996

Flösser, Gaby/Otto, Hans-Uwe/Rauschenbach, Thomas/Thole, Werner: Jugendhilfeforschung. Beobachtungen zu einer wenig beachteten Forschungslandschaft. In: Rauschenbach, Th./Thole, W. (Hg.) 1998, S. 225-261

Fröhlich-Gildhoff, Klaus (Hg.): Indikation in der Jugendhilfe. Grundlagen für die Entscheidungsfindung in Hilfeplanung und Hilfeprozess. Weinheim und München 2002

Gairing, Fritz: Organisationsentwicklung als Lernprozess von Menschen und Systemen. Weinheim 1996

Galuske, Michael: Methoden der Sozialen Arbeit. Eine Einführung. Weinheim und München 1998

Galuske, Michael/Müller, Wolfgang C.: Handlungsformen in der Sozialen Arbeit. Geschichte und Entwicklung. In: Thole, W. (Hg.) 2002, S. 485-508

Giesecke, Hermann: Einführung in die Pädagogik. Weinheim und München 1999 (5. Aufl.)

Gildemeister, Regine/Robert, Günther: „Ich geh da von einem bestimmten Fall aus ..." – Professionalisierung und Fallbezug in der Sozialen Arbeit. In: Jakob, G./von Wensierski, H.-J. (Hg.) 1997, S. 23-38

Gildemeister, Regine: Als Helfer überleben. Neuwied 1983

Glaser, Barney G./Strauss, Anselm L.: Die Entdeckung gegenstandsbezogener Theorie: Eine Grundstrategie qualitativer Sozialforschung. In: Hopf, Christel/Weingarten, Elmar (Hg.): Qualitative Sozialforschung. Stuttgart 1984 (2. Aufl.)

Glaser, Barney G./Strauss, Anselm L.: The Discovery of Grounded Theory. Chicago 1967

Glinka, Hans-Jürgen: Ethnographische Fallarbeit. In: Ader, S./Schrapper, Ch./Thiesmeier, M. (Hg.) 2001, S. 45-61

Gruschka, Andreas: Aus der Sicht der Wohlfahrtsorganisationen: Wozu Sozialpädagogik? – Ein Gespräch mit Dieter Sengling. In: Gruschka, Andreas (Hg.): Wozu Pädagogik? Die Zukunft bürgerlicher Mündigkeit und öffentlicher Erziehung. Darmstadt 1996, S. 160-177

Hansbauer, Peter (Hg.) (2002 a): Neue Wege in der Vormundschaft? Diskurse zu Geschichte, Struktur und Perspektiven der Vormundschaft. Münster 2002

Hansbauer, Peter (2002 b): Biographische und soziale Situation delinquenter junger Menschen. Aktuelle Forschungsergebnisse und Fragestellungen. In: Ministerium für Arbeit, Soziales, Familie und Gesundheit Rheinland-Pfalz (Hg.): U-Haft-Vermeidung und „schwierige" junge Menschen in der Jugendhilfe. Dokumentation des Expertinnen- und Expertengespräches vom 28.02.2002 in Mainz. Mainz 2002 (Eigendruck)

Hansbauer, Peter (2002 c): Methoden in der Kinder- und Jugendhilfe. In: Schröer, W./Struck, N./Wolff, M. (Hg.) 2002, S. 833-846

Hansbauer, Peter: Traditionsbrüche in der Heimerziehung. Analysen zur Durchsetzung der ambulanten Einzelbetreuung. Münster 1999

Hansbauer, Peter: Fachlichkeit in den erzieherischen Hilfen – Konzepte, Methoden und Kompetenzen. In: Birtsch, V./Münstermann, K./Trede, W. (Hg.) 2001, S. 353-375

Hansbauer, Peter: Fortschritt durch Verfahren oder Innovation durch Irritation? Organisationssoziologische Überlegungen zu den Schwierigkeiten einer organisatorischen Neugestaltung von Hilfeentscheidungen in Jugendämtern. In: neue praxis, Heft 1/1995, S. 12-31

Hansbauer, Peter/Schnurr, Stefan: Riskante Entscheidungen in der Sozialpädagogik. Ein Versuch zur Operationalisierung des pädagogischen Takts am Beispiel der „Straßenkinder"-Problematik. In: Zeitschrift für Erziehungswissenschaft, Heft 1/2002, S. 73-94

Hansbauer, Peter/Schone, Reinhold: Sozialpädagogische Praxisforschung. In: Merchel, Joachim (Hg.) 1998 (b), S. 374-395

Hanses, Andreas: Biographie und sozialpädagogische Forschung. In: Schweppe, C. (Hg.) 2003, S. 19-42

Hanses, Andreas: Soziale Arbeit: Dienstleistung oder Fallbezug? – Annäherungen an eine längst überfällige Diskussion. Nicht publizierter Vortrag vom 30.11.2001. Zugänglich:
http://www.ibl.uni-bremen.de/publik/vortraege/200203hanses.pdf

Hanses, Andreas/Börgartz, Holger: Soziale Arbeit im Krankenhaus. Eine biographische PatientInnenstudie zur Praxis klinischer Sozialarbeit. In: neue praxis, Heft 6/2001, S. 573-593

Hanses, Andreas: Biographische Diagnostik in der Sozialen Arbeit. Über die Notwendigkeit und Möglichkeit eines hermeneutischen Fallverstehens im institutionellen Kontext. In: neue praxis, Heft 4/2000, S. 357-379

Harnach-Beck, Viola: Ohne Prozessqualität keine Ergebnisqualität – Sorgfältige Diagnostik als Voraussetzung für erfolgreiche Hilfe zur Erziehung. In: Peters, F. (Hg.) 1999, S. 27-48

Harnach-Beck, Viola: Psychosoziale Diagnostik in der Jugendhilfe – Grundlagen und Methoden für Hilfeplan, Bericht und Stellungnahme. Weinheim und München 2003 (4., überarb. und erw. Aufl.).

Harnach-Beck, Viola: Psychosoziale Diagnostik bei „Hilfen zur Erziehung". In: Zentralblatt für Jugendrecht, Heft 11/1995, S. 484-491

Hartwig, Luise: Das gewisse Etwas: Professionelle Erziehung und Habitus. In: Forum Erziehungshilfen, Heft 2/2004, S. 112-116

Häfele, Walter: Systemische Organisationsentwicklung. Eine evolutionäre Strategie für kleine und mittlere Organisationen. Frankfurt/Main 1990

Hege, Marianne: Kunst oder Handwerk? – Konzeptionelle und methodische Eckpfeiler sozialpädagogischen Fallverstehens. In: Ader, S./Schrapper, Ch./Thiesmeier, M. (Hg.) 2001, S. 12-21

Hege, Marianne: Feldtheorie und Systemtheorie. In: Schattenhofer, Karl/Weigang, Wolfgang (Hg.): Die Dynamik der Selbststeuerung. Beiträge zur angewandten Gruppendynamik. Opladen/Wiesbaden 1998. S. 39-52

Heiner, Maja (Hg.): Diagnostik und Diagnosen in der Sozialen Arbeit – Ein Überblick. Frankfurt/Main 2004

Heiner, Maja: Diagnostik: psychosoziale. In: Otto, H.-U./Thiersch, H. (Hg.) 2001, S. 253-265

Heiner, Maja/Schrapper, Christian: Diagnostisches Fallverstehen in der Sozialen Arbeit. In: Schrapper, Ch. (Hg.) 2004 a, S. 201-221

Henkel, Joachim/Schnapka, Markus/Schrapper, Christian (Hg.): Was tun mit schwierigen Kindern? – Sozialpädagogisches Verstehen und Handeln in der Jugendhilfe. Münster 2002 (Abschlussbericht zum Modellprojekt)

Herman, Judith Lewis: Die Narben der Gewalt. Traumatische Erfahrungen verstehen und überwinden. München 1994

Hildenbrand, Bruno: Fallrekonstruktive Familienforschung. Opladen 1999

Hornstein, Walter: Erziehung und sozialer Wandel – Brennpunkte sozialpädagogischer Forschung, Theoriebildung und Praxis. In: Zeitschrift für Pädagogik, 39. Beiheft 1999, S. 7-16

Höpfner, Norbert/Jöbgen, Manfred: Die Rückgewinnung des Analytischen: Pädagogische Diagnostik als Ausweg aus der Intuitionspädagogik? In: Krumenacker, F.-J. (Hg.) 2004, S. 77-89

Höpfner, Norbert/Jöbgen, Manfred: Kurzportrait: Pädagogische Diagnostik. In: Ader, S./Schrapper, Ch./Thiesmeier, M. (Hg.) 2001, S. 38-45

Höpfner, Norbert/Jöbgen, Manfred/Becker, Roland: Zur Methodisierbarkeit von Hilfe oder: Braucht die Soziale Arbeit Diagnosen? In: Peters, F. (Hg.) 1999, S. 197-226

Höpfner, Norbert/Jöbgen, Manfred: Fall-Verstehen statt falsch verstehen. Braucht die Jugendhilfe Diagnosen? In: Sozial Extra, Heft 1-2/1999, S. 4-8

Hörster, Reinhard: Sozialpädagogische Kasuistik. In: Thole, W. (Hg.) 2002, S. 549-558

Hörster, Reinhard: Kasuistik/Fallverstehen. In: Otto, H.-U./Thiersch, H. (Hg.) 2001, S. 916-926

Hubbertz, Karl-Peter: Problemlösen und Verstehen. Ein strategisch-kommunikatives Modell beruflichen Handelns in der Sozialen Arbeit. In: Archiv für Wissenschaft und Praxis der sozialen Arbeit. Heft 2/2002, S. 84-127

Imber-Black, Evan: Familien und größere Systeme. Im Gestrüpp der Institutionen. Heidelberg 1997 (4. Auflage)

Institut für soziale Arbeit e.V. (Hg.): ISA-Jahrbuch zur Sozialen Arbeit 2002. Münster 2002

Institut für soziale Arbeit (Hg.): Hilfeplanung und Betroffenenbeteiligung. Münster 1994

Jahoda, Marie/Lazarsfeld, Paul F./Zeisel, Hans: Die Arbeitslosen von Marienthal. Ein soziographischer Versuch über die Wirkungen langandauernder Arbeitslosigkeit. Frankfurt/Main 1980 (Erstauflage: Leipzig 1933)

Jakob, Gisela: Forschung in der Ausbildung zur Sozialen Arbeit. In: Thole, W. (Hg.) 2002, S. 923-935

Jakob, Gisela: Fallverstehen und Deutungsprozesse in der sozialpädagogischen Praxis. In: Peters, F. (Hg.) 1999, S. 99-125

Jakob, Gisela/von Wensierski, Hans-Jürgen (Hg.): Rekonstruktive Sozialpädagogik. Konzepte und Methoden sozialpädagogischen Verstehens in Forschung und Praxis. Weinheim und München 1997

Jordan, Erwin (Hg.): Theorie und Praxis der Jugendhilfe am Ende eines sozialpädagogischen Jahrhunderts. Dokumentation einer Fachveranstaltung zum Gedenken an Dieter Sengling. Münster 2000

Kalscheuer, Mareile/Schone, Reinhold: Kindesvernachlässigung: Vernetzung und Kooperation zwischen Jugendhilfe und anderen Disziplinen. In: Zenz, W./Bächer, K./Blum-Maurice, R. (Hg.) Köln 2002

Karls, J.M./Wandrei, K.E. (Eds.): Person-In-Environment System. The PIE Classification System for Social Functioning Problems. Washington DC 1994 (a)

Karls, J.M./Wandrei, K.E. (Eds.): PIE Manual. Person-In-Environment System. The PIE Classification System for Social Functioning Problems. Washington DC 1994 (b)

Kardorff, Ernst von: Qualitative Sozialforschung – Versuch einer Standortbestimmung. In: Flick, U. (Hg.) 1995; S. 3-10

Keiner, Edwin/Kroschel, Manfred/Mohr, Heidi/Mohr, Regine: Studium für den Beruf? Perspektiven und Retrospektiven von Pädagoginnen und Pädagogen. In: Zeitschrift für Pädagogik, Heft 5/1997, S. 803-825

Klatetzki, Thomas: Skripts in Organisationen. Ein praxistheoretischer Bezugsrahmen für die Artikulation des kulturellen Repertoires sozialer Einrichtungen und Dienste. In: Schweppe, C. (Hg.) 2003, S. 93-118

Klatetzki, Thomas: Kollegiale Beratung als Problem, sozialpädagogische Diagnostik ohne Organisation. In: Ader, S./Schrapper, Ch./Thiesmeier, M. (Hg.) 2001, S. 22-29

Klatetzki, Thomas: Qualitäten der Organisation. In: Merchel 1998 (b), S. 66-75

Klatetzki, Thomas: Wissen, was man tut. Professionalität als organisationskulturelles System. Eine ethnographische Interpretation. Bielefeld 1993.

Kling-Kirchner, Cornelia: Diagnostik als Bestandteil klientenbezogener Sozialarbeit. In: Soziale Arbeit, Heft 9/2002, S. 322-330

Köttgen, Charlotte: Pro- und Contra Diagnostik – aus Sicht einer Kinder- und Jugendpsychiaterin im Feld der Jugendhilfe. In: Peters, F. (Hg.) 1999, S. 253-275

Köttgen, Charlotte: Jugendliche zwischen Heimerziehung, Psychiatrie und Strafvollzug. In: AFET (Hg.): Neue Schriftenreihe, Heft 56/1999, S. 30-51 (Tagungsdokumentation, Eigendruck)

Kraimer, Klaus (Hg.): Die Fallrekonstruktion. Sinnverstehen in der sozialwissenschaftlichen Forschung. Frankfurt/Main 2000

Kriener, Martina: Beteiligung als Gestaltungsprinzip. In: Birtsch, V./Münstermann, K./Trede, W. (Hg.) 2001, S. 128-148

Kriener, Martina/Petersen, Kerstin (Hg.): Beteiligung in der Jugendhilfepraxis. Sozialpädagogische Strategien zur Partizipation in Erziehungshilfen und bei Vormundschaften. Münster 1999

Kron, Friedrich W.: Wissenschaftstheorie für Pädagogen. München/Basel 1999

Krumenacker, Franz-Josef (Hg.): Sozialpädagogische Diagnosen in der Praxis. Erfahrungen und Perspektiven. Weinheim und München 2004.

Krumenacker, Franz-Josef: Von „Lebensthemen" zu „Selbstdeutungsmustern" und „Entwicklungsaufgaben". Zur Weiterentwicklung des Verfahrens sozialpädagogisch-hermeneutischer Diagnosen. In: Ders. (Hg.) 2004, S. 23-38

Krüger, Heinz-Hermann/Marotzki, Winfried (Hg.): Erziehungswissenschaftliche Biographieforschung. Opladen 1995

Kuhlmann, Carola: Zur historischen Dimension der Diagnostik am Beispiel von Alice Salomon. In: Heiner, M. (Hg.) 2004, S. 11-25

Kürner, Peter/Nafroth, Ralf (Hg.): Die vergessenen Kinder. Vernachlässigung und Armut in Deutschland. Köln 1994

Lamnek, Siegfried: Qualitative Sozialforschung. Band 1 (Methodologie) und Band 2 (Methoden und Techniken). Weinheim und München 1995 (3., korr. Aufl.)

Lang, A.: Die Feldtheorie von Kurt Lewin. In: Heigl-Evers/Streck (Hg.): Die Psychologie des 20. Jahrhunderts – Bd. VII – Lewin und die Folgen. Zürich 1978

Langhanky, Michael: Handeln ohne Diagnostik. In: Schrapper, Ch. (Hg.) 2004, S. 39-46

Langnickel, Hans: Prozessmanagement. Eine Arbeitshilfe. Köln 2002. Eigendruck des Instituts für Qualitätsentwicklung und Qualitätsmanagement. Kontakt: www.institut-koeln.de

Lau, Thomas/Wolff, Stephan: Bündnis wider Willen – Sozialarbeiter und ihre Akten. In: neue praxis, Heft 3/1981, S. 199-214

Leber, Aloys: Was ist Psychoanalytische Pädagogik? In: Bittner, Günther: Pädagogik und Psychoanalyse. Würzburg, Königshausen und Neumann 1985

Lewin, Kurt: Werkausgabe. In: Graumann, K.F. (Hg.): Band IV. Feldtheorie. Bern/Stuttgart 1982

Lewin, Kurt: Feldtheorie in den Sozialwissenschaften. Bern 1963

Lewin, Kurt: Die Lösung sozialer Konflikte. Bad Nauheim 1953

Lindemann, Karl-Heinz: Objektivität als Mythos. Die soziale Konstruktion gutachterlicher Wirklichkeit. Münster 1998

Loch, Ulrike/Schulze, Heidrun: Biografische Fallrekonstruktionen im handlungstheoretischen Kontext der Sozialen Arbeit. In: Thole, W. (Hg.) 2002, S. 559-576

Löcherbach, Peter/Klug, Wolfgang/Rummel-Faßbender, Ruth/Wendt, Wolf-Rainer (Hg.): Case Management. Fall- und Systemsteuerung in der Sozialen Arbeit. München/Unterschleißheim 2003 (2. Auflage)

Lorenzer, Alfred: Interaktion, Sprache und szenisches Verstehen. In: Psyche, Heft 2/1983

Lorenzer, Alfred: Psychoanalyse als kritisch-hermeneutisches Verfahren. In: Lorenzer, A. (Hg.): Sprachspiel und Interaktionsformen. Vorträge und Aufsätze zu Psychoanalyse, Sprache und Praxis. Frankfurt/Main 1977

Luhmann, Niklas: Soziale Systeme. Grundriss einer allgemeinen Theorie. Frankfurt/Main 1987

Luhmann, Niklas/Schorr, Karl Eberhard (Hg.): Zwischen Technologie und Selbstreferenz. Frankfurt/Main 1982

Lück, Helmut E.: Die Feldtheorie und Kurt Lewin. Eine Einführung. Weinheim 1996

Lüders, Christian: Das Programm der rekonstruktiven Sozialpädagogik. Eine Kritik seiner Prämissen und Anmerkungen zu einigen Unterschieden zwischen sozialpädagogischem Handeln und Forschen. In: Zeitschrift für Pädagogik, 39. Beiheft 1999, S. 203-219

Lüders, Christian: Sozialpädagogische Forschung – was ist das? In: Rauschenbach, Th./Thole, W. (Hg.) 1998, S. 113-131

Lüders, Christian/Rauschenbach, Thomas: Forschung: sozialpädagogische. In: Otto, H.-U./Thiersch, H. (Hg.) 2001, S. 562-575

Maas, Udo: Das missverstandene KJHG. Privatisierung der öffentlichen Jugendhilfe als „Neue Fachlichkeit": Kein Auftrag, keine Verantwortung – keine Kompetenz? In: Zentralblatt für Jugendrecht, Heft 3/1997, S. 70-76

Marrow, Alfred J.: Kurt Lewin – Leben und Werk. Stuttgart 1977

Mayring, Philipp: Qualitative Inhaltsanalyse. In: Flick, U./von Kardorff, E./Steinke, I. (Hg.) 2000, S. 468-475

Mayring, Philipp: Einführung in die qualitative Sozialforschung. Weinheim und München 1999 (4. Aufl.)

Meinefeld, Werner: Hypothesen und Vorwissen in der qualitativen Sozialforschung. In: Flick, U./von Kardorff, E./Steinke, I. (Hg.) 2000, S. 265-275

Merchel, Joachim: „Diagnose" in der Hilfeplanung: Anforderungen und Problemstellungen. In: neue praxis, Heft 6/2003, S. 527-542

Merchel, Joachim: Qualität im Hilfeplanverfahren. In: Institut für soziale Arbeit e.V. (Hg.) 2002, S. 101-121

Merchel, Joachim: Die Jugendhilfe und ihre Institutionen: Zum organisatorischen und institutionellen Kontext fachlichen Handelns. In: Jordan, E. (Hg.) 2000, S. 31-44

Merchel, Joachim: Zwischen „Diagnose" und „Aushandlung". Zum Verständnis des Charakters der Hilfeplanung in der Erziehungshilfe. In: Peters, F. (Hg.) 1999, S. 73-98

Merchel, Joachim: Hilfeplanung bei den Hilfen zur Erziehung – § 36 SGB VIII. Stuttgart u.a. 1998 (a)

Merchel, Joachim (Hg.): Qualität in der Jugendhilfe. Münster 1998 (b)

Merchel, Joachim (1998 c): Qualifizierung von Handlungskonzepten, Verfahren und Organisationsstrukturen als Ansatzpunkt zum sparsamen Umgang mit Ressourcen. In: Schrapper, Ch. (Hg.) 1998 (a), S. 108-143

Merchel, Joachim: Von der psychosozialen Diagnose zum Hilfeplanung – Aspekte eines Perspektivenwechsels in der Erziehungshilfe. In: Institut für soziale Arbeit (Hg.) 1994, S. 44-63

Merchel, Joachim/Schrapper, Christian: Hilfeplanung gem. § 36 KJHG als fachliche und organisatorische Herausforderung an das Jugendamt. In: Nachrichtendienst des deutschen Vereins für öffentliche und private Fürsorge, Heft 4/1995, S. 151-156

Miller, Tilly: Systemtheorie und Soziale Arbeit. Entwurf einer Handlungstheorie. Stuttgart 2001 (2., überarb. und erw. Aufl.)

Modellprogramm Fortentwicklung des Hilfeplanverfahrens (Hg.): Hilfeplanung als Kontraktmanagement? – Erster Zwischenbericht des Forschungs- und Entwicklungsprojektes. Koblenz/München 2003 (erhältlich über die Universität Koblenz, Prof. Schrapper, oder das DJI München; www.hilfeplanverfahren.de)

Mollenhauer, Klaus/Uhlendorff, Uwe: Sozialpädagogische Diagnosen I. Über Jugendliche in schwierigen Lebenslagen. Weinheim und München 1992

Mollenhauer, Klaus/Uhlendorff, Uwe: Sozialpädagogische Diagnosen II. Selbstdeutungen verhaltensschwieriger Jugendlicher als empirische Grundlage für Erziehungspläne. Weinheim und München 1995

Moser, Heinz: Grundlagen der Praxisforschung. Freiburg im Breisgau 1995

Mörsberger, Thomas/Restemeyer, Jürgen (Hg.): Helfen mit Risiko. Zur Pflichtenstellung des Jugendamtes bei Kindeswohlvernachlässigung. Neuwied 1997

Muck, Mario/Trescher, Hans-Georg (Hg.): Grundlagen der Psychoanalytischen Pädagogik. Gießen 2001 (unveränderte Neuauflage der Erstausgabe 1993)

Munsch, Chantal: Praxisforschung in der Sozialen Arbeit. In: Thole, W. (Hg.) 2002, S. 911-921

Müller, Burkhard: Methoden. In: Otto, H.-U./Thiersch, H. (Hg.) 2001, S. 1194-1204

Müller, Burkhard: Sozialpädagogisches Können. Ein Lehrbuch zur multiperspektivischen Fallarbeit. Freiburg im Breisgau 1993 (1. Aufl.)

Müller, Burkhard/Niemeyer, Christian/Peter, Hilmar (Hg.): Sozialpädagogische Kasuistik. Bielefeld 1986

Müller, Hartmut W./Müller, Siegfried: Akten/Aktenanalyse. In: Eyferth, Hanns/Otto, Hans-Uwe/Thiersch, Hans (Hg.): Handbuch zur Sozialarbeit/Sozialpädagogik. Eine systematische Darstellung für Wissenschaft, Studium und Praxis. Neuwied/Darmstadt 1987, S. 23-42

Müller, Siegfried: Aktenanalyse in der Sozialarbeitsforschung. Weinheim und Basel 1980

Müller, Wolfgang C.: Diagnose: Das ungeliebte Handwerk – Herausforderung für die Fachleute des Jugendamtes. In: Theorie und Praxis der Sozialen Arbeit, Heft 1/2002, S. 42-45

Müller, Wolfgang C.: Soziale Arbeit zwischen Größenwahn und Scham. In: Rauschenbach, Th./Ortmann, F./Karsten, M.-E. (Hg.) 1993, S. 83-91

Müller, Wolfgang C.: Wie Helfen zum Beruf wurde. Eine Methodengeschichte der Sozialarbeit. Band 1 und 2. Neuwied 1982 und 1988

Müller-Schlottmann, Richard: Integration vernachlässigter und misshandelter Kinder. Eine Handreichung für Jugendämter, Beratungsstellen und Pflegeeltern. Regensburg 1998

Münder, Johannes u.a. (Hg.): Frankfurter Lehr- und Praxiskommentar zum KJHG/SGB VIII. Münster 1998 (3. Auflage; in 2003 in 4. Auflage erschienen, Rechtsstand: 01.01.2003)

Münder, Johannes/Mutke, Barbara/Schone, Reinhold: Kindeswohl zwischen Jugendhilfe und Justiz. Professionelles Handeln in Kindeswohlverfahren. Münster 2000

Oevermann, U./Allert, T./Konau, E./Krambeck, J: Die Methodologie einer objektiven Hermeneutik und ihre allgemeine forschungslogische Bedeutung in den Sozialwissenschaften. In: Soeffner, H.G. (Hg.): Interpretative Verfahren in den Sozial- und Textwissenschaften. Stuttgart 1979

Oevermann, Ulrich: Konzeptualisierungen von Anwendungsmöglichkeiten und praktischen Arbeitsfeldern der objektiven Hermeneutik. Unveröffentlichtes Manuskript. Frankfurt/Main 1996

Otto, Hans-Uwe/Thiersch, Hans (Hg.): Handbuch Sozialarbeit/Sozial-pädagogik. Neuwied 2001 (2., völlig neu überarb. und aktual. Aufl.)

Otto, Hans-Uwe: Sozialarbeit zwischen Routine und Innovation. Professionelles Handeln in Sozialadministrationen. Berlin/New York 1991

Petermann, Franz/Schmidt, Martin: Der Hilfeplan nach § 36 KJHG. Eine empirische Studie über Vorgehen und Kriterien der Erstellung. Freiburg im Breisgau 1995 (2., erw. Aufl.)

Peters, Friedhelm (Hg.): Diagnosen – Gutachten – hermeneutisches Fallverstehen. Rekonstruktive Verfahren zur Qualifizierung der Hilfeplanung. Frankfurt/Main 1999 (IGFH-Eigenverlag)

Peters, Friedhelm: Über Diagnosen, Gutachten, Fallverstehen, Aushandlungsprozesse – Probleme (mit) der Qualifizierung individueller Hilfeplanung. In: Peters, F. (Hg.) 1999, S. 5-23

Petersen, Kerstin: Qualitätsentwicklung im Bereich der Vormundschaften und Pflegschaften. In: Kriener, M./Petersen, K. (Hg.) 1999, S. 221-236

Pies, Silke/Schrapper, Christian: Hilfeplanung als Kontraktmanagement? Konzept und erste Befunde eines Bundesmodellprojektes. In: neue praxis, Heft 6/2003, S. 585-592

Projektgruppe WANJA (Hg.): Handbuch zum Wirksamkeitsdialog in der Offenen Kinder- und Jugendarbeit. Qualität sichern, entwickeln und verhandeln. Münster 2000

Rauschenbach, Thomas: Das sozialpädagogische Jahrhundert. Analysen zur Entwicklung Sozialer Arbeit in der Moderne. Weinheim und München 1999

Rauschenbach, Thomas/Thole, Werner (Hg.): Sozialpädagogische Forschung. Gegenstand, Funktionen, Bereiche und Methode. Weinheim und München 1998

Rauschenbach, Thomas/Thole, Werner (Hg.): Sozialpädagogik – ein Fach ohne Forschungskultur? Einleitende Beobachtungen. In: Rauschenbach, Th./ Thole, W. (Hg.) 1998, S. 9-28

Rauschenbach, Thomas/Ortmann, Friedrich/Karsten, Maria-E. (Hg.): Der sozialpädagogische Blick. Lebensweltorientierte Methoden in der Sozialen Arbeit. Weinheim und München 1993

Richmond, Mary: Social Diagnosis. Ersterscheinung 1917; Neuauflage: Toronto 1965

Rohr, Elisabeth/Schnabel, Beate: Persönlichkeitsentwicklung. In: WOGE e.V./Institut für soziale Arbeit (Hg.) 1999, S. 351-359

Salomon, Alice: Soziale Diagnosen. Berlin 1926

Sander, Claudia: Praktische Umsetzung der Klientenrechte in der Jugendhilfe anhand von Hilfeplänen – eine empirische Studie. In: Nachrichten des Deutschen Vereins, Heft 7/1996, S. 220-228

Schaarschuch, Andreas: Soziale Dienstleistung. Neuwied 2001

Schattenhofer, Karl/Thiesmeier, Monika: Kollegiale Beratung und Entscheidung – Die Inszenierung einer Diagnose. In: Ader, S./Schrapper, Ch./Thiesmeier, M.(Hg.) 2001, S. 62-71

Schattenhofer, Karl: Fallbesprechung als Form kollegialer Beratung. In: Supervision, Heft 31/1997, S. 69-85

Schefold, Werner: Sozialpädagogische Forschung. Stand und Perspektiven. In: Thole, W. (Hg.) 2002, S. 875-896

Schefold, Werner/Glinka, Hans-Jürgen/Neuberger, Christa/Tilemann, Friederike: Hilfeplanverfahren und Elternbeteiligung. Evaluationsstudie eines Modellprojektes über Hilfeerfahrungen von Eltern im Rahmen des KJHG. Hg.: Deutscher Verein für öffentliche und private Fürsorge. Frankfurt/Main 1998

Schone, Reinhold u.a. (Hg.): Kinder in Not. Vernachlässigung im frühen Kindesalter und Perspektiven sozialer Arbeit. Münster 1997

Schone, Reinhold: Theorie-Praxis-Transfer in der Jugendhilfe. Sozialpädagogische Forschung zwischen Analyse und Veränderung. Münster 1995

Schrapper, Christian (Hg.) (2004a): Sozialpädagogische Diagnostik und Fallverstehen in der Jugendhilfe. Anforderungen, Konzepte, Perspektiven. Weinheim und München 2004

Schrapper, Christian (Hg.) (2004b): Sozialpädagogische Forschungspraxis. Positionen, Projekte, Perspektiven. Weinheim und München 2004

Schrapper, Christian: Wie wirkt Sozialpädagogik? Theoretische und methodische Positionen sozialpädagogischer Forschung. In: Schrapper, Ch. (Hg.) 2004 b, S. 11-25

Schrapper, Christian/Pies, Silke: Fachlichkeit im Hilfeplanprozess. Fachliche Standards und Qualitätsentwicklung als Element professioneller Identität. In: Forum Jugendhilfe, Heft 1/2003, S. 51-62

Schrapper, Christian (Hg.):Qualität und Kosten im ASD. Konzepte der Planung und Steuerung der Hilfen zur Erziehung durch kommunale soziale Dienste. Münster 1998 (a), S. 7-32

Schrapper, Christian (1998b): „Gute Arbeit machen" oder „Die Arbeit gut machen"? Entwicklung und Gewährleistung von Qualitätsvorstellungen für die Arbeit im ASD. In: Merchel, J. (Hg.) 1998 (b), S. 286-310

Schrapper, Christian: Sachverständigengutachten. In: Mörsberger, Th./ Restemeier, J. (Hg.) 1997, S. 22-53

Schrapper, Christian: Der Hilfeplanprozess – Grundsätze, Arbeitsformen und methodische Umsetzung. In: Institut für soziale Arbeit (Hg.) 1994, S. 64-78

Schrapper, Christian/Sengling , Dieter/Wickenbrock, Wilfried: Welche Hilfe ist die richtige? Historische und empirische Studien zur Gestaltung sozialpädagogischer Entscheidungen im Jugendamt. Frankfurt/Main 1987

Schrapper, Christian/Thiesmeier, Monika: Wie Fälle in Gruppen gut verstanden werden können. Teamorientierte Diagnose- und Beratungsprozesse am Beispiel sozialpädagogischer Fallarbeit in der Kinder- und Jugendhilfe. In: Schattenhofer, Karl/Schrapper, Christian/Velmerig, Carl-Otto (Hg.): Teamarbeit. Weinheim und München 2004, S. 118-132

Schreiber, Werner: Zum theoretischen Ort sozialpädagogischer Diagnostik. In: neue praxis, Heft 6/2000, S. 580-586

Schröer, Wolfgang/Struck, Norbert/Wolff, Mechtild (Hg.): Handbuch Kinder- und Jugendhilfe. Weinheim und München 2002

Schütze, Fritz: Die Fallanalyse. Zur wissenschaftlichen Fundierung einer klassischen Methode der Sozialen Arbeit. In: Rauschenbach, Th./Ortmann, F./Karsten, M.-E. (Hg.) 1993, S. 191-221

Schütze, Fritz: Verlaufskurven des Erleidens als Forschungsgegenstand der interpretativen Soziologie. In. Krüger, Heinz-Hermann/Marotzki, Winfried (Hg.): Erziehungswissenschaftliche Biographieforschung. Opladen 1995, S. 116-157

Schütze, Fritz: Das narrative Interview in Interaktionsfeldstudien 1. Studienbrief für die Fernuniversität Hagen. Hagen 1987

Schwabe, Mathias: Jugendhilfeforschung und -praxis. In: Schröer, W./Struck, N./Wolff, M. (Hg.) 2002, S. 995-1018

Schwabe, Mathias: Das Hilfeplangespräch zwischen Anspruch und Wirklichkeit. In: Jugendhilfe, Heft 4/2000, Teil 1: Grundkonstellationen und Spannungsfelder, S. 195-204 + Heft 5/2000, Teil 2: Methodische Hinweise zur erfolgreichen Moderation, S. 255-264

Schwabe, Mathias: Sozialpädagogische Prozesse in Erziehungshilfen zwischen Planbarkeit und Technologiedefizit. In: Zeitschrift für Pädagogik, 39. Beiheft 1999: Erziehung und sozialer Wandel. Brennpunkte sozialpädagogischer Forschung, Theoriebildung und Praxis, S. 117-130

Schwabe, Mathias: „Fremd und unverständlich". Heimkarrieren von Migrantenkindern. In: Zeitschrift für Migration und soziale Arbeit, Heft 2/1999, S. 43-49

Schweppe, Cornelia (Hg.): Qualitative Forschung in der Sozialpädagogik. Opladen 2003

Schweppe, Cornelia: Einleitung. In: Dies. 2003, S. 716

Selvini Palazzoli, Mara: Hinter den Kulissen der Organisation. Stuttgart 1988

Senge, Peter M.: Die fünfte Disziplin. Kunst und Praxis der lernenden Organisation. Stuttgart 1997 (4. Auflage)

Sengling, Dieter: Der Beitrag von Wissenschaft und Forschung zur Praxisverbesserung. In: Maelicke, Bernd (Hg.): Soziale Arbeit als Innovation. Veränderungsbedarf und Innovationsstrategien. Weinheim und München 1987, S. 95-100

Simon, Herbert A.: Entscheidungsverhalten in Organisationen. Landsberg am Lech 1981.

Sozialistisches Büro Offenbach (Hg.): Widersprüche – Zeitschrift für sozialistische Politik im Bildungs-, Gesundheits- und Sozialbereich, Heft 88, 06/2003, Schwerpunktthema: Neo-Diagnostik – Modernisierung klinischer Professionalität?

Späth, Karl: Neue Gesichtspunkte zum Thema Freiheitsentzug und geschlossene Unterbringung. In: Fegert, J./Späth, K./Salgo, L. (Hg.) 2001, S. 257-265

Spiegel, Hiltrud von: Methodisches Handeln in der Sozialen Arbeit. München/Basel 2004

Spiegel, Hiltrud von: Methodisches Handeln und professionelle Handlungskompetenz im Spannungsfeld von Fallarbeit und Management. In: Thole, W. (Hg.) 2002, S. 589-602

Spiegel, Hiltrud von (Hg.): Jugendarbeit mit Erfolg. Arbeitshilfen und Erfahrungsberichte zur Qualitätsentwicklung und Selbstevaluation. Münster 2000

Stadt Recklinghausen (Hg.): Qualitätsentwicklung im ASD. Recklinghausen 2000. (Dokumentation zu beziehen über den Fachbereich Kinder, Jugend und Familie der Stadt Recklinghausen, NRW)

Steinke, Ines: Gütekriterien qualitativer Forschung. In: Flick, U./von Kardorff, E./Steinke, I. (Hg.) 2000, S. 319-331

Stemmer-Lück, Magdalena: Beziehungsräume in der Sozialen Arbeit. Psychoanalytische Theorien und ihre Anwendung in der Praxis. Stuttgart 2004

Stimmer, Fritz: Grundlagen des Methodischen Handelns in der Sozialen Arbeit. Stuttgart/Berlin/Köln 2000

Stüwe, Gerd: Migranten in der Jugendhilfe. Klischeevorstellungen und fehlendes Problembewusstsein. In: Zeitschrift für Migration und soziale Arbeit, Heft 3+4/1996, S. 25-29

Sülzer, Rolf/Zimmermann, Arthur: Organisieren und Organisationen verstehen. Wege der internationalen Zusammenarbeit. Opladen 1996

Teuber, Kristin: Migrationssensibles Handeln in der Kinder- und Jugendhilfe. In: Sozialpädagogisches Institut im SOS-Kinderdorf e.V. (Hg.): Migrantenkinder in der Jugendhilfe. München 2002, S. 75-134 (Eigenverlag)

Thiersch, Hans: Moral und Soziale Arbeit. In: Otto, H.-U./Thiersch, H. (Hg.) 2001, S. 1245-1258

Thiesmeier, Monika: Kollegiale Beratung. Unveröff. Manuskript. Münster 1994

Thimm, Karlheinz: Schlüsselprozess Fallverstehen. Theoretische Reflexion und Leitfaden für die Arbeit in Einrichtungen. In: Evangelische Jugend, Heft 3/2002, S. 175-189

Thole, Werner (Hg.): Grundriss Soziale Arbeit. Ein einführendes Handbuch. Opladen 2002

Thole, Werner: Die Sozialpädagogik und ihre Forschung. Sinn und Kontur einer empirisch informierten Theorie der Sozialpädagogik. In: neue praxis, Heft 3/1999, S. 224-244

Thole, Werner: Die MitarbeiterInnen. In: Deinet, Ulrich/Sturzenhecker, Benedikt (Hg.): Handbuch Offene Jugendarbeit. Münster 1998, S. 42-59

Thole, W./Closs, P.: Soziale Arbeit als professionelle Dienstleistung. Zur „Transformation des beruflichen Handelns" zwischen Ökonomie und eigenständiger Fachkultur. In: Müller, S. u.a. (Hg.): Soziale Arbeit: gesellschaftliche Bedingungen und professionelle Perspektiven. Neuwied und Kriftel 2000, S. 547-568

Trede, Wolfgang: Nichtdeutsche junge Menschen in den Hilfen zur Erziehung. In: KOMDAT Jugendhilfe, Heft 2/2000, S. 2-4

Trescher, Hans-Georg: Handlungstheoretische Aspekte der Psychoanalytischen Pädagogik. In: Muck, M./Trescher, H.-G. (Hg.) 2001, S. 167-201

Uhlendorff, Uwe: Sozialpädagogische Familiendiagnose: Methode und Forschungsperspektiven. In: Jugendhilfe, Heft 5/2003, S. 229-235

Uhlendorff, Uwe: Sozialpädagogische Diagnosen III. Ein sozialpädagogisch-hermeneutisches Diagnoseverfahren für die Hilfeplanung. Weinheim und München 1997

Uhlendorff, Uwe: Sozialpädagogisch-hermeneutische Diagnosen in der Jugendhilfe. In: Peters, F. (Hg.) 1999, S. 126-142

Ulrich, Hans/Probst, Gilbert J.B.: Anleitung zum ganzheitlichen Denken und Handeln. Ein Brevier für Führungskräfte. Bern/Stuttgart 1991 (3., erw. Auflage)

Urban, Ulrike: Individuelle Hilfeplanung im strukturellen Widerspruch. In: neue praxis, Heft 4/2001, S. 388-400

Wagner, Rainer H. (Hg.): Praxis der Veränderung in Organisationen. Was Systemtheorie, Psychologie und Konstruktivismus zum Verstehen und Handeln in Organisationen beitragen können. Göttingen 1995

Weiß, Wilma: Philipp sucht sein Ich. Zum pädagogischen Umgang mit Traumata in den Erziehungshilfen. Weinheim 2003

Wendt, Wolf-Rainer: Case Management im Sozial- und Gesundheitswesen. Eine Einführung. Freiburg im Breisgau 2001 (3., ergänzte Auflage)

Wiesner, Reinhard: Ist die Vormundschaft noch zeitgemäß? In: Hansbauer, P. (Hg.) 2002 a, S. 41-56

Wiesner, Reinhard u.a. (Hg.): Kommentar zum SGB VIII. München 2000 (2., völlig überarb. Aufl.), S. 533-571 (zu § 36 KJHG)

Willke, Helmut: Systemtheorie. Band I (Grundlagen), Band II (Interventionstheorie) und Band III (Steuerungstheorie). Stuttgart 2000 (6., überarb. Aufl.)

Willke, Helmut: Strategien der Intervention in autonome Systeme. In: Baecker, Dirk u.a. (Hg.): Theorie als Passion. Niklas Luhmann zum 60. Geburtstag. Frankfurt/Main 1987, S. 333-361

Wilson, Thomas P.: Qualitative „oder" quantitative Methoden in der Sozialforschung. In: Kölner Zeitschrift für Soziologie und Sozialpsychologie. 34. Jahrgang, 1982, S. 487-508

Wimmer, Rudolf: Organisation und Beratung. Systemtheoretische Perspektiven für die Praxis. Heidelberg 2004.

Wittmann, Simone: Das Frühwerk Kurt Lewins. Zu den Quellen sozialpsychologischer Ansätze in Feldkonzept und Wissenschaftstheorie. Frankfurt/Main 1998

WOGE e.V./Institut für soziale Arbeit (Hg.): Handbuch der Sozialen Arbeit mit Kinderflüchtlingen. Münster 1999

Wolff, Stephan (2000 a): Wege ins Feld und ihre Varianten. In: Flick, U./von Kardorff, E./Steinke, I. (Hg.) 2000, S. 334-349

Wolff, Stephan (2000 b): Dokumenten- und Aktenanalyse. In: Flick, U./von Kardorff, E./Steinke, I. (Hg.) 2000, S. 502-513

Wolff, Stephan: Die Produktion von Fürsorglichkeit. Bielefeld 1983

Wright, Georg Henrik von: Erklären und Verstehen. Frankfurt/Main 1991

Zenk, Reinhild: Identität. In: WOGE e.V./Institut für soziale Arbeit (Hg.) 1999, S.359-368

Zenz, Winfried M.: Zwischen Macht und Ohnmacht. Die Beziehungsdynamik von Helfer und Familie bei Kindesvernachlässigung und ihre Folgen für lösungsorientiertes Arbeiten. In: Zenz/Bächer/Blum-Maurice (Hg.) 2002, S. 130-142

Zenz, Winfried M./Bächer, Korinna/Blum-Maurice, Renate (Hg.): Die vergessenen Kinder. Vernachlässigung, Armut und Unterversorgung in Deutschland. Köln 2002

Zimmermann-Freitag, Michael: Zur Praxis einer psychologisch-hermeneutischen Diagnostik. In: Jugendhilfe, Heft 5/2003